Helmut Uhlig
DIE SEIDENSTRASSE

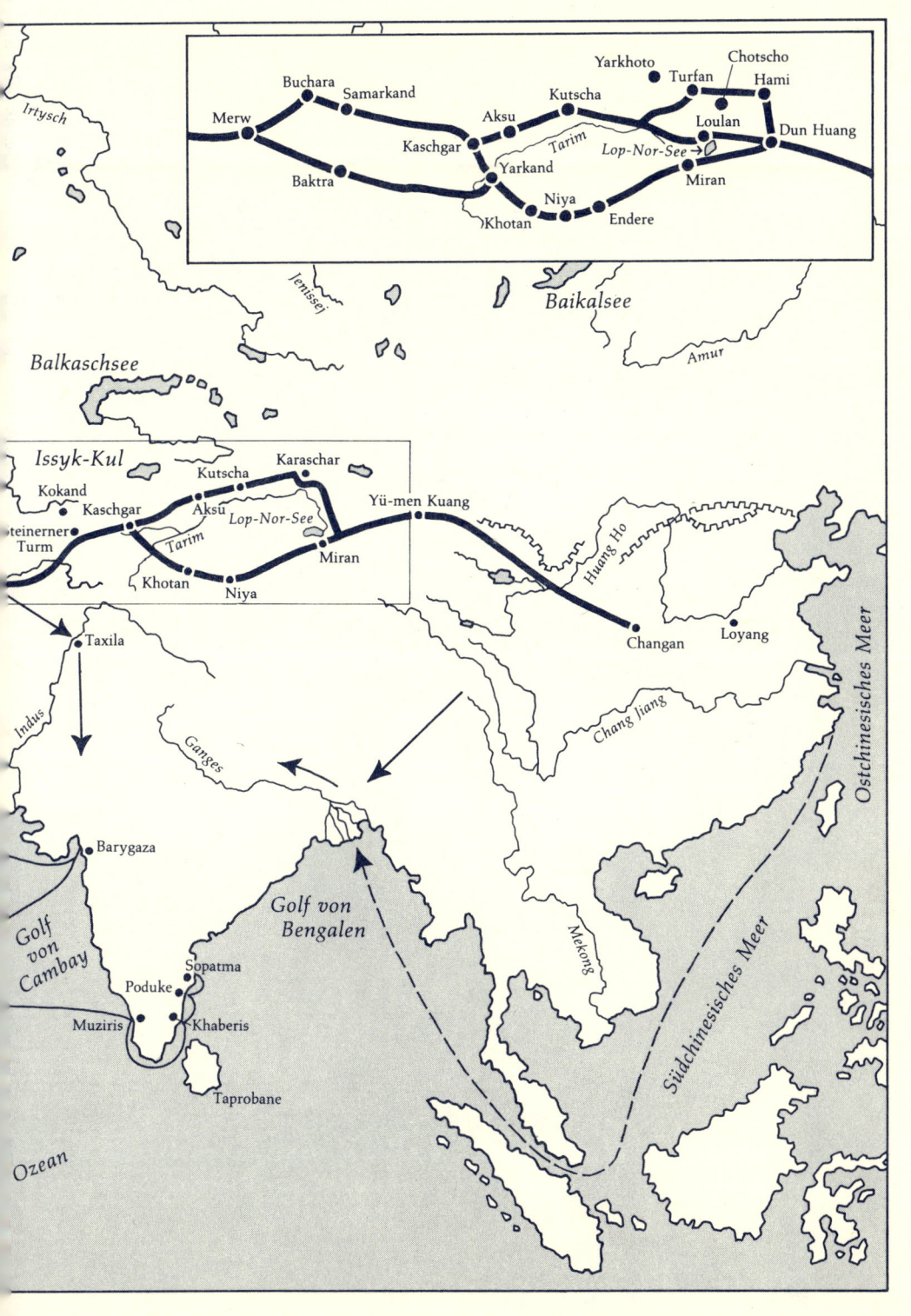

Helmut Uhlig

Die Seidenstraße

Antike Weltkultur zwischen China und Rom

Gustav Lübbe Verlag

Quellennachweis

Sven Hedin: Der wandernde See. 5. Aufl.
Leipzig: Brockhaus 1940.
Albert von Le Coq: Auf Hellas Spuren in Ostturkistan.
Berichte und Abenteuer der II. und III. deutschen Turfanexpedition.
Leipzig: J. C. Hinrichs Verlag 1926.

Autor und Verlag danken für die freundlicherweise erteilten
Abdruckgenehmigungen.

1. Auflage Oktober 1986
2. Auflage November 1986

© 1986 by Gustav Lübbe Verlag GmbH, Bergisch Gladbach
Umschlaggestaltung: Arno Häring, Bergisch Gladbach,
unter Verwendung eines Fotos von Helmut Uhlig, Berlin
Satz: ICS Communications-Service GmbH, Bergisch Gladbach
Druck und Bindung: Bercker, Graphischer Betrieb GmbH, Kevelaer
Alle Rechte, auch die der fotomechanischen Wiedergabe, vorbehalten.
Printed in West Germany
ISBN 3-7857-0446-1

INHALT

Zu den großen Geheimnissen der Weltgeschichte gehört immer noch die Frage nach den frühesten Kontakten zwischen Abendland und Morgenland. Wenn sich auch im europäischen Bewußtsein bis in unser Jahrhundert Geschichte weitgehend als ein abendländisches Ereignis darstellt, so hat doch gerade der koloniale Expansionsdrang der Europäer schon früh das Interesse an anderen Erdteilen geweckt. Doch was man bei uns als geschichtliche Größe ansah, war dort exotische Fremdheit. Erst im 19. Jahrhundert begannen europäische Wissenschaftler − oft unter beträchtlichen Strapazen −, sich fremden Welten zuzuwenden.

Seither hat sich der europäische Horizont ständig erweitert, und nach dem Ende des Zweiten Weltkrieges haben sich Begriffe von Weltgeschichte und Weltgeschehen ausgebildet, die eine isolierte europäische Betrachtung politischer, wirtschaftlicher oder allgemeinmenschlicher Phänomene unzulänglich erscheinen ließen. Trotzdem fällt es Geschichtswissenschaftlern und Archäologen oft schwer, übergreifende Zusammenhänge herzustellen. Noch immer steht europäisches Geschehen im Vordergrund, und die Aufzeichnung von Verbindungen erfolgt meist aus abendländischer Sicht. Daß solche Betrachtungsweise naheliegt, hängt mit dem schon erwähnten europäischen Expansionsdrang zusammen, der nicht nur zur Unterwerfung weiter Teile Afrikas, der beiden Amerika und Australiens geführt hat, sondern sich auch − und das schon viel früher − gegen den gewaltigen Nachbarn Asien richtete.

Wenngleich die Kolonisierung vieler asiatischer Länder ein geschichtlich verhältnismäßig später Vorgang war, so dürfen wir doch nicht vergessen, daß der Vorstoß Alexanders des Großen bis an die Grenze Indiens der erste abendländische Expansionsversuch überhaupt gewesen ist. Sein Jahrhunderte währendes Echo in Politik, Kunst und Literatur mag Schule gemacht haben bei all denen, die später auszogen, fremde Völker das Fürchten und vor allem das Gehorchen zu lehren.

Gerade die europäisch-asiatischen Beziehungen sind jedoch kein einfacher Fall von Unterwerfung und Unterdrückung; vielmehr sind sie seit Alexander durch eine komplizierte Folge von Machtkämpfen, Vorstößen und Rückschlägen, politischen und kulturellen Einflüssen, wechselseitigen Handelsbeziehungen und vielfältigen religiösen Bewegungen gekennzeichnet. Das macht sie besonders interessant, erschwert aber ihre Darstellung.

Krieg und Handel bestimmen die eine Seite des Weltgeschehens −

Kultur und Religion die andere. Am euro-asiatischen Beispiel wird ihr Zusammenhang auf überraschende Weise deutlich.

Konflikte und Kämpfe erschütterten und verwüsteten die Regionen zwischen dem Mittelmeer und dem Fernen Osten wie sonst kaum ein Territorium dieser Erde. Das hält heute noch an. Andererseits ist Asien der Kontinent mit den ältesten Handelsstraßen, über die nicht nur Güter transportiert wurden, sondern sich auch geistige Werte, künstlerische Ideen, rivalisierende Religionen ausbreiteten. Das aber macht jene Welt zwischen dem alten Abendland und dem Fernen Osten zu einem der faszinierendsten, ereignisreichsten Gebiete unseres Erdballs, dessen früheste Verbindungen auf dem Handel beruhen.

Schon in vorchristlichen Jahrhunderten, ja noch vor Alexander, gab es Handelsbeziehungen der Völker des Mittelmeerraums mit Indien und China. Dabei steht ein Exportgut für unser Bewußtsein im Mittelpunkt dieser frühen Wirtschaftsbeziehungen: die chinesische Seide.

Jeder hat schon einmal das Wort »Seidenstraße« gehört, die meisten wahrscheinlich, ohne sich etwas Genaues darunter vorstellen zu können.

Ist es eine uralte Straße, die China mit dem östlichen Mittelmeer verbindet? Sind es mehrere Straßen?

Wir wollen dieser Frage und ihrer packenden Geschichte in diesem Buch nachgehen. Das Wort »Seidenstraße« freilich ist kaum hundert Jahre alt. Der große deutsche Geograph und Geologe Ferdinand Freiherr von Richthofen prägte es im Eingangsband seines großen China-Werkes, in dem er als erster Wissenschaftler den Westen Chinas aufgrund eigener Expeditionen eingehend dargestellt hat.

Seither wird der Begriff Seidenstraße von jedem gebraucht, der über die mehr als ein Jahrtausend währenden Handelsbeziehungen zwischen dem Reich der Mitte und dem Abendland spricht. Wenn ich hier die Mehrzahl — Seidenstraßen — verwende, so deshalb, weil wir wissen, daß es nicht nur eine Seidenstraße, sondern vielmehr ein ganzes Straßennetz sowohl zwischen Ost und West als auch zwischen Nord und Süd gegeben hat, eine Art Koordinatensystem vielfältiger Verbindungen zwischen Städten, Staaten und Völkern, die friedlichem Handel, oft aber auch schlimmster Gewalt dienten.

Außerdem waren es vor allem in späterer Zeit Wege der Religionsstifter, der Priester und Mönche, der Handwerker, der Künstler und der ersten Forschungsreisenden, die sich allerdings damals noch nicht so nannten. Im Auftrag von Kaisern, Fürsten oder Handelsherren waren sie unterwegs. Doch ihre Schriften vermitteln uns erstes, ältestes Wissen über die Seidenstraßen — über die Menschen, die auf ihnen entlangzogen und an ihnen siedelten, die Karawansereien errichteten und Städte bauten, von denen heute noch mancherorts eindrucksvolle Ruinen stehen. Das gilt vor allem für die südlichen Routen, die bis vor tausend Jahren lebhaftem Verkehr dienten. Diese Südrouten hatten sich als Handelswege entwickelt.

Anders sieht es im Norden aus, in jenen Gebieten zwischen der Mongolei, Sibirien und den Steppen des asiatischen Rußland, die sich über die weiten Flächen der Ukraine bis nach Ungarn und Polen fortsetzen. Dort ging die West-Ost- und die Ost-West-Bewegung durch die Jahrtausende von dem dynamischen Leben der Nomadenvölker aus, die über das älteste schnelle Transportmittel dieser Erde verfügten: das Pferd.

Es ist für die Vorgeschichtsforschung noch immer ein Problem, die frühen Völkerbewegungen in diesem Raum festzustellen und ihre Zielrichtungen zu bestimmen. So wissen wir heute immer noch nicht, wo die Skythen, ein bei Herodot ausführlich beschriebenes Volk, ursprünglich gesiedelt haben, zumal sich ihr nomadisches Verbreitungsgebiet vom Raum nördlich des Schwarzen Meeres bis ins Altaigebirge an der russisch-chinesischen Grenze ausdehnt.

Das hat seinen Grund vor allem in der leichten Überwindbarkeit dieser gewaltigen Räume, die z. B. für die Hunnen, die wir bei den Chinesen als Hiung-nu kennenlernen, und später für die Mongolen überhaupt kein Hindernis darstellten, in kürzester Zeit mit gewaltigen Reiterheeren bis ins Herz Europas vorzustoßen. Diese mit ihren Pferden verwachsenen Krieger wurden schon in frühester Zeit als eine Art von Dämonen mit überirdischer Kraft und unvorstellbarer Geschwindigkeit angesehen. In der griechischen Sage erscheinen sie als Kentauren; bewaffnete Wesen — halb Pferd, halb Mensch —, die sicher ihr Vorbild in den ältesten Nomadenkriegern haben.

So ist die Völkerbewegung des asiatischen Nordens von Anfang an durch die ständige Unruhe der nomadischen Lebensform bestimmt. Die Notwendigkeit, immer wieder neue Weideflächen für die Herden, besonders aber auch ausreichendes Futter für die Pferde zu finden, steht als Antrieb hinter dieser Dynamik, die den Charakter und das Wesen der Nomaden geprägt hat.

Aus den häufigen Zusammenstößen mit den Seßhaften — im Osten mit den chinesischen Bauern, im Westen mit den Siedlern und Städtebauern Mesopotamiens und Syriens — entstand jene sprichwörtliche Nomadenaggressivität, die in der Grausamkeit der Hunnen wie der Mongolen ihren deutlichsten, historisch verbürgten Ausdruck findet.

Eine offene Welt mit verlockendem, leicht zugänglichem Reichtum an ihren Rändern hat die Räubermentalität gewisser Nomadenstämme entstehen lassen. Doch das Rauben und Plündern geschah ursprünglich nicht aus reiner Lust am Überfall und an der Gewalt, sondern meist aufgrund von Vorstößen der Seßhaften, die durch Landnahme und Bodenkultivierung die weiten Weideräume der Nomaden so einschränkten, daß diese Stämme in ihrer Existenz bedroht waren.

Hier wird der Gegensatz zwischen den beiden extrem unterschiedlichen Lebensformen zum Ausdruck eines ständigen Existenzkampfes, der für die Nomaden bis in die jüngste Zeit fortdauerte. Erst das 20. Jahrhundert scheint dieser Lebensform das Ende zu bereiten, wenngleich die Naturgegebenheiten von Wüste und Steppe jedem Versuch, die Nomaden seßhaft zu machen, fast unüberwindliche Hindernisse entgegenstellen.

Die Nomaden haben als Träger einer eigenen uralten Kultur viel zu dem beigetragen, was wir noch heute als zentral- und nordasiatischen Lebensstil betrachten, dessen Erzeugnisse wir bewundern und zum Teil selbst in Gebrauch genommen haben. Dazu gehören die vielfältigen Arten von Knüpfteppichen und Kelims wie auch Metallgefäße und feingearbeiteter Schmuck.

Aus vorchristlicher Zeit stammen die zahllosen in Gold oder Bronze ausgeführten Schnallen, Beschlagstücke, Trensen und sonstigen Teile vom Zaumzeug der Pferde, die von den Kimmerern und den Skythen hergestellt worden sind.

Es besteht kein Zweifel, daß schon in frühester Zeit mit diesen Erzeugnissen des täglichen Gebrauchs, die von auserlesener Schönheit sind, auch Handel getrieben wurde. Wahrscheinlich haben wir es hier überhaupt mit einer der ältesten Formen weiträumigen Handels zu tun, dem nur die ägyptisch-mesopotamische Welt mit ihren Handelsverbindungen bis nach Indien, die bereits im dritten vorchristlichen Jahrtausend nachweisbar sind, vergleichbar an die Seite zu stellen ist.

Turkvölker, Mongolen und Tungusen, aber auch Indoeuropäer, vor allem iranischer Herkunft, haben das gewaltige Wüsten- und Steppensystem zwischen der Gobi und dem Balkan durchzogen, erobert, beherrscht, um es wieder zu verlieren und erneut zu besitzen. Es waren unruhige, historisch kaum nachzuvollziehende Vorgänge, die sich in diesem Raum abspielten, von denen uns, außer den Ruinen vergessener Städte, nur Gräber blieben, die von der Kultur dieser ständig in Bewegung lebenden Völker und Stämme Nachricht geben.

Wahrscheinlich haben die Vorfahren der zahlreichen Turkvölker sowie die Mongolen und Tungusen in ältester Zeit ganz im Nordosten Asiens gesessen, in den unwirtlichen ostsibirischen Gebieten nahe dem Eismeer, aus denen sie die sich ständig verschlechternden Lebensbedingungen verdrängten. Sie brachen auf nach Süden und Westen. So entstand die erste »euroasiatische Straße«, wie René Grousset, der über die Steppenvölker Asiens geschrieben hat, den Nomadenweg des Nordens nennt.

Bereits in der frühen Steinzeit — dem Paläolithikum — hat es hier Verbindungen gegeben, die vom Pyrenäenraum bis nach Sibirien reichten. So fand man bei Krasnojarsk am oberen Jenissej eine Frauenstatuette der Aurignac-Zeit, und Teilhard de Chardin, der berühmte Entdecker des Peking-Menschen, fand im Löß von Nordgansu Aurignac-Spuren, die auf Kulturverbindungen um die halbe Erde schon in der Steinzeit schließen lassen.

Im Neolithikum, der Jungsteinzeit, wird der Steppenweg eindeutig zur Handelsstraße. Keramik nahm ihren Weg aus Vorderasien nach China und beeinflußte dort die früheste eigene Keramikproduktion. Ein Geben und Nehmen erfolgte über diese breite, nie ganz befriedete, aber auch nie vollkommen verschlossene Völkerstraße, die als Nomadenweg nur in zweiter Linie Handelsroute war. Denn wo Menschen ziehen, nehmen sie Waren mit — sei es als eigenen Besitz, sei es als notwendiges Tauschgut für schlimme Zeiten. Wir müssen Handel somit auch als etwas in des Wortes ursprünglicher Bedeutung Notwendiges ansehen und aus den Lebensumständen der Nomaden begreifen.

Hier zeigt sich der Unterschied zwischen dieser nördlichen, als eine Art Völkerwanderungsweg gewachsenen Straße der Nomaden und der Südroute der Karawanen, die durch unwirtliche Gebiete führt, in denen, wie in der Wüste des Tarim-Beckens, nicht einmal Nomaden leben können. Sie war allein des Handels wegen geschaffen worden, und als Handelsweg existierte sie mehr als tausend Jahre. Beiden aber, der nördlichen wie der südlichen Route, ist eines gemeinsam: die Funktion, die immer wieder gefährdete, doch nie ganz unterbrochene Verbindung zwischen zwei einander fremden, durch unwirtliche, gefahrvolle Gebiete getrennten Weltkulturen — der chinesischen und der abendländischen — aufrechtzuerhalten.

Wenn auch Seide nur eines der Produkte war, das auf diesen Straßen zwischen Ost und West, zwischen Nord und Süd transportiert wurde, dazu nur in einer Richtung, so ist es bei der Bedeutung der Seidengewebe für den Ost-West-Handel doch richtig, von Seidenstraßen zu sprechen. Der Seide als legendärer Kostbarkeit von unschätzbarem Wert — im Rom der Zeitenwende wurde sie mit

Gold aufgewogen — soll deshalb auch das erste Kapitel dieses Buches gewidmet sein.

Eine Raupe macht Geschichte

Eine der Fragwürdigkeiten moderner Geschichtsschreibung besteht darin, daß bis vor wenigen Jahrzehnten Weltgeschichte nur von Europäern und Amerikanern erforscht und interpretiert worden ist. Das bedeutet, daß die meisten uns vorliegenden Darstellungen der außereuropäischen Geschichte durch die Brille abendländischer Historiker gesehen sind.

Besonders gravierend ist das im Fall der chinesischen Geschichte. Ursprünglich wurden die Texte des *Shu-king* — des »Heiligen Buches der Schriften« — als älteste dokumentarisch und mit Herrschernamen belegte Landesgeschichte dieser Erde angesehen. Als jedoch aufgrund der archäologischen Funde mehr und mehr Zweifel an der historischen Zuverlässigkeit des Shu-king auftraten, wurden mit der Grobschlächtigkeit rationalistischen Forschergeistes sogleich auch alle anderen Interpretationsmöglichkeiten in den Bereich der reinen Spekulation verwiesen. Dabei vergaßen bedeutende Wissenschaftler, daß sie selbst durch Übersetzungsfehler und Gleichsetzung mythologischer mit historischen Tatbeständen zu Fehldeutungen beigetragen haben.

So hatte der berühmte englische Sinologe Legge das Zeichen *ti*, das zuerst den höchsten Gott meint, mit *emperor* übersetzt, was in der deutschen Sinologie zur Umdeutung von Gottheiten in die fünf Urkaiser Chinas führte, die dann lange Zeit eine legendenumwobene, aber dennoch historisch genommene Rolle in der China-Geschichtsschreibung spielten.

Einer dieser Herrscher, Huang ti — der gelbe Kaiser —, der im dritten vorchristlichen Jahrtausend nicht weniger als dreihundert Jahre regiert haben soll, wird mit der Erfindung der Seidenweberei in Zusammenhang gebracht. Seine Frau Si-ling-shi — in anderen Legenden heißt es, sie sei seine Tochter gewesen — gilt als die erste Seidenweberin.

Während eines Spazierganges in den kaiserlichen Gärten fiel ihr eine sich einspinnende Seidenraupe auf. Da kam sie auf den Gedanken, der Mensch müsse doch den Faden, den die Raupe um sich schloß, wieder abwickeln und zu Besserem als einem Raupennest verwenden können. Sie versuchte es, und der Erfolg gab ihrer Überlegung recht. Mit den ersten verwobenen Seidenfäden begann ein neues, wichtiges Kapitel der damals noch jungen Wirtschaftsgeschichte.

Wenn man diese Legende liest, glaubt man, wie die Sinologen der Vergangenheit, daß es ein chinesisches Reich schon vor fünftausend Jahren gegeben haben müsse. Doch diese Vorstellung ist genauso falsch wie die verbreitete These von der ursprünglichen Einheit der chinesischen Kultur.

Der bedeutende Sinologe Wolfram Eberhard hat in mehreren Büchern klargemacht, daß die chinesische Kultur, wie sie erstmals im dritten vorchristlichen Jahrhundert unter Kaiser Shi-huang-ti und dann in der Han-Zeit Gestalt gewann, ganz allmählich aus vielen Lokal- und Randkulturen des heutigen chinesischen Territoriums erwachsen ist.

Das erkennen wir auch an der Ausbildung einzelner Legenden von gleichem Grundthema und doch sehr verschiedenen Inhalten. So berichtet Wolfram Eberhard über eine Variante zur oben erzählten Geschichte des Beginns der Seidengewinnung, die er in Texten der frühen Pa-Kultur aus der heutigen Provinz Szechuan gefunden hat. Hier werden die Könige des Landes Shu mit der Erfindung der Seidenweberei in Verbindung gebracht. Einer dieser Könige — Tsan-tsung, was soviel wie Seidenraupendickicht heißt —, gilt als aus einer Seidenraupe hervorgegangener Herrscher. Das beweist die Wichtigkeit, die man schon in frühester Zeit der Seidenraupe und dem durch sie gewonnenen Produkt beigemessen hat.

Den gleichen Namen wie dieser König trägt auch ein uralter Opferplatz bei Chengtu, der heutigen Verwaltungshauptstadt Szechuans, wo man in einem Grab goldene Nachbildungen von Seidenraupen gefunden hat.

Seidenraupenfeste durchziehen heute noch in Chinas Seidenprovinzen das ganze Jahr. Die meisten davon werden, wie Eberhard berichtet, in Szechuan gefeiert.

Dem legendären Ursprung der Seidenraupe begegnen wir im chinesischen Volksmärchen. Dort lesen wir die Geschichte eines schönen Mädchens, dessen Vater in die Welt gezogen war und Frau samt Kind allein zurückgelassen hatte. Die Frau empfindet Sehnsucht nach ihm und verspricht dem, der ihn zurückbringt, ihre Tochter zur Frau. Da macht sich das Pferd der Familie auf den Weg, um den Mann zurückzuholen, was ihm auch gelingt. Doch das Pferd erhält nicht den versprochenen Lohn. Im Gegenteil! Es wird von der Familie getötet. Als dann das Mädchen erleichtert über das abgehäutete Pferdefell springt, wickelt sich die Pferdehaut plötzlich um seinen Leib, und das Bündel fliegt in einen

Baum. Dort verwandelt sich das Mädchen im Pferdefell zur Seidenraupengöttin, die in China auf dem Lande bis in die Gegenwart verehrt wird.

Eine andere Fassung, in der sich das Mädchen dem Pferd direkt verspricht, erzählt Kan Pao, ein chinesischer Dichter des 4. Jahrhunderts, nach einer alten Volkssage: »Im hohen Altertum lebte einst ein Riese, der zog in die Ferne und hatte niemanden daheim außer seiner einzigen Tochter und einem Hengst, den das Mädchen selbst versorgte. Wie sie so lebte, unglücklich und einsam, sehnte sie sich nach ihrem Vater, und sie sprach im Scherz zu dem Hengst: ›Wenn du mir den Vater zurückbringst, heirate ich dich.‹ Kaum hatte der Hengst diese Worte gehört, riß er sich von der Leine los und galoppierte geradewegs zum Vater. Beim Anblick seines Pferdes erschrak der Vater und freute sich zugleich; er packte das Pferd und bestieg es. Das Pferd schaute kläglich wiehernd in die Richtung, aus der es gekommen war. ›Der Hengst hat keinen Grund zu seinem Verhalten‹, dachte der Vater. ›Sollte zu Hause ein Unglück geschehen sein?‹ Rasch ritt er heim. Wegen der ungewöhnlichen Anteilnahme des Tieres gab er ihm zusätzlich große Futterrationen, aber der Hengst wollte nicht fressen. Jedesmal, wenn er das Mädchen kommen sah, bäumte er sich auf voller Freude, voller Zorn. Der Vater wunderte sich und bedrängte seine Tochter mit Fragen, bis sie ihm schließlich alles erzählte. Der Vater befahl: ›Sprich nicht darüber! Schande würdest du bringen über unser Haus. Niemand würde Umgang mit uns pflegen.‹ Dann legte er die Armbrust an und erschoß das Pferd. Die Haut breitete er auf dem Hof zum Trocknen aus. Als der Vater fortgegangen war, spielte seine Tochter mit einem Nachbarmädchen dort, wo die Haut lag, trampelte auf der Roßhaut herum und rief: ›Du bist ein Tier und wolltest einen Menschen zur Frau! Geschlachtet hat man dich, geschunden hat man dich, selber zuzuschreiben hast du dir dieses Leid!‹ Noch ehe das Mädchen ausreden konnte, sprang die Roßhaut hoch mit einem Ruck, wickelte sich um das Mädchen herum und verschwand. Außer sich vor Furcht brachte das Nachbarmädchen den Mut nicht auf, zu Hilfe zu eilen; sie lief nach Hause und erzählte ihrem Vater, was geschehen war. Als der Vater der Entführten heimkehrte und nach dem Verbleib seiner Tochter forschte, hatte man bereits alle Spuren verloren. Ein paar Tage später fand man die beiden im Gezweig eines großen Baumes, das Mädchen und die Roßhaut, in eine Seidenraupe verwandelt, eingesponnen im Baumwipfel. Der Kokon hatte eine feste Faserstruktur und unterschied sich von dem der gewöhnlichen Seidenraupe. Die Nachbarsfrau nahm sie an sich, züchtete sie und erzielte mit ihr ein

Vielfaches an Ertrag. Deshalb nennt man diesen Baum *sang*, denn Maulbeerbaum-Jsang heißt Trauer-Jsang.«

Das sind die Legenden. Wie aber sah die Realität aus? In der literarischen Überlieferung ist sie nicht zu fassen. Dort überwuchern, wie wir gesehen haben und wie auch sonst in den frühen chinesischen Texten üblich, Mythen und Märchen die Wirklichkeit. Aber auch archäologisch ist den Anfängen der Seidenbearbeitung kaum beizukommen. Man hat zwar im Dorf Shan-Yin-Ts'un bei Ausgrabungen aus der Zeit der Yang-Shao-Kultur, etwa 2000 v. Chr., die halbe Kruste eines wohl künstlich aufgebrochenen Kokons entdeckt. Aber man vermag weder zu sagen, ob es sich tatsächlich um Bombyx mori, den Kokon des echten Maulbeerspinners, handelt, noch kann aus dem Fund auf künstliche Abhaspelung von Fäden oder gar auf weitergehende Seidenherstellungstechniken geschlossen werden.

Erst für die Zeit der Yin-Dynastie der späteren Shang-Fürsten liegen aus den Ausgrabungen ihrer Residenzstadt Yin-Hsu gesicherte Nachrichten vor, die auf Seidengewinnung und Seidenbearbeitung hindeuten. Sie ergeben sich aus Orakelinschriften, die vom Maulbeerbaum, der Seidenraupe und den Seidenfäden sprechen. Auch heißt es einmal, daß man der Seidengöttin im August drei Tiere zum Opfer bringen solle.

In An yang, einer der Shang-Hauptstädte aus der Mitte des zweiten vorchristlichen Jahrtausends, hat man eine sakral verwendete Bronzeaxt gefunden, die entsprechend dem Brauch der Zeit in Seidentücher eingehüllt war. Die Oberfläche der Axt zeigt Inkrustationen der geköperten Seidentücher, die erkennen lassen, daß die Seidenweberei in China inzwischen einen beachtlichen Stand erreicht hatte. Exportartikel allerdings war sie noch nicht, wenngleich auch hier eine genaue Datierung des Anfangs unmöglich ist.

Wir wissen nur, daß bereits Alexander der Große auf seinem Indienzug mit Seidenstoffen in Berührung kam. Einer von Alexanders Offizieren, Nearchos, war es, der in seinen Aufzeichnungen als erster Grieche von »serischen Häuten«, das aber heißt von Seide spricht.

Die Vorstellungen, die er und andere westliche Autoren mit der Art und Herkunft der feinen Gewebe verbunden haben, sind allerdings abenteuerlich und verraten keine echte Kenntnis um Ursprung und Entstehung der begehrten Stoffe.

So schreibt Nearchos, die Seidenfäden würden von Bäumen gekratzt. Und noch im kaiserlichen Rom, wo Seide als Modestoff der eleganten Gesellschaft längst ins Stadtbild gehörte, glaubte man, die Seidenfäden hingen von seltenen Bäumen herab, die besonders schwer zu ziehen seien.

Selbst über das Herkunftsland der Seide war man sich trotz funktionierender Transitstrecken lange Zeit nicht im klaren. Der berühmte griechische Schriftsteller Pausanias berichtet von einer Insel Seria – der Name ist von *ser* (Seide) abgeleitet –, die im Roten Meer liegen soll. Gleichzeitig schreibt er von einem Fluß namens Ser, der bei Ptolemaios, dem griechischen Geographen, vorkommt und mit dem Hauptfluß des heutigen Thailand – dem Menam – identisch ist. Serer – die Seidenleute – wurden dann in Rom auch die Chinesen oder – umfassender – die Völker genannt, die mit der Seidenerzeugung zu tun hatten.

Wir sehen, wie weit hier das Wissen jener Zeit von den tatsächlichen Ereignissen, wie etwa dem Handel und seinen konkreten Ergebnissen, entfernt war.

Die Seidenraupe blieb im Westen noch lange ein Fabeltier, während vornehme Römer Seidenstoffe längst als eine Selbstverständlichkeit betrachteten und – trotz ständig steigender Preise – auch mit Vorliebe trugen. Woher der Luxus kam, wußten sie genausowenig, wie sie eine Vorstellung davon hatten, wo das römische Gold, das sie dafür ausgaben, hinfloß.

Doch das ist schon späte Geschichte. Ursprünglich war nicht nur die Seidenraupenzucht, sondern auch die Verwendung von Seide ausschließliches Vorrecht der Fürstenfamilien der chinesischen Seidenprovinzen. Dieses Recht ging dann auf den chinesischen Kaiser über, der zwar schon bald den Handelswert seines Monopols erkannte, gerade deshalb aber die Ausfuhr der Seidenraupeneier unter Todesstrafe stellte. Die Folge war, daß China bis ins vierte nachchristliche Jahrhundert Alleinhersteller der reinen Seide blieb. Nur nach Korea hatten bereits sechshundert Jahre früher chinesische Auswanderer Maulbeersamen und Seidenraupeneier mitgenommen. Zwar kannte man seit frühesten Zeiten auch in Indien eine Raupe, deren Faden zu verspinnen war. Aber er besaß weder den Glanz noch das reine Weiß der chinesischen Seide. Außerdem verboten die indischen Religionen streng das Töten von Tieren, so daß man nur die durch die ausschlüpfenden Schmetterlinge zerstörten Kokons sammelte und die kurzen Fäden abhaspelte, um sie zu verarbeiten. So blieb die echte Seidengewinnung mehr als zweitausend Jahre das Geheimnis und das Privileg der Chinesen.

Entsprechend chinesischer Religionsauffassung stand sie im Mittelpunkt eines staatlichen Kults. Die Kaiserin betreute persönlich eine Maulbeerpflanzung und die dazugehörige Seidenraupenzucht. Damit sollte die chinesische Frau, in deren Händen die Seidengewinnung lag, auf die große Bedeutung dieses Wirtschaftszweiges hingewiesen werden.

In der Tat erforderte die Seidenraupenzucht ganz besondere Sorgfalt. Die kostbaren Eier bedürfen bei ihrer Lagerung einer ständig gleichbleibenden Temperatur. Wenn die Raupen ausgeschlüpft sind, werden sie zweimal pro Stunde mit feingehackten, frisch gepflückten Maulbeerblättern gefüttert.

Während ihrer Wachstumszeit müssen sie vor Kälte, Zugluft, lauten Geräuschen, besonders aber auch vor intensiven Gerüchen geschützt werden. Wenn sich die Raupen so weit entwickelt haben, daß sie bereit sind, sich einzuspinnen, werden sie bei leichter Wärme auf Siebe aus Reisstroh gelegt, was die Ausbildung besonders feiner Kokons fördert. Die Bildung der Kokons wird ständig beobachtet. Sobald sie fertig gesponnen sind, wirft man sie in kochendes Wasser, um die Klebemasse aufzulösen, die sie bindet. Dann peitscht man die kochende Masse mit feinen Zweigen, um das lockere äußere Gespinst zu lösen. Die Kokons werden nun sorgfältig getrocknet und jeweils zu mehreren abgehaspelt, um auf diese Weise einen stärkeren Faden als Basis für die Rohseide zu gewinnen. Hier nun beginnt der eigentlich technische Vorgang des Spinnens und Webens, der für die Herstellung besonders feiner und exklusiver Stoffe von großer Bedeutung ist.

Bereits im dritten vorchristlichen Jahrhundert hatten sich aus Familienbetrieben größere Manufakturen zur Seidenfabrikation entwickelt, in denen das Rohprodukt der Züchter von Fachleuten — den Färbern, Webern und Appretierern — zur weiteren Verarbeitung übernommen wurde.

Seide — Ein Attribut des Reichtums und der Macht

Offensichtlich kamen die Entdeckung des Seidenfadens und die Erfindung seiner kunstvollen Verarbeitung einem Grundbedürfnis des Menschen entgegen: sich zu schmücken und sich von anderen Leuten wohlgefällig zu unterscheiden. Darum wurde Seide zu einem der frühen Attribute gesellschaftlicher Stellung und damit verbundener Repräsentation — zunächst in China, später aber in der ganzen Alten Welt zwischen Ostasien und Rom.

So wie der Besitz und die vielfältige Verwendung von Seide im alten China das Vorrecht erst der herrschenden Familien, später der Besitzenden, der Reichen überhaupt war, wurde sie zunehmend zum Statussymbol der Gesellschaft im gesamten euroasiatischen Kulturbereich.

Mit der Seide beginnt die Zivilisation. Sie markiert eine Früh-
form des Kapitalismus. Denn Seide ist nicht nur der äußere Ausdruck von Reichtum für den, der sie trägt, Seide ist zugleich auch
Kapital, ist die erste Devise, die erste konvertierbare Währung
zwischen Ost und West. Sie ist das einzige Äquivalent zum Gold,
das mit dem Aufkommen der Seide aufhört, fast ausschließlich
Schmuck für die Toten zu sein. Gold wird nun auch, mit der Seide
gemeinsam, zum Schmuck der bevorrechtigten Lebenden. Es wird
zum kostbaren Zierat an sich wie auch zur Fassung von Edelsteinen,
die als drittes Statussymbol die Trias der den Menschen auszeich-
nenden und verschönenden Accessoires bilden.

Damit hatte sich etwas Wandelbares in die Statik der frühen
menschlichen Gesellschaftsordnung eingeschlichen, das von nun an
– wir wissen das Jahrhundert nicht genau anzugeben, es mag
zwischen 1000 und 500 v. Chr. liegen – ein beherrschendes Element
der Gesellschaft wird und zugleich als ältestes Beispiel ständigen
Wandels das menschliche Dasein beherrscht: die Mode.

Die Mode ist im Orient und im alten Abendland aufs engste
verbunden mit der Seidenproduktion. Aus der schillernden Vielfalt
der Stoffe und Dessins ging sie zwangsläufig hervor. Denn Seide ist
der Stoff, der ständige Veränderungen in Farben und Mustern
ermöglicht und schließlich auch verlangt, im Gegensatz zur Wolle
oder zur Baumwolle, die sich zum modischen Wandel vom Material
her sehr viel weniger eignen.

Selbst der Pelz, der seit langem als ein der Mode unterworfenes
Kleidungsstück gilt, war ursprünglich nur ein Stück Nutzkleidung in
Gebieten, wo man ihn der Kälte wegen nötig hatte, so auch in China.

Seide aber entzückte, wenn man sie nur sah. Und das Verlangen,
sie zu besitzen und sie möglichst variantenreich zu tragen, verbreitete sich damals – wie heute in der Dritten Welt oder bei unserer
Jugend der Wunsch nach einem Transistorradio, einem Motorrad,
einem Auto.

Damit ist eine der wichtigsten Voraussetzungen für die Entstehung ost-westlicher Handelswege bereits in vorchristlicher Zeit
erklärt. Die Seide hatte eine magische Wirkung auf alle, die sie zu
sehen bekamen, eine Wirkung, die ein Bedürfnis weckte, das auch
über stärkste Hindernisse hinweg Befriedigung verlangte.

Denn Märkte entsprechen selten den tatsächlichen Erfordernissen des Lebens, eher schon den erzeugten Wünschen und Sehnsüch-
ten, denen alsbald das verlockende, wenn meist auch kostspielige
Angebot folgt. So erzeugte die chinesische Seide westliche Wünsche
und die sich daraus ergebende dringende Nachfrage.

Das kapitalistische System hat sich hier zum ersten Mal wie von selbst entfaltet und eingespielt. Was dann folgte, ist die Geschichte seiner unmittelbaren und mittelbaren Auswirkungen über mehr als ein Jahrtausend — die Geschichte der alten Seidenstraßen.

Wie aber kam es zu den Kontakten und Kenntnissen, die den Transitverkehr aufgrund unabweisbarer Verbraucherwünsche erforderlich machten und schließlich einleiteten? Sie waren eine Folge der nach Westen gerichteten Expansionsgelüste, die bei den herrschenden Dynastien Chinas genauso ausgeprägt waren wie umgekehrte Tendenzen bei den damaligen Herrschern des Abendlandes — den römischen Kaisern.

Das aber heißt: kriegerisches, aggressives Vorgehen beider Seiten mit seinen Erfolgen und seinen Fehlschlägen führte zur Ausbildung der friedlichsten, wenn auch keineswegs der gefahrlosesten menschlichen Aktivität: dem Völker und Länder verbindenden weltweiten Handel.

Er ist, wie wir sehen, kein Ergebnis jüngerer Zeit mit ihren zahllosen Kontakten und schnellen Verbindungen von Kontinent zu Kontinent. Er ist fast so alt wie die Anfänge menschlicher Kultur und hat, das wird dieses Buch zeigen, wesentlich zu ihrer Entwicklung und Entfaltung beigetragen.

Das Sehen und Kennenlernen des Fremden, das den Wunsch erzeugt, es selbst zu besitzen, ist der Auftakt internationaler Beziehungen, der Anfang von Botschaften, Expeditionen, Kontaktsuche, aber auch von Überfällen, Raub und schließlich — in einem fortgeschrittenen Stadium — von Handel.

Wünsche und Gelüste, erfolglose Beutezüge und waghalsige Kontaktaufnahme aus politischen wie aus wirtschaftlichen Gründen ließen ihn allmählich entstehen — als Tauschhandel erst und dann als Handel mit festen Währungen, die nicht immer in Gold und Geld, sondern — wie in unserem Fall — auch in Seide oder anderen begehrten Gütern bestehen konnten.

Dabei war es am Anfang sicher nicht der Gedanke an Handel, der in einem lange Zeit von Eigenversorgung und Tausch lebenden, vielfältig gegliederten Gemeinwesen, wie es das alte China war, im Vordergrund stand. Es ging einfach um Besitzerwerb und Besitzerweiterung, gleichgültig, wie sie erfolgten.

Jedenfalls waren Reichtum, Repräsentation und Erwerbung bestaunenswerter Neuheiten Bedürfnis und Ziel der herrschenden Familien Chinas, schon lange bevor ein regelrechter Warenaustausch erfolgte und Handel zu einem Wirtschaftszweig des Landes wurde.

Wie gering er im Staatswesen angesehen war, zeigt die Nichtachtung, die man den Händlern entgegenbrachte. Kaufleuten in China war es lange Zeit verboten, seidene Gewänder zu tragen, obwohl gerade sie ja Seide im Überfluß besaßen und durch den Seidenhandel die Staatseinnahmen ganz beträchtlich vermehrten.

Wenn man auch am Export interessiert war — Seide stellte ja nur eines, wenn auch das wichtigste Ausfuhrgut dar —, so mochte man in früher Zeit doch für den Import begehrter Güter möglichst nichts ausgeben. Man versuchte sie vielmehr durch Ausdehnung der Macht in den fernen Westen, durch Auskundschaftung und oft genug durch militärische Gewaltanwendung zu erlangen.

Es waren Güter, die man in China vorher nicht kannte, für die man sich aber sehr interessierte, zumindest was die Technik, vielleicht aber auch was die fertigen Produkte betraf.

Ich denke da vor allem an den Wagen, der nicht in China heimisch war, sondern ganz sicher im alten Mesopotamien erfunden worden ist. Er muß schon in frühester Zeit — zur Herrschaft der Shang-Fürsten — nach China importiert worden sein — sei es als Idee oder als ein Erzeugnis, das über Persien seinen Weg in den Osten fand.

Vielleicht war der erste Wagen, der den Chinesen zu Gesicht kam, ein Stück Kriegsbeute, das man schnell nachbaute und dessen Spurweite man alsbald normte, um die Straßen für alle Fahrzeuge, die natürlich wie jedes Luxusgut ein alleiniges Vorrecht des Hofes waren, nutzen zu können. Die Wagenspur war das Maß einer Straßenseite. Und das ist eine chinesische Erfindung.

Anders als mit dem Wagen, den man einfach nachbauen konnte, war es mit seinen Zugtieren, den Pferden. Auch sie waren nicht im alten zentralen China heimisch. Man kannte sie im Westen und vor allem im Norden, wo sie als Reittier das Lebenselement ganzer Völker, vor allem der den Chinesen feindlichen, sie immer wieder bedrohenden Hiung-nu waren.

Kein Zweifel, daß es sich auch bei Wagen und Pferd um Attribute des Reichtums handelte. Sie waren nicht nur wichtig für den Krieg, sondern ebenso für die fürstliche Repräsentation. Damit erhielten sie für die Herrschenden die gleiche Bedeutung wie Seide und Schmuck.

Beide waren Zeichen der Macht, die beim Volk Eindruck hinterlassen sollten. So begann damals, was bis heute als höfisches oder religiöses Zeremoniell, als Kulthandlung oder Staatsakt, weltliche wie geistliche Macht nach außen demonstriert. In China spielte die äußere Prachtentfaltung die zentrale Rolle im Staatswesen, ähnlich wie später im Byzantinischen Reich.

Dort wie hier hatte die Seide bei den großen Auftritten der Kaiser nicht nur als Sakralkleidung, sondern auch als Stoff für Kultobjekte zur Betonung von Rang und Würde ihre besondere Bedeutung. Seide zur Wagenverkleidung, als Thronhimmel sowie für Banner und Ehrenschirme in leuchtenden Farben mit sakralen Mustern spielte bei religiösen Zeremonien, Prozessionen oder hohen Festen eine zentrale Rolle. Sie prägte das farbenprächtige äußere Bild und machte auf die zuschauenden Massen einen unauslöschlichen Eindruck.

So wurde Seide mehr und mehr zu einem Mittel der Prachtentfaltung. Zugleich bekam sie einen zeremoniellen Charakter. Bestimmte Stoffe und Farben blieben auch nach der weiteren Verbreitung der Seidenkleidung dem Hof vorbehalten.

Dabei bildete sich Gelb als kaiserliche Farbe heraus, die für Stoffe wie auch beim Porzellan, ja selbst bei den lasierten Dachziegeln Privileg des Kaisers war und bis in unser Jahrhundert geblieben ist.

Auch der Schnitt der Kleider war dem Rang entsprechend festgelegt. Die Kleidung wechselte von Anlaß zu Anlaß. Bei einem Bankett trugen Kaiser und Hofstaat andere Gewänder als bei einem Empfang, bei Audienzen oder bei internen Beratungen.

Besonders streng war die Kleiderordnung für religiöse Feste, Totenfeiern, Staatsprüfungen und ähnliche repräsentative Anlässe. So war für die Kaiserinnen im Ahnentempel ein einfaches Kleid in schwarzer Farbe vorgeschrieben. Die Nebenfrauen trugen Violett. Auf diese Weise spiegelten Form und Farbe schon im äußeren Bild eines höfischen Zeremoniells die gesellschaftliche Ordnung klar wider.

Alles konzentrierte sich auch farblich auf das Zentrum, den Thron, und seine unmittelbare Umgebung, die zugleich symbolischer Ausdruck des Mittelpunkts dieser Erde mit dem Kaiser als seinem lebenden Abbild waren.

CHINA — MITTELPUNKT DER ERDE

Wann sich in China die Vorstellung ausgebildet hat, das Land und der Sitz seines Herrschers seien der Mittelpunkt der Welt, wissen wir nicht. Der Begriff »Reich der Mitte« hält sie fest bis in unsere Zeit. Und auf dem Gelände des Himmelstempels in Peking kann man noch heute inmitten einer Kultanlage aus weißem Marmor jene runde Steinplatte betreten, die einst allein Platz des Kaisers war, und dort das Bewußtsein genießen, im Zentrum des Erdkreises zu stehen.

Die Idee, Mittelpunkt der Erde zu sein, weckte natürlich in den

Vertretern solcher Vorstellung, bei Fürsten und Kaisern, zugleich den Wunsch, diesem Mittelpunkt alles Begehrenswerte zuzuordnen und einzuverleiben. Das Wissen, daß es Güter außerhalb Chinas gab, die dem Kaiser nicht zugänglich sein sollten, mußte bei solcher Einstellung unerträglich erscheinen. So kam es schon früh zu einem Expansionsdrang einzelner Fürsten besonders nach Süden und Westen, der dann von den ersten Kaisern in verstärktem Maße fortgesetzt wurde. Dabei bedingten sich Machtgelüste und wirtschaftliche Erwägungen gegenseitig.

Die chinesische Politik ging eindeutig von dem Gedanken zentraler Macht und Herrschaft aus und vertrat in ihrer Tendenz etwas, das zunächst in der Realität gar nicht vorhanden war — eben die chinesische Einheit.

Sie mag anfangs von Vertretern des Geisteslebens stärker betont worden sein als von einzelnen lokalen Fürsten. So hat ein Mann wie Kung tse, den das Abendland unter dem latinisierten Namen Konfuzius später als zentralen Geist Chinas betrachtete, mehr zu solchem Denken beigetragen als die Fürsten seiner Zeit, an deren Höfen er mit seiner Staatsphilosophie nicht das erhoffte Echo fand.

Trotzdem sind drei Elemente seiner Lehre bis in unser Jahrhundert richtungweisend, ja staatstragend für die konservative kaiserliche Politik in China gewesen: die Vorstellung von der totalen Ungleichheit aller Menschen, die strenge Familienordnung und das Prinzip der Erziehbarkeit des Menschen zu einem brauchbaren Glied der Gesellschaft. Dabei gilt diese Idee der Erziehbarkeit bei Kung tse natürlich nur für die Mitglieder der höheren Gesellschaft, womit sich der Kreis hin zur postulierten Ungleichheit aller Menschen schließt. Denn nur wer zur Gesellschaft gehört, hat Anspruch auf sorgfältige Erziehung und damit die Chance, eine seiner hohen Geburt entsprechende Position zu erlangen. Erst aus gesellschaftlicher Stellung und Erziehung entsteht der von Kung tse als Idealtyp angesehene Vertreter jener Staatsordnung, aus der sich später die Gentry, die in der Han-Zeit aus Großgrundbesitzern und Hofadel hervorgegangene Beamtenschicht, entwickelte. In dieser Gesellschaftsordnung mußten sich auch die Fürsten, ja selbst der Kaiser an ihrem Wissen und ihrer Etikette messen lassen.

Kein Wunder, daß der erste Herrscher Chinas, der mehr war als nur der Repräsentant einer zentralistischen Idee, Kung tse und sein feudalistisches Staatsdenken auszuschalten versuchte. Das geschah im dritten vorchristlichen Jahrhundert — zweihundert Jahre nach Kung tse.

Es war die Zeit, in der sich die Vorstellung, China sei das Zentrum der Erde, mehr und mehr verdichtete und der Herrscher zum Sohn des Himmels wurde – ein leiblicher Gott unter ideellen Gottheiten, in dem Macht und Einzigkeit des Landes zum Symbol verschmolzen.

Dabei war dieser erste Kaiser keineswegs Sproß einer großen Dynastie. Er stammte aus der Nebenlinie eines kleinen Fürstenhauses im Westen Chinas. Doch als er geboren wurde, gingen Zeit und Herrlichkeit der Feudalstaaten zwischen Yangtse und Gelbem Fluß zu Ende. Die Schwäche des Landes begünstigte die Stunde seines ersten Auftritts. Sein Weg als Herrscher führte von Erfolg zu Erfolg. Und noch aus zweitausend Jahren Entfernung erkennen wir in seiner Regierungszeit die Epoche des großen Umbruchs in der chinesischen Geschichte. Es ist die Geburtsstunde des chinesischen Reiches.

Die beiden dieser Umbruchszeit des dritten vorchristlichen Jahrhunderts vorangegangenen Epochen – die Shang- und die Chou-Zeit – hatten 1200 Jahre gedauert. In diesem Jahrtausend chinesischer Geschichte war das Land nie unter einem Herrscher geeint gewesen. Es gab viele Lokalfürsten. Die Shang saßen im Osten. Die Chou waren vom Westen her in das Gebiet der Shang vorgestoßen und hatten die lokale Macht der Shang mit dem Übergang über den Gelben Fluß gebrochen.

Westliche Elemente tibetischen und osttürkischen Einflusses veränderten die gewachsenen Kulturformen der Shang, die sich besonders in einer vollendeten Bronzekunst von weltweit nie wieder erreichter Schönheit und technischer Vollkommenheit ausdrückten.

Zum ersten Male war mit den Chou, die sich auf zahlreiche Stämme der Westländer stützten, ein Machthaber von außen in das zentrale China eingebrochen. Das geschah im Laufe der weiteren chinesischen Geschichte immer wieder. Von Westen kamen die Tibeter, aus dem Norden die Hiung-nu, dann die Mongolen, die ihre Herrschaft über ganz China ausdehnten, und schließlich die Mandschu aus dem Nordosten. Sie stellten die letzte Kaiserdynastie der Chinesen, die von 1644 bis 1911 den Thron innehatte.

Trotz jahrhundertelanger Fremdherrschaft hat man sich in China nie unterworfen gefühlt. China gelang es, fremde Herrscher und fremde Völker zu assimilieren.

Vor allem die Kaiser selbst, die als Eroberer gekommen waren, wurden zu Chinesen. Ihre chinesische Umgebung – Hof und Beamtenschaft – verstand es, sie von ihren eigenen Völkern zu isolieren und sie so stark in die chinesische Tradition einzubinden, daß China nie mehr in die Gefahr kam, seine nationale Identität zu verlieren. Auch nicht nach 1911, als das Kaiserreich zu Ende ging.

Heute bezeichnet man die zahlreichen Fremdvölker, die in den

Grenzen Chinas leben, als nationale Minderheiten, auch diejenigen, die selbst einmal Herrscher über China gewesen sind, wie die Mongolen oder die Mandschu.

Das ist ein einmaliges, einzigartiges Phänomen der Anverwandlung von Fremdem an eine große, festgefügte Ordnung, die ihr Zentrum im Kaiser und ihren äußeren Ausdruck im kaiserlichen Palast hatte.

Diese Ordnung hat ihren Ursprung im dritten vorchristlichen Jahrhundert. Sie ist zugleich die Voraussetzung für jenes Wirtschaftssystem, das mit der Ausdehnung des chinesischen Einflusses nach Westen entstand als eine Form früher chinesischer Außenpolitik.

Im Jahre 256 v. Chr. endete die lange Zeit der Chou-Herrschaft im Herzen Chinas. Der letzte Chou-Herrscher dankte ab zugunsten eines Lokalfürsten des Staates Chin, der aus der Provinz Shensi und aus dem östlichen Gansu bestand – einer weiten Landschaft, die noch heute als der Korridor Chinas nach Westen angesehen wird.

Wahrscheinlich ist diese Tatsache und die Ausbildung intensiver Handelsbeziehungen nach Westen, zu den Völkern Turkestans, der Grund für das politische Erstarken der Chin und dem damit verbundenen politischen Machtwechsel im Herzen Chinas gewesen.

Doch der Chin-Fürst, dem dieses Jahrtausenderbe einer bedeutenden, wenn auch immer wieder bedrohten Herrschaft zufiel, war der Aufgabe nicht gewachsen. Das erkannte der im Nachbarstaat Chao ansässige, aber weit über dessen Grenzen hinaus bekannte, starken Einfluß besitzende Großkaufmann Lü Pu-Wei – ein Pferdehändler wahrscheinlich –, der aber längst zu den Mächtigen im Lande zählte.

Was in Zeiten gefestigter fürstlicher Macht in China nie möglich gewesen wäre, geschah nun: Ein Kaufmann stellte politisch die Weichen für jene Entwicklung, die Chinas Schicksal für zweitausend Jahre bestimmen sollte.

Lü Pu-Wei hatte einen Prinzen aus dem Hause Chin kennengelernt, dem er die Fähigkeit des Herrschens zutraute. Dieser Prinz war der illegitime Sohn des Vorgängers jenes zu unerwarteter Macht gekommenen Chin-Fürsten. Der Prinz lebte als Geisel im Nachbarstaat Chao, der Heimat Lü Pu-Weis. Diesem gelang es, den schwachen Chin-Herrscher zu überreden, den Prinzen, der keinerlei Anrecht auf den Thron hatte, als seinen Nachfolger einzusetzen.

Nicht genug damit, verkaufte der geschickte Händler dem jungen Prinzen auch noch ein Mädchen als Frau, von dem er annehmen durfte, daß es, wie so oft in der chinesischen Geschichte, als Fürstin Einfluß auf die Politik ihres Mannes gewinnen würde.

24

Durch diese Manipulationen erreichte Lü Pu-Wei seinen eigenen Aufstieg an die Spitze der politischen Macht. Er wurde Ministerpräsident seines Schützlings und übernahm nach dessen Tod im Jahre 247 v. Chr. die Regentschaft für den unmündigen Herrschersohn Cheng, von dem damals noch niemand ahnte, daß mit ihm der gewaltige Shi-huang-ti, der erste Kaiser Chinas, heranwuchs.

Doch war Lü Pu-Wei, der alles gut vorbedacht und so geschickt arrangiert hatte, der erste, der das spüren sollte. Denn schon bald nach seinem Regierungsantritt entledigte sich der selbstbewußte Cheng seines Vormunds und setzte ihn ab.

Das einmalige Zwischenspiel des Kaufmanns am Kaiserthron endete schnell und gründlich. Lü Pu-Wei war über den Stellvertreter nicht hinausgekommen und mußte nun erleben, wie seine auf Diplomatie und Mäßigung aufgebaute Politik durch reine Aggression des jungen Herrschers und seiner neuen Ratgeber abgelöst wurde.

230 v. Chr. hatte der junge Shi-huang-ti im Vollbewußtsein seiner Möglichkeiten in einem schwachen, durch vielfältige Machtkämpfe zerrissenen Land den Thron bestiegen. Acht Jahre später waren alle Lehnsstaaten von ihm erobert und damit China zum ersten Mal unter einem Fürsten geeint.

So gilt heute noch das Jahr 221 v. Chr. als das Geburtsjahr des chinesischen Reiches. Sein umstrittener Herrscher kam in der Zeit der kommunistischen Kulturrevolution zu unerwartet neuen Ehren, als in der Nähe der alten Hauptstadt Sian 1974 eines der Nebengräber des Shi-huang-ti zufällig entdeckt und in den folgenden Jahren ausgegraben wurde.

Mehr als siebentausend überlebensgroße Terrakotta-Figuren von Kriegern, sechshundert Pferde und hundert Kriegswagen kamen zutage, naturgetreues Abbild einer jener Armeen, die damals der Schrecken der Feinde des Kaisers gewesen sein mögen.

Die Terrakotta-Armee ist heute unter einer riesigen Halle aus Stahl und Glas zu besichtigen als ein Zeugnis gegen die Behauptung, im China der Kulturrevolution seien alle Altertümer zerstört worden. Es ist zugleich ein Beweis für Chinas Kraft und Größe der ersten Stunde. So wie den Bronzen der Shang-Zeit nichts Vergleichbares aus späteren Epochen an die Seite zu stellen ist, nehmen sich die Terrakotten der Han und der nachfolgenden Dynastien vergleichsweise bescheiden aus neben den imponierenden Kriegerscharen des Shi-huang-ti.

Wenn man bedenkt, daß hier nur ein zufällig entdecktes Nebengrab vorliegt — der Hauptgrabhügel ist zwar bekannt und auch zu sehen, aber noch nicht ausgegraben —, mag man sich eine Vorstellung von der kulturellen Leistung machen, die dieser erste Kaiser, neben seinen gewaltigen Eroberungen, mit dieser rechtzeitig geplanten Grabanlage – seinem Andenken – in die Welt gesetzt hat.

Für alle seine Taten, zu denen auch der Bau der ersten Großen Mauer gegen die Eindringlinge aus dem Norden zählt, blieben dem Kaiser nur vierzig Jahre. Und es gab keine Chin-Dynastie, die auf ihn folgte. Er war der große Einzelne am Anfang einer bewegten Reichsgeschichte, die, betrachtet man sie rein machtpolitisch, bis heute andauert.

Unter Shi-huang-ti dominierte die Machtpolitik. Er regierte mit der Schlagkraft seiner Armeen. So schuf er sein Reich, das keine Gegner duldete, weder an den Grenzen noch im Innern. Selbst wenn er von der Vergangenheit, von der Tradition her Gefahr witterte, rottete er sie aus. Berühmtestes und zugleich traurigstes Beispiel ist die Bücherverbrennung von 213 v. Chr., der vor allem auch die Originalschriften des Kung tse und seiner Schüler zum Opfer fielen.

Nur wissenschaftliche und technische Schriften bestanden vor den Augen des großen Pragmatikers Shi-huang-ti. Die geistigen Richtlinien für seinen Staat und seine Regierung behielt er sich selbst vor.

Trotzdem waren sein Denken und Handeln tief im chinesischen Traditionalismus und seinen religiösen Vorstellungen verwurzelt. Das Prinzip seiner zu Lebzeiten geplanten und auch ausgeführten Grabanlage mit dem zentralen Grabhügel und den wohl vier, nach den Himmelsrichtungen geordneten riesigen Nebenkammern zeugt vom kosmischen System, als dessen Mittelpunkt er sich selbst empfand: als Lebender wie auch später als Toter – als Gott.

Seine weiten Inspektionsreisen, in deren Verlauf er schließlich seinen Tod fand, waren mehr als Demonstrationen kaiserlicher Anwesenheit. Sie vollzogen sich nach kosmischen Gesetzen und folgten den Wegen vom Zentrum zu den Rändern der Welt. Sie waren Ausdruck der Dominanz des Chin-Geistes und damit einer auch religiösen Realität Chinas weit über die Grenzen jener Ursprungsgebiete zwischen Yangtse (Chang Jiang) und Gelbem Fluß hinaus.

In diesem Reich und der Politik seines Herrschers war kein Platz für friedliche Beziehungen zur Umwelt, kein Platz für internationalen Handel. Und doch entstanden in dieser Zeit der harten militärischen Auseinandersetzungen, des Mauerbaus im Norden und der Vorstöße nach Westen die Voraussetzungen für außerchinesische Kontakte und Beziehungen zu jenen Völkern, ohne die es später einen organisierten Handel mit Zentral- und Vorderasien bis ins Mittelmeergebiet nicht hätte geben können.

Die Chin-Dynastie ging in blutigen Nachfolgekämpfen unter.

Erster wirklicher Nachfolger des Shi-huang-ti war ein Bauer aus dem Osten, einer jener Rebellen, die in der Geschichte Chinas oft nach wechselvollen Kämpfen die Macht an sich gerissen haben.

Liu Ki, der nach seinem Tode den offiziellen Kaisernamen Kao-tsu erhielt, begründete 206 v. Chr. nach hartem Ringen eine der großen Dynastien Chinas: die Han-Dynastie. Nach ihr nennt sich das Staatsvolk Chinas noch heute Han. Alle anderen Völker im Lande gelten als nationale Minderheiten. Und ich habe noch keinen Chinesen getroffen, der auf die Frage nach seiner Volkszugehörigkeit nicht mit besonderem Stolz geantwortet hätte: Ich bin ein Han.

In der Han-Dynastie entwickelte sich neben dem sich verstärkenden dynastischen Denken nun auch das nationale Selbstbewußtsein des Trägervolkes. Die Gentry, die unter den Han-Kaisern neu entstehende Beamtenschaft Chinas, wurde zu seinem lebendigen Symbol.

Während die Regierungszeit von Shi-huang-ti durch Krieg und Gewalt charakterisiert ist, erstarken unter den ersten Han-Kaisern auch Produktion, Wirtschaft und Handel. Das Land gesundet, die Bevölkerung vermehrt sich auffallend, und ein gewisser Wohlstand breitet sich aus. Trotzdem ist der internationale Handel zunächst noch die Ausnahme. Tausch mit all seinen Problemen steht für lange Zeit wirtschaftlich an erster Stelle. Er prägt vor allem das Verhältnis zu den Hiung-nu, den Nomaden des Nordens, die wir unter dem Namen Hunnen kennen, obwohl sie mit den Hunnen, die Jahrhunderte später den Osten Europas überfluteten, nichts zu tun haben.

Gegen die ständige Bedrohung aus dem Norden hatte Shi-huang-ti mit der ihm eigenen Konsequenz die Große Mauer errichtet. Damit war die chinesische Grenze weit in das Gebiet der Nomaden vorgeschoben worden. Man hatte die Hiung-nu von wichtigen Weideplätzen abgeschnitten, was die Grenzstämme zu immer neuen Angriffen gegen die Mauer und die nördlichen Garnisonen der Chinesen veranlaßte.

Nun waren nach Shi-huang-tis Tod und in den darauf folgenden politischen Wirren die Söldnertruppen im Norden, die hauptsächlich aus Gefangenen und Deportierten bestanden, so demoralisiert und geschwächt, daß von den Hiung-nu immer wieder erfolgreiche Angriffe vorgetragen und chinesische Lager geplündert werden konnten. Dabei kann man von einer Art Mundraub sprechen, denn in der Tat war die Versorgung der Nomaden mit Nahrung und Futter für die Tiere längst nicht mehr gewährleistet. Die oft gegeißelte Grausamkeit der Hiung-nu, die für jeden erbeuteten Feindesschädel von ihren Anführern reich belohnt wurden, ist zum Teil auch aus dem Selbsterhaltungstrieb von Menschen zu erklären, die den Reichtum der südlichen Bauern wohl kannten, doch selbst von ihren angestammten Weideplätzen willkürlich abgeschnitten worden waren.

Der große Gegenspieler des ersten Han-Kaisers im Norden war Mao-tun, dessen Vorgänger die Stämme der Hiung-nu in einem Feudalsystem zusammengeschlossen hatte. Mao-tun, ein energischer Heerführer, stellte mit seinen gewaltigen Reiterscharen eine nicht zu unterschätzende Bedrohung für das junge Han-Imperium dar. Die Bedrohung wuchs sich zu einer ständig zunehmenden Gefahr aus, die weder militärisch zu bannen noch durch taktische Maßnahmen endgültig zu beseitigen war.

Um 200 v. Chr. war es dann infolge eines Bündnisses der Hiung-nu mit einem nordchinesischen Fürsten so weit gekommen, daß ein vereinter Generalangriff der beiden Gegner Chinas wahrscheinlich das frühzeitige Ende des Han-Reiches bedeutet hätte. Aber Mao-tun war klug genug zu erkennen, daß er mit seinen Nomadenheeren das chinesische Reich wenn auch erobern, so doch nicht würde beherrschen können. Er begnügte sich mit vertraglichen Abmachungen, die seinem Volk die erforderliche Nahrung garantieren sollten. Besiegelt wurde dieser aus Sorge der Han um die Zukunft ihres Landes geschlossene erste chinesische Auslandsvertrag mit einer Han-Prinzessin als Frau für Mao-tun und jeden seiner Nachfolger. Damit wurden zwar die Überfälle einzelner Nomadenstämme an der Nordgrenze nicht beendet. Aber die große Bedrohung für China war gebannt.

DIE EXPEDITIONEN DES CHANG K'IEN

Im Innern hatte China inzwischen eine wirtschaftliche Stabilität erreicht, die ohne Expansion, ohne internationalen Handel nicht zu halten gewesen wäre. Die Seidenproduktion hatte in der frühen Han-Zeit einen Umfang angenommen, der längst nicht mehr nur eigene Bedürfnisse deckte, sondern Absatzmärkte erforderte.

Dabei ging es nicht allein um Bekleidungsstoffe, sondern auch um Seide als Rohstoff für viele andere Fertigungsbereiche. Schnüre, Instrumentensaiten und Seile wurden genauso aus Seide hergestellt wie schußsichere Panzer, wasserdichte Behälter für den Transport von Flüssigkeiten, Isoliermasse; ja selbst Gefäße — wie die berühmten lackierten Seidentassen — entstanden aus dem begehrten Rohstoff.

Besonders kostbares Papier — das sogenannte Hadernpapier — wurde aus Seide gefertigt, und Seidenabfälle dienten zum Abfüttern von Winterkleidung. Doch mehr noch: Ballen feiner Rohseide wurden neben Gold und Silber zur Landeswährung, in der man Beamtengehälter und Dienstleistungen bezahlte.

Der Schritt zur internationalen Währung war von hier aus nicht mehr weit. Doch galt es zunächst einmal, erreichbare und aufnahmefähige Märkte zu erschließen, die über jene bereits seit Jahrhunderten bestehenden kleinen und mehr zufälligen Tausch- und Handelsplätze weit hinausreichen mußten.

Es war also erforderlich, bereits bestehende Verbindungen kommerziell zu intensivieren und neue zu knüpfen. Das war angesichts sich ständig verändernder politischer Verhältnisse und der trotz des Vertrages mit den Hiung-nu andauernden Bedrohung aller Verbindungswege nach Norden wie auch nach Westen und Süden eine schwierige, fast unlösbare Aufgabe. Sie wurde dadurch nicht leichter, daß die meisten Han-Kaiser in erster Linie an eine Erweiterung des chinesischen Territoriums und erst jenseits möglicher, durch Eroberung erreichbarer Grenzen an Tausch- und Handelsbeziehungen dachten.

Chinesische Politik verlief in diesen Jahrhunderten um die Zeitenwende durchaus zweigleisig. Sie war Macht- und Eroberungspolitik, gleichzeitig aber auch internationale Handelspolitik. Darin lag ihr Erfolg, zugleich aber auch ihre große Schwierigkeit.

Nach einer Zeit der friedlichen Stabilisierung des Reiches und des kulturellen Aufschwungs, die besonders mit dem Namen des Kaisers Wen ti verbunden ist, kam es unter dem sechsten Han-Herrscher — Wu-ti — zu neuen außenpolitischen Aktivitäten, die in erster Linie zu einem Bündnissystem gegen die noch immer bedrohlichen Hiung-nu führen sollten. Dieses Ziel aber konnten die Han auf normalen Wegen nicht erreichen.

Die Macht der Hiung-nu war im Norden und Nordwesten ungebrochen. Mögliche Bündnispartner saßen jenseits der Hiung-nu-Territorien. Man kannte sie nicht direkt, sondern nur aus Berichten, die gelegentlich von Gefangenen, Karawanenführern oder wagemutigen Reisenden an den Kaiserhof drangen. Ihre Glaubwürdigkeit mußte in Frage gestellt werden. Andererseits zeigte es sich, daß der unter Wen ti intensivierte Handel mit Zentralasien, der inzwischen ein beträchtliches Volumen erreicht hatte, von den auch in weiten Teilen Gansus sitzenden Hiung-nu ständig bedroht wurde und von ihnen auch jederzeit ganz zum Erliegen gebracht werden konnte. Das wäre für die chinesische Wirtschaft ein schwerer Schlag gewesen. Außerdem bestand die Gefahr eines Bündnisses der Hiung-nu mit den China gleichfalls feindlich gesinnten Tibetern, zu denen die Hiung-nu bereits Verbindungen geknüpft hatten.

Ein solches Bündnis wäre das Ende der chinesischen Westpolitik, besonders auf dem Gebiet des Handels gewesen. Wir müssen uns nämlich vergegenwärtigen, daß seit dem zweiten vorchristlichen Jahrhundert in ständig wachsendem Maße Handelskarawanen den Weg zwischen Westchina und den angrenzenden Nomadengebieten benutzten, um chinesische Waren — vor allem Seide — ins Tarim-Becken und weiter nach Persien und zum Mittelmeer oder über die Nordroute ins Gebiet der heutigen Sowjetunion zu transportieren.

Aus den Zielgebieten dieses Handels brachten sie auf ihrem Rückweg in China begehrte Waren mit, die besonders für den Kaiserhof und die reiche Gentry-Schicht der Hauptstadt Changan — dem heutigen Sian — bestimmt waren.

Die Karawanenführer und Händler waren zum größten Teil keine Chinesen. Doch sie unterhielten gute Beziehungen zum chinesischen Hof und seiner Verwaltung, besonders aber auch zu den chinesischen Beamten in den Grenzgebieten, die durch den Handel genauso reich wurden wie die Händler selbst, wenn auch ohne deren beträchtliche Risiken. Auf alle Fälle gab es eine breite Schicht von mittelbar oder unmittelbar am Handel Beteiligten und Interessierten.

Der kaiserliche Hof entfaltete exotischen Glanz und Reichtum aus der Fülle der fremden Waren, die modebildend wirkten und auf die niemand verzichten mochte. So war das Interesse an offenen, sicheren Karawanenwegen nach Westen und Nordwesten nicht nur ein politisches, sondern auch ein persönliches Anliegen vieler Menschen im China jener Zeit, besonders aber in seiner Hauptstadt, die längst schon zu einem der wichtigsten Warenumschlagplätze der damaligen Welt geworden war.

Bedenkt man die vertraglichen Verpflichtungen, die für den Kaiserhof gegenüber den Hiung-nu nach wie vor bestanden: Lieferung von Getreide und Bereitstellung einer Han-Prinzessin für jeden neu zur Macht kommenden Hiung-nu-Fürsten, versteht man, daß die Herrscher des ständig reicher und mächtiger werdenden China nach Auswegen aus dieser entwürdigenden Situation suchten, zumal die Hiung-nu zwar nahmen und auch mahnten, wenn eine Lieferung nicht erfolgte, zugleich aber eine nie abreißende Bedrohung für China und seine Handelswege blieben.

Deshalb hatte man am chinesischen Kaiserhof schon lange darüber nachgedacht, wie die bedrückenden Verhältnisse zu ändern seien. Wohl wußte man aufgrund der Handelskontakte von mächtigen Völkern im Westen. Doch der Weg zu ihnen führte durch hunnisches Gebiet.

Trotzdem entschloß sich Kaiser Wu-ti im Jahre 138 v. Chr., den alten Feinden der Hiung-nu, den von ihnen aus ihren früheren Weidegründen vertriebenen Yüeh-chih, eine Botschaft zu übermitteln, um sie zu einem Bündnis gegen den gemeinsamen Feind zu bewegen.

Der Mann, den er für diese heikle Mission auswählte, war der Chef seiner Palastwachen — Chang K'ien —, eine Persönlichkeit von ungewöhnlichen Körperkräften, mit lauterem Charakter, ein Beamter, der das volle Vertrauen seines Kaisers genoß.

Mit hundert freiwilligen Begleitern brach Chang K'ien nach Westen auf, ohne große Hoffnung, je zurückzukehren. Nicht nur, daß es kaum sichere Nachrichten über den Sitz der Yüeh-chih im heutigen West-Turkestan gab. Der Weg dorthin führte über weite Strecken durch das Hoheitsgebiet der Hiung-nu. Wie man das unbemerkt durchqueren sollte, wuße niemand, auch der unerschrockene Chang K'ien nicht. So ist es kaum verwunderlich, daß die chinesische Mission schon bald nach dem Betreten des Hiung-nu-Gebietes im heutigen Gansu hunnischen Truppen in die Hände fiel.

Chang K'ien und seine Begleiter wurden vor den Shan-yü — den König der Hiung-nu — gebracht, der die Chinesen erstaunlicherweise nicht, wie es allgemein Brauch war, sofort umbringen ließ, sondern sie vielmehr streng vernahm und dann als Gefangene in seinem Lager behielt. Offenbar fand er Gefallen an Chang K'iens offener, mutiger Art. Mag sein, daß auch die chinesische Frau des Shan-yü für die Männer eintrat, deren Mission man bei den Hiung-nu nur als Spionage ansehen konnte.

Chang K'ien und seine Begleiter lebten bei den Hiung-nu, heirateten dort und wurden nach einiger Zeit nicht mehr so streng bewacht wie am Anfang. Trotzdem blieb Chang K'ien fast zehn Jahre bei den Hiung-nu und wurde so zum besten Kenner dieses Volkes unter den Chinesen.

Die Hiung-nu haben ihn und seine Getreuen in all diesen Jahren unbehelligt gelassen, obwohl die Chinesen inzwischen mit List versucht hatten, den Shan-yü gefangenzunehmen. Das geschah 133 v. Chr., im fünften Jahr der Gefangenschaft Chang K'iens im Lager der Hiung-nu. Selbst als die Chinesen ihren vertraglichen Verpflichtungen nicht mehr nachkamen und die Hiung-nu mehrfach militärisch angriffen, bekamen das Chang K'ien und seine Männer offenbar nicht zu spüren.

Jedenfalls konnte der seinem kaiserlichen Herrn noch immer treu ergebene Botschafter im Jahre 128 v. Chr. unbemerkt entkommen und erreichte nach wochenlangen Märschen tatsächlich das Hauptlager der Yüeh-chih, wo er sich durch den sorgfältig aufbewahrten Yakwedel seines Kaisers — den damaligen Diplomatenpaß — als legitimer

Botschafter Chinas ausweisen konnte. Allerdings waren die Yüeh-chih, so sehr sie sich auch durch die kaiserlich-chinesische Delegation geehrt fühlten, nicht bereit, ein Militärbündnis mit den Chinesen zu schließen. Zu gut kannten sie die Härte und Grausamkeit der Hiung-nu, als daß sie es auf eine kriegerische Konfrontation hätten ankommen lassen mögen.

So trat Chang K'ien unverrichteterdinge, wenn auch reich an Kenntnissen über die bisher kaum bekannte westliche Welt, den Heimweg an. Über baktrisches Gebiet, das heute zu Afghanistan gehört, versuchte er Tibet zu erreichen, wurde jedoch abermals von den Hiung-nu gefangengenommen.

Kämpfe um die Thronfolge — der alte Shan-yü war inzwischen gestorben und sein Sohn 127 v. Chr. zu den Chinesen übergelaufen — bewahrten Chang K'ien ein zweites Mal vor dem Schlimmsten. Von seinen hundert Begleitern war allerdings nur eine Handvoll übriggeblieben. Noch einmal konnte er entfliehen und stand dann schließlich 125 v. Chr. ohne greifbares Ergebnis, aber reich an Erfahrungen vor seinem Kaiser, der längst nicht mehr mit seiner Rückkehr gerechnet hatte.

Chang K'ien wurde trotz seines diplomatischen Mißerfolgs vom Kaiser mit wertvollen Geschenken überhäuft und in den Adelsstand erhoben. Seine Informationen über die Westländer waren dem Hof in Changan von unschätzbarem Wert.

In Kokand, einem Fürstentum in Ferghana, der heutigen Sowjetrepublik Usbekistan, hatte Chang K'ien bei einem längeren Zwischenaufenthalt die besten Pferde gesehen, die man damals kannte. Sie hatten härtere Hufe als die chinesischen Pferde, und da man um die Möglichkeit des Beschlagens mit Hufeisen zu jener Zeit noch nicht wußte, war das für Kampfrosse besonders wichtig.

Der Kaiser war von der Nachricht über diese Wunderpferde, von denen es hieß, sie legten tausend Li — das sind 644,4 Kilometer — am Tag zurück, so fasziniert, daß er nur noch darüber nachdachte, wie er in den Besitz solcher Pferde kommen könne.

Er schickte mehrere Gesandtschaften nach Kokand mit der Bitte, ihm einige Exemplare der Wundertiere zu überlassen. Doch die Mächtigen von Kokand meinten, China sei weit und gewiß nicht in der Lage, Kokand militärisch anzugreifen. So verweigerten sie den chinesischen Unterhändlern die Pferde. Für die Chinesen aber, die in den Kämpfen gegen die Hiung-nu zwischen 121 und 119 v. Chr. nach Auskunft der Annalen mehr als hunderttausend Pferde verloren hatten, war es nicht nur eine Laune des Kaisers, sondern eine wirkliche Existenzfrage, ob sie zu neuen, leistungsstarken Rössern kommen würden oder nicht.

So rüstete Wu-ti, nachdem seine Botschaften in Kokand stolz abgewiesen worden waren, ein Heer von sechzigtausend Mann mit einem riesigen Troß gegen die ferne Stadt.

Die Hälfte des Heeres erreichte nach unsäglichen Strapazen Kokand und belagerte den stark befestigten Ort. Der Fluß, der Kokands einzige Wasserzufuhr war, wurde von den Chinesen umgeleitet. Nach vierzig Tagen gelang es den Truppen Wu-tis, die äußeren Mauern der Stadt zu stürmen. In dieser bedrängten Lage boten die Führer von Kokand die Auslieferung ihrer besten Pferde an.

Ein Vertrag besiegelte den Frieden nach diesem ersten Feldzug Chinas in die Westländer. Die Folge war Unterwürfigkeit der kleinen Fürsten am Wege. Und — die Hauptsache — man brachte gute Pferde mit nach Hause. Aber die Opfer, die das Unternehmen Wu-tis gekostet hatte, waren gewaltig. Nur zehntausend chinesische Krieger kehrten in die Heimat zurück. Auch von diesen waren die meisten verwundet oder krank.

Doch die nun beginnende Aufzucht der Rösser von Kokand brachte China in den folgenden Jahren Reittiere von hervorragender Qualität, ohne die sein machtgieriger Kaiser die großen militärischen Aktionen, die er vorhatte, nicht hätte durchführen können.

Der Bericht über Kokand und seine großartigen Pferde war aber nur eine der wertvollen Nachrichten Chang K'iens gewesen. Er hatte auf seiner Expedition mehr gesehen und erfahren als je ein Chinese vor ihm. Zum ersten Mal konnte am Kaiserhof in Changan ein Augenzeuge aus der Umgebung des Himmelssohnes über die sagenumwobenen Gebiete des Tarim-Beckens, des sich nördlich davon erstreckenden Himmelsgebirges und der noch weiter nördlich wie westlich gelegenen Landschaften sowie über die dort lebenden Menschen berichten.

Chang K'ien hatte nicht nur viele der westlichen Fürsten persönlich kennengelernt. Er hatte bei den Yüeh-chih auch von noch weiter westlich liegenden großen, mächtigen Reichen gehört, hinter deren für uns heute schwer zu enträtselnden Namen sich wahrscheinlich Persien und Rom verbergen. Auf diese Weise erfuhr man am chinesischen Kaiserhof zum ersten Mal von Ländern, die vielleicht so groß und so mächtig wie China selbst sein mochten.

Der Kaiser Wu-ti war klug genug zu begreifen, daß es sich da um Mächte außerhalb seines Einflußbereichs handelte, die er weder als Feinde zu fürchten hatte noch als Verbündete gebrauchen konnte.

Wohl aber waren sie als Handelspartner Chinas interessant. Über viele Zwischenstationen gab es längst Verbindungen, wenn man auch die Zielorte nicht kannte. Dem Kaiser aber wurde das gewaltige

Handelspotential, das diese Völker und Reiche des Westens darstellten, jetzt, durch Chang K'iens Bericht, zum ersten Mal voll bewußt. Das hat wahrscheinlich zu einer völligen Neuorientierung Chinas im Hinblick auf den Westen geführt.

Der Kaiser zog eine klare Konsequenz. Was man schnell und endgültig beseitigen mußte, waren alle Gefahren, die einer Erweiterung und Intensivierung des Westhandels drohten. Hier standen an erster Stelle noch immer die Hiung-nu.

Wu-ti sah in Chang K'ien, der die Hunnen wie keiner sonst aus der kaiserlichen Umgebung persönlich kannte, den geeigneten Mann, das Problem nunmehr militärisch zu lösen. Er rüstete ein gewaltiges Heer und schickte es unter Chang K'iens Befehl gegen die Hiung-nu. Der Auftrag lautete, die Hunnen aus dem Westen zu vertreiben und so weit nach Norden zurückzuschlagen, daß sie in Zukunft keine Bedrohung mehr für China und seine Handelswege darstellen konnten.

Der große Plan endete als Fiasko. Das Heer Chang K'iens erlitt eine schwere Niederlage, und sein Befehlshaber wurde, als er mit den geschlagenen Resten seiner Armee nach Changan zurückkehrte, ohne Rücksicht auf seine großen früheren Verdienste zum Tode verurteilt. Das war das Schicksal, das im alten China jeden Heerführer erwartete, der im Kampf unterlag und nicht auf dem Schlachtfeld blieb.

Chang K'ien hatte viele gute Freunde in der Umgebung des Kaisers, und so gelang es ihm, begnadigt zu werden. Er erlangte das Vertrauen seines kaiserlichen Herrn zurück und brach nach kurzer Zeit in dessen Auftrag ein drittes Mal nach Westen auf – dieses Mal wieder als Gesandter Chinas.

Es ging darum, die Wu-sun, ein mit den Hiung-nu verfeindetes Nomadenvolk, als Verbündete zu gewinnen und von ihnen die Zusage des Schutzes der internationalen Handelsstraßen, die durch ihr Gebiet führten, zu erlangen.

Auch dieses Mal fand Chang K'ien bei seinen Gesprächspartnern keine Bereitschaft zum Waffenbund. Er mußte noch einmal erfahren, wie sehr die Hiung-nu hier im Norden gefürchtet waren, obwohl die chinesischen Schläge, selbst der erfolglose Feldzug Chang K'iens, ihre Macht und Tatkraft beträchtlich reduziert hatten.

Das Ergebnis von Chang K'iens Mission blieb wiederum auf das Knüpfen von Beziehungen und auf Informationen beschränkt. Die positive Auswirkung für den chinesischen Westhandel allerdings war unübersehbar, obwohl es zeitgenössische Berichte darüber nicht gibt und der Transitverkehr nach wie vor hauptsächlich in den Händen von zentralasiatischen Händlern und Nomaden lag, die gegen hohe Gewinne auch das gesamte Risiko des Geschäfts trugen.

Chang K'ien war noch einmal die Heimkehr von einer abenteuerlichen, gefahrvollen Expedition vergönnt. Er brachte seinem Kaiser eine Herde schönster Steppenpferde als Geschenk mit und wurde dafür wieder reich belohnt. Doch seine Kraft war gebrochen. Im Dienst Wu-tis und seiner ehrgeizigen Pläne hatte er sich verzehrt. Er starb kaum ein Jahr nach seiner Rückkehr von den Wusun in Changan als hochgeehrter Mann und Freund des Kaisers.

STÜTZPUNKTE IM WESTEN: DIE ERSTE SEIDENSTRASSE ENTSTEHT

Niemand weiß, wann und wo in China die erste Karawane mit Waren nach Westen aufgebrochen ist. Sicher gab es vorher eine lange Zeit, in der Güter im Tauschhandel von Ort zu Ort, von Provinz zu Provinz weitergegeben wurden, bis sie eines Tages ihren Bestimmungsort, oder sagen wir besser, den Platz, an dem sie Interesse und zahlungskräftige Käufer fanden, erreichten. Als man schließlich erkannte, daß bestimmte Waren in abschätzbaren Mengen an gewissen lokalen Märkten mit gutem Gewinn verkauft werden konnten, mag das die ersten Händlerkarawanen in Bewegung gesetzt haben.

Seit alters her kannte man Plätze, wo sich Nomaden trafen, um Waren, aber auch um Neuigkeiten auszutauschen. Sie lagen in Oasen, an Wasserstellen oder markanten Punkten in Wüsten und Steppen. Auch die Wege dorthin verliefen nicht zufällig. Sie folgten der sichersten Route, der besten Begehbarkeit des Geländes, vermieden Strecken, wo Gefahren durch Räuber, wilde Tiere, Sandstürme, Steilwände, Schluchten und Erdrisse sowie plötzlich anschwellende Wasserläufe bestanden.

So hatten sich aus Erfahrung Straßen ergeben, die, oft hundert und mehr Meter breit, nicht den kürzesten, wohl aber den besten und sichersten Weg zwischen zwei Punkten darstellten. Ihnen folgte man. Sie wurden zu Fernrouten, an denen schließlich gesicherte Rastplätze, Karawansereien, Siedlungen und endlich feste Städte entstanden, von denen noch heute beachtliche Ruinen aus frühester Zeit zeugen. Das war die Situation, in der auch die chinesischen Machthaber von den Handelsbeziehungen und ihren Betreibern Kenntnis nahmen.

Handel war im Anfang kein Staatsprivileg, wenn auch der Kaiser und seine Beamten, vor allem die auf den Außenposten, sehr bald erkannten, daß hier eine Einnahmequelle für den Staat, aber auch für die eigene Kasse leicht zu erschließen war.

Schnell begriff man bei Hofe und in der lokalen Administration, daß der Handel außerhalb der unmittelbaren Machtsphäre des Staates eines militärischen Schutzes bedurfte, den vor allem die Han-Kaiser immer wieder zu gewährleisten versuchten, was allerdings, wie wir gesehen haben, nicht leicht war.

Es kam zum Konflikt zwischen Leistung und Erwartung. Denn jede Schutzbemühung löste bei allen, die damit zu tun hatten, zugleich die Erwartung reicher Belohnung aus, was zu einer ständigen Erhöhung der Warenpreise führte. Alle Gewinne, Zölle, Schmiergelder, Kosten für militärischen Schutz und Risikoprämien wurden natürlich den Endpreisen zugeschlagen. Das hätte große Teile des Transitgeschäfts zum Erliegen bringen können, wenn die Abnehmer gewisser Luxuswaren, so eben der chinesischen Seide, nicht bereit gewesen wären, jeden Preis für das begehrte Gut zu zahlen.

Die Folge war ein Anwachsen der am Verdienst beteiligten Zwischenstationen – weit über jede Notwendigkeit hinaus. Viele Plätze profitierten von der Einrichtung der Transitwege, ohne wirklich dafür gebraucht zu werden. Doch das war eine späte Folgeerscheinung.

In den Anfängen des Handels dagegen fehlten für die ziehenden Händler jeder Schutz und jede Sicherheit, was sich natürlich schon damals auf die Preise auswirkte.

Eine wirklich durchgehende Straße zwischen der chinesischen Hauptstadt Changan und dem östlichen Mittelmeer hat es fast nie gegeben. Immer bestanden Schwachstellen und Unterbrechungen, so daß von einem kontinuierlichen Verkehr auf diesem weiten Weg wohl kaum die Rede sein kann – zumindest nicht für die Frühzeit.

Man mußte warten, ausweichen, umkehren – das war Händlerschicksal, noch in der späten Han-Zeit und darüber hinaus. Es kennzeichnet die sogenannte Seidenstraße von Anfang an als eine der unsichersten, gefahrenreichsten Transitstrecken dieser Erde. Die Chronik ihrer Verluste an Menschen, Tieren und Waren ist nie geschrieben worden. Sie wäre ein Zeugnis des Schreckens.

Die Chronik ihrer Erfolge dagegen, nicht nur die der kaufmännischen, ist kaum zu überschauen. Sie umfaßt noch in den erhaltenen, überlieferten Texten Tausende von Seiten in vielen Sprachen, von denen so manche inzwischen untergegangen ist. Wir haben hier Zeugnisse wirtschaftlicher und kultureller Wechselbeziehungen zwischen Rom, dem Vorderen Orient und dem Fernen Osten, die ohne den Ausbau von Handelsbeziehungen wahrscheinlich nie zustande gekommen wären.

Man muß sich also fragen, ob das, was wir heute als zentralasiatische Kultur bezeichnen und worüber hier ausführlich zu berichten sein wird, ohne den Ost-West-Handel, das aber heißt ohne die Seide Chinas, je entstanden wäre und sich so weiträumig verbreitet hätte.

Dabei ist nicht nur an die Seide als Handelsware und Exportartikel, sondern vor allem auch an die Seide als Zahlungsmittel, als Währung zu denken. Denn durch diese Verwendung hat sie schließlich ihre einzigartige Bedeutung erlangt, mit der sie bis ins vierte Jahrhundert chinesisches Monopol blieb.

Eine international gültige Währung, die auf einem streng gehüteten Produktionsgeheimnis und einer gewaltigen Wirtschaftskraft beruht, das war Chinas Stärke in den ersten nachchristlichen Jahrhunderten. Diese Währung war nicht wie Gold oder andere Metalle von Fundstätten abhängig, sondern allein vom Fleiß und der Sorgfalt der chinesischen Bäuerin im Umgang mit den Seidenraupen und ihren Kokons.

Seide war ein Wirtschaftsprodukt, das angesichts seiner Beliebtheit und des weltweiten Bedarfs als Währung nie inflationistischen Tendenzen ausgesetzt war, zumal es — und das ist das Einmalige an diesem »Geld« — dem Verschleiß unterlag. Man konnte also weder an langjährige Hortung, wie bei Gold und anderen Metallen, noch an Verzinsung wie bei unseren Währungen denken.

Dieses Geld verlor von Tag zu Tag an Wert, ob man es nun stapelte und dabei dem Alterungsprozeß aller Naturprodukte preisgab oder aber, ob man es als Kleidung verarbeitete, um es zu tragen und damit dem natürlichen Verschleiß auszusetzen. Es handelte sich also um eine Art Schwundgeld, wie es in modernen Wirtschaftstheorien wieder auftauchte als Mittel gegen mangelnden Konsum und produktionsgefährdende Vermögensbildung.

Was China ausgab, war ständig reproduzierbar und konnte in seiner Menge dem tatsächlichen Bedarf angepaßt werden — sowohl dem Bedarf als Ware wie als Geld. Das ergab eine ideale Wirtschaftsbasis, der nur die internationale Absicherung nach Westen fehlte, womit ihr Bestand durch die gleichzeitig maßlos wachsenden Luxusbedürfnisse des chinesischen Hofes und seiner Gentry gefährdet war.

So galt es, ein doppeltes Sicherungssystem zu schaffen und zumindest in den Gebieten für seine Erhaltung zu sorgen, die direktem chinesischem Einfluß unterlagen. Das war nicht leicht, da sich dieser Einfluß mit der Entfernung von der Hauptstadt zunehmend verringerte.

Wenn wir von einem chinesischen Reich um die Zeitenwende sprechen, so dürfen wir uns darunter kein zentralistisch beherrschtes, strenggeordnetes Staatswesen vorstellen. Die Zentralisierung existierte genauso wie die Mittelpunktsvorstellung zwar als Idee, an die man in der Hauptstadt wohl auch glaubte. Der tatsächliche Einfluß des Hofes aber war schon einige hundert Kilometer von Changan entfernt recht gering und bestand in Gebieten wie Szechuan und Gansu nur noch in der Anwesenheit chinesischer Repräsentanten, deren Interessen allerdings mehr auf die eigenen Gewinne als auf das Kaiserhaus gerichtet waren.

Um diese Leute fern der Hauptstadt überhaupt zur Loyalität zu bewegen, mußte die Staatsmacht in gewissen zeitlichen Abständen militärisch präsent sein und auch Kontrolleure schicken. Doch das allein hätte zur Aufrechterhaltung eines selbst nur losen Staatsgefüges nicht genügt, so daß die Vollmachten, die man den Staatsvertretern in entlegenen Gebieten ließ, das eigentlich Entscheidende waren.

Die Männer, die China in den Provinzen fern von Changan vertraten, waren nicht nur Steuereinnehmer des Kaisers, sie verfügten auch über eine begrenzte militärische Macht. In angrenzenden Vasallengebieten waren sie außerdem zum Eintreiben der vom Hof festgesetzten Tribute berechtigt. Das alles gab ihrer Position Macht und Rückhalt. Im Falle nachbarlicher Konspiration hätten sie dem Hof gefährlich werden können.

Dem beugte der Kaiser einmal durch ein geschicktes System der Doppelbesetzung wichtiger Posten vor, das sich besonders in der späteren Zeit der Tang-Herrscher durchsetzte. Aber auch ein nie ganz eindeutig festgelegter, hoher Anteil an den Steuereinnahmen und eine gute Bezahlung sorgten bei Chinas Statthaltern für jenes Maß an Kaisertreue, das erforderlich war, um ein so riesiges Gebiet zusammenzuhalten und nicht durch partikularistische Praktiken allmählich auseinanderbrechen zu lassen.

Diese Gefahr war schon allein dadurch gegeben, daß überall an den Grenzen Fremdvölker mit eigener Sprache und Kultur ansässig waren, die ganz andere politische Interessen vertraten als der Hof in Changan. Viele von ihnen waren Nomaden und schon deshalb nicht auf das chinesische Ordnungsprinzip einzuschwören, dessen Grundlage das seßhafte Bauerntum war.

Hier nun wurde die Seide zu einem wichtigen Zahlungs- und Belohnungsmittel. Denn die Beamten im Westen und Nordwesten des Landes konnten die ihnen in Seidenballen ausgezahlten Bezüge meist schnell und mit gutem Gewinn an die angrenzenden Nomadenvölker oder auch an die aus dem Westen kommenden Kaufleute weiterverkaufen. Dadurch entstand für alle, die an diesem Handel beteiligt waren, eine Art Zinsgewinn.

Denn auch darin unterscheidet sich die Seide in jener Zeit von anderen Währungen, daß der Ballen — international gesehen — keinen festen Wert darstellte.

Nur in den Grenzen Chinas und auch dort allein in seiner Funktion als Zahlungsmittel hatte der in Qualität und Gewicht festgelegte Seidenballen seinen verbindlichen Preis. Je weiter er nach Westen gebracht wurde, um so kostbarer war er.

An Tagen kurz vor dem Aufbruch großer Karawanen in die Westländer wuchs der Preis bei entsprechender Nachfrage der abreisenden Händler, so daß vor allem in den Grenzgebieten Gansus und in den Oasen des Tarim-Beckens damals schon eine Art Börse entstand. Besonders schöne, kostbar gewebte Seidenstoffe wurden oft bis zur letzten Minute von ihren Besitzern zurückgehalten, um bei entsprechender Nachfrage einen möglichst hohen Preis dafür zu erzielen. Das konnte natürlich auch zu herben Enttäuschungen führen, denn es gab Händler, die einheimische Anbieter blufften, um auf diese Weise — etwa durch die Behauptung, sie hätten schon viel zu viel Ware — einen möglichst niedrigen Preis für letzte Ankäufe zu bezahlen. Wir sehen, hier ist bereits eine regelrechte Spekulation im Gange, die sich natürlich überall entlang des weiten Weges der Karawanen fortsetzte.

Die Stützpunkte des kaiserlichen China, die zunächst allein als militärische Schutzposten für die Händler und damit für die Wirtschaftsinteressen des Reiches gegründet worden waren, dehnten sich räumlich und auch einflußmäßig immer mehr aus. Es waren Plätze, an denen finanzielle Transaktionen großen Ausmaßes stattfanden. Das machte die dort lebenden Menschen — vor allem den Statthalter und die Oberschicht — immer reicher, was zugleich ein ständig wachsendes Maß an Selbständigkeit zur Folge hatte.

Schon bald begnügte man sich nicht mehr mit der Mittlerrolle zwischen den fernen Konsumenten des Luxus, der an den Stützpunkten als Ware durchlief. An den wichtigen Umschlagplätzen entwickelte sich ein reiches gesellschaftliches Leben, an dem vor allem auch die fremden Kaufleute teilnahmen, die unterwegs von so vielen Gefahren bedroht waren, daß sie gern von dem auf diese Weise erworbenen Reichtum mit vollen Händen ausgaben, wo sich Pracht und Reichtum entfalteten und ein frohes, geselliges Leben geboten wurde.

So lesen wir in einem Text aus dem Tarim-Becken, daß eine schöne Frau von einem fremden Kaufmann für eine Nacht hundert Pferde und tausend Seidengewänder erhielt. Mag das auch maßlos übertrieben sein, so zeigt doch andererseits die Warenliste jenes Kaufmanns den Umfang des Handels, der über die Seidenstraßen abgewickelt wurde. Da ist von zwanzigtausend Pferden und den herrlichsten chinesischen Prachtgewändern die Rede, die in dem Bericht als unzählig bezeichnet werden.

Für die Stützpunkte der Seidenstraßen galt das gleiche wie für die chinesische Hauptstadt, ja wohl für alle Städte jener Zeit zwischen chinesischem und mittelländischem Meer. Mit der Entfernung von ihnen wuchsen die Gefahren. Der reiche Kaufmann, der eben noch eine rauschhafte Nacht in den Armen einer schönen Frau, umgeben von allem Luxus der Zeit, genossen hatte, konnte schon wenige Tage später ausgeraubt und von den Räubern erschlagen in der Wüste liegen.

Kein Wunder, daß die in solcher Unsicherheit Lebenden jederzeit bereit waren, an sicheren Plätzen für ein vorübergehendes Glück viel zu bezahlen. Auch dieser Kontrastreichtum gehört zu den typischen Kennzeichen des Lebens an den Seidenstraßen.

War es zu Anfang ein weithin in den Händen der das jeweilige Gebiet beherrschenden Nomaden liegendes Tauschgeschäft mit unsicheren Partnern, das den Ost-West-Handel wahrscheinlich über viele Jahrhunderte, wenn nicht Jahrtausende bestimmte, so waren die Nomaden nun weitgehend ins Abseits gedrängt.

Aus ihrer Mitte rekrutierten sich jetzt die Bedroher des organisierten Handels, die als Räuber an der Straße nahmen, was sie oft als Händler an einem der nächsten festen Plätze zu guten Preisen weitergaben. Es war wohl schwer, solchen Praktiken zu begegnen, und das Gerichtswesen hatte entlang den Seidenstraßen auch in späterer Zeit nur sehr begrenzte Funktionen.

Es mag, folgt man gewissen zweideutigen Berichten, vorgekommen sein, daß Händler und Machthaber an den Stützpunkten eine Ware verkauften, durch gedungene Räuber stehlen ließen, um sie ein zweites Mal auf den Markt zu bringen.

Die Moral an den Handelsplätzen jener Zeit dürfen wir jedenfalls nicht zu hoch ansetzen, wohl selbst dann nicht, als die Welt der Seidenstraßen auch Vertreter der verschiedenen Religionen anzog. Diese profitierten zwar von dem Handel und brachten dabei ihr Schäfchen ins Trockene. Am Lebensstil, der sich durch die besonderen Bedingungen der Seidenstraßen herausgebildet hatte, konnten sie wohl kaum etwas ändern. Und viele von ihnen neigten offensichtlich dazu, selbst am freien, lustbetonten Leben der Karawansereien und Oasenstädte teilzunehmen.

Bis in die jüngste Zeit war man der Meinung, es habe zwischen China und dem Westen nur eine Straße gegeben — und die unverändert über Jahrhunderte. Wohl wußte man von Karawanenwegen nach dem Süden und dem Südwesten: nach Indien und Persien. Von der bis zum östlichen Mittelmeer vorstoßenden Straße aber glaubte man, sie sei die älteste und für lange Zeit einzige Verbindung mit dem Westen gewesen — ein Handelsweg, der durch die Provinz Gansu und das nördliche Tarim-Becken, über die Pässe des Pamir nach Afghanistan, Nordpersien, Syrien und Anatolien zur Mittelmeerküste führte.

In der Zeit der Han-Herrscher war das in der Tat der am meisten begangene Weg, der durch viele feste Plätze im Tarim-Becken, in Afghanistan, Persien, Syrien und Anatolien heute noch an zahlreichen eindrucksvollen Ruinen nachweisbar ist.

Doch der frühere Weg, von dem wir allerdings nicht wissen, wann er als Handelsstraße zum ersten Mal begangen worden ist, führt von Gansu nördlich des Himmelsgebirges in die sogenannte Waldzone des südlichen asiatischen Rußland und weiter zur Mündung des Don ins Asowsche Meer.

Von dort gab es ein uraltes verzweigtes Straßensystem, das in uns heute wenig bekannte, damals jedoch wichtige Gebiete Nordasiens und Osteuropas, aber auch weiter ins nördliche Europa führte.

Über diese Straßen gibt es kaum Informationen, obwohl gerade sie die erste Berührung des Europa nördlich der Alpen mit Asien und seinen Schätzen, so auch mit der chinesischen Seide, brachten.

Immerhin besteht die Hoffnung, daß die sehr genauen und intensiven sowjetrussischen Forschungen hier eines Tages mehr Klarheit schaffen werden. Die Spannungen zwischen China und der Sowjetunion haben in den letzten Jahrzehnten die Untersuchung historischer Zusammenhänge im Gebiet zwischen Sinkiang und den asiatischen Sowjetrepubliken außerordentlich erschwert, wie man überhaupt feststellen muß, daß die moderne chinesische Geschichtsschreibung bisher sehr wenig zur Erhellung der frühen chinesischen Westkontakte und ihrer vielfältigen Folgen beigetragen hat.

Eines der großen Probleme bei der Rekonstruktion des genauen Verlaufs der Seidenstraßen ist die Tatsache, daß jeder der in den alten Annalen östlicher oder westlicher Herkunft erwähnten Orte je nach der Quelle unterschiedliche Namen trägt. Die Namen wechseln nicht nur im Laufe der Jahrhunderte, sie sind auch zur gleichen Zeit verschieden, je nach der Sprache, in der sie überliefert sind. So nannten die Chinesen das alte uigurische Chotscho in der Turfan-Oase Kao-ch'ang — ein Name, den sie bis heute beibehalten haben, obwohl er von den ansässigen Uiguren nie gebraucht worden ist.

Viele Bezeichnungen alter Plätze sind inzwischen ganz verschwunden. Man hat für solche Ausgrabungen dann oft den heutigen Namen einer in der Nähe gelegenen Ansiedlung verwendet, was noch mehr zur Verwirrung beigetragen hat.

Besonders schwer zu enträtseln sind die Unterschiede zwischen den Städtebezeichnungen bei chinesischen und gleichzeitigen griechischen oder römischen Autoren. Dabei spielt nicht nur die völlige Verschiedenheit der Sprachen eine Rolle. Auch der mit der Entfernung von den Orten wachsende Grad legendärer Überwucherung ihrer Geschichte ist zu bedenken.

Wolfram Eberhard hat jedoch mit Recht darauf hingewiesen, daß der Streit um die Identifizierung bestimmter alter Ortsnamen mit heutigen Fundstätten unfruchtbar ist. Hier sollte man den archäologischen Befunden folgen und die durch Ausgrabungen belegten Routen akzeptieren, ob man nun einen nach den Berichten an dieser Strecke gelegenen Ort nachweisen kann oder nicht. Müssen wir doch erkennen, daß sowohl die auf uns gekommenen Texte als auch die Bodenfunde ein mehr oder weniger zufälliges Bild ergeben, das erst in der Kombination vieler Einzelheiten zu einem deutbaren Ergebnis führt. Deshalb sollten wir gerade bei der Beschreibung eines so weiten historischen Feldes, wie es das Gebiet der alten Seidenstraßen ist, alle Hinweise ernst nehmen und ausschöpfen, die unser Wissen vervollständigen können. Hier geht es in der Zielsetzung ja nicht um eine Anekdotensammlung, sondern um die Aufdeckung der Geschichte des ältesten Fernhandelsweges dieser Erde.

Wir können nach heutigem Wissen davon ausgehen, daß es drei Großverbindungen gegeben hat, von denen wahrscheinlich die älteste nach Süden führte und China mit Indien und Südostasien verband. Die erste nach Europa führende Straße war mit Sicherheit die bereits erwähnte Nordroute, die wir allerdings nicht als durchgehende Verbindung sehen dürfen. Die südliche Karawanenstraße, der Ferdinand von Richthofen vor hundert Jahren den Namen Seidenstraße gegeben hat, war zweifellos der jüngste, zugleich aber auch der bekannteste, am meisten und über Jahrhunderte benutzte Handelsweg von China nach Westen.

Von den drei Großverbindungen, die wir als Transitstrecken bezeichnen wollen, zweigte natürlich eine Fülle an Nebenstraßen ab, über die das jeweilige Produkt zum Verbraucher gelangte. Deshalb ist es wichtig, bei der Betrachtung der Straßenführung auch immer die fernergelegenen Länder und Städte ins Auge zu fassen und sie nach Funden zu befragen, die dort gemacht worden sind. Verdanken wir doch, wenn wir einmal von den legendendurchwobenen griechischen und römischen Quellen absehen, diesem Verfahren unser konkretes Wissen um die Nordroute und ihre Bedeutung für das frühe Europa.

Über den Verlauf dieser Nordverbindung geben uns vor allem archäologische Funde Auskunft. Sie stammen zum größten Teil aus skythischen Gräbern im Gebiet der heutigen Sowjetunion, führen aber bis ins alte Griechenland und in den mitteleuropäischen Raum.

Einen Einzelfund eindeutig chinesischen Ursprungs hat man im süddeutschen Saulgau, in Hohmichele nahe der Heuneburg, einer Ausgrabungsstätte der Hallstattzeit, gemacht. Aus einem keltischen Fürstengrab wurden dort Seidenreste vom Ende des sechsten vorchristlichen Jahrhunderts zutage gefördert.

Hundert Jahre jünger mag die Seide sein, die man auf dem Kerameikos-Friedhof in Athen im Grab eines Verwandten des Alkibiades, jenes großen griechischen Politikers und Feldherrn, aufgespürt hat.

Beide Seidenfunde stammen unzweifelhaft aus chinesischer Produktion, wenn sie auch nur im Faden nachweisbar sind und noch nicht die Qualität der gemusterten und bestickten Seiden aufweisen, die wir aus skythenzeitlichen Fürstengräbern des Urals kennen und die etwa um 300 v. Chr. zu datieren sind.

Bei all diesen Seidenfunden handelt es sich gewiß noch nicht um geplante Exporte aus China. Mag sein, daß sie als Geschenke, vielleicht auch als Tributgaben über die chinesischen Grenzen gelangten. Die Seiden in Griechenland und im keltischen Gebiet sind wahrscheinlich über skythische Händler nach Europa gekommen.

Bedenkt man aber, daß es sich hier um Zufallsfunde handelt, so vermag man über den tatsächlichen Umfang dieses frühesten Transits kaum etwas Verbindliches zu sagen. Auch der Weg, den er nahm, ist nur zu vermuten, wenngleich Herodot in seinen *Historien* legendär durchwobene Hinweise, zumindest für die mittlere Strecke zwischen Don und Zentralasien, gibt.

Viele der ältesten nach Westen gelangten Seidenstoffe dürften ursprünglich Bestandteil des Brautguts, der Aussteuer, chinesischer Prinzessinnen gewesen sein, die an zentralasiatische oder skythische Fürsten verheiratet wurden, um die Nomaden zu befrieden.

Wieviel Elend und menschliches Leid sich hinter den glanzvollen Morgengaben solcher mehr oder weniger unter Zwang vollzogener Hochzeiten verbargen, läßt ein Gedicht der an einen alten, kranken Nomadenherrscher der Wu-sun verheirateten chinesischen Prinzessin Hsi-Chin ahnen:

Mein Volk hat mich an das Ende der Welt verheiratet.
Sie haben mich in ein fremdes Land geschickt,
zu dem König der Wu-sun.
Meine Bleibe ist ein Zelt,
meine Wände sind aus Filz.
Rohes Fleisch und Stutenmilch: das ist meine Nahrung.
Ich denke nur an meine Heimat, und mein Herz wird traurig.
O daß ich nicht dem gelben Schwane ähnlich bin,
ich würde pfeilschnell in mein altes Haus fliehen.

Die Beziehungen der Chinesen zu den Nomaden waren immer von den Erfordernissen der Stunde bestimmt. Man mußte alles tun, um die Fremden von den bäuerlichen Siedlungen und den Städten Chinas abzuhalten. Dafür gab man Seide — und Frauen.

Erst allmählich mag sich dann auf dieser nördlichen Route, die weit durch Nomadengebiet führte, unter dem Einfluß verwandtschaftlicher Beziehungen ein regelrechter Handel entwickelt haben, der allerdings nie den Umfang des späteren Handels der Südstraße erreichte und wohl immer in erster Linie Tauschhandel gewesen ist.

Versuchen wir den Verlauf dieses ältesten Karawanenweges von China in den Nordwesten nachzuvollziehen, so gelangen wir von der Nordgrenze Gansus über die Turfan-Oase, die auch für die Südroute von großer Bedeutung war, auf die Straße, die noch heute Turfan mit Urumchi, der Hauptstadt Sinkiangs, verbindet. Von dort führte der Weg nördlich des Tien-shan — des Himmelsgebirges — nach Westen, bis er, steil nördlich abbiegend, zunächst parthisches und dann skythisches Gebiet erreichte.

Mit den Skythen hatten bereits zu Herodots Zeiten, also im fünften vorchristlichen Jahrhundert, sowohl die Chinesen als auch die Griechen Handelsbeziehungen oder zumindest — das ist durch Funde nachweisbar — einen lebhaften Warenaustausch unterhalten.

In skythischen Gräbern sind sowohl Erzeugnisse des griechischen als auch des chinesischen Kunsthandwerks gefunden worden, wobei neben Gegenständen aus Edelmetallen und chinesischem Jadeschmuck wiederum die Seide eine entscheidende Rolle spielt. Man verwendete sie offenbar vor allem, wie die Funde von Zentralasien bis nach Griechenland und in den keltischen Raum beweisen, im Totenkult.

Für fürstliche Beisetzungen hat man sie — das zeigen jüngste Ausgrabungen auch in China — frühzeitig zur Dekoration sowie als

Grab- und Mumienbekleidung benutzt. Der in dieser Hinsicht spektakulärste Fund wurde 1972 in der chinesischen Provinz Hunan gemacht. In Mawangdui, einem Dorf in der Nähe der Provinzhauptstadt Changsha, fand man in einem Grab aus der frühesten Han-Zeit die Leiche einer etwa fünfzigjährigen Frau, die etwa von 200 bis 150 v. Chr. gelebt hat. Sie war mit zwanzig Schichten Seiden- und Leinenstoffen umwickelt. Außerdem war ihr Sarg mit bemalten Seidentüchern ausgelegt, die Szenen aus dem Leben der Zeit, ferner aus einer Art Unterwelt sowie aus himmlischen Gefilden zeigen.

Hier haben wir aus China selbst einen weiteren Beweis dafür, welche Rolle Seide im Totenkult spielte. Diese Bedeutung hatte sie offenbar in der ganzen damals bekannten Welt bis in ihre — von China aus gesehen — entlegensten Gebiete.

Welchen Wert Seide gerade zu jener Zeit, vor allem außerhalb Chinas besessen hat, macht der ins sechste Jahrhundert v. Chr. zurückgehende Fund aus dem keltischen Fürstengrab bei Hohmichele deutlich. Seidenfäden sind hier nur als Reste von Stickgarn für ein Totengewand aus Wollrips in Leinenbindung nachweisbar, mit dem die an der Seite eines Mannes unter einem vierrädrigen Wagen beigesetzte Frau bekleidet war.

Man hat also in der Frühzeit entweder auch Seidenfäden zur Veredlung anderer Textilien auf den Weg gebracht oder aber an entfernten Orten gewebte Seide aufgelöst, um Fäden für die kostbare, offenbar sakralen Zwecken dienende Stickerei zu erlangen.

Am Kerameikos fand man in einem als Urne verwendeten Bronzekessel die Totenasche — nach den Worten des Ausgräbers K. Kübler »in ein feines, mit purpurnen Vierecken besticktes Gewebe eingehüllt«. Hans-Jürgen Hundt hat die Reste dieses Gewebes, die im Kerameikos-Museum aufbewahrt werden, eindeutig als Seidenrips und seidenes Schleiergewebe identifiziert. Das macht deutlich, wie früh man schon verstand, komplizierte, auch hauchfeine Seidenstoffe herzustellen. Bedenkt man den weiten, wohl nicht immer geradlinigen Weg, den sie bis zum Endkäufer zurückzulegen hatten, so kann man sich eine annähernde Vorstellung vom Preis oder Gegenwert solcher Gewebe machen.

Das Volk, das in jener frühen Zeit den intensivsten, wenn auch nicht immer friedlichen Kontakt mit den Chinesen wie auch mit den Griechen hatte, waren die in den ausgedehnten Steppen nördlich des Schwarzen Meeres lebenden, aber weit nach Osten hin ausschwärmenden Skythen.

Berühmt geworden ist dieses Nomadenvolk durch seine hervorragenden Goldarbeiten, die zum großen Teil stilisierte Tierfiguren darstellen.

Man weiß von den Skythen schon seit jenem denkwürdigen 29. Oktober 1715, an dem die führenden Männer Rußlands in die neugegründete Hauptstadt St. Petersburg strömten, um Zar Peter dem Großen zu huldigen. Der Kronprinz war geboren, und jeder kam mit reichen Geschenken.

Alle Fürsten und Edlen aber übertraf Nikita Demidov, der Sohn eines leibeigenen Schmiedes, der durch Tüchtigkeit und Fleiß zum reichsten Erzschürfer des Ural geworden war. Er überreichte hunderttausend Rubel und eine Sammlung seltsamer Kunstwerke aus reinem Gold. Sie waren in den Grabhügeln Sibiriens gefunden worden, wo schon seit langer Zeit Grabräuber tätig waren und seither – bis in unser Jahrhundert – unermeßliche Schätze gehoben und meist eingeschmolzen haben.

Peter der Große erkannte den Wert dieser Dinge, nahm sie in seine umfangreichen Sammlungen auf und legte so den Grundstock für die berühmte Schatzkammer der Eremitage in Leningrad, wo sich heute die größte, durch die Jahrhunderte gewachsene Sammlung an Skythengold befindet.

Forscher der Gegenwart haben in den zum großen Teil ausgeraubten Gräbern der Skythen – den Kurganen – trotzdem noch reiche Ausbeute gemacht, so daß wir uns heute nicht nur ein Bild von der Kunstfertigkeit jener Nomaden machen können, sondern auch viel über ihren Lebensstil – besonders über ihre Totenbräuche – wissen.

Die wichtige Frage, ob die Skythen selbst aus dem Nordosten zum Schwarzen Meer vorgestoßen sind oder nur frühe Verbindungen zu den im Altai-Gebirge und im Gebiet von Minussinsk lebenden Stämmen hatten, ist noch immer umstritten. Die Ähnlichkeit der Kulturen, besonders des hier wie dort an Goldarbeiten, Bronzen und Holzfiguren ausgeprägten sogenannten Tierstils sowie auch der Begräbnisstätten – der Kurgane – lassen zumindest an enge Kontakte denken.

Auch die Seide, die wir in den Gräbern finden, ist den Weg durch die weiten, uns heute so unwirtlich erscheinenden Nomadengebiete gegangen, die freilich zu jener Zeit eine zahlreiche, wenn auch großenteils mobile Bevölkerung gehabt haben müssen. Die farbige Schilderung, die der österreichische Historiker Gero von Merhart, der während des Ersten Weltkrieges Gefangener in Sibirien war, über das Gebiet von Minussinsk nördlich des Altai geschrieben hat, läßt auf eine beträchtliche Bevölkerungsdichte dieser Region im Altertum schließen.

Merhart, Autor des 1926 erschienenen Buches *Bronzezeit am Jenissej* schreibt über seine ersten Eindrücke beim Betrachten der endlosen Gräberfelder in der einsamen Steppe:

46

»Könnte man angeben, wie viele Kurgane auf jedem Quadratkilometer der kahlen Steppe stehen, so wäre gewiß einige Anschaulichkeit gewonnen. Aber die Kurgane des Kreises Minussinsk hat noch kein Sterblicher gezählt, und wenn jemals der märchenhafte Tag aufgehen sollte, an dem ein Inventar der dortigen Bodenaltertümer abgeschlossen wird, dann muß dasselbe doch schweigen über die zahllosen Gräber, die seit der Besiedlung des Landes durch seßhafte Bauern vom Boden getilgt wurden. Man kommt einem solchen Wunderding, wie es die Gräbersteppe am Jenissei ist, mit kalten Zahlen nicht bei. Aber steigen wir auf einen der Berge, um deren felsigen Fuß der große Strom rauscht, auf deren Hängen das Edelweiß aus dünnem Steppengras leuchtet und von deren Scheitel der Blick ungehemmt bis zum kahlen Scheitel des Borus, des nächsten Hochberges im Sajan, bis zum ferne dunkelnden Wall des Kusnezker Alatau und bis zu den flachen Wellen der nördlichen Steppe schweift, durchforschen wir die Hänge und Senken der Täler, die Hügel und Flächen, die um uns und unter uns in fremdartiger, starrer und doch so schöner Ruhe liegen. Da, uns zu Füßen, in einsamer hochgelegener Wanne unseres Berges ein erstes Grabfeld, Hügel an Hügel in regelloser Menge, jeder umstellt mit verwitterten Steinen, mit dünnen, aber breiten und hohen Platten von oft grotesker Form, wie sie gerade der Zufall des Brechens ergab; manche sind hingesunken, manche zersprungen und zerfallen, die Mehrzahl aber ragt noch frei empor, und ihre Masse drängt sich in diesem Tal des Todes wie eine versteinerte Herde abenteuerlicher rotdunkler Tiere. Wir suchen das Gewirr zu teilen, zu zählen — es sind mehr denn hundert Hügel auf dem einen engen Fleck, keiner wohl weniger als zehn Geviertmeter bedeckend, viele um ein Mehrfaches größer. Und dort, tiefer am Fuße des Berges ein, zwei, drei solcher Grabfelder in kurzem Abstand, weiter draußen am Ufer ein russisches Dorf und wieder Kurgane, weithin verstreut über das Flachland.«

Auch hier, in den für heutige Vorstellungen entlegensten Gegenden Sibiriens, hat man in den Gräbern Reste chinesischer Seidenstoffe gefunden, genauso wie in den Kurganen des Altai, wo das ständige Eis in den Grabkammern zur Konservierung der Stoffe beigetragen hat.

Zweifellos handelt es sich dabei zum Teil um die reichen Hochzeitsgaben für jene Prinzessinnen, die an Fürsten der Grenzstämme verheiratet wurden. Aber auch an eine Art von Tributleistungen ist zu denken, die man gern als Gastgeschenke chinesischer Unterhändler deklarierte, durch deren häufiges Erscheinen das friedliche Nebeneinander von Nomaden und Bauern reguliert werden sollte.

Doch es war nicht nur die Rivalität zwischen den Reiterstämmen des Nordens und den Chinesen, die hier Zeugnisse hinterlassen hat, welche heute als aufschlußreiche Funde zutage treten. Auch die Nomadenstämme untereinander waren verfeindet. Auf der Suche nach den ergiebigsten Weidegründen jagten und bekriegten sie sich, was zur Flucht ganzer Völker — wie der Yüeh-chih — nach Westen führte.

Hier ist zwischen Handels- und Fluchtgut schwer zu unterscheiden. Auf alle Fälle aber haben die ständigen Bewegungen der Stämme nach Ost und West auch zur Verbreitung transportabler Kulturgüter beigetragen. Denn so unmenschlich sie uns in ihrem Verhalten oft erscheinen, ohne Kultur waren die Nomaden nie. Und die Wirklichkeit ihres Lebens war, so wenig wir davon wissen, sicher besser als ihr von den Seßhaften — ihren natürlichen Feinden — verbreiteter Ruf.

Es ist schwer, an ihrer Transitstraße — René Grousset nennt sie die »Straße der Barbarei« — Plätze auszumachen, die mit den Karawansereien des Südens zu vergleichen wären. Die finden wir erst in späterer Zeit weiter im Westen — dort, wo ein Zweig der südlichen Seidenstraße nach Norden abbog und Städte wie Samarkand und Merw erreichte.

Der Weg von den weiten Steppen südlich des Baikalsees, den Ufern des Kerulen, des Ochos und des Selenge zum Balkaschsee ist von unendlicher Breite, durch nichts eingeschränkt in seiner Begehbarkeit, eine Schnellstraße für riesige Reiterheere wie für die mit Viehherden ziehenden Nomaden. Selbst dort, wo die Nordausläufer des Himmelsgebirges im Tarbagatay sich mit dem auf 4500 Meter ansteigenden Altai zu begegnen scheinen, bleibt ein breiter Streifen leicht zu durchquerenden Landes. Da besteht keine Barriere nach Westen, wie sie die südlichen Straßen mehrfach zu überwinden haben. Kein Wunder also, daß hier neben Menschenscharen seit frühesten Zeiten auch Handelsgut hin- und herfloß und seine Verbreitung bis nach Europa fand.

Sehr viel enger gezogen sind die Grenzen der Südstraßen, deren Verlauf wir deshalb auch viel genauer bestimmen können. Sie hatten ihren Ausgangspunkt in Changan, der Kaiserstadt der Han, die zugleich Zentrum des chinesischen Handels war. Von dort führten sie nordwestlich über Lanchow durch den Gansu-Korridor nach Wuwei und Dun Huang, dem Westende der Großen Mauer.

Am Jadetor-Paß verließen Menschen und Waren das geschützte chinesische Territorium und traten ein in das von Nomaden durchstreifte Gebiet, daß sich nur zeitweise in chinesischer Hand befand, dem Kaiser im fernen Changan aber immer wieder streitig gemacht wurde.

Es gibt ein ergreifendes Gedicht von Lu Chu Yung, einem chinesischen Dichter des neunten Jahrhunderts, das die Gefühle der Chinesen in der Grenzstadt Dun Huang und am von Stürmen gepeitschten Jadetor widerspiegelt:

Jahr für Jahr, sei's am Goldenen Fluß
oder am Paß des Jadetores,
Morgen für Morgen greifen wir unsere Peitschen
und gürten unsere Schwerter.
Im weißen Schnee dreier Frühlinge
haben wir unsere Kameraden in grünen Gräbern
der Verbannung begraben,
wo über zehntausend Li der Gelbe Fluß
sich durch die Schwarzen Berge windet.

In diesen Versen wird Grenzlandschicksal deutlich. Die Chinesen, die nichts mehr lieben als ihren Familienclan, mögen das einsame Leben an der Grenze als besonders hart empfunden haben.

In Dun Huang trennten sich die Straßen. Die südliche führte über den Yangyuan-Paß ins Tarim-Becken, am Lop-Nor entlang, über Loulan, Miran, Dandan-oilik, Khotan nach Kaschgar und von dort in den Pamir, wo sie in einem Hochtal, das heute von Kirgisen bewohnt ist, mit der nördlichen Straße zusammentraf.

Die nördliche Route, die chinesisches Gebiet am Yü-men Kuan, dem Jadetor-Paß, verließ, durchquerte die Turfan-Oase mit ihren berühmten Städten Yarkhoto und Chotscho, erreichte Karaschar am Südhang des Himmelsgebirges und nahm ihren Weg südwestwärts über Schorschuk, Kurla, Kutscha, Aksu, Tumschuk und Kaschgar, um dann ebenfalls in die wilde Bergwelt des Pamir zu münden.

Am »Steinernen Turm«, einem Platz, der heute noch durch einen gewaltigen, weithin sichtbaren Findlingsblock gekennzeichnet ist, stießen die Straßen aufeinander, um auf einem schmalen Paßweg über den Pamir zu führen.

Die vereinte Straße erreichte jenseits des Hochgebirges Baktra, das heutige Balkh in Afghanistan, und ging weiter über Merw und Schahrud in der Nähe der Südostküste des Kaspischen Meeres, durch die Gegend des heutigen Teheran, nach Hamadan, Ktesiphon und Palmyra zur östlichen Mittelmeerküste in Attalaya, dem türkischen Antalya. Von dort wurden die Waren nach Ostia, dem Hafen Roms, nach Alexandria und anderen wichtigen Orten des Römischen Reiches verschifft.

Die ältesten westlichen Aufzeichnungen über das Gebiet der Seidenstraßen, besonders über die Nordroute, finden wir in den *Historien* des griechischen Geschichtsschreibers Herodot. Sie sind in der zweiten Hälfte des fünften vorchristlichen Jahrhunderts entstanden.

Im vierten Buch dieser *Historien* beschäftigt sich Herodot mit den Skythen und den weiter östlich bis zu den »Grenzen der Erde« lebenden Völkern sowie ihren Verbindungswegen. Dabei beruft er sich auf einen noch älteren Autor, Aristeas von Prokonnesos, der in der Mitte des siebten Jahrhunderts v. Chr. ein bis auf wenige Fragmente verschollenes Epos von etwa tausend Versen verfaßt hat, das eine Art erste, mit Wunderdingen und Zauberei durchsetzte Selbstbiographie darstellt.

In dieser Dichtung fabuliert Aristeas auch über seinen angeblichen Besuch bei östlichen Völkerschaften. Sie hat im vierten Buch des Herodot ihren Niederschlag gefunden, so, wenn es dort heißt:

»Nun berichtet aber Aristeas, der Sohn des Kaystrobios, aus Prokonnesos in einem epischen Gedicht, wie er, von göttlicher Raserei ergriffen, zu den Issedonen gewandert sei. Jenseits der Issedonen, erzählt er, wohnen die Arimaspen, Menschen mit einem Auge, jenseits der Arimaspen wohnen goldhütende Greife und jenseits der Greife die Hyperboreer, die an ein Meer grenzen. Von diesen Völkern sei eines nach dem anderen gegen seine Nachbarn zu Felde gezogen, nur nicht die Hyperboreer. Zuerst seien von den Arimaspen die Issedonen aus ihrem Lande vertrieben worden, dann von den Issedonen die Skythen, dann, von den Skythen gedrängt, hätten die Kimmerer ihr Land am Südmeer verlassen müssen.«

Was im übrigen vom Wahrheitsgehalt des Aristeas-Epos zu halten ist, geht aus Herodots Recherchen über den Autor hervor. Er schreibt von einem Besuch in Prokonnesos und dem, was man ihm dort über Aristeas berichtete:

»Aristeas, erzählen sie, war ein sehr angesehener Bürger von Prokonnesos. Einst ging er zu einem Walker, und dort in der Werkstatt fiel er tot hin. Der Walker schloß die Werkstatt zu und ging, den Verwandten den Todesfall zu melden. Schon wurde der Tod des Aristeas in der Stadt bekannt, da bestritt ein Mann aus Kyzikos, der von der Stadt Artake gekommen war, die Nachricht und sagte, er habe Aristeas auf dem Wege nach Kyzikos getroffen und selbst mit ihm gesprochen. Während er das fest behauptete, gingen die Verwandten nach der Walkerwerkstatt mit den Geräten zur Bestattung. Als aber die Tür geöffnet wurde, war kein Aristeas da, weder tot noch lebend. Und nach sieben Jahren erschien Aristeas wieder in Prokonnesos und dichtete jenes Epos, das in Hellas jetzt *Arimaspea* heißt. Nachdem er es gedichtet, verschwand er zum zweiten Mal.

Soviel erzählt man in Prokonnesos und Kyzikos. Weiter aber, höre ich, hat sich in Metapontion in Italien folgendes zugetragen. Zweihundertvierzig Jahre nach dem zweiten Verschwinden des Aristeas – diesen Zeitraum habe ich durch Vergleiche in Prokonnesos und Metapontion festgestellt – ist er in Metapontion erschienen und hat der Stadt befohlen, einen Altar des Apollo zu errichten und neben dem Altar eine Bildsäule mit der Inschrift ›Aristeas von Prokonnesos‹. Denn in Italien, hat er gesagt, habe Apollo nur allein ihre Stadt Metapontion besucht und in Apollos Begleitung auch er, der jetzt Aristeas sei; ehemals nämlich als Begleiter des Apollo sei er ein Rabe gewesen. Nach diesen Worten ist er verschwunden. Die Metapontiner haben, wie sie erzählen, nach Delphi geschickt und beim Gotte angefragt, was diese Erscheinung bedeute. Die Pythia antwortete, sie sollten tun, was die Erscheinung gesagt habe; das werde ihnen zum Heile gereichen. Gehorsam taten sie nun, was ihnen befohlen worden, und noch heute steht eine Bildsäule mit der Inschrift ›Aristeas von Prokonnesos‹ neben dem Götterbilde des Apollo, umgeben von Lorbeerbäumen. Dies Götterbild befindet sich auf dem Markt. Soviel über Aristeas!«

Aus diesem Text wird deutlich, daß Herodot wohl nicht viel von diesem Schriftstellerkollegen gehalten hat. Andererseits hinderte ihn seine Einschätzung des Aristeas nicht, sich dessen Berichte über die Völker Asiens zu eigen zu machen. So dürfen wir uns nicht wundern, wenn wir auch bei Herodot eine Mischung aus Geschichte und Fabel finden, die es uns schwer macht, den historischen Kern, soweit der Bericht die entlegenen Gebiete Asiens betrifft, herauszuschälen.

Da jedoch Aristeas und Herodot bis ins fünfte vorchristliche Jahrhundert die einzigen westlichen Quellen für Mittel- und Ostasien waren, deren Aussagen bis über die Zeitenwende hinaus die Vorstellungen des Abendlandes von Asien geprägt haben, geben uns ihre Schriften zumindest Aufschluß über das damalige Wissen um eine Welt, aus der man mehr Waren als Informationen empfing. So entsprach das Bild, das sich die Menschen zwischen Athen und Rom von Asien machten, eher einem orientalischen Märchen als der Wirklichkeit.

Das ist um so verwunderlicher, als griechische Kaufleute die Straße nach Mittelasien mit ihren Waren wohl schon jahrhundertelang gezogen waren und auch darüber berichtet hatten. Jedenfalls scheinen nach den vorliegenden Quellen die westlichen Vorstellungen über den Osten wesentlich fantastischer gewesen zu sein als die östlichen, besonders die chinesischen, über den Westen.

Herodots Bericht über Asien hat den Skythenfeldzug des Perserkönigs Dareios zum Anlaß. Er folgt den Skythen und ihren Nachbarvölkern auf den Spuren des persischen Großkönigs, der als erster nach Osten aufbrechender Herrscher erleben mußte, wie schwer es war, in den endlosen Weiten Mittelasiens einen mit seinen Pferden verwachsenen Gegner aufzuspüren und zu stellen.

Doch Herodot wäre nicht der große Fabulierer, wenn er sofort mit der Beschreibung des ihm wohlvertrauten persischen Feldzugs begonnen hätte. Er trägt vielmehr einleitend alles zusammen, was er über die Skythen, ihr Leben, ihre Bräuche und über das Land und die Völker weiter im Osten an Tatsachen, Meinungen und phantasievollen Fabeln in Erfahrung bringen konnte.

Diesem Hang Herodots, der Historie Farbe und Hintergrund zu geben, verdanken wir die Beschreibung der ältesten Handelsstraße zwischen dem Mittelmeer und Asien, über die zweifellos schon in mykenischer Zeit — also um 1000 v. Chr. und früher — Geschäfte mit dem Osten abgewickelt worden sind, die bis nach China reichten.

Zu Herodots Zeiten war diese Straße wohlbekannt. Doch nur bis zu einem Volk, das er »die Kahlköpfe« nennt — wahrscheinlich handelt es sich um einen Kirgisenstamm —, reichen die genaueren Kenntnisse über Landschaft und Menschen. Bis dorthin sind, wie Herodot schreibt, griechische Kaufleute mit siebenmaligem Wechsel der Dolmetscher gekommen. Weiter ostwärts steigen, so lesen wir bei Herodot, steile Berge auf. Dahinter beginnt das Land der Fabel mit tierfüßigen Menschen und goldhütenden Greifen.

Wir wollen diesen Bericht in Herodots eigenen Worten folgen lassen, weil wir meinen, daß er etwas vom Geist jener Zeit vermittelt und vorstellbar macht, wie man in den griechischen Städten der vorchristlichen Zeit über das Abenteuer des Osthandels und seine Wege gedacht und gesprochen hat. Herodots Schilderung beginnt an der Mündung des Tanais, das heißt des Don, ins Schwarze Meer:

»Jenseits des Tanais ist das Land nicht mehr skythisch, sondern das erste der gewonnenen Gebiete ist das der Sauromaten, die eine fünfzehn Tagereisen lange Strecke nordwärts von der Spitze des Maietissees bewohnen, ein Land ganz ohne wilde und gezogene Bäume. Das Land nördlich von ihnen bewohnen als zweites Volk die Budiner; es ist ganz dicht bewaldet.

Nördlich von den Budinern kommt zunächst eine sieben Tagereisen lange Wüste, und hinter der Wüste, mehr nach Osten zu, wohnen die Thyssageten, ein großes, besonderes Volk. Sie leben von der Jagd. In derselben Gegend, ihnen benachbart, wohnt ein Volk, das heißt die Iyrken. Auch sie leben von der Jagd und fangen das Wild auf folgende Art. Sie lauern ihm von den Bäumen aus auf, die es im ganzen Lande sehr zahlreich gibt. Die Pferde sind abgerichtet, sich auf den Bauch zu legen, um weniger gesehen zu werden. Ein Pferd ist mit zur Stelle, ebenso ein Hund. Sieht der Jäger nun von dem Baum aus ein Wild, so schießt er es mit dem Pfeile, steigt dann zu Pferde und verfolgt es. Der Hund folgt auch.

Weiter leben nach Osten zu andere Skythenstämme, die das Joch der königlichen Skythen abgeworfen haben und in dieses Land gezogen sind. Bis hin zum Gebiet der Skythen ist das ganze beschriebene Land eben und fruchtbar. Nun aber folgt steinhartes, unebenes Land. Nach langer Wanderung durch dieses steinharte Land kommt man zu einem am Fuße hoher Berge wohnenden Volk, das aus lauter Kahlköpfen besteht. Von Geburt an sollen sie kahl sein, Männer und Frauen, sollen eingedrückte Nasen und ein breites Kinn haben, eine eigene Sprache sprechen, sich aber kleiden wie die Skythen. Sie leben von Baumfrüchten. Pontikon ist der Name des Baumes, von dessen Früchten sie essen; er wird etwa so groß wie ein Feigenbaum. Die Frucht ist der Bohne ähnlich, hat aber einen Kern. Wenn sie reif ist, preßt man sie in einem Tuch aus. Ein dicker, schwarzer Saft fließt ab, den sie Aschy nennen. Ihn essen sie oder trinken ihn mit Milch vermischt. Aus der dicken zurückbleibenden Masse kneten sie eine Art Brot. Vieh haben sie wenig, weil die Weidetriften dort nicht gut sind. Jeder wohnt unter einem Baum, den er im Winter mit dichtem, weißem Filz umhüllt. Im Sommer fehlt diese Hülle.

Kein Volk tut diesen Kahlköpfen etwas zuleide: Sie gelten für heilig, haben auch keinerlei Kriegswaffen. Sie schlichten die Streitigkeiten bei ihren Nachbarn, und wenn ein Flüchtling zu ihnen kommt, geschieht ihm kein Leid. Der Name dieses Volkes ist Argippaier.

Bis zu diesen Kahlköpfen hin kennt man die Länder und Völker sehr genau. Nicht nur Skythen besuchen sie, von denen man ohne Schwierigkeiten Näheres erfahren kann, sondern auch Hellenen aus der Hafenstadt am Borysthenes und anderen pontischen Handelsplätzen. Wenn die Skythen zu den Argippaiern reisen, brauchen sie unterwegs sieben Dolmetscher für sieben fremde Sprachen.

Also bis zu den Kahlköpfen ist das Land bekannt, aber über das Weitere kann keiner etwas Bestimmtes sagen. Hohe, unzugängliche Berge schieben sich davor, die niemand überschreitet. Die Kahlköpfe erzählen – was ich aber nicht glaube –, auf diesen Bergen wohne ein ziegenfüßiges Volk und jenseits der Berge ein anderes Volk, das sechs Monate lang schliefe. Das scheint mir nun vollends unglaublich.

Das Land östlich von den Kahlköpfen kennen wir; da wohnen die Issedonen. Aber von dem Lande, das nördlich von den Kahlköpfen und den Issedonen liegt, wissen wir nichts, außer was diese Völker selber erzählen.

Von den Sitten der Issedonen wird folgendes berichtet. Wenn einem Issedonen der Vater stirbt, bringen alle Verwandten Vieh herbei, das geschlachtet und zerlegt wird. Aber auch der tote Vater des Wirtes wird zerlegt, unter das andere Fleisch getan und dann ein Mahl gehalten. Dem Schädel wird die Haut abgezogen; dann wird er gereinigt und vergoldet und gilt nun als etwas Heiliges. Jährlich werden ihm große Opfer gebracht, und zwar von dem Sohne, ähnlich wie an dem Totenfest der Hellenen. Im übrigen sollen auch sie ein friedliches Volk sein, und die Frauen sollen gleiche Rechte haben wie die Männer.

Auch die Issedonen kennt man also. Aber nördlich von den Issedonen, erzählen sie selbst, wohnen jene einäugigen Menschen und jene goldhütenden Greife. Die Skythen haben diese Nachricht von den Issedonen übernommen, und durch den Verkehr mit den Skythen wiederum ist sie auch zu uns gedrungen.«

Die hier ausführlich beschriebenen Issedonen, die wahrscheinlich mit den von Herodot im ersten Buch seiner *Historien* erwähnten Massageten identisch sind, müssen wir uns als ein jenseits des Tienshan — des Himmelsgebirges — im östlichen Tarim-Becken und im Westen Gansus lebendes Volk vorstellen, das zu den Chinesen am Yangtse und am Huang Ho direkte Verbindung hatte, nach anderen Quellen mit diesen sogar identisch ist. Auf alle Fälle waren es Seßhafte, die am West-Ost-Handel rege partizipierten. Sie stellten das genaue Gegenteil zu den weiter nördlich und westlich lebenden skythischen Nomaden dar, von denen Herodot schreibt:

»Die Skythen übertreffen in einer Kunst alle anderen Völker, die wir kennen, während ich sie im übrigen nicht sehr bewundere. Diese große Kunst besteht darin, daß keiner, den sie verfolgen, ihnen entkommt und keiner sie einholen kann, wenn sie sich nicht einholen lassen wollen. Muß nicht ein Volk unüberwindlich und unnahbar sein, das weder Städte noch Burgen baut, seine Häuser mit sich führt, Pfeile vom Pferde herabschießt, nicht vom Ackerbau, sondern von der Viehzucht lebt und auf Wagen wohnt?«

In diesem treffenden Urteil ist auch die Rolle umschrieben, die das skythische Nomadenvolk zwischen West und Ost spielte und aus der es selbst ein bedeutender, machtgieriger Herrscher wie

Dareios nicht verdrängen konnte. Es war die Rolle der Händler und Vermittler, die in ihren »fahrenden Häusern« — ihren Wagen — wohl mehr Reichtum mit sich führten, als so manche Siedlergruppe zwischen dem Schwarzen Meer und dem Chinesischen Meer besaß. Es war aber zugleich, und auch das kommt bei Herodot deutlich zum Ausdruck, die Rolle des unerbittlichen, unberechenbaren Kriegervolkes. Darüber lesen wir in den *Historien*:

»Im Kriege haben sie folgende Sitten. Wenn ein Skythe seinen ersten Feind erlegt, trinkt er von dessen Blut. Die Köpfe aller, die er in der Schlacht tötet, bringt er dem König. Wenn er einen Kopf bringt, erhält er seinen Beuteanteil, sonst nicht. Sie ziehen den Schädeln die Haut ab, indem sie rings um die Ohren einen Schnitt machen, dann die Haare fassen und den Kopf herausschütteln. Mit einer Ochsenrippe wird das Fleisch abgeschabt, dann die Haut mit der Hand gegerbt und, wenn sie weich ist, als Handtuch gebraucht. Der Reiter bindet die Haut an den Zügel seines Pferdes und prahlt damit. Wer die meisten hat, gilt für den tapfersten Helden. Vielfach macht man sogar Kleider aus diesen Kopfhäuten. Sie werden zusammengenäht wie die Hirtenpelze.

Viele häuten auch die rechte Hand ihrer gefallenen Feinde ab mitsamt den Fingernägeln. Sie machen Deckel für ihre Köcher daraus. Die Menschenhaut ist fest und glänzend, weißer und glänzender als fast alle anderen Häute. Manche häuten die ganze Leiche ab, spannen die Haut auf Holz und führen sie auf ihrem Pferd mit. So merkwürdige Gebräuche haben sie.

Aus den Schädeln selber aber, nicht von allen Erschlagenen, sondern nur von den grimmigsten Feinden, machen sie Trinkschalen. Die Teile unterhalb der Augenbrauen werden abgesägt und der Schädel gereinigt. Wer arm ist, legt dann bloß außen ein Stück Rindsfell herum; der Reiche vergoldet außerdem das Innere des Schädels, und dann trinkt er daraus. Das tun sie sogar mit den Schädeln ihrer Angehörigen, wenn sie mit ihnen verfeindet waren und wenn einer den anderen vor dem Gericht des Königs besiegt hat. Kommt dann ein angesehener Gast zu diesem Sieger, so stellt er ihm die Schädel hin und erzählt von seinen feindseligen Verwandten, derer er Herr geworden sei. Das gilt für heldenhaft und vornehm.

Einmal in jedem Jahr läßt der Häuptling jedes Gaues im Mischkrug Wein bereiten, und alle Männer, die einen Feind erlegt haben, trinken davon. Die, welche keinen erlegt haben, dürfen nicht mittrinken und sitzen abseits, ohne daß man sie beachtet. Das ist für den Skythen die größte Schande. Alle, die eine ganze Menge Feinde erschlagen haben, bekommen gar zwei Becher und trinken aus beiden zugleich.«

Was hier auf den ersten Blick nach griechischer Übertreibung barbarischer Sitten aussieht, hat sich in jüngster Zeit durch Funde aus skythischen Kurganen bis zum Altai bestätigt, so daß wir es in dieser Beschreibung wohl mit weitgehend realistischen Talbeständen zu tun haben, so grausam sie uns auch erscheinen mögen.

Es ist verständlich, daß die Händler angesichts solcher Bedrohungen jeden Vorstoß in skythisches Gebiet vermieden haben, wenn kriegerische Auseinandersetzungen im Gange waren. Aber auch sonst konnte man auf diesen Wegen Gewalttätigkeiten sicher nicht ausschließen. Mag sein, daß die spätere Bevorzugung der Südroute auch darin begründet ist. Denn nördlich von China hat die Völkerbewegung und damit die Kriegsgefahr nie aufgehört. Man denke nur an die späteren Mongolenstürme.

Aber die wirtschaftlichen und luxuriösen Bedürfnisse der Völker zwischen Altai und Schwarzem Meer dürfen nicht unterschätzt werden. Trotz aller Gefahren florierte der Gold- und Jadehandel. Spätestens im sechsten Jahrhundert v. Chr. war die Seide dazugekommen.

Funde aus dem Kurgan V von Pazyryk im Altai zeigen eine goldschimmernde Seide mit einer im Farbton angepaßten, äußerst feinen Stickerei von Blütenzweigen, in denen Stelzvögel sitzen, die von Weibchen umflattert werden. In diesem Stoff verbindet sich höchste Kunstfertigkeit mit dem Ausdrucksvermögen, das einer intensiven Beobachtungsgabe entspringt.

Wir haben es hier mit einer Seide zu tun, die in ihrer Art und Qualität dem legendären Goldenen Vlies von Kolchis entsprechen mag, jenem goldglänzenden Fell eines geflügelten Widders, das in der griechischen Argonautensage Jason zu erbeuten auszieht, um es im Auftrag seines Onkels nach Griechenland zu bringen. Es kann kein Zweifel sein, daß sich hinter dieser Sage, die ein abenteuerlicher Reisebericht nach Art der *Odyssee* ist, ein Stück ältester Geschichte in mythologischer Abwandlung verbirgt.

Kolchis lag an der Handelsstraße, die von der Donmündung entlang der Schwarzmeerküste nach Südosten führte. Es war einer jener Orte, wo schon in frühester Zeit chinesische Seide von hervorragender Qualität zu finden war, die wohl ihres Preises wegen nicht nur redliche Kaufleute, sondern auch Abenteurer anzog — die Bankräuber des Altertums.

So hat man, um die Wirklichkeit zu verbrämen, nüchterne Handels- und Kriminalgeschichte mit dem Wirken antiker Götter verwoben und den tatsächlichen Ereignissen das Gewand einer spannenden Sage umgehängt.

Doch während in China die Seide in allen Sagen und Märchen

beim Namen genannt wird, neigte man im Mittelmeergebiet lange Zeit zur Umschreibung. Das hatte mehrere Gründe. Seide war außerordentlich begehrt und deshalb sehr teuer. Wer ihr nachjagte, mußte entweder sehr reich oder sehr mutig sein. In beiden Fällen verschwieg man lieber die wahre Absicht und verschleierte sein Tun mit legendären Berichten, wie sie auch in Herodots *Historien* eine große Rolle spielen.

Die Argonauten des Apollonios Rhodios, in denen die Jagd nach dem Goldenen Vlies abenteuerlich und sagenumwoben erzählt wird, sind ein anderes, späteres Beispiel für die Verknüpfung von Zeitgeschichte und Sage, das die Wirklichkeit west-östlicher Beziehungen in griechischer Zeit mythologisch und legendär verbrämt.

Dieser Realität der westlichen Handelswege und der Völkerverbindung, die sich daraus erkennen läßt, begegnen wir immer wieder in den reichen Funden aus skythischen Kurganen, die nicht nur von der frühesten Verbreitung der Seide nach Westen, sondern auch von griechischen Exporten nach Osten erzählen.

Außer dem zahlreichen Reiterbedarf an edlen Metallen für Zaumzeug, Sattelschmuck und Beschlägen, den die skythischen Nomaden hatten, gelangte auch griechische Keramik in das Gebiet östlich des Schwarzen Meeres. Leider ist bei den Ausgrabungen im Skythenland auf diese Funde lange Zeit kein großer Wert gelegt worden, obgleich gerade Scherben datierbarer griechischer Gefäße viel zur Festigung der immer noch problematischen Chronologie der Skythen hätten beitragen können.

So hat man im südrussischen Kurgan von Alexandropol die Scherben eines großen schwarzlackierten Gefäßes gefunden, dessen Herstellung ins dritte vorchristliche Jahrhundert zu datieren ist und damit Aufschluß über die Entstehungszeit des Kurgans gibt.

Die reichen griechischen wie chinesischen Fundbestände in den Grabhügeln zwischen Schwarzem Meer und Altai, das heißt auf einer Strecke von weit mehr als der Hälfte der alten nördlichen Seidenstraße, verdeutlichen das frühe Handelsleben und die Bedeutung des Warenaustausches, vor allem auch mit den Griechen, schon lange vor der Zeit, die man gemeinhin für die Entstehung und früheste Benutzung der Seidenstraßen verbürgt glaubt. Auch führten die von den Hauptverbindungen abzweigenden Handelswege weiter, als man es sich vorstellt. Sie verbanden offenbar den ganzen damals besiedelten Raum Asiens, Nordafrikas sowie Europas weit über das Mittelmeergebiet hinaus.

Dabei kam den Skythen für die nördliche Welt eine Art Mittlerfunktion zu, die wir in ihrer ganzen Bedeutung heute wahrscheinlich noch gar nicht übersehen können. Allerdings hätte sich diese

Mittlerfunktion der Skythen ohne die starke Expansion der griechischen Städte an der kleinasiatischen Mittelmeerküste nicht ausbilden können. In deren Gefolge kam es zu den zahlreichen Städtegründungen am Schwarzen Meer – auch an seiner Nordküste –, wo Olbia eine besondere Rolle spielte.

Herodot hat Olbia besucht, wohl vor allem auch deshalb, weil es eine der Begegnungsstätten zwischen Ost und West, ein Waren- und Kulturumschlagplatz war, der im fünften Jahrhundert v. Chr. schon auf eine bewegte Geschichte zurückschauen konnte.

Olbia war Ausgangs- und Endpunkt jener alten, sagenumwobenen Karawanenstraße, über deren Verlauf Herodot berichtet. Vor allem aber war Olbia die Stadt der Skythenkontakte. Hier saß Thymues, ein diplomatischer Vertreter des Skythenherrschers, mit dem Herodot bei seinem Aufenthalt in Olbia mehrmals zusammentraf, um Nachrichten über die Skythen aus erster Hand zu erhalten.

Wahrscheinlich war Thymues nicht nur ein politischer Gesandter seines Königs, sondern auch ein Handelsbevollmächtigter, der für die reibungslose Abwicklung der Ost-West-Geschäfte und für die Sicherheit ihrer Durchführung verantwortlich war. Das Haupttransportgut dieser frühen Zeit dürfte das von den Skythen, aber auch von den Griechen in reichem Maße benötigte Gold gewesen sein, das in Kasachstan und im Altai – dem »Goldgebirge« – sowohl im Tagebau als auch aus Stollen gefördert wurde.

Im alten Griechenland wie am Schwarzen Meer und in der Ukraine, wo ein Großteil der Skythen saß, gab es kein Gold. Es mußte also über die Ost-West-Handelsstraße aus Asien herangebracht werden.

Bedenkt man, daß die kostbaren Skythengewänder, die zum Teil aus Seide bestanden, oft mit Hunderten von Goldplättchen bestickt waren und daß auch der Bedarf an Schmuckgold außerordentlich groß war, kann man sich eine Vorstellung vom Umfang und von der Bedeutung dieses Handels zu Zeiten Herodots und noch früher machen.

Vom Kleinhandel mit fertigen Gegenständen aus Edelmetall, wie sie nicht nur von den Skythen, sondern wahrscheinlich in noch größerem Umfang von griechischen Kunsthandwerkern hergestellt wurden, zeugt ein Bericht, den Renate Rolle in ihrem Buch *Die Welt der Skythen* gibt. Darin wird der Handel zwischen Griechen und Skythen beschrieben, der auch entfernteste Plätze erreichte.

1962 fanden Torfarbeiter in einem verlandeten Nebenfluß des Dnjepr die etwa zweitausendfünfhundert Jahre alte Leiche eines jungen Mannes in einem damals offenbar gesunkenen Einbaum aus einem Eichenstamm. Er war mit fünfzehn feingearbeiteten vergoldeten griechischen Bronzegefäßen beladen, die für reiche skythische Käufer bestimmt waren. Das zeigt, wie nicht nur Landwege, sondern — wo möglich — auch Wasserstraßen für den ausgedehnten Handel jener Zeit benutzt wurden. So schließen allmählich archäologische Funde die großen Lücken in den spärlichen Quellen, die nach Herodot für fast ein halbes Jahrtausend versiegen.

Ein fünfhundert Jahre nach Herodot schreibender prominenter Augenzeuge des Lebens an der Grenze zwischen dem römischen Osten und den »Barbaren« ist der 9 n. Chr. von Kaiser Augustus aus Rom verbannte Dichter Ovid. Er hat seinen Aufenthalt in Tomis, dem heutigen rumänischen Constanza, an der skythischen Grenze jedoch nicht als Anreiz zur objektiven Darstellung des dortigen Lebens empfunden. Nur sein subjektives Leiden an der Verbannung, das Gefühl, ausgestoßen zu sein und nicht mehr am gesellschaftlichen Leben der Hauptstadt teilnehmen zu können, finden in Briefen und Klagegedichten, den *Tristien*, schmerzvollen Ausdruck. Barbarisch und »meines Gesanges nicht wert« nennt er die Menschen — Provinzrömer, Griechen, Skythen und Geten —, die Tomis und seine Umgebung bewohnen.

Längst sind die Zeiten der Blüte und des Reichtums für dieses Gebiet nördlich des Schwarzen Meeres vorbei. Die südliche Seidenstraße hat dem Skythenweg seine wirtschaftliche Bedeutung genommen.

Noch vor Ende des ersten nachchristlichen Jahrhunderts, in dem der Seidenhandel mit Rom blühte wie nie zuvor und wie auch später nicht mehr, um 95 n. Chr., berichtet ein kleinasiatischer Grieche, der Redner Dion Chrysostomos, über eine Reise ans Schwarze Meer wie von einer Fahrt in die Vergangenheit.

In Olbia, der einst prachtvollen Hauptstadt des Gebietes, stehen nur noch wenige baufällige Häuser. Den Götterstatuen haben die Barbaren die Köpfe abgeschlagen. Die Einwohner sprechen ein verstümmeltes Griechisch. Es überwiegen die Fremden, deren Sprache Dion nicht versteht. Auch Griechen und Römer tragen die Hosentracht der jetzt hier ansässigen Reiterkrieger. Die Zeit der pontischen Kultur, die an den Ufern und in den weiten Ebenen nördlich des Schwarzen Meeres bis in die Ukraine fast tausend Jahre geblüht hatte, war zu Ende — Herodots Bericht bereits uralte Geschichte.

Bedeutender als der gesamte Nordhandel war im alten Asien zweifellos der Südhandel, der Indien mit Persien, Arabien, Ägypten und dem Vorderen Orient verband. Er hatte seine Wurzeln im dritten vorchristlichen Jahrtausend. Schon damals bestanden Land- und Seeverbindungen zwischen Ägypten, Mesopotamien und den Städten der Industalkultur im heutigen Pakistan sowie dem Nordwesten des indischen Subkontinents.

In der Zeit des persischen Großreiches nahm dieser Handel einen beträchtlichen Umfang an. Und es ist nicht auszuschließen, daß der Vorstoß des Dareios nach Norden nicht nur die Unterwerfung der Skythen, sondern auch die Beherrschung der nördlichen Handelswege zum Ziele hatte.

Alexander der Große, der das Erbe der Perserkönige antrat, war in erster Linie Feldherr. Seinen Eroberungszügen kann man gewiß keine wirtschaftlichen Absichten unterstellen. Genauso wie bei den chinesischen Kaisern war sein Handeln von dem Gedanken an Weltherrschaft bestimmt. Der grundsätzliche Unterschied zwischen dem Makedonen und den Chinesen bestand darin, daß die Chinesen ihr Land als die Welt und ihre Hauptstadt als den Mittelpunkt der Welt betrachteten, während Alexander sehr wohl wußte, daß sein kleines Makedonien am Rande der Welt lag. Deshalb brach er auf, die Welt, die für ihn wie für die Chinesen Asien hieß, zu erobern. Zwei Aspekte des politischen Universalismus zeigen sich hier fast gleichzeitig, ohne sich zu berühren. Der Weltherrschaftsgedanke des Außenseiters Alexander sollte ihn, den Begründer des Alexanderreiches, nicht überleben. Die chinesische Universalismusidee dagegen hat Bestand gehabt bis in die Gegenwart. Sie hat alle Machtwechsel überlebt. Das Land besteht heute in den weitesten Grenzen, die sein alter Expansionsdrang je zog.

Als Alexander der Große 323 v. Chr. in Babylon noch nicht dreiunddreißigjährig starb, umfaßte sein Reich Makedonien, Ägypten und das vordere Asien südlich des Kaukasus bis zum Kaspischen Meer und von der Ägäis bis zum Pandschab, dem Gebiet an der heutigen indisch-pakistanischen Grenze.

Einen Nachfolger Alexanders gab es nicht. Als seine Offiziere die Königswürde zu gleichen Teilen dem geistesschwachen Halbbruder Philipp III. und dem halbwüchsigen Sohn Alexanders aus seiner Ehe mit der persischen Prinzessin Roxane verliehen, war das nicht mehr als eine sich aus der Ratlosigkeit der ersten Stunde ergebende symbolische Handlung ohne jede politische Bedeutung.

Die Macht in Babylon lag in den Händen des Generals Perdikkas. Makedonien regierte Antipater, der zugleich die Kontrolle über Griechenland ausübte. Doch auch in den übrigen Herrschaftsgebieten, die man nach der alten persischen Einteilung als Satrapien bezeichnete, regte sich der Selbständigkeitsdrang der von Alexander eingesetzten Gouverneure. Ptolemaios beanspruchte Ägypten, Lysimachos bemächtigte sich des fernen Thrakien, und der einäugige Antigonos erweiterte seinen Einflußbereich in Phrygien.

Perdikkas wurde von den anderen Satrapen, wie man die Lokalgouverneure nannte, verdächtigt, die Nachfolge Alexanders und damit die Alleinherrschaft anzustreben. Antipater, Antigonos und Ptolemaios verbündeten sich gegen ihn. 321 brach der Krieg aus. Perdikkas wurde ermordet und Antipater einstimmig zum Reichsverweser gewählt. Er vermochte dank seiner Autorität bis zu seinem Tod im Jahre 319 das Reich zusammenzuhalten. Danach brach ein Kampf aller gegen alle aus, in dessen Verlauf Philipp III. und Alexanders Mutter Olympias getötet wurden. Antipaters Sohn Kassander fiel der junge Alexander IV., der letzte Überlebende aus der Familie Alexanders des Großen, in die Hände, für den dann Eumenes, Alexanders ehemaliger Sekretär, eintrat.

Eumenes eroberte Babylon und hätte vielleicht Aussicht gehabt, das Reich unter dem Alexandersohn noch einmal zu einen. Doch seine eigenen Truppen verrieten ihn an seinen Widersacher Antigonos, der ihn 316 hinrichten ließ.

Aber auch Antigonos gelang es nicht, das Erbe Alexanders anzutreten. Noch fünfzehn Jahre tobten die Kämpfe der verfeindeten Satrapen und ihrer Parteigänger – die Diadochenkämpfe –, bis Antigonos 301 in der Schlacht bei Ipsos getötet wurde. Es war die Schlacht, die das Schicksal des Alexanderreiches endgültig besiegelte. Es fiel nun völlig in die einstigen persischen Satrapien auseinander. Nur die Herrscher der einzelnen Reiche waren jetzt Makedonen, keine Perser mehr. Und die Verwaltungs- und Handelssprache wie auch die Sprache der Gebildeten des ganzen Gebietes bis an die Grenzen Indiens war und blieb für die nächsten Jahrhunderte Griechisch. Das hatte große Vorteile für diesen Raum, den man nun hellenistisch nannte, besonders auch für den Transitverkehr und den Handel, für den es in der Zeit der nicht endenden kriegerischen Auseinandersetzungen große Schwierigkeiten gegeben hatte.

Athen, das bisher die Wirtschaftsmetropole des griechischen Mittelmeerhandels gewesen war, verlor in dieser Zeit seine Bedeutung. Alexandria, die Gründung Alexanders des Großen im Nildelta, nahm seine Stelle ein und wurde nach Alexanders Tod zur Hauptstadt des Ptolemäischen Reiches, das bis zur Eroberung durch die

Römer eines der politisch und wirtschaftlich mächtigsten Länder der hellenistischen Welt blieb. Das hing vor allem mit seiner günstigen Lage am Schnittpunkt der Handelswege zwischen Asien, Arabien, Afrika und dem Mittelmeergebiet zusammen.

Der Mittelmeerhandel hatte schon vor Alexander fast ausschließlich in griechischen Händen gelegen. Und die Nordroute vom Asowschen Meer nach Osten war nicht der einzige griechische Berührungspunkt mit Asien. Über die phönizischen Häfen Tyros und Sidon gelangten in Griechenland produzierte Waren in den Vorderen Orient.

Nach Alexanders Tod waren die Griechen Herren aller Mittelmeermärkte, auf denen sich nun in zunehmendem Maße ein Warenaustausch zwischen Ost und West anbahnte, der schon bald die Formen eines freien Welthandels annahm. Neben dem lebensnotwendigen Import von Nahrungsmitteln, der für die schnell wachsende Bevölkerung des östlichen Mittelmeerraums von größter Bedeutung war, stand vor allem die Einfuhr wertvoller Rohstoffe, die in griechischen Werkstätten verarbeitet werden konnten, im Mittelpunkt des kaufmännischen Interesses.

Zu den begehrten Gütern gehörten neben dem über die Nordroute eingeführten Gold andere Metalle, Edel- und Halbedelsteine, wertvolle Hölzer, Elfenbein, Textilien, Öle, Gewürze, Drogen. Sie kamen aus Afrika, Arabien, Indien, ja selbst aus China, obwohl Seide, die später ein Importgut wurde, wohl zu jener Zeit noch äußerst selten in den Westen gelangte.

Doch die Entwicklung eines Netzes von Handelswegen zwischen Indien, den Ländern Zentralasiens und dem Westen, die zu den wirtschaftlichen Großtaten der hellenistischen Zeit gehört, schuf die Voraussetzung für jenen intensiven Ost-West-Handel, an dem China genauso interessiert war wie die hellenistisch beherrschten Länder zwischen Baktrien und Ägypten.

Diese Länder hatten im Laufe der Diadochenkämpfe ein wechselvolles Schicksal gehabt. Antigonos hatte sie in dem Bestreben, das Alexanderreich wiederherzustellen, erobert. Seleukos, ein makedonischer Adliger, der Satrap von Babylon geworden war, konnte sich 316 vor dem vorrückenden Antigonos nur durch Flucht retten. Er wandte sich an Ptolemaios, den Herrscher Ägyptens in Alexandria, der ihm ein Heer zur Verfügung stellte, mit dessen Hilfe er 312 Babylon zurückeroberte. Doch erst nach der Schlacht von Ipsos, in der Seleukos gemeinsam mit Lysimachos, dem König von Thrakien, den Antigonos schlug, konnte er an den Ausbau jenes neuen Großreiches gehen, das bis an die Grenzen Indiens und Zentralasiens reichte, womit zugleich die Voraussetzungen für einen transasiatischen Handelsverkehr geschaffen waren.

Mittelpunkt dieses Handels wurde die von Seleukos I. um 300 gegründete Hauptstadt Seleukeia am rechten Tigrisufer, sechzig Kilometer nordöstlich des alten Babylon. Doch diese Neugründung war nur eine von vielen Städten, die während der Seleukidenherrschaft in Westasien als griechisch-makedonische Siedlungen angelegt wurden. Seleukos I. und seine Nachfolger betrieben damit ein weiträumig geplantes Kolonisierungsprojekt, das nach den Worten von William Tarn zu den »erstaunlichsten Vorhaben der antiken Welt« zu zählen ist.

Die Stadtanlagen der Seleukiden folgen meist einem strengen Quadratmuster mit rechtwinklig aufeinanderstoßenden Straßen. Große Marktplätze und für die Warenaufbewahrung angelegte Magazine sind Kennzeichen für die Bestimmung dieser Anlagen, die den dort neu angesiedelten Griechen die Voraussetzungen für ihren Handel bieten sollten.

Es ist bewundernswert, daß die Seleukiden dieses Kolonisierungswerk in drei Generationen ihrer Dynastie verwirklichen konnten, obwohl die Grenzen des Reiches infolge kriegerischer Auseinandersetzungen ständig in Bewegung waren, was natürlich auch den Transitverkehr immer wieder störte.

Seleukos I. beherrschte Mesopotamien, Nordsyrien, Mittelasien bis an die Grenzen Indiens, auf dessen Norden er zeitweise Einfluß gewann, ferner Kilikien und große Teile Kleinasiens. Seine beiden Nachfolger, Antiochos I. Soter und Antiochos II. Theos, regierten ein Reich, das sich von der Ägäis bis nach Turkestan und Afghanistan erstreckte. Doch gerade in dieser Ausdehnung lag auch seine Gefährdung.

Die Seleukiden verfügten nicht über die militärische Macht, diese Grenzen andauernd zu sichern. Die Gründung eines selbständigen griechisch-baktrischen Staates und das Vordringen von Nomadenstämmen aus dem Nordosten stellten eine ständige Bedrohung der seleukidischen Nord- und Ostgrenzen dar, die sie viel Land kostete und damit auch ihre Macht insgesamt mehr und mehr schmälerte.

Diese bewegte Geschichte von zweihundertfünfzig Jahren ist einer der Gründe dafür, daß eine zuverlässige Darstellung des Seleukidenreiches bis heute, auch angesichts der verwirrenden Quellensituation — für viele Städtegründungen fehlt jede Angabe — noch nicht geschrieben werden konnte.

Bei den Städtegründungen auf seleukidischem Gebiet bis nach Baktrien und in die zentralasiatische Sogdiana kann in den meisten Fällen nur aufgrund des hellenistischen Namens angenommen werden, daß ein seleukidischer Ursprung vorliegt. Allerdings gibt es auch Fälle, wo Vorgängerstädte oder spätere Neugründungen die Klärung erschweren.

Städte wie Dura-Europos, Beroia, Edessa, Kyrrhos, Perinthos, Maroneia und Apollonia in Nordsyrien, Anthemonsia, Ichnai oder Ainos in Mesopotamien, Tanagra und Maitona in Persien, Thera, Rhoitea und Argos in Baktrien können als Hinweis, wenn auch nicht als Beweis für seleukidische Gründung oder Wiedergründung gelten.

Die wichtigsten seleukidischen Städte neben der Verwaltungshauptstadt Seleukeia am Tigris waren die beiden Antiochia, eines am Orontes, das andere im kleinasiatischen Pisidien gelegen, die Hafenstadt Laodikeia, Seleukeia in Pierien und die Garnisonstadt Apameia am Orontes, wo die Seleukiden ihre Kriegselefanten und ihre Grenztruppen stationiert hatten.

Am undurchsichtigsten ist die seleukidische Geschichte in Baktrien und an der Grenze Indiens. Um 250 v. Chr. hatte sich hier Diodotos, der wahrscheinlich Provinzgouverneur von Baktrien war, gegen die Seleukiden erhoben und ein eigenes griechisch-baktrisches Reich begründet, das zu einer wichtigen Durchgangsstation für die zentralasiatischen Karawanenstraßen wurde. Auch seine Geschichte liegt weitgehend im dunkeln.

Das ist der Grund, weshalb wir von den Anfängen und dem Umfang des Seidenhandels über die Pamir-Pässe nach Afghanistan und weiter westwärts so wenig wissen. Nur Münzfunde mit dem Porträt und der Inschrift verschiedener hellenistischer Herrscher haben bisher ein bescheidenes chronologisches Gerüst der baktrischen Geschichte bis ins erste vorchristliche Jahrhundert ergeben. Münzen aber lassen auf Handel schließen. Und Handel kann in diesem Gebiet zwischen Hindukusch und Pamir nur Transithandel gewesen sein, zumal hier, damals wie heute, keine große Bevölkerungsdichte bestanden hat. Die Bedürfnisse der dort lebenden Menschen waren, sieht man einmal von den hellenistischen Kolonialherren ab, schon immer bescheiden.

Allerdings stand auch in Mittelasien bis zum Ende des zweiten vorchristlichen Jahrhunderts der Handel mit Indien im Vordergrund. Zu einem größeren Chinahandel kam es erst nach Chang K'iens zumindest in dieser Hinsicht erfolgreichen Expeditionen nach dem fernen Westen. Das schließt freilich frühere Handelsverbindungen zwischen China und Indien nicht aus. Erwähnt doch schon der Inder Kantiliya, erster Minister des Königs Chandragupta, der 321 v. Chr. die berühmte Maurya-Dynastie begründete, den chinesischen Seidenhandel.

Da sich aber die südlichen Handelsstraßen zwischen Indien und dem Mittelmeer zur Zeit der größten seleukidischen Machtentfaltung ausschließlich in seleukidischen Händen befanden, hatten die Seleukidenkönige am Ausbau und an der Verwendung dieser verhältnismäßig sicheren Straßenverbindung das größte Interesse.

Die Straße führte von Pataliputra, der in der Nähe des heutigen Patna im Nordosten Indiens ausgegrabenen Hauptstadt der Maurya-Dynastie, durch das Gangestal über Taxila — eine Gründung Alexanders des Großen in Nordpakistan — weiter nach Baktra in Nordafghanistan und über Ekbatana nach Seleukeia. Von hier aus gab es verschiedene Handelsstraßen nach Ägypten und zum Mittelmeer, wobei die Rivalitätskämpfe zwischen Seleukiden und Ptolemäern den Weg nach Ägypten, aber auch zu den Mittelmeerhäfen oft unterbrachen.

Das Ende des von ständigen Kämpfen erschütterten Seleukidenreiches war die Folge einer durch die Hiung-nu ausgelösten Völkerwanderung von Nordosten nach Südwesten. Die Wu-Sun und Yüeh-chih waren dem Druck der Hiung-nu gewichen und hatten über das Tarim-Becken den Norden Afghanistans erreicht. Die dort sitzenden parthischen Stämme konnten sich der kriegerischen Eindringlinge kaum erwehren und wichen ebenfalls nach Südwesten aus, was zur Konfrontation mit den Seleukiden und schließlich zu ihrer Verdrängung nach Westen führte. Das war der Anfang vom Untergang des seleukidischen Reiches, dessen letzte vorderasiatische Provinzen — Kilikien und Nordsyrien — schließlich in römische Hände fielen.

Seide für Rom

Als die westasiatischen Reste des Seleukidenreiches 64 v. Chr. römische Provinzen wurden, hatte sich zwischen Mittelmeer und Mittelasien politisch und auch wirtschaftlich vieles verändert. Rom — eine im sechsten Jahrhundert unter etruskischer Herrschaft stehende Stadt Mittelitaliens — war innerhalb von zweihundert Jahren zur neuen Weltmacht aufgestiegen, die das politische Hellenentum zerschlug, zugleich aber zum Bewahrer und Träger hellenistischer Kultur wurde.

So verlagerte sich die politische Macht nach Westen — sie wurde für zwei Jahrtausende abendländisches Privileg, genauso wie die aus dem Griechentum hervorgegangene Kultur, die man nun die abendländische nannte, weltweit dominierte.

Das Bild, das sich aus solcher Betrachtungsweise ergibt, entspricht freilich nicht ganz der Wirklichkeit. Auch Rom wäre nicht ohne den Osten, ohne Asien und seine vielfältigen Einflüsse zu denken. Denn fast alles, was wir Hellenismus nennen und was die römische Kultur ausmacht, hatte sich im asiatischen Raum ausgebildet, genauso wie später jene Religion, die das Abendland geprägt hat: das Christentum, von dessen asiatischen Ausstrahlungen wir heute kaum noch etwas wissen. Im weiteren Verlauf unserer Darstellung — entlang den Seidenstraßen — werden wir ihnen aber noch öfter begegnen.

Schon vor der Zeitenwende, als Rom begann, das Gesicht der Länder rund um das Mittelmeer und jenseits der Alpen zu verändern, geschah auch im Raum der alten Seidenstraßen eine tiefgreifende Wandlung. Ein Volk, über dessen Herkunft und erste politische Erfolge wir nur sehr wenig wissen, brach von Norden her in den seleukidischen Raum ein. Es waren die Parner, die bereits im dritten vorchristlichen Jahrhundert die seleukidische Provinz Parthien im Norden des Reiches bedroht hatten. Diese Provinz gab schließlich den Eroberern jenen Namen, unter dem sie als Begründer eines eigenen Großreiches in den alten ostseleukidischen Grenzen in die Geschichte eingegangen sind: die Parther.

Sie wurden trotz ständiger Bedrohung durch die Yüeh-chih aus dem Norden in der Mitte des zweiten vorchristlichen Jahrhunderts unter ihrem König Mithradates I. zur Weltmacht im Mittleren Orient und damit auch zu Beherrschern weiter Strecken der alten mittelasiatischen Handelswege.

Die Parther hatten dem Seleukidenreich den Todesstoß versetzt. Rom nahm dann ohne große Anstrengung nur noch den Rest. Aber es hatte nun an seiner asiatischen Ostgrenze einen neuen, viel gefährlicheren Feind, eben jene Parther, die am Euphrat saßen und die für Rom so wichtigen Handelsstraßen nach dem Osten blockieren konnten. Diese Handelsstraßen hatten zur Zeit der Gründung des Partherreiches eine neue Dimension gewonnen.

Chang K'ien konnte durch geschickte Verhandlungen mit den westlich von China lebenden Völkern — den Yüeh-chih und den Wu-sun — ihren Anschluß über die Pamir-Pässe und das Tarim-Becken an das chinesische Straßennetz vorbereiten. Es war der Weg, den dann die ersten organisierten chinesischen Seidentransporte nahmen, die zunächst zu den Parthern gelangten, später aber auch Alexandria und Rom erreichten.

Hier wird deutlich, daß Chang K'ien, der mit seinen diplomatischen Aufträgen bei den Westvölkern scheiterte, letztlich etwas viel Größeres, für Jahrhunderte Bedeutendes erreicht hat: die Gründung der von China ausgehenden zentralasiatischen Karawanenstraße, die schließlich zur Seidenstraße nach Ägypten und ins Römische Reich wurde.

66

Kleopatra, Ägyptens letzte ptolemäische Königin, deren Schicksal so eng mit dem Aufstieg Roms verknüpft war, trug wohl als eine der ersten Frauen des südöstlichen Mittelmeerraums Gewänder aus chinesischer Seide. Wogegen die Nachricht, Caesar habe ein Theater in Rom mit Seide als Sonnenschutz überspannen lassen, sicher ins Reich der Sage gehört. Denn die Römer hatten, wenn wir den Annalen glauben dürfen, zu jener Zeit eben erst Bekanntschaft mit dem kostbaren Gewebe gemacht — und das auf eine höchst bedrohliche Weise.

Es war im Frühling des Jahres 53 v. Chr. Der ehrgeizige römische Statthalter in Syrien, Marcus Licinius Crassus, träumte davon, ein zweiter Alexander zu werden. Mit einem Heer von zweiundvierzigtausend Mann, davon nur viertausend Reiter, überquerte er bei Zeugma den Euphrat, um die Parther, den stärksten Feind Roms im Osten, zu schlagen. Am 6. Mai erreichte er das Ufer des Balissos-Flusses unterhalb der Stadt Carrhae, wohin sich das parthische Heer zurückgezogen hatte. In den folgenden Tagen kam es dann zu jener verhängnisvollen Schlacht, die mit der schwersten Niederlage der Römer in ihrer ganzen Geschichte und dem Tod des Crassus endete.

Die römischen Truppen waren auf Nahkampf eingestellt. Die parthischen Reiter dagegen — schnell und wendig — beschossen den Feind mit Pfeil und Bogen. Kamele brachten ständig Nachschub an Pfeilen in die vordersten Linien der Parther, so daß viele der nur leicht gerüsteten Römer Opfer der parthischen Kampftaktik wurden. Trotzdem hielten die römischen Truppen lange stand, und als sich der Feind unerwartet zurückzog, glaubten sie schon an eine Wendung der Schlacht. Doch das parthische Manöver war nur Täuschung.

Wenn wir dem römischen Geschichtsschreiber Florus glauben dürfen, griffen die Parther nach ihrem Scheinrückzug mit frischen Truppen erneut an.

Unter schrecklichem Geschrei, so berichtet Florus, enthüllten sie farbenprächtige, goldbestickte Banner, die, in der Sonne glänzend, bei den geschwächten, kampfesmüden römischen Soldaten Schrecken und Panik auslösten. Denn keiner der römischen Legionäre hatte so etwas vorher gesehen. Es war die erste Begegnung von Römern mit chinesischer Seide.

Ob Wahrheit oder die Niederlage nachträglich verbrämende Legende, gewiß ist, daß die Römer chinesische Seide zuerst durch die Parther kennenlernten. Der Eindruck muß auf alle Fälle faszinierend gewesen sein, denn nur kurze Zeit nach der Niederlage des Crassus, die zwanzigtausend Gefallene und zehntausend Gefangene gekostet und Roms Position an der Grenze Persiens erschüttert hatte, begann die Seide ihren triumphalen Einzug in Rom. Sie wurde zum begehrtesten Luxusgut der Großen des auch durch die verlorene Partherschlacht im ganzen nur wenig berührten Weltreiches.

Rom war damals, in der Zeit um Christi Geburt, die Metropole Nummer eins. Alles, was Rang, Namen und Geld hatte, drängte in die Hauptstadt. Hier waren die größten Märkte, hier standen die prächtigsten Tempel und Paläste, hier entfaltete sich geselliges Leben in herrlichen Villen wie in öffentlichen Anlagen, so etwa in den beliebten Bädern — den Thermen.

Rom war die Stadt der Feinschmecker. Es war die Stadt der Mode. Nirgendwo sonst auf der Welt konzentrierte sich soviel Reichtum wie hier. Er kam aus den eroberten und ausgeplünderten Ländern Asiens und Afrikas und war ein Ergebnis des Welthandels, dessen Zentrum Rom inzwischen geworden war.

Neben dem neu entstehenden kaiserlichen Hof mit seinen Beamten, den alten Familien, den Militärbefehlshabern und den Gouverneuren der Provinzen, die gern in Rom weilten, waren es die Großgrundbesitzer, die Bankiers und die reichen Kaufleute, die aus aller Welt nach Rom strömten. Diese Oberschicht entfaltete ein Luxusleben, wie wir es uns kaum vorstellen können.

Die Ansprüche wuchsen ins Unermeßliche. Das galt zunächst nicht nur für materielle, sondern auch für geistige Güter. Dichter und Schriftsteller erlangten Berühmtheit. Die griechische Kultur galt als Vorbild. Hellenistischer Lebensstil war modern und wurde nachgeahmt. Griechisch war die Sprache der Zeit.

Doch immer stärker trat in der Gesellschaft neben kulturellen und geistigen Bedürfnissen hemmungsloser Lebensgenuß hervor, der den Alltag der Reichen in Rom mehr und mehr zu einem endlosen Bacchanal werden ließ. Bei einem einzigen Fest, dem berühmten Triumphbankett des Lucullus, der einer der reichsten Männer des ersten vorchristlichen Jahrhunderts war und leiblichen Genüssen den bis heute bestehenden Namen gab, wurden drei Millionen Liter Wein ausgeschenkt. Die erlesensten Leckerbissen kamen aus aller Welt. Roms Kochbücher vermerken die seltsamsten Speisen: gemästete Schnecken in Weinsoße, Ragouts aus Hahnenkämmen, gefüllte Drosseln, Salate aus Singvogeleiern, vielfältigste Pasteten, mit gespickten Hühnchen gestopfte Spanferkel, Fasan aus dem Gebiet des Schwarzen Meeres, Flamingos aus Ägypten, Perlhuhn aus Nubien, Austern aus Spanien und Britannien. Süße Soßen aus Wein, Honig, Öl und Fischsud waren ebenso beliebt wie seltene Gewürze, die aus Asien importiert wurden. Am Schluß eines Festmahls ließ man gern, wie es von Nero berichtet wird, von der Decke frische Blüten auf die Gäste herabregnen.

Zu den Festmählern wurden kostbare Duftkräuter gestreut und ätherische Öle versprüht. Die Damen puderten ihr Haar mit Goldstaub und trugen den erlesensten Schmuck zu kostbaren Gewändern, die mit Gold und Perlen bestickt waren.

In dieser Umwelt mußte das Auftauchen von Seide wie ein Zauber wirken. Das glänzende, leicht zu färbende Gewebe war wie eine Krönung des Lebensstils, der sich für die römische Oberschicht herausgebildet hatte. Allerdings dürfen wir uns nicht vorstellen, daß man Seide sofort in den gewünschten Mengen auf dem römischen Markt bekam. Dafür war sie zu selten und zu schwer zu beschaffen.

Auf dem Wege von China zum Mittelmeer gab es viele Interessenten für das wertvolle Gut. Und in Rom war man bereit, allein schon für Seidenfäden und Seidenborten jeden Preis zu zahlen. So blieb Seide in der römischen Mode zunächst nur ein Accessoire. Man trug sie als Schmuck so wie Gold oder Diamanten, bestickte mit Seidenfäden die Tuniken oder Togen aus feiner Wolle oder Baumwolle, verwendete Seide als Saum-, Rock- und Ärmelbesatz. Später schmückte man die Vorderseite der Tunika mit schmalen, senkrecht aufgenähten Seidenstreifen. Schon bald aber begann man, aus Seidenfäden den Stoff für leichte, durchsichtige Damengewänder zu weben, die zur römischen Modesensation wurden.

Ein zweiter modischer Umbruch fand im Bereich der Farbe statt. Die traditionelle Römerkleidung war weiß. Doch allmählich waren die Mächtigen und die Reichen dazu übergegangen, ihre Togen mit Gold und Purpur zu verzieren, um so auf ihren hohen Stand aufmerksam zu machen.

Mit Purpur gefärbt waren dann auch die ersten Seidenstücke, die sich führende Römerinnen und Römer auf ihre Gewänder nähen ließen. Das war eine Art Statussymbol. Denn Purpur, diese aus einer Schnecke gewonnene Farbe, war genauso wertvoll und begehrt wie Seide. Goldschmiede, Seidenweber und Purpurfärber waren nun die gesuchtesten und meistbeschäftigten Handwerker in Rom.

Doch je mehr Seide in die Metropole am Tiber kam, um so spürbarer wurde der Kapitalabfluß nach Asien. Eine neue Schicht der Superreichen entstand in Rom, der Stadt der tausend Millionäre: die Seidenhändler. Die meisten von ihnen waren keine Römer, sondern Orientalen. Und es gab in Rom einflußreiche Männer, die der Entwicklung des Seidenhandels und dem damit verbundenen Devisenabfluß voller Sorge zusahen.

16 n. Chr. verbot der römische Senat den Männern das Tragen von Seidenkleidung. In der gleichen Senatssitzung, über die Tacitus in seinen *Annalen* berichtet, wurde auch die Herstellung von Tafelgeschirr aus reinem Gold untersagt.

Allerdings ging die gesellschaftliche Entwicklung Roms über solche Gesetze hinweg. Schon Kaiser Caligula, ein verschwendungssüchtiger Prasser, hielt sich nicht mehr an das Verbot seidener Männerkleidung, zumal er durchsichtige Gewänder bei seinen Lustknaben schätzte.

Von Kaiser Elagabalus, der am 16. Mai 218 als Vierzehnjähriger von den Truppen in Asien zum Herrscher ausgerufen worden war, lesen wir, daß er sich ausschließlich in Seide kleidete. Sein Einzug in Rom am 29. September 219 wurde zum öffentlichen Skandal. Der Kaiser war in Seidengewänder von orientalischer Farbigkeit gehüllt, grell geschminkt und mit Schmuck übersät. Er war einer jener Herrscher der späten römischen Kaiserzeit, die nur den Genuß im Sinn hatten und sich nicht um ihre Aufgaben kümmerten.

Während die römische Oberschicht zu einem großen Teil das Leben von Schmarotzern führte, die aus den römischen Provinzen das Letzte heraussaugten, um ihr Genußleben finanzieren zu können, sank die römische Mittel- und Unterschicht mehr und mehr ins Elend. Die kleinen Grundbesitzer verloren ihre Güter an Spekulanten, da die heimischen Getreidepreise infolge billiger Importe immer weiter sanken. Entlassene Soldaten sahen sich ohne Einkommen. Der Bürger war auf Kredite angewiesen, die von den reichen Bankiers nur gegen Wucherzinsen gewährt wurden. Handwerker mußten oft lange auf ihre Bezahlung warten. Nur wer als Zulieferer, Künstler, Unterhalter, Lustknabe oder Kurtisane am Wohlleben der Oberschicht unmittelbar teilhatte, konnte mit guten Einnahmen rechnen.

Die Rechtssicherheit war schon zu Caesars Zeiten in Rom und auf dem Lande nicht mehr gewährleistet. Wer nicht für sich selbst sorgen und eintreten konnte, war ständig gefährdet. Die meisten Machthaber der republikanischen Zeit waren, wie auch später viele der Kaiser, rücksichtslose, gewinnsüchtige Monomanen, denen es nur um ihr eigenes Wohl ging. Das hatte auf die sozialen Verhältnisse im Volk die schlimmsten Auswirkungen.

Seide war ein Objekt, das diese Zustände in Rom noch verschlimmerte und wegen seines unschätzbaren Wertes so manchen zum Verbrecher werden ließ, sei es, daß er die Geliebte in das erträumte Gewand kleiden wollte, sei es, daß es ihm um dunkle Geschäfte mit dem für die meisten Menschen legal kaum zu erwerbenden Gewebe ging.

Doch so begehrt die Seide in Rom wie im ganzen Mittelmeergebiet auch war, die Rätsel um ihre Herkunft blieben. Und was römische wie griechische Autoren zu diesem Thema beitrugen, war Fabel. Selbst Plinius d. Ä., dessen *Naturgeschichte* ein Kompendium des gesamten Wissens der Römer um die Mitte des ersten nachchristlichen Jahrhunderts darstellt, verfügte offensichtlich über keine zuverlässige Quelle. Er schreibt von den Serern, die zu seiner Zeit allgemein als die Erzeuger der Seide angesehen wurden:

»Sie sind berühmt wegen der Wolle ihrer Wälder. Sie lösen den weißen Flaum von den Blättern, indem sie diesen mit Wasser besprengen. Dann unterziehen sich die Frauen der doppelten Arbeit des Spinnens und Webens. Auf so mühsame Weise und in so entlegenen Gegenden stellt man den hauchdünnen Stoff her, mit dem sich unsere Damen in der Öffentlichkeit zeigen.«

Auch was Plinius über das Volk der Serer schreibt — er spricht von rotem Haar und überdurchschnittlicher Größe —, hat mit den Chinesen nicht das mindeste zu tun. Seine Nachrichten mögen von den Handelsvölkern Mittelasiens stammen, die in den Gebirgsgegenden Afghanistans und Nordpakistans lebten, wo man in der Tat noch heute übergroße Männer findet, die sich gern Kopfhaar und Bart mit Henna rot färben.

Doch selbst im zweiten und dritten nachchristlichen Jahrhundert wußte in der Mittelmeerwelt noch niemand über die Entstehung und Herkunft der Seide Bescheid. Ihre Geschichte war und blieb Legende.

So schreibt Pausanias in seinem ausführlichen Bericht über Griechenland in der Mitte des zweiten Jahrhunderts von den Serern:

»Es gibt in ihrem Lande ein kleines Tier, das die Griechen Ser nennen, von den Serern selbst wird es aber irgendwie anders und nicht Ser genannt. Seine Größe ist etwa doppelt so groß wie der größte Skarabaeus, im übrigen gleicht es den Spinnen, die unter den Bäumen leben, und hat auch acht Beine ebenso wie die Spinnen. Diese Tiere züchten die Serer, indem sie ihnen Häuser einrichten, die für Sommer- und Winterzeit geeignet sind. Das Erzeugnis der Tiere findet sich als feines Gespinst um ihre Beine gewickelt. Sie züchten sie vier Jahre lang, wobei sie ihnen Hirse als Futter geben. Im fünften Jahr geben sie ihnen, da sie wissen, daß sie nicht länger leben, grünes Rohr zu fressen. Das ist für das Tier das allerliebste Futter. Es frißt das Rohr in sich hinein und platzt an Überfüllung, und so finden sie in dem toten Tier viele Fäden.«

Dieser der Wirklichkeit widersprechende Wissensstand nach zweihundert Jahren Ost-West-Handel ist erstaunlich. Dies um so mehr, als inzwischen nicht nur Tausende von Ballen Seide im Mittelmeergebiet eingetroffen waren, sondern neben den Landwegen auch — wie wir sehen werden — der Seeweg nach Asien bekannt war und 166 n. Chr. bereits ein römischer Gesandter den Hof der Han-Kaiser in Changan auf diesem Weg erreichte.

71

Der Seeweg von Indien zum Mittelmeer barg kaum weniger Gefahren als der Verkehr auf den mittelasiatischen Karawanenstraßen, die für den chinesischen Handel ohnehin nicht zu umgehen waren. Aber es gab Jahre in der Geschichte der alten Seidenstraßen, wo der Seeweg aus politischen Gründen auch für China über weite Strecken die einzige Alternative blieb. Dann mußte der Handel entlang der endlosen südasiatischen Küsten oder über Indien geleitet werden. Doch auch für diesen Weg zu den Häfen Indiens bedurfte es der Sicherung weiter Landstrecken, die unter ständig wechselnden machtpolitischen Einflüssen standen. Den Seeweg aber, der von Kanton entlang der südchinesischen und vietnamesischen Küste um die Südspitze von Malaysia und Indien immer in Küstennähe zu den Häfen im Golf von Bengalen, nach Sri Lanka und den westindischen Hafenstädten führte, scheuten die Chinesen. Sie waren ein ausgesprochenes Landvolk, das sich nicht gern der natürlichen Unberechenbarkeit der Meere aussetzte.

Im *Yantielun*, einer Sammlung öffentlicher Debatten über Wirtschaftsfragen, die kurz vor der Zeitenwende von konfuzianischen Gelehrten mit hohen Hofbeamten geführt worden waren, kommt das Thema nur als eine skeptische Frage vor. »Soll man die Erde verlassen, die uns das Leben schenkt, um auf dem unsicheren Ozean herumzusegeln?« Diese Worte kennzeichnen die Einstellung der Chinesen zur Seefahrt und lassen auch den Stellenwert erkennen, den man ihr einräumte.

Andererseits steigerte der in den Westländern zur Zeit der Han ständig wachsende Bedarf an chinesischer Seide das Exportinteresse der Chinesen. Sie versuchten deshalb, den von Chang K'ien gewiesenen Handelsweg durch Zentralasien um jeden Preis zu erhalten und zu sichern.

Zu diesem Zweck schickten die Han im Jahre 102 v. Chr. den General Li-Kuang-li mit einem großen Heer nach Westen, um durch das Tarim-Becken nach Ferghana vorzustoßen, wo die von den Hiung-nu vertriebenen Wu-sun saßen. Hier hatte sich lange Zeit der wichtigste Markt Zentralasiens befunden, den wahrscheinlich die westlichen Autoren meinten, wenn sie — wie Herodot — von den Handelsplätzen der Serer und Issedonen sprachen.

Die chinesische Militärexpedition in dieses Gebiet war ein Fehlschlag, bei dem Li-Kuang-li fast die Hälfte seiner Truppen verlor. Der General mußte erkennen, daß ein chinesischer Stützpunkt in Ferghana schon allein aufgrund der weiten Nachschubwege nicht zu halten sein würde. Daraufhin begnügte er sich, wie die Annalen berichten, mit zweitausend der berühmten »himmlischen Pferde« der Nomadenkrieger Zentralasiens als Beute für seinen kaiserlichen Herrn.

Die im Tarim-Becken errichteten chinesischen Stützpunkte aber baute er zu Garnisonen, Handelsplätzen und Siedlungen aus, die gleichzeitig Stationen für den Transitverkehr sein sollten. Von hier aus war es auch leichter, diplomatische Beziehungen zu den Wu-sun und den Yüeh-chih zu unterhalten, ohne deren Duldung jeder Westhandel zusammengebrochen wäre.

Wieder einmal hatten die Chinesen erfahren müssen, daß nicht alle außenpolitischen Probleme ihres großen Landes militärisch zu lösen waren. Entsprechend ihrer rationalistischen Grundhaltung zogen sie die richtigen Konsequenzen aus dieser Einsicht.

Sie bemühten sich um gute Beziehungen zum Kun-mo, dem Machthaber der Wu-sun, dem zu dieser Zeit auch die das übrige Mittelasien beherrschenden Yüeh-chih-Fürsten unterstanden. Chinesische Dolmetscher wurden in den Nomadensprachen ausgebildet. An den Karawanenstraßen im chinesischen Machtbereich erhielten die Kaufleute der Wu-sun das Recht zur Errichtung eigener Warenspeicher. Und eine Fülle von Signaltürmen — das rote Telefon jener Zeit — stellte die Verbindung zwischen Changan und der Residenz des Wu-sun-Herrschers im Quellgebiet des Narynflusses her.

Noch heute finden wir im Tarim-Becken Reste jener für Feuernachrichten erbauten Wach- und Signaltürme, wie sie sich für die Chinesen bereits am Rande der Gobi und entlang der Großen Mauer als Warnsystem vor den Hiung-nu bewährt hatten.

Ein weiteres Sicherungssystem für das friedliche Nebeneinander von Wu-sun und Chinesen, das die Voraussetzung für jeden West- und Südhandel war, ergab sich aus der bereits erwähnten Verschwägerung des chinesischen Kaiserhauses mit den Wu-sun. Daß sich die so verheirateten chinesischen Prinzessinnen, wie wir gesehen haben, als Opfer der Hausmachtpolitik ihrer Dynastie empfinden mußten, steht auf einem anderen Blatt.

Zumindest hatte die Neuorientierung der chinesischen Westpolitik eine weitgehende Sicherung der Seidenstraßen zur Folge, was nicht unwesentlich zur Stabilität des frühen Han-Reiches beitrug. Hinzu kam ein erster dauernder Erfolg im Kampf gegen die Hiung-nu.

Einer ihrer wichtigsten Fürsten wurde 58 v. Chr. von den Chinesen besiegt und kam 51 v. Chr. als Vasall an den Hof der Han-Kaiser in Changan. Trotzdem war die Nomadengefahr für China damit noch nicht völlig gebannt. Es gab einzelne Hiung-nu-Stämme, die – so wie die Yüeh-chih und Wu-sun – auch weiterhin um den Aufbau von Machtpositionen im zentralasiatischen Raum bemüht waren. Dabei ging es vor allem um den Einfluß auf die Seidenstraßen, durch den man den chinesischen Seidenhandel empfindlich stören konnte.

Das mußten die Chinesen erneut feststellen, als im Jahre 48 v. Chr. der Hiung-nu-Fürst Chi-chi nach Südwesten in das Gebiet zwischen Talas- und Chu-Fluß vorstieß und von dort die nördliche Route der zentralen Seidenstraße bedrohte. Die Chinesen konnten das nicht hinnehmen. Mit zwei im Tarim-Becken stationierten Armeen gingen sie zum Angriff vor.

Die Hiung-nu kannten die Stärke und Schlagkraft der chinesischen Truppen aus vielen Schlachten der Vergangenheit. Außerdem wußten sie, daß den Chinesen Hilfskontingente der Völker des Tarim-Beckens zur Verfügung standen. Deshalb hatte sich Chi-chi eines mächtigen Verbündeten versichert. Das waren die Parther, die sich offenbar von der Besiegung der Chinesen einen besseren Zugang zu den Quellen der begehrten Seide versprachen. Von der Größe des chinesischen Reiches und von der riesigen Entfernung zu seinen Wirtschaftszentren hatten die Parther ebensowenig Ahnung wie die Griechen und Römer, obwohl es ein halbes Jahrhundert früher schon einmal einen Gesandtenaustausch zwischen den Han und den Parthern gegeben hatte.

Jedenfalls sahen sich die Chinesen vor der befestigten Residenz Chi-chis einem parthischen Hilfskorps der Hiung-nu gegenüber, das in einer dem Osten völlig unbekannten Art der Rüstung und Bewaffnung zum Kampf angetreten war.

Da wir von dieser Schlacht sowohl schriftliche als auch bildliche Darstellungen der chinesischen Seite besitzen, können wir eine höchst interessante Feststellung machen. Die Parther kämpften gegen die Chinesen in der gleichen Rüstung und Bewaffnung, die sie zwanzig Jahre vorher in der Schlacht von Carrhae bei den Römern kennengelernt hatten.

Besonders auffällig mußten den Chinesen die viereckigen parthischen Schilde erscheinen, mit denen sich der Feind in geschlossen vorrückenden Formationen wie mit einem Schuppenpanzer decken konnte.

So wie bei Carrhae die Römer zum ersten Mal unvermutet der chinesischen Seide in Gestalt leuchtender Banner begegnet waren, sahen die Chinesen in diesem Kampf um die Offenhaltung der Seidenstraße zum ersten Mal die Bewaffnung des Volkes, das inzwischen zu einem ihrer wichtigsten, wenn auch den Chinesen noch nicht unmittelbar bekannten Kunden geworden war.

Da gefangene Parther an alle chinesischen Garnisonen im Tarim-

Becken verteilt wurden und einige auch China, vielleicht sogar die Hauptstadt Changan erreichten, kam es zu einer Nachahmung der parthischen Bewaffnung bei den Völkern des Tarim-Beckens wie auch in weiten Teilen des chinesischen Kernlandes, ja, bis nach Japan.

Betrachten wir die überdimensionalen frühen Wächterfiguren in den Vorhallen der großen buddhistischen Tempel, so begegnen wir in ihrer Rüstung und Bewaffnung dem über Jahrhunderte nachwirkenden Einfluß jener ersten militärischen Konfrontation Chinas mit dem Westen.

Lange konnten die Chinesen das Westgebiet ihres Reiches, in dem sie vor allem auch verurteilte Sträflinge angesiedelt hatten, nicht halten. Politische und wirtschaftliche Schwankungen im Kernland wirkten sich auf die Grenzgebiete verheerend aus. Viele Statthalter Chinas wurden zu Hasardeuren. Sie versuchten ihr Glück in Selbständigkeit und eigenem politischen Manövrieren. So kam es, daß die Westgebiete zwischen dem Tarim-Becken und den Ländern jenseits des Pamir um die Zeitenwende in Kleinstaaterei zerfielen, auf die das Han-Reich keinen Einfluß mehr hatte.

Der Grund dafür war eine Regierungskrise der Han-Dynastie. Sie hatte zugleich das Erstarken der aus dem Nomadenvolk der Yüeh-chih hervorgegangenen Kuschan-Herrschaft im heutigen Afghanistan begünstigt. Es war eine Entwicklung, die für die nächsten Jahrzehnte, wie wir sehen werden, die Geschicke an den Seidenstraßen ganz entscheidend beeinflussen sollte.

Doch schauen wir noch einmal nach Changan, wo den Han-Kaisern die Fäden der Macht mehr und mehr entglitten. Kaiserlicher Familienzwist, Palastintrigen, Günstlingswirtschaft gingen einher mit dem ständig wachsenden Reichtum der führenden Schichten und der Verarmung der Massen. Hinzu kamen Naturkatastrophen, Mißernten, verheerende Dammbrüche am Gelben Fluß, Verelendung der Bauern, Hungersnöte und um sich greifende Kriminalität.

Es war eine Parallele zur gleichzeitigen Entwicklung in Rom und den Zentren seines Weltreiches. Auch Changan war bevorzugter Wohnort der Reichen. Hier entwickelten sich Lebensformen bei Hofe und in den Adelsfamilien, die an Luxus und Schlemmerei denen Roms nicht nachstanden. Da Seide und das für Seidenexporte aus dem Norden und aus dem Westen kommende Gold für Luxusgüter wie kostbare Gläser, Edelsteine und Rassepferde ausgegeben wurde, verarmte das Land immer mehr, obwohl es in Changan eine glanzvolle Fassade zeigte.

Die Bauern waren mit unvorstellbar hohen Steuern belastet, die in Zeiten von Mißernten dazu führten, daß ihnen der Hofadel und

Spekulanten das verschuldete Land gegen Übernahme der Steuerverpflichtungen und geringe Bezahlung abnahmen. Dadurch wurden viele Bauern zu Lohnarbeitern auf ihren eigenen Höfen.

Unter den Adelsfamilien in Changan, deren Reichtum an Land auf diese Weise ständig wuchs, bildeten sich Cliquen heraus, durch deren Machtkonzentration der Kaiser selbst mehr und mehr zur Marionette wurde. Wichtigstes Bestreben der Cliquen war es, ein schönes Mädchen aus ihrer Mitte zur Kaiserin aufsteigen zu lassen. Ferner bemühte man sich, den Kaiser mit Eunuchen zu umgeben, auf die man selbst Einfluß hatte und von denen man Geheimberichte über das intime Geschehen am Kaiserhof erlangen konnte. Außerdem kontrollierten die Cliquen die Auswahl der Hofbeamten. Sie stellten die Revisoren bei den jährlichen Staatsprüfungen und sorgten natürlich dafür, daß nur Söhne aus ihrer Mitte in die höheren Staatsämter aufrücken konnten. Auf diese Weise wurde die kaiserliche Macht so weit geschwächt, daß politisches Handeln, wie es vor allem zur Aufrechterhaltung der Position im Westen sowie der internationalen Handelswege nötig gewesen wäre, unmöglich wurde.

Den Zusammenbruch der frühen Han-Dynastie löste eine Frau aus, eine Kaiserin, die aus einer der mächtigsten Cliquen dieser Zeit — der Familie Wang — hervorgegangen war. Sie regierte für ihren achtzehnjährigen Sohn, den Kaiser Cheng, und verstand es, während ihrer Vormundschaft alle wichtigen Positionen bei Hofe mit Mitgliedern der Wang-Familie zu besetzen. Ihrem Neffen Wang Mang scheint sie besonders zugetan gewesen zu sein. Sie ebnete ihm den Weg in die höchsten Staatsämter. Und als Kaiser Cheng kinderlos starb, setzte Wang Mang einen halbwüchsigen Neffen Chengs auf den Thron, um so die eigene Machtposition ausbauen und alle rivalisierenden Familien beseitigen zu können. Chengs Neffe, Kaiser Ai-ti, war ein unbeherrschter, genußsüchtiger Jüngling. Er regierte nur sechs Jahre lang und starb wohl als Opfer seiner Laster. Sein Nachfolger wurde ein achtjähriger Knabe, für den Wang Mang, mächtig genug, wie er nun war, ganz offen die Regentschaft übernahm. Der Pseudokaiser starb noch als Kind, wahrscheinlich nicht ohne Wang Mangs Zutun, der jetzt die Zeit für gekommen hielt, sich selbst auf den Thron zu setzen. Das tat er allerdings, wie man schon aus der langen Vorbereitungszeit sieht, die er sich zum Aufbau seiner Macht nahm, nicht ohne Nachweis der Legitimation, die er sich einiges an schlauem Manipulieren und geschickten Fälschungen kosten ließ.

Mit Hilfe eines berühmten Schriftgelehrten, Liu Xin, hatte Wang Mang die sogenannte Alt-Schriften-Schule neu belebt, die sich der

Wiederherstellung und Erforschung all jener Texte widmete, die in der Bücherverbrennung des Kaisers Shi-huang-ti vernichtet worden waren. Dabei war es ein leichtes, Textteile einzuschmuggeln, die Wang Mangs direkte Abstammung vom berühmten Gelben Kaiser Huang-ti beweisen sollten.

Eine tendenziöse Geschichtsschreibung hat Wang Mang zum ersten Sozialisten auf dem Kaiserthron gemacht. In Wirklichkeit war er ein machtgieriger Spintisierer, der allmählich selbst an die Lügen glaubte, die er zur Stützung seines Anspruchs auf den Himmelsthron aufgerichtet hatte. Er war ein erzkonservativer Konfuzianer, der erkannt hatte, daß die Betonung der Familie in den Schriften des großen Philosophen für ihn und seinen Erfolg sehr hilfreich gewesen war.

Vielleicht hätte Wang Mang nicht die bereitwillige Unterstützung vieler edler Geister und religiös gestimmter Idealisten erlangt, wenn das Gesellschaftsleben der Zeit weniger sittenlos und korrupt gewesen wäre. Hinzu kommt, daß Wang Mangs Aufstieg zur Macht eine mystisch-chiliastische Bewegung in Teilen des Landes vorangegangen war, die nach einer Dürreperiode und darauf folgender Hungersnot die Hoffnung auf einen Erlöser in hymnischen, verzückten Tönen formulierte.

Die Realität der kurzen, aber einschneidenden Regierungszeit Wang Mangs — 9 bis 23 n. Chr. — sah freilich anders aus, als es sich erlösungssüchtige Träumer und interpretationsgierige Schriftdeuter vorgestellt hatten.

Der Kaiser war vor allem an der Festigung seiner Macht und an der Vermehrung seines Reichtums interessiert. In diesem Bemühen waren ihm viele seiner hohen Beamten ebenbürtig. An das aber, was den Erfolg chinesischer Politik in den vorangegangenen Jahrhunderten ausgemacht hatte, dachte in Changan kaum noch jemand. Doch das Elend der Massen wuchs, und die Maßnahmen des Kaisers wurden immer unpopulärer. Sie liefen auf eine permanente Inflation hinaus, deren Opfer die Armen und die Leute mit geringem bis mittlerem Einkommen, aber auch die reichen Adligen waren.

Viermal verringerte Wang Mang während seiner kurzen Regierungszeit das Gewicht der Münzen und damit ihren Wert. Er verstaatlichte das Gold und verlangte vom Adel, daß er sein Goldvermögen gegen Spatenmünzen in vergoldeter Bronze eintauschte. Damit brachte er auch die Reichen, ja seine eigene Umgebung bei Hofe gegen sich auf. Da diese Praktiken den Reichtum zerschlugen, ohne den Armen zu helfen, brach das gesamte Wirtschaftsleben zusammen. Neben dem Adel waren davon besonders die Bauern und Handwerker betroffen. Obwohl Wang Mang schließlich die großen

Landgüter verstaatlichte — auch das ein harter Schlag gegen den Han-Adel —, verbesserte sich dadurch die katastrophale Lage der Landbevölkerung nur wenig. So sah sich Wang Mang schon nach drei Jahren gezwungen, seine Agrarreform rückgängig zu machen. Er führte statt dessen Produktions- und Handelskontrollen ein, mit denen er das ohnehin zerrüttete Wirtschaftsleben noch weiter zerstörte. Die erzwungenen Abgaben an den Hof waren so hoch, daß viele Menschen praktisch nur noch für die Steuer arbeiteten. Selbst das Holz- und Beerensammeln wurde mit Steuern belegt. In den meisten Fällen aber kamen die Abgaben gar nicht nach Changan. Sie landeten in der Tasche der Provinzbeamten, die außerdem noch auf eigene Rechnung Zuschläge erhoben. Das veranlaßte den Kaiser zu immer neuen Überlegungen, wie er selbst zu mehr Geld kommen könne. Er gründete sogenannte Ausgleichsämter, die in Überschußzeiten Waren horten sollten, um sie in Notzeiten zu billigen Preisen an das Volk verkaufen zu können. So zumindest lautete Wang Mangs Absichtserklärung. In Wirklichkeit waren diese staatlichen Ämter eine neue Einnahmequelle des Kaisers. Sie hatten den Auftrag, so billig wie möglich einzukaufen und hohe Gewinne für den Hof zu machen.

Trotz der inneren Zerrüttung des Reiches war Wang Mangs Glaube an seine politische Größe ungebrochen. Das veranlaßte ihn, einen, wie er meinte, endgültigen Schlag gegen die Hiung-nu vorzubereiten. Es zeugt von seiner maßlosen Selbstüberschätzung, daß er das gesamte den Hiung-nu verbliebene Land zur chinesischen Provinz erklärte. Das war ein rein rhetorischer Akt. Ihm fügte er eine direkte Beleidigung hinzu, indem er das darüber informierende Schreiben an die Hiung-nu-Fürsten mit Hiang-nu adressierte, was den alten Stammesnamen der stolzen Nomadenstämme in die Bedeutung »unterworfene Sklaven« umwandelte.

Obwohl Wang Mang für den geplanten »letzten« Krieg gegen die ihm verhaßten Hiung-nu sogar noch ein Heer zusammenstellen konnte, kam es doch nicht mehr zum Einsatz. Die inneren Schwierigkeiten des Reiches führten überall zu Rebellionen, aus denen sich schließlich 18 n. Chr. ein großer Volksaufstand formierte. Die Aufständischen nannten sich die »Roten Augenbrauen«, weil sie sich zum Zeichen der Zugehörigkeit zu den Rebellen die Augenbrauen rot gefärbt hatten.

Hinter dem Aufstand verbarg sich eine der in China seit frühesten Zeiten verbreiteten Geheimgesellschaften, die das Landvolk zum Marsch auf die Hauptstadt mobilisierte. Riesige Bauernmassen marschierten plündernd und mordend auf Changan zu. Und die Truppen des Kaisers verhielten sich nicht besser als die Rebellen, denn es fehlte jede geordnete Versorgung des Heeres. So blieb auch die gegen die Hiung-nu aufgestellte Armee ohne Nachschub und ging ebenfalls zum Plündern über. Das ganze Land stürzte dadurch in ein unvorstellbares Elend.

Nachkommen der von Wang Mang zerschlagenen Han-Dynastie, die loyale Chinesen um sich zu sammeln bemüht waren, verkündeten die Rückkehr zur Rechtmäßigkeit nach der Entmachtung Wang Mangs. Das blieben zunächst nur Versprechungen ohne Konsequenzen. So trieb alles einem allgemeinen Chaos entgegen, aus dem kein Rechtdenkender einen Ausweg sah.

Auch die letzten Verbindungen nach draußen rissen ab. Der internationale Warenverkehr brach in jenen Jahren völlig zusammen. Der Seidenhandel wurde zu einer illegalen Tätigkeit auf Schleichwegen, der mit mehr Gefahren als je zuvor verbunden war, was wahrscheinlich auch einer der Gründe für die unvorstellbar hohen Seidenpreise jener Zeit im Vorderen Orient und in Rom gewesen ist.

Schließlich gelang es einem der Han-Prinzen – Liu Siu –, sich trotz aller Unbilden durchzusetzen und mit einem zusammengewürfelten Heer die Hauptstadt zu erobern. Wang Mang, der nicht nur von der Rechtmäßigkeit seiner kaiserlichen Ansprüche, sondern auch von seiner Göttlichkeit und damit von seiner Unversehrbarkeit überzeugt war, erwartete den Eroberer im kaiserlichen Ornat auf seinem Thron. Er las in den alten heiligen Schriften. Ein in den Palast eindringender Soldat schlug dem Himmelssohn den Kopf ab, der dann noch lange Zeit in der kaiserlichen Schatzkammer aufbewahrt wurde.

Die Truppen Liu Sius, der später unter dem Kaisernamen Kuang-wu-ti zum Begründer des neuen Han-Reiches wurde, töteten nicht nur Wang Mang und seine Parteigänger, soweit sie ihrer habhaft werden konnten, sondern zerstörten auch die Hauptstadt Changan. Die kaiserlichen Paläste und die prachtvollen Häuser des Hofadels gingen in Flammen auf. Soldaten und Rebellen plünderten die reichen Warenlager. Auch die kleinen Holzhäuser des armen Volkes wurden ein Raub des Feuers. Mit Wang Mang war eine ganze Epoche und der Reichtum ihrer Vergangenheit zugrunde gegangen.

China bestand nur noch aus seinen Zentralprovinzen – ein ausgeblutetes, zerstörtes Land ohne Macht und ohne Wirtschaftskraft. Liu Siu sah sich nach seinem schwer errungenen Sieg als ein Thronanwärter ohne Land vor den Trümmern einer Hauptstadt, die seine Vorfahren zu einer der prächtigsten dieser Erde gemacht hatten.

Es muß eine Situation gewesen sein, die der Deutschlands nach dem Zweiten Weltkrieg nicht unähnlich war. Auch in China fielen damals weite Teile des Reiches in fremde Hände. Provinzfürsten schwangen sich zu Herrschern auf, und nur ihre Uneinigkeit untereinander ließ den geschickt taktierenden Liu Siu allmählich ihrer Herr werden. In kluger Voraussicht hatte er sich aus dem zerstörten Changan, das wochenlang von den demoralisierten Horden der »Roten Augenbrauen« geplündert worden war, zurückgezogen und das weiter östlich gelegene Loyang zu seiner neuen Hauptstadt gemacht.

Loyang hatte schon unter Wang Mang Bedeutung erlangt, als er die Stadt am Lo-Fluß im Jahre 12 durch kaiserliches Edikt zur östlichen Hauptstadt erklärte. Er war damit, wie in vielen seiner Handlungen, einer Tradition aus der Chou-Zeit gefolgt und hatte dazu in einem feierlichen Akt erklärt:

»Als in alten Zeiten die beiden Herrscher der Chou — Wen Wang und Wu Wang — vom Himmel ihren Auftrag erhielten, hatten sie ihren Sitz in der östlichen und in der westlichen Hauptstadt. Ich will diesem Beispiel folgen und mache deshalb Loyang zur östlichen und Changan zur westlichen Hauptstadt meines Reiches.«

Wenn auch die Gedankenverbindung dieses Dokuments unklar ist, da Wang Mang Alleinherrscher war, kann seine Auswirkung doch nicht unterschätzt werden. Wang Mang, der ein prachtliebender Mensch war, hatte in Loyang nicht nur einen großartigen Kaiserpalast errichten lassen, den er zeitweise auch als Residenz benutzte, sondern die Stadt mit repräsentativen Verwaltungsgebäuden, Tempeln und Kultbauten zu einer modernen Metropole entwickelt, die nun weitaus stärkere Anziehungskraft ausübte als das in Trümmer gesunkene Changan, dem nichts geblieben war als seine Tradition.

In Loyang hatten die Han-Anhänger nach der entscheidenden Schlacht der Liu-Sippe gegen die Truppen Wang Mangs einen älteren Bruder Liu Sius — Liu Hüan — zum Kaiser ausgerufen. Während Liu Siu, der jüngste des Geschlechts, tatkräftig gegen Wang Mangs Restarmee vorging und auf Changan marschierte, machte Liu Hüan die östliche Hauptstadt zu einem Ort der Völlerei. Festgelage und weinselige Orgien mit schönen Mädchen gehörten zur Tagesordnung, so daß es schien, der bevorstehende Machtwechsel könne nur zu einer noch weiteren Verschlechterung der Lage des Reiches führen. Das erschwerte auch die Position Liu Sius, den man natürlich im Lande für den Feldherrn des neuen Kaisers hielt, dessen Ruf schlimmer war als der Wang Mangs.

Da die »Roten Augenbrauen« unter ihrem Führer Fan Tschung inzwischen auch Loyang bedrohten, floh Liu Hüan nach Changan, wo er jedoch bald wieder den plündernd und mordend umherzie-

Links: 1974 wurden bei
Sian in einem Nebengrab
des ersten chinesischen
Kaisers Shi-huang-ti
6000 dieser überlebens-
großen Krieger- und
Pferdefiguren entdeckt.

Oben: Noch heute finden
wir im Lößgebiet Chinas
die gleichen Erdwohnun-
gen wie zur Blütezeit der
Seidenstraße.

Links: Wandmalereien
aus der Tang-Zeit zeigen
uns die Seidenmode des
chinesischen Hofes im
7. und 8. Jahrhundert.

Rechts: Die Seiden-
industrie ist auch heute
noch ein wichtiger Er-
werbszweig Chinas. Die
Kokons der Seidenraupe
werden verlesen.

Oben: Ein Seidenmuster
wird entworfen.

Links: Bei Bingling
kreuzte schon in ältester
Zeit eine Furt der Seidenstraße den Gelben Fluß.

Links: Die Lößlandschaft
bei Lanchow, durch die
der Weg der Seidenkara-
wanen nach Westen
führte.

Rechts: Ein frühes Stein-
relief zeigt die begehrten
Pferde der nordwest-
lichen Steppen mit einem
Nomadenkrieger.

Links: Die berühmten
Grotten von Dun Huang
an der Nordwestgrenze
des alten chinesischen
Reiches.

Oben: Gedenkstupas für
bedeutende Äbte des
Klosters von Dun Huang.

Malereien und Skulptu-
ren aus den Grotten von
Dun Huang. Sie zeigen
einen Bodhisattva in
modischem Seidenge-
wand (ganz oben links),
eine Jagdszene aus der
Tang-Zeit (ganz unten
links), Buddha- und
Bodhisattva-Skulpturen
(ganz oben), den Fürsten
von Khotan, der das chi-
nesische Seidenmonopol
durchbrach (links), und
ein Straßenbild, das den
Verlauf der alten Seiden-
straßen symbolisiert
(oben).

Oben: In der Turfan-
Oase haben sich bis heute
Bauten erhalten, die das
Leben zur Zeit der
Seidenstraßen wider-
spiegeln.

Rechts: Eine der gewalti-
gen Sanddünen am Süd-
westrand der Gobi vor
den Toren Dun Huangs.

Links: Buddhistische
Tempelreste auf dem Yar
in der Nähe der Turfan-
Oase.

Unten: Vor den Ruinen
der einstigen uigurischen
Hauptstadt Chotscho im
Turfan-Gebiet.

Ganz links: Ein auf Seide
gemalter Bodhisattva aus
dem 9. Jahrhundert, der
in den Ruinen von Chot-
scho gefunden wurde.

Links: Überlebensgroßer
Torso einer in Chotscho
ausgegrabenen Buddha-
Figur aus dem 8. Jahr-
hundert.

Links: Eines der von
Albert Grünwedel
in Chotscho entdeckten
manichäischen Manu-
skriptblätter.

Oben: Die flammenden
Berge im östlichen
Tarim-Becken.

Rechts: Auf dem Wege
zu den Höhlenklöstern
von Bäzäklik im Tarim-
Becken.

Folgende Doppelseite:
Die von der chinesischen
Altertümerverwaltung
gegen weiteren Verfall
geschützten Höhlen von
Bäzäklik.

Aus dem 8. Jahrhundert stammen diese in Bäzäklik entdeckten Wandmalereien mit Mönchen und uigurischen Fürsten in Seidengewändern.

henden Rebellen weichen mußte. Er ergab sich schließlich den »Roten Augenbrauen«, von denen er wider Erwarten gnädig aufgenommen wurde. Aber sein Ende war nahe. Ein persönlicher Feind ermordete ihn. Nun setzten die »Roten Augenbrauen« einen Kaiser ihrer Wahl ein. Er entstammte gleichfalls der verbreiteten Sippe Liu und trug den Spottnamen Liu Pen-tse, »die Krücke«. Er hatte bis zu seiner Kaiserwahl mit seinen Brüdern Kühe gehütet und war nun ein willfähriges Werkzeug in den Händen der Rebellen.

Liu Siu, der von seinen Truppen gleichfalls zum Kaiser ausgerufen worden war, hatte inzwischen Loyang besetzt und zur neuen Hauptstadt des Han-Reiches erklärt. Er ließ Tempel für die kaiserlichen Ahnen errichten und ging daran, die Macht der zahlreichen Adligen, die sich aus eigener Machtvollkommenheit zu Provinzherrschern aufgeschwungen hatten, zu brechen.

Die »Roten Augenbrauen« hatten das völlig geplünderte Changan verlassen und zogen mit ihrem Gegenkaiser auf Loyang zu. Liu Siu ging ihnen mit geringer Truppenmacht entgegen und verstand es, sie teils mit Gewalt, teils mit Geschick zu entmachten. Der ängstliche Liu Pen-tse händigte ihm widerstandslos das kaiserliche Siegel aus.

Das war wie eine symbolische Handlung für das Zusammenkommen voneinander so lange widerstrebenden Kräften. Wenn es auch noch Jahre dauerte, bis alle Lokalfürsten, die sich selbständig gemacht hatten, und die zahllosen, im Lande plündernd umherziehenden Banden niedergerungen waren, so begann mit Liu Siu — dem Kaiser Kuang-wu-ti — doch eine Zeit des langsamen Aufstiegs, wenn sie auch nicht ohne Gefahren und ständige Bedrohungen für die neuetablierte Han-Dynastie war.

Besonders im Norden und Westen blieben die alten Feinde aktiv. Die Hiung-nu versuchten, ihren Machtbereich erneut auszudehnen. Und im Tarim-Becken erlangte ein Regionalherrscher, König Hien von Yarkand, der sich zunächst um Hilfe nach Loyang gewandt hatte, Gewalt über viele Städte.

Immer wieder hatte Kuang-wu-ti Unterstützungsersuchen aus den fernen Grenzlanden mit dem Hinweis abgelehnt, daß er erst einmal Ordnung im Reich schaffen müsse, bevor er sich um den bedrohten Norden und den fernen Westen kümmern könne. Das ist ihm von vielen staatsbewußten Chinesen, vor allem aber von späteren Geschichtsschreibern übelgenommen worden. Doch auch sein Sohn, der Kaiser Ming-ti, verfolgte zunächst die gleiche Politik, und das läßt darauf schließen, daß es sich bei diesem kaiserlichen Verhalten weniger um mangelnde Tatkraft als vielmehr um eine nüchterne Einschätzung der realen Machtverhältnisse und der militärischen Möglichkeiten Chinas handelte.

Zum Glück für die Han waren die nördlichen und westlichen Nomadenstämme untereinander so verfeindet, daß der Wiederaufbau des Reiches in Zentralchina durch ihre Aktivitäten kaum gestört wurde. Nur im Norden kam es immer wieder zu Einfällen von Hiung-nu-Verbänden, die sich aber gegenseitig das Terrain streitig machten.

Die Hiung-nu waren in eine nördliche und eine südliche Stammesgruppe zerfallen. Beiden fehlten ausreichende Weidegründe für ihre riesigen Herden. So besann sich der Anführer der Nordgruppe früherer Zeiten, als der Westhandel der Chinesen auch für die Hiung-nu beachtliche Gewinne abgeworfen hatte. Er wandte sich im Jahre 64 an den Hof in Loyang und schlug den Chinesen in der Absicht, Handelsverbindungen anzuknüpfen, den Abschluß eines Freundschaftsvertrages vor. Ming-ti ging in der Hoffnung, dadurch Ruhe an der Nordgrenze zu bekommen, darauf ein. Doch das Gegenteil seiner Erwartungen geschah.

Die nördlichen Hiung-nu fielen trotz des bestehenden Vertrags zusammen mit Truppen aus dem Tarim-Becken erneut plündernd nach Gansu ein, so daß, wie die Chronik berichtet, in den chinesischen Garnisonen »die Stadttore auch am Tage geschlossen bleiben mußten«.

In dieser unhaltbaren Situation entschloß sich Ming-ti zum Handeln. Die Annalen berichten von einer sehr weitgehenden Absichtserklärung des Han-Herrschers: »Ming-ti wollte den Weg seines großen Vorgängers Wu-ti einschlagen, die Hiung-nu angreifen und die seit langem unterbrochene Verbindung zu den Westländern wiederherstellen.« Ob Ming-ti so weitgehende Pläne hatte oder nur einfach für Ordnung an der Nordgrenze sorgen wollte, ist aus den Quellen nicht zu ersehen.

Jedenfalls wurde im Jahre 72 mobil gemacht und unter Ton ku, einem Neffen des ehemaligen Gouverneurs von Gansu, dem man Erfahrungen in Grenzlandkonflikten zutraute, ein großes Heer zusammengestellt. Die Truppe bestand nur zu einem geringen Teil aus Chinesen. Die meisten Soldaten stammten selbst aus dem Norden. Da waren Tanguten, südliche Hiung-nu, Wu huan, Sien pi und Angehörige anderer Nomadenstämme, die vor allem die Hoffnung auf Plünderung und Beute zu den Waffen getrieben hatte.

Im Frühjahr 73 zog das Heer, wie einst die Armeen unter Wu-ti, nach Norden. Es war die größte militärische Unternehmung der Han-Zeit. Das erfolgreiche militärische Vorgehen gegen die unter sich zerstrittenen Feinde, von denen viele die Chinesen als Befreier begrüßten, brachte dem Han-Reich schließlich eine territoriale Ausdehnung wie nie zuvor.

Die Chinesen eroberten das Gebiet um Hami weit nördlich vom Westende der Großen Mauer und schlugen die südlichen Hiung-nu am Barkul-See. Damit war der Weg nach Westen wieder frei. Man konnte erneut an Westhandel denken.

Der Mann, der dafür im Tarim-Becken die Voraussetzungen schuf, war Pan Tschao. Obwohl er zunächst nur einen niederen, ihm durch seinen Bruder, den Hofschreiber Pan Ku, zugeschobenen Posten bei der Armee einnahm, wurde er bald zur führenden, von Erfolg getragenen Gestalt des Westfeldzuges. Durch sein kühnes, die neuerwachte Macht Chinas klug ins Spiel bringendes Auftreten gelang es ihm, die vielfältigen, einander widerstrebenden Kräfte des Tarim-Beckens zu unterwerfen, so daß bereits im Jahre 74 wieder ein chinesischer Generalgouverneur für die Westprovinzen und Militärgouverneure in den Garnisonen des Tarim-Beckens eingesetzt werden konnten.

In den Han-Annalen lesen wir darüber in nüchterner Knappheit: »Nach fünfundsechzigjähriger Trennung war die Verbindung mit den Westländern wiederhergestellt.«

Ohne Pan Tschao wäre dieser Zustand jedoch nicht lange zu halten gewesen. Als er sich im Jahre 102 nach einunddreißigjährigem Wirken im Westen hochgeehrt nach Loyang in den Ruhestand begab, den er jedoch nur einen Monat genießen konnte, brach die chinesische Macht in ganz Turkestan bald wieder zusammen.

Man fragt sich nach dem Rezept der Erfolge Pan Tschaos. Denn riesige Truppenkontingente hatte er für seine Unternehmungen nicht zur Verfügung.

Einer seiner Grundsätze lautete, »mittels der Barbaren die Barbaren angreifen«. Denn aus der Verfeindung der Nomadenstämme hatte er gelernt, daß sich die Gegner Chinas bei geeigneter Politik untereinander angriffen und vernichteten. Außerdem war es verhältnismäßig leicht, einen im Nomadenkrieg unterlegenen Stamm in die eigene Armee einzugliedern und das natürliche Feindschaftsgefühl dieser Truppe kampfanfeuernd auszunutzen.

Mit diesen Praktiken gelang es dem klugen, über eine ausgezeichnete Menschenkenntnis verfügenden chinesischen Heerführer, gegen Ende des ersten nachchristlichen Jahrhunderts die Westmacht Chinas in ungeahnter, nicht zu erwartender Weise auszudehnen und zu festigen.

In den Annalen heißt es:

»Mehr als fünfzig Staaten hatten Geiseln am Hof in Loyang und waren in Botmäßigkeit. Staaten wie Tiao-tschi und An-si, die Euphrat- und Tigrisländer sowie das parthische Reich der Arsakiden und andere, die bis an die Küste des Südmeeres und des Westmeeres reichten, weiter als 40 000 li entfernt, sandten durch mehrere Sprachgebiete hindurch ihre Tribute.«

Diese Erfolge waren freilich nicht allein durch schlaues Taktieren und zur rechten Zeit eingesetzte Gewalt zu erringen. Als Jen Schang, der Nachfolger Pan Tschaos, seinen großen Vorgänger beim Abschied nach dem Geheimnis seiner politischen Erfolge fragte, antwortete Pan Tschao: »Eine Regierung, die allzu kleinlich ist, wird nicht die Zuneigung ihrer Untergebenen gewinnen. Man muß großzügig und weitherzig sein, kleine Fehler übersehen und sich nur an die großen Linien der Politik halten.« Jen Schang war von dieser Aussage enttäuscht. Er nannte sie banal. Doch sehr bald sollte er, der mit voller Strenge zu handeln gewohnt war, erfahren, wie recht Pan Tschao mit seinen »banalen Reden« gehabt hatte.

Großzügigkeit war keine Erfindung Pan Tschaos. Aber er hat sie in seiner Politik klug eingesetzt. Ihr Ursprung war ein Stück chinesischer Taktik gegenüber den Grenzvölkern, von denen man nur bekommen konnte, wenn man auch gab.

Das heißt: Tribute erforderten Geschenke. Wollte man sich als Überlegener, als Herr des Zentrums fühlen — und das war ja der chinesische Standpunkt —, so konnte man das nur durch ein geschicktes Wechselspiel erreichen, bei dem das, was man gab, als großzügiges Geschenk galt, während das, was man bekam, als Zwangsabgabe — als Tribut — angesehen und vereinnahmt wurde.

Hinter diesem System mag ein Stück Selbstbetrug stecken. Auf alle Fälle aber war es auch ein Teil des Erfolgsrezeptes chinesischen Umgehens mit seinen Nachbarn.

Zu den Hauptgeschenkartikeln der Han gehörte schon zur Zeit Wu-tis die Seide. Dabei wurden sowohl Flockseide in Pfunden — ein Rohprodukt minderer Qualität — als auch hochwertige Seidenballen an die Steppen- und Oasenvölker sowie, wenngleich in geringerem Umfang, an die Bergvölker Südchinas ausgegeben.

Um eine Vorstellung vom Ausmaß und vom ständigen Anwachsen dieser Geschenkaktionen zu vermitteln, seien hier nur die Zahlen aus den Jahren 51 und 1 v. Chr. gegenübergestellt. Im Jahre 51 wurden sechstausend Pfund Flockseide und achttausend Seidenballen als Geschenke für Fremdvölker registriert. Fünfzig Jahre später waren es dreißigtausend Pfund Flockseide und dreißigtausend Seidenballen, die als Geschenke in die Grenzregionen gingen.

Der chinesische Hof sah in diesen Geschenkaktionen nicht nur ein Mittel zur Erhaltung des Friedens und einer gewissen politischen Stabilität, sondern zugleich auch eine Unterstützung der heimischen Wirtschaft, die sich nach den Unruhen der späten Wang-Mang-Zeit überraschenderweise schon bald wieder erholt hatte und weit mehr produzierte, als im Lande gebraucht wurde. So wurden Geschenke und Exporte in ständig wachsendem Maße zu einer wirtschaftlichen Notwendigkeit, um den Bestand und das Wohlergehen des Reiches und seiner schnell wachsenden Bevölkerung zu sichern.

SI-YÜ-TSCHUAN – DER ÄLTESTE BAEDEKER DER MENSCHHEIT

Zeugnis von all diesen wirren Ereignissen, die den historischen Ablauf der chinesischen Geschichte viel komplizierter machen, als er bei oberflächlicher Betrachtung erscheinen mag, bieten die hier immer wieder zitierten Reichsannalen. Auch in Zeiten der Bedrohung und der inneren Zerrissenheit gab es am chinesischen Hof ständig hohe Beamte, die das Amt des Staatsschreibers innehatten und denen es oblag, alle Ereignisse vorbehaltlos und ohne Beschönigung oder Verfälschung aufzuzeichnen.

Für die Han-Zeit besitzen wir zwei umfangreiche Chroniken, die nicht nur die Geschichte, sondern auch viel vom Allgemeinwissen der Zeit widerspiegeln. Es sind das *Ts'ien Han schu*, das über die Ereignisse bis 24 n. Chr. berichtet, und das *Hou Han schu*, das bis 220 n. Chr. reicht.

Das *Ts'ien Han schu* ist für uns deshalb von großem Interesse, weil es ein Bild vom alten China in seiner weitesten Ausdehnung vermittelt. Für die Begründer und Erweiterer des neuen Han-Reiches – für Kaiser Kuang-wu-ti und seine Nachfolger – wurde es zu einem Handbuch von unschätzbarem Wert. Das gilt insbesondere für die Außenpolitik und die Wiederaufnahme wirtschaftlicher Beziehungen mit der Umwelt, die, wie wir gesehen haben, in den ersten Jahrzehnten nach der Zeitenwende völlig zusammengebrochen waren. Selbst die Voraussetzungen des Handels – eine umfangreiche Produktion – waren weitgehend zerstört. Das Inlandsgeschäft erfolgte jahrzehntelang ausschließlich auf Tauschbasis. Die Landwirtschaft konnte kaum die Bevölkerung der Städte versorgen. Für die Seidenraupenzucht fehlte es an Maulbeerbäumen. Spinnerei und Weberei kamen erst allmählich wieder in Gang. Und in internationalen Wirtschaftsfragen erfahrene Männer fehlten am Hofe von Loyang. Doch die kaiserlichen Annalen waren dank zahlreicher Abschriften erhalten. Aus ihnen konnte man Informationen und damit Erfahrungen schöpfen.

So bietet das 96. Kapitel des *Ts'ien Han schu* – der Annalen der frühen Han-Dynastie – unter dem Titel »Si-yü-tschuan«, Nachrichten über die Westländer, eine umfassende Darstellung der früheren westlichen Provinzen Chinas und der daran angrenzenden Staaten.

Seine endgültige Fassung erhielt das »Si-yü-tschuan« erst im Jahre

90 v. Chr. durch Pan Ku, jenen älteren Bruder des durch seine Westfeldzüge berühmt gewordenen Generals Pan Tschao.

Diese Bearbeitung zeigt, welche Bedeutung man den alten Schriften in der späteren Han-Zeit beimaß und wie viele Aktivitäten dieser Zeit durch die genaue Beschreibung früherer Erkenntnisse und Erfahrungen erleichtert oder überhaupt erst ermöglicht worden sind.

Für die Geschichte und die Kenntnis des Verlaufs der Seidenstraßen im Zentralasien des ersten nachchristlichen Jahrhunderts ist das »Si-yü-tschuan« von kaum zu überschätzendem Wert. Aus heutiger Sicht dürfen wir es dank seiner Genauigkeit und seiner geographischen Anschaulichkeit als den ältesten Reiseführer der Menschheit bezeichnen.

Eingeleitet wird das umfangreiche Kapitel durch eine allgemeine Darstellung der Westländer, vor allem der heutigen Provinz Singkiang und ihrer angrenzenden Gebiete. Die Größe und Lage des Landes, seine Gebirge, Seen und Flüsse werden beschrieben. Eine Kurzcharakteristik der Bewohner schließt sich an. Darauf folgt die Darstellung der Geschichte der Westländer und ihrer Beziehungen zu China.

Unter den Westländern werden in diesem Zusammenhang vor allem die Oasenreiche des Tarim-Beckens verstanden, darüber hinaus aber auch die größeren, westlich, jenseits des Pamir angrenzenden Reiche, die in der frühen Han-Zeit Handelspartner der Chinesen gewesen waren und es nun, nach der Wiedererrichtung des Han-Imperiums, erneut werden sollten.

Der Hauptteil des »Si-yü-tschuan« stellt eine Art Reisebeschreibung von der Nordwestgrenze des alten Han-Reiches bis zum Indus und ins afghanische Kabul-Tal, dann nach Norden bis zum Oxus (Amu-darja) und Jaxartes (Syr-darja), über die nördlichen Pamir-Pässe durch die Oasen südlich des Himmelsgebirges und schließlich in die Gebiete nördlich und nordöstlich des Himmelsgebirges dar. Dabei werden abseits der eigentlichen Reiseroute liegende Städte und Herrschaftsbereiche an den Stellen behandelt, wo es einen Straßenzugang gegeben hat.

Vergleicht man diese gewaltige Reiseroute und die Kenntnisse, die das »Si-yü-tschuan« über die dargestellten Gebiete vermittelt, mit den Nachrichten Chang K'iens von seinen hundert Jahre zuvor durchgeführten Expeditionen, so stellt man fest, daß sich die Kenntnisse der Chinesen über ihre westlichen Nachbarn sehr erweitert hatten. Es erhebt sich die Frage, wie sie zu diesem Einzelwissen gelangen konnten, das nicht nur die Namen von Städten und Staaten, sondern auch ihre Größe und die Entfernungsmaße vermittelt, wobei die statistischen Angaben die genaue Zahl der Einwohner, der Familien sowie der wehrfähigen Männer umfassen.

Leider sagt der Text nichts über die Art seiner Entstehung und die Recherchen aus, die zu seiner Erstellung geführt haben, wie überhaupt die Materialsammlung für die kaiserlichen Annalen in China zu den ungeklärten Rätseln chinesischer Geschichtsschreibung zählt. Denn es sind oft so viele Details aufgeführt, daß diese nicht allein aus dem Wissen der die Aufzeichnungen führenden Hofbeamten kommen konnten. Selbst wenn man eine große Zahl von Spionen, Spitzeln und Rechercheuren annimmt, bleiben Kenntnis und Vermittlung so mancher Nachrichten aus entfernten Reichsgebieten und aus dem Ausland unerklärlich.

Friedrich Hirth, einer der ersten Wissenschaftler, der sich im vorigen Jahrhundert mit den chinesischen Westbeziehungen der älteren Geschichte auseinandergesetzt hat, vertritt die Auffassung, es müsse am chinesischen Kaiserhof eine Art perfekten Verhörsystems für alle Fremden gegeben haben, aus dem die Texte über Grenzländer und das fernere Ausland zusammengestellt worden seien. Dabei ging er von der Annahme einer Fragebogentechnik aus, wie wir sie von modernen Prüfungsverfahren her kennen. Allen in Changan oder einer der anderen wichtigen Städte Chinas ankommenden Fremden wurden, wie Hirth meint, die gleichen Fragen über die von ihnen durchreisten Länder vorgelegt, wobei man sich oft der Genauigkeit wegen mehrerer Dolmetscher bei der Befragung bediente. Die Antworten wurden dann, so Hirth, in die bei Hofe und in den Verwaltungsstellen der Provinzhauptstädte geführten »Täglichen Chroniken« eingetragen, miteinander verglichen und so aufeinander abgestimmt, daß allmählich ein Werk wie das »Si-yü-tschuan« daraus entstand.

Doch fragt Albert Hermann, der sich um die Jahrhundertwende mit den Han-Annalen und mit dem Verlauf der alten Seidenstraßen beschäftigt hat, mit Recht, wie es bei so vielen verschiedenartigen Zeugen zu einem verhältnismäßig einheitlichen Werk von weitgehend heute noch nachprüfbaren, exakten Angaben hätte kommen können. Hermann ist deshalb der Auffassung, daß der Text des »Si-yü-tschuan« nicht in den Schreibstuben der Kaiserpaläste von Changan und Loyang entstanden sein kann, sondern dort allenfalls zur Anfertigung von Abschriften hingelangt sei.

Mag das der Überlegenheit der Han über ihre Nachbarn gewidmete Schlußwort, das der Hofchronist Pan Ku der letzten Fassung des »Si-yü-tschuan« hinzugefügt hat, die Fleißarbeit jenes Hofschreibers und Kompilators sein; die Hauptarbeit an unserem frühen Baedeker ist zweifellos vor Ort geleistet worden. Nur so erklären

sich die genauen Entfernungsangaben, die stimmenden Himmelsrichtungen und Charakteristiken von Städten und Ländern samt
ihrer politischen und militärischen Bedeutung.

Es scheint also, daß die für die Westländer, vor allem aber für die
eroberten Teile des Tarim-Beckens zuständigen Provinzbeamten
selbst chinesische Kundschafter mit der Aufgabe, alles Gesehene
und Erlebte genau zu registrieren, auf die Reise geschickt haben.
Diese Männer sind, da besteht kaum ein Zweifel, die Verfasser des
Hauptteils vom »Si-yü-tschuan«. Auf ihre genauen Beobachtungen
und Messungen gehen die in li − dem chinesischen Längenmaß −
angegebenen Entfernungen und die Aufzeichnungen über Land und
Leute zurück. Sind doch alle Stationen des weiten Reiseweges genau
vermerkt, so daß eine Karawane aufgrund dieses ältesten Reisefüh-
rers aufbrechen und sich in den selbst heute noch äußerst schwer zu
bereisenden Gebieten zurechtfinden konnte.

Das zeigte sich vor allem hilfreich, als der Handelsverkehr auf
den alten Karawanenstraßen nach einer Unterbrechung von mehr als
fünfzig Jahren um 87 wiederaufgenommen wurde. Denn nun erwies
es sich, wie zuverlässig das »Si-yü-tschuan« gearbeitet war.

Auf alle Fälle müssen wir uns von der alten Vorstellung frei
machen, daß man in der Han-Zeit etwas so wichtiges wie den
internationalen Handelsverkehr dem Zufall überlassen hätte oder
auch nur unzureichend informierte Karawanen auf den Weg
geschickt habe. Information und Organisation waren damals wahrscheinlich in China weiter entwickelt als irgendwo im Westen.
Wissen wir doch, daß noch in der späten Han-Zeit parthische
Händler mit einer Übersetzung des »Si-yü-tschuan« nach China
unterwegs waren und aufgrund ihres »Baedekers« auch wirklich
ankamen.

DIE ANDERE SEIDENSTRASSE: DER SEEWEG NACH INDIEN

Vielleicht war die Krise des Han-Reiches auch einer der
Gründe für die Intensivierung des Verkehrs auf den
alten Seewegen zwischen dem Mittelmeer und dem
Indischen Ozean. Obwohl es keine Schiffsverbindung
zwischen den Mittelmeerhäfen und dem Roten Meer als
Zugang zum Indischen Ozean gab − der Suez-Kanal ist ja eine
neuzeitliche Wasserstraße −, ist der Verkehr zwischen den Mittel-
meerländern und Indien uralt.

Als kombinierter Land- und Seeweg geht er zurück bis ins dritte
vorchristliche Jahrtausend. Begonnen freilich hat er als ein rein

asiatisches Unternehmen. Es war der heute einwandfrei nachweisbare Handel zwischen Mesopotamien – den südsumerischen Städten an Euphrat und Tigris – und dem geheimnisvollen Reich am Indus, das eine noch immer Rätsel aufgebende Spätentdeckung der Archäologie ist.

Über die Anfänge der Kontakte zwischen Sumer und der Industalkultur, die vom heutigen Pakistan bis nach Nordwestindien reichte, wissen wir genausowenig wie über den Beginn des chinesischen Westhandels. Auch die Frage nach dem Zustandekommen erster Begegnungen muß wahrscheinlich immer offenbleiben, obwohl gerade aus diesem Gebiet die ältesten Schriftzeugnisse der Menschheit überhaupt vorliegen und Handelskorrespondenz zu den ältesten Briefdokumenten in Keilschrift zählt. Doch geht man wohl nicht fehl in der Annahme, daß die frühesten Kontakte zwischen Menschengruppen, die im mesopotamischen Raum siedelten, und Bewohnern des iranisch-pakistanischen Gebietes schon im fünften Jahrtausend stattgefunden haben. Die mühsame Spatenarbeit der Archäologen hat so manches Bruchstück jener Epoche zutage gefördert, ohne daß bisher zusammenhängende Erkenntnisse über diese Zeit gewonnen werden konnten.

Anlaß erster Handelskontakte war zweifellos das schnelle Wachstum von Bedürfnissen bei den seßhaften Stämmen und die sehr ungleiche Verteilung begehrter Bodenschätze in dem weiten Gebiet zwischen östlichem Mittelmeer und Indus.

Die Land- und Wasserstraßen, die Menschen damals als Transportwege benutzten, zeichnen sich für uns ab zwischen dem Mündungsgebiet von Euphrat und Tigris, der ostarabischen Küste mit ihren vorgelagerten Inseln und dem nordwestindischen Küstengebiet östlich der Indusmündung. Dabei spielten das an Rohstoffen reiche iranische Hochland und das nördliche Afghanistan, wo man besonders den schon früh begehrten, goldgesprenkelten dunkelblauen Lapislazuli fand, eine wichtige Lieferantenrolle. Denn gerade in den Ländern mit den frühesten Hochkulturen – Ägypten, Mesopotamien und Indusgebiet – fehlte es an Holz, Baumaterial, Metallen, Erzen und Edelsteinen. Zunächst konnte man sich nicht erklären, wie diese Rohstoffe schon in frühester Zeit zu den Sumerern und Ägyptern gelangt sein sollten. Durch jüngere Ausgrabungen im Iran sind dann Stützpunkte eines Handels festgestellt worden, die auf diese Frage Antwort geben können.

Auch die ältesten Siedlungen des asiatischen Menschen entstanden offenbar nicht allein in Ballungsgebieten wie Mesopotamien, dem Nil- und dem Industal, sondern, wenngleich vereinzelt und in großen Abständen, auch dazwischen, so daß man schon hier von geplanten Kontakten und Voraussetzungen für Handelsbeziehungen sprechen kann.

Die frühe Menschheit war zumindest in Vorder- und Mittelasien gewiß viel weniger Selbstversorger, als man das bisher angenommen hat. Es gab damals bereits Lebensmitteltransporte über weite Entfernungen. Grabfunde zeigen uns ferner, daß es schon im vierten und dritten vorchristlichen Jahrtausend Spezialisten für die Bearbeitung bestimmter begehrter Rohstoffe gegeben hat, die eingeführt wurden.

So fand man 1972 in dem seit 1967 von dem Italiener M. Tosi ausgegrabenen Shahr-i-Sokhta in Ostpersien nahe der afghanischen Grenze Werkstätten zur Bearbeitung des aus Afghanistan gelieferten Lapislazuli. Insbesondere wurden hier die den begehrten Stein enthaltenden Klumpen von Kalziten und Pyriteinschlüssen gesäubert, so daß sie über die Hälfte ihres ursprünglichen Gewichts verloren, was für die beschwerlichen Transportwege zu ihren endgültigen Bestimmungsorten sehr wichtig war. Besonders schöne Stücke wurden noch weiter bearbeitet und für den sicheren Transport durchbohrt.

In einem Grab von Shahr-i-Sokhta fand man neben dem Skelett eines Mannes, der zweifellos einer jener Spezialisten der Lapislazulibearbeitung gewesen ist, Stein- und Bronzegeräte für Schliff und Bohrung sowie drei grobbeschlagene Lapislazuliblöcke. Die Grabausstattung läßt erkennen, daß diese Handwerker im Wirtschaftsleben der damaligen Zeit eine wichtige Stellung einnahmen und als angesehene Leute galten.

War Shahr-i-Sokhta einer der frühesten Landhandelsplätze, so finden wir in dieser Epoche auch schon Häfen, die den kombinierten Land- und Seeverkehr als eine der ältesten wirtschaftlichen Aktivitäten der Kulturmenschheit erkennen lassen.

Die Basis für dieses Geschäftsleben bildeten die bedürfnisreichen Stadtgebiete Mesopotamiens, Ägyptens und des Industals, wo die Kunden jener Kaufleute saßen, die sich von Anfang an als Mittler zwischen Fundstätten, Produktionsplätzen und Kulturzentren verstanden und wohl durch besondere Angebote auch modebildend wirkten. Wahrscheinlich haben wir es bereits in dieser Zeit neben Metall- und Edelsteinhandel auch schon mit Textil- und Fellexporten zu tun, die bestimmte Anregungen in Kleidungsfragen vermittelten. Jedenfalls können wir uns Einflüsse dieser Art gar nicht früh genug vorstellen. Man erfreute sich an der Vielfalt der Motive wie an edlen Formen in der Keramik, in den frühesten Metallarbeiten und sicher auch in der Kleidung, wenngleich uns infolge der Vergänglichkeit des Materials dafür keine Beispiele erhalten geblieben sind.

Seit der Mitte des dritten vorchristlichen Jahrtausends geben uns Keilschrifttafeln Auskunft über den ausgedehnten Handelsverkehr der damaligen Zeit, der sich von Mesopotamien bis nach Syrien und weiter zur Ostküste des Mittelmeers, ja wahrscheinlich schon bis zu den östlichen Mittelmeerinseln erstreckte.

Doch auch für den Osthandel haben wir heute untrügliche Zeugnisse. So konnten in den fünfziger Jahren unseres Jahrhunderts dänische Archäologen das lange Zeit als Phantasiegebilde früher mesopotamischer Priester geltende, in Keilschrifttexten erwähnte Reich Dilmun – das »Land des Paradieses« – auf der Insel Bahrein und in ihrem arabischen Hinterland lokalisieren.

Bahrein wurde in sumerischer Zeit, das wissen wir heute, als Warenumschlagplatz für den Handelsverkehr zwischen Mesopotamien und den Städten der Induskultur benutzt.

Die Insel war ein idealer Zwischenlandeplatz für die Küstenschiffahrt, denn sie verfügte über zahlreiche Quellen, die der Versorgung der kleinen Schiffe mit Trinkwasser dienten, da man wegen der Warenladung keine großen Wasserreserven mitnehmen konnte. Außerdem bot eine natürliche Bucht hervorragende Landebedingungen und Lagerplätze für Waren, die hier umgeladen wurden.

Der Seeweg von Bahrein nach Indien folgte nahe der Küste wohl fast der gleichen Route, die auch von den Schiffen zur Zeit des aufblühenden Seidenhandels befahren wurde, wenngleich es zwischen den Anfängen des frühesten Seehandels und den Jahrhunderten nach Alexander dem Großen eine lange Epoche des Stillstands und der lokalen Isolierung in den einzelnen Küstengebieten gegeben hat, über die wir nur wenig wissen.

Es war das dunkle Jahrtausend nach dem Zusammenbruch der Induskultur, in der sich der Handel ins Landesinnere verlagerte und mehr zum West- und Nordwesthandel wurde, wobei Landvölker, wie die Babylonier, die Hethiter und die Assyrer, eine entscheidende Rolle spielten.

Erst mit dem Erscheinen der Phönizier und ihren vielfältigen kaufmännischen Aktivitäten zwischen Mittelmeer, Afrika und Asien lebte der Seehandel wieder auf. Doch nur langsam erlangte er seine alte Bedeutung zurück. Vor allem in östlicher Richtung, wo sich die politische und wirtschaftliche Macht inzwischen nach Indien selbst verlagert hatte, gab es viele lokale Schwierigkeiten, die besonders auf das immer mächtiger werdende Piratentum in dieser Region zurückzuführen waren.

Auf alle Fälle kam die Wiederaufnahme des Schiffsverkehrs nach Indien in den letzten vorchristlichen Jahrhunderten einer Neuentdeckung des Seeweges gleich. Obwohl wir uns nun in historisch faßbaren Zeiten befinden, ist eine genaue Bestimmung dieser Neuentdeckung nicht möglich. Die schriftlichen Zeugnisse widersprechen sich, und die Gelehrten sind in dieser Frage entsprechend zerstritten. Sicher ist nur, daß es spätestens im dritten vorchristlichen Jahrhundert, wohl nicht zuletzt als Folge des Vorstoßes von Alexander dem Großen nach Indien, wieder eine ständige Schiffsverbindung zwischen dem Vorderen Orient und Indien gegeben hat. Das besagen sowohl hellenistische wie ägyptische, aber auch indische Quellen. Spricht doch kein Geringerer als der große indische Kaiser Aschoka, der um 272 v. Chr. den Maurya-Thron bestieg, in seinen berühmten Säuleninschriften von diplomatischen Beziehungen zu westlichen Herrschern. Dabei erwähnt er namentlich Ptolemaios Philadelphos, den König von Ägypten, Antiochos Theos, den Herrscher von Syrien und Westanatolien, schließlich Antigonos Gonatas, den König von Makedonien, und Magas, den König von Kyrene. Was anderes als Handelskontakte könnten diese indisch-mittelmeerischen Beziehungen bedeuten, von denen wir leider über die Aschoka-Inschriften hinaus nichts wissen. Denn dafür, daß es sich um Missionsversuche mit buddhistischer Bekehrungsabsicht gehandelt haben könnte, wie aus einigen der Aschoka-Texte über seine nächsten Nachbarn hervorgeht, fehlt in westlichen Quellen jeder Beweis.

Hundert Jahre nach Aschoka wurde ein in Nordwestindien herrschender griechischer König, Menander, zur Hauptfigur eines buddhistischen Lehrgedichts *Die Fragen des Milinda* — Milinda ist die indische Form für Menander —, dessen Autor unbekannt ist. Wir wissen auch nicht, ob das Manuskript zu Lebzeiten von Menander oder später geschrieben wurde. Interessant aber ist, daß hier, in einer indischen Dichtung, zum ersten Mal von Griechenland und den Griechen, die als Ionier — Yonaka — bezeichnet werden, berichtet wird.

Die Hauptstadt des Menander beschreibt der anonyme Verfasser als eine griechische Handelsstadt, Sagala, in der Waren aus Indien und anderen Ländern Asiens angeboten werden. So märchenhaft sich der Text anhört, so gewiß sind die auf den Handel bezogenen Teile nicht aus der Luft gegriffen.

Wir lesen in dem aus der altceylonesischen Palisprache übersetzten ersten Teil der *Fragen des Milinda*:

»Die Stadt Sagala war der Sammelpunkt vieler bedeutender, weiser Männer. Auch gab es dort unzählige Verkaufsstände mit kostbaren Seidenstoffen aus Benares und von anderen Plätzen Indiens. Die ganze Stadt war vom Duft ihrer Märkte erfüllt. Die schönsten Juwelen konnte man dort finden. Und fremde Kaufleute hatten in ihren Handelshäusern die prächtigsten Prunkgewänder ausgestellt. Die Stadt quoll über von Gold, Silber, Münzen und Edelsteinen. Sie war angefüllt mit allen Schätzen und Leckereien dieser Erde.«

Das ist ein seltsamer Einführungstext für ein buddhistisches Lehrgedicht. Doch er läßt vermuten, daß seine weltliche Überschwenglichkeit, wenn wohl auch übertrieben, so doch nicht frei erfunden ist, zumal die Beschreibung mit der Farbigkeit späterer westlicher Texte durchaus übereinstimmt.

Von Yonakas oder auch Yavanas als griechischen Ratgebern des Königs Menander ist in dem Text die Rede.

Diese Yavanas erscheinen auch in der späteren indischen, vor allem in der tamilischen Literatur des ersten nachchristlichen Jahrhunderts wieder. Dort lesen wir, auf unser Thema bezogen: »Den weißen Gischt des Meeres durchpflügend, kamen die schöngebauten Schiffe der Yavanas mit Gold und kehrten zurück mit edlen Stoffen und Gewürzen.«

Auch wird von Yavanahandwerkern berichtet, die geschickt waren im Erbauen von Palästen und Tempeln, wie in der Konstruktion von Kriegsmaschinen.

Andererseits hören wir von indischen Abgesandten und Händlern in Arabien, Afrika und bald auch in Rom. So schreibt Annaeus Florus über indische Gesandtschaften, die Kaiser Augustus Seidenstoffe, Edelsteine, Perlen und auch Elefanten als Gastgeschenke gebracht hätten.

Was immer man vom Wahrheitsgehalt solcher Berichte halten mag, sicher ist, daß es schon lange vor der Zeitenwende einen intensiven Schiffsverkehr zwischen Indien und den Häfen des Roten Meeres gegeben hat. Es war die andere Seidenstraße.

Denn die Seide für Parther, Araber und Ägypter erreichte damals ihre fernen Bestimmungsorte fast ausschließlich über Indien auf dem Seeweg.

Wieviel von dieser Ware nach Rom und ins übrige Mittelmeergebiet gelangte, vermögen wir nicht zu sagen. Allerdings legt der große Bedarf der Weltmetropole am Tiber den Gedanken an eine Zweigleisigkeit der Seidenbeschaffung, also eine Benutzung von Land- und Seeweg, nahe.

Doch dürfen wir wohl davon ausgehen, daß, lange bevor westliche Vorstöße von Seefahrern nach Indien erfolgten, indische Kaufleute mit ihren Schiffen arabische Häfen erreichten. Die arabischen Machthaber verstanden es aber, jedes weitere Vordringen des indischen Handels nach Westen zu verhindern. Das verschaffte ihnen ein Monopol, durch das sie reich und mächtig wurden. Seit dem

Zusammenbruch des Alexanderreiches gelangte ohne arabische Vermittlung kein indisches und damit auch kein chinesisches Exportgut auf dem Seeweg nach Ägypten, Kleinasien und in das übrige Mittelmeergebiet. An der Küste des Persischen Golfs saßen zu jener Zeit die Kontrolleure des Indienhandels. Sie bestimmten den Warenfluß und die Preise.

Neben dieser unüberwindlichen Barriere für einen direkten Ost-West-Verkehr stellten die zahlreichen Seeräubernester entlang der Küste eine ständige Bedrohung für die Handelsschiffahrt dar. Viele indische Schiffe wurden nachts, wenn sie in einer Bucht angelegt hatten, um sich nicht den unwägbaren Gefahren der Dunkelheit auf dem Meer auszusetzen, von Piraten überfallen und ausgeraubt. Dabei hat man selbst Seeleute niedergemacht, die keinen Widerstand leisteten und sich den Räubern ergeben wollten.

Wie in Zentralasien finden wir auch hier, zwischen Indien und Arabien, Machthaber, die mit den Seeräubern paktierten und sich mit ihnen in die billige Beute teilten.

Man kann sich das Leben der Seefahrer und Kaufleute jener Zeit gar nicht hart und gefahrvoll genug vorstellen. Daß der Handel trotzdem gewaltige Ausmaße annahm, zeugt von den unvorstellbar hohen Gewinnspannen und dem damit verbundenen Anreiz, alles zu wagen, um am ständig wachsenden Reichtum der Zeit zu partizipieren.

Von westlicher Seite wurde der Seehandel unter weitgehender Ausschaltung lokaler Kontrollen, ähnlich wie der Handel auf den innerasiatischen Landwegen, durch die Nachfolger Alexanders des Großen — die Diadochen — wiederaufgenommen. Hier haben sich besonders die Seleukiden und die Ptolemäer hervorgetan. Beide Herrschergruppen wußten, daß Macht und Wirtschaft eng miteinander verbunden sind, wenn man nicht, wie der große Vorgänger Alexander, allein auf Eroberung setzen wollte. Dazu aber waren die meisten der Diadochen zu schwach. Also strebten sie nach Machterweiterung durch Handel, wobei der Seehandel infolge der beschriebenen Unsicherheit der Landwege trotz all seiner Bedrohungen oft noch der sicherere Weg zu sein schien. Das galt vor allem, nachdem die Seleukiden im Persischen Golf eine Flotte stationiert hatten, die nicht nur die politische Ordnung am unteren Tigris und in der Golfregion stützen, sondern auch gegen Seeräuber vorgehen sollte.

Das Interesse der in Alexandria residierenden Ptolemäer an der Seeverbindung nach Indien wurde unter Euergetes II. — dem achten Ptolemäerkönig — geweckt, der von 164 bis 163 v. Chr. Mitregent gewesen war.

Zu seiner Zeit nahm die Bedeutung des Arabien- und Afrikahandels ab, der besonders auch auf die Erbeutung und den Transport von Kriegselefanten ausgerichtet gewesen war. Schon unter Ptolemaios V. Epiphanes, der von 204 bis 180 v. Chr. geherrscht hatte, war das vitale Interesse an Elefantenjagden infolge des reduzierten Kampfeinsatzes dieser Großtiere erheblich zurückgegangen. Die dafür entstandenen und ausgebauten Transportwege mit ihren Stationen konnten nun für den immer mehr an Bedeutung gewinnenden Osthandel genutzt werden.

Dabei kam Euergetes II. ein Zufall zu Hilfe. Im Roten Meer sank ein indisches Schiff. Ein Mann seiner Besatzung wurde von Leuten des Ptolemäerkönigs halbtot aus dem Wasser gezogen. Er erholte sich, und man brachte ihn nach Alexandria, wo er Griechisch lernte und dem König wertvolle Hinweise für den Seeweg in sein fernes Heimatland geben konnte.

Euergetes, der das Glück des Zufalls begriff, ließ eine Expedition nach Indien ausrichten, die er, unter Anleitung des schiffbrüchigen Inders, dem Eudoxos von Kyzikos, einem erfahrenen griechischen Seefahrer, anvertraute.

Es war die erste durch Zeugnisse belegte Seereise von Westen nach Indien und wieder zurück, wobei sich Eudoxos allerdings nur in den Küstengewässern bewegte. Doch wurde auf dieser Reise die für den Indienverkehr entscheidende Entdeckung der für die Seefahrt so wichtigen Monsunwinde gemacht, die spätere Quellen dem griechischen Seefahrer Hippalos zuschreiben, der diesen Winden ihren antiken Namen gab.

Auf alle Fälle kam, so berichten die Annalen, Eudoxos mit seinem Schiff und reichen Schätzen aus Indien zurück. Allerdings wurden die Waren vom König vereinnahmt, was Eudoxos sehr erzürnte, ihn aber nicht hinderte, unter Kleopatra II. um 116 v. Chr. eine zweite Indienexpedition durchzuführen. Obwohl er bezüglich der Importe feste Vereinbarungen mit dem Hof getroffen hatte, wurden die mitgebrachten Schätze nach seiner zweiten glücklichen Ankunft in Alexandria wieder in den Besitz des Herrschers übernommen, denn Kleopatra II. war inzwischen gestorben und ihr Nachfolger — König Soter II. — fühlte sich nicht an das Wort seiner Vorgängerin gebunden.

Der Seeweg nach Indien war nun griechischen Seefahrern vertraut und wurde von jetzt an regelmäßig befahren. Die Route über das offene Meer aber wagte man trotz Kenntnis der Monsune und ihrer Auswirkung erst hundert Jahre später, in der Zeit nach Christi Geburt, zu benutzen.

Um die Zeitenwende und im ersten nachchristlichen Jahrhundert, als es infolge der chinesischen Regierungskrise und der daraus folgenden politischen Schwäche Chinas für eine längere Zeit keine Sicherheit auf der mittleren Seidenstraße gab, sie teilweise sogar ganz unterbrochen war, entwickelte sich, wie wir gesehen haben, der Seehandel zwischen dem Römischen Reich und Indien zu einer der wichtigsten Handelsrouten der Alten Welt. Das hatte seinen Grund nicht nur in der wachsenden Unsicherheit des Landweges, auf den man ja trotzdem über weite Strecken nicht verzichten konnte, sondern vor allem im Erstarken der römischen Macht und in der bewußten Ausnutzung der Monsunwinde durch den griechischen Seefahrer Hippalos.

Obwohl uns dieser Hippalos aus der Literatur vertraut ist, kennen wir doch nicht seine Lebensdaten. Die Wissenschaftler schwanken in der Einordnung zwischen dem ersten vorchristlichen und dem ersten nachchristlichen Jahrhundert. Doch scheint die frühere Datierung wahrscheinlicher, da es zur Zeit des Kaisers Augustus bereits eine ständige Seeverbindung nach Indien gegeben hat, die nicht mehr der Küste folgte, sondern, die Monsune nutzend, in immer kürzeren Direktüberquerungen des Indischen Ozeans von der südarabischen Küste aus indische Häfen erreichte.

Die langanhaltende arabische Blockade des Ost-West-Handels war dadurch und infolge wachsender römischer Präsenz im Süden des Roten Meeres gebrochen. Auch das arabische Handelsmonopol für indische Waren hatte damit seine Bedeutung verloren, zumal nun in wachsendem Maße römische und griechische Kaufleute nach Indien segelten.

So kam es zu einem Konkurrenzkampf zwischen Asiaten und Europäern um die Handelsvormacht im Arabischen Meer und Indischen Ozean, der sich offenbar schon bald zugunsten der abendländischen Kaufleute entschied, hinter denen die wachsende Weltmacht Rom stand. Doch zählte auch jetzt noch das Indienabenteuer neben dem zentralasiatischen Karawanenhandel zu den großen Risiken der Weltwirtschaft.

Werfen wir einen Blick auf die euro-asiatische Karte: Schon die Fahrt von Ostia, dem Hafen Roms, nach Alexandria im westlichen Nildelta barg ihre Gefahren, von denen auch der heutige Mittelmeersegler zu erzählen weiß. Doch nicht nur die tückischen Stürme, sondern auch Seeräuber bedrohten die Handelsschiffahrt. Besonders nach der Vernichtung der berühmten karthagischen Flotte hatten sich viele arbeitslose Seeleute selbständig gemacht und führten ein wildes Leben als Räuber und Händler. Hinzu kamen entflohene Sklaven, ausgebrochene Sträflinge und Verbannte, die nichts mehr zu verlieren hatten als ihr Leben. Aus diesem Kreis rekrutierten sich die Piraten, die von Raub, Schmuggel und Menschenhandel lebten, bis sie eines Tages, von einem römischen Schiff aufgebracht, die für Seeräuberei verhängte Strafe ereilte: der Tod am Kreuz.

Eine großangelegte Verfolgungsjagd gegen die Piraten unternahm der römische Feldherr Pompeius. Er jagte den Seeräubern vierhundert Schiffe ab und machte zwanzigtausend Gefangene. Zehntausend Seeräuber, so berichten die Geschichtsschreiber, fanden damals den Tod in den Wellen. Diese verbürgten Zahlen geben eine Vorstellung vom Umfang der Bedrohung, der die Seeleute schon in den mittelmeerischen Gewässern ausgesetzt waren. Dabei handelte es sich hier noch um den kürzesten, heimatnahen Weg der Indienfahrer.

Eigentlicher Ausgangspunkt der Reise nach Indien war das Handelszentrum Alexandria, der damals wohl größte Warenumschlagplatz dieser Erde, der unter der letzten ptolemäischen Königin Kleopatra zu Caesars Zeiten endgültig in römische Hände gefallen war.

Bevor die Händler, die aus Rom kamen, wieder zu Schiff gehen konnten, hatten sie noch ein mehr als dreiwöchiges Wüstenabenteuer zu bestehen. Sie zogen mit einer Karawane zunächst nach Juliopolis am Nil, fuhren dann nilaufwärts bis Coptus, von wo aus sie eine weitere Wüstendurchquerung auf sich nehmen mußten, die der mörderischen Hitze wegen nur nachts möglich war.

Die Einschiffung nach Indien erfolgte in Berenice, einem durch seine Felsenriffe und gefährliche Stürme berüchtigten Hafen am Roten Meer. Wegen der Monsune war die Abreise hier nur im Hochsommer möglich, zu einer Zeit also, wo in dieser Region Temperaturen zwischen fünfzig und sechzig Grad keine Seltenheit sind.

Die von Berenice abgehenden Schiffe wurden auf ihrer etwa einen Monat dauernden Fahrt durchs Rote Meer von Kohorten römischer Bogenschützen begleitet, weil sowohl die afrikanische als auch die arabische Küste von Seeräubern verschiedenster Hautfarbe und Nationalität wimmelte.

Nach etwa vier Wochen Fahrt in glühender Hitze und unter ständigen Gefahren erreichten die Schiffe den Hafen Ocelis kurz vor der Ausfahrt aus dem Roten Meer. Das war der Platz, an dem die indischen Händler früherer Zeit anlegten und ihre Waren den

Arabern hatten übergeben müssen, die bis zum Erstarken Roms keinen Fremdhandel im Roten Meer duldeten.

Jahrhundertelang war Ocelis Endstation des Indienhandels gewesen. Nun, nach der mutigen Tat des Hippalos – der Überquerung des offenen Meeres –, war die Stadt unter römischem Schutz Ausgangspunkt einer festen Handelsroute, die nicht mehr im gleichen Maße wie die alte Küstenstrecke von Piraten bedroht werden konnte. Um so größer waren die Gefahren, die das offene Meer als Naturgewalt bot, der man von Ocelis aus mindestens vierzig Tage lang ausgesetzt war, bevor man einen der indischen Westhäfen – Barygaza, Kalliena oder Muziris ganz im Süden – erreichte.

Über diese seemännischen Unternehmungen, die nun fast planmäßig, wenn auch nicht ohne große Verluste, abliefen, unterrichtet uns ein griechischer Text, der *Periplus des Erythräischen Meeres*, den wir als das älteste Handbuch der Seefahrt bezeichnen dürfen.

Wir kennen zwar noch frühere Schriften, die den griechischen Titel *Periplus* tragen. Damit ist sowohl die Beschreibung der Umschiffung einer Halbinsel als auch die Fahrt entlang der Küsten eines Golfs oder eines Meerbusens gemeint.

Schon Skylax von Karyanda, der zwischen 519 und 512 v. Chr. im Auftrag des Perserkönigs Dareios I. das von Persien unterworfene Arabien umschifft hat, hinterließ einen *Periplus* in Gestalt eines sehr persönlich gehaltenen Abenteuerberichts über seine Fahrt mit der phantasievollen Beschreibung angeblicher Begegnungen mit legendären Völkern.

Der *Periplus des Erythräischen Meeres* dagegen ist eine eher nüchterne Darstellung des Seewegs vom Roten Meer nach Indien, die für den praktischen Gebrauch durch die Seeleute bestimmt war. Er ist, wahrscheinlich aufgrund reicher eigener Erfahrungen, von einem griechischen Kaufmann in keineswegs literaturfähigem Griechisch abgefaßt worden. Doch gerade deshalb, weil hier alle literarischen Ambitionen fehlen und es dem Verfasser ganz offensichtlich nur um eine genaue Darstellung der wirklichen Verhältnisse ging, ist diese anonyme Schrift für uns eine wertvolle Quelle zum Studium der Asienschiffahrt und des Seehandels in diesen Gebieten um die Zeitenwende.

Unter dem Erythräischen oder, wie wir heute sagen, dem Roten Meer versteht unser griechischer Verfasser das gesamte Meeresgebiet zwischen der arabischen Küste und Südostasien: das Arabische Meer, den Persischen Golf, den Indischen Ozean, den Golf von Bengalen und die Meere östlich und südlich davon. Letztere hat er sicherlich nicht persönlich kennengelernt. Doch hat er offensichtlich im Interesse einer erfolgreichen Abwicklung der von ihm betriebenen Fernostgeschäfte sehr gut recherchiert, bevor er eine Nachricht in seinen *Periplus* einfließen ließ.

Wenn sich auch der genaue Zeitpunkt der Niederschrift nicht bestimmen läßt, dürfen wir doch aus vielen Hinweisen entnehmen, daß der Text, dessen Entstehung sich mit Sicherheit über Jahre hingezogen hat, zwischen 40 und 80 n. Chr. entstanden ist. Es hat auch noch spätere Datierungsvorschläge – so 110 bis 120, ja sogar 230 – gegeben, die aber heute als widerlegt gelten dürfen.

Es kann kein Zweifel bestehen, daß wir es im *Periplus* mit einer Beschreibung der Voraussetzungen des Asienschiffsverkehrs in der klassischen Zeit des internationalen Romhandels im ersten nachchristlichen Jahrhundert zu tun haben.

Der Text beginnt mit einer genauen Aufzählung der Handelshäfen am Roten Meer. So spricht er von dem uns bereits als Warenumschlagplatz für Alexandria bekannten Berenice, von dem er, wie von dem ebenfalls an der ägyptischen Grenze gelegenen Myos Hormos, berichtet, daß diese Häfen ganz bestimmten Zwecken gedient hätten, über die er allerdings nichts Näheres aussagt. Man darf wohl hinter der Bemerkung »bestimmte Zwecke« die damals allgemein bekannte Tatsache vermuten, daß es sich hier um Häfen unter römischer Kontrolle gehandelt hat.

Von dem berühmten römischen Naturwissenschaftler Plinius d. Ä., der uns ein umfangreiches enzyklopädisches Werk über das Gesamtwissen seiner Zeit hinterlassen hat, erfahren wir, daß von Myos Hormos und Berenice regelmäßig begangene Karawanenwege nach Coptus am Nil und von dort nilabwärts nach Alexandria führten. Von einer weiteren, ebenfalls mit Sonderrechten ausgestatteten Hafenstadt – Adulis – wissen wir, daß sie den Zugang zum alten, auf äthiopischem Boden gelegenen Königreich Aksum bildete, das, von emigrierten Arabern gegründet, mit Rom verbündet war. Auch hier spiegeln sich deutlich historische Verhältnisse des ersten nachchristlichen Jahrhunderts wider.

Adulis dürfte ein wichtiger Zwischenhandelsplatz für afrikanisches Elfenbein gewesen sein, das von hier aus seinen Weg ins Mittelmeergebiet, besonders nach Rom, fand.

An der Ostküste des Roten Meeres, die nur dünn besiedelt war, lag der von den Römern stark befestigte Hafen Leuke Kome, was soviel heißt wie Weiße Stadt. Er bestand wohl aus den gleichen weißgetünchten Häusern, die wir noch heute in Arabien und weiten Teilen Nordafrikas finden.

Leuke Kome hatte Straßenanschluß an das weitverzweigte Netz von Handelswegen des Vorderen Orients. Es war mit der im heutigen Jordanien gelegenen, auch als Ruinenstätte noch immer berühmten Nabatäerstadt Petra verbunden, in der zu jener Zeit ein römischer Zollposten saß, der den vierten Teil aller in die reiche Stadt fließenden Güter für die römische Staatskasse zu vereinnahmen hatte.

Weiter südlich lagen an der arabischen Küste des Roten Meeres die beiden Hafenstädte Muza und Ocelis, in denen der römische Einfluß jedoch begrenzt blieb. Nur reiche Geschenke an den arabischen Herrscher von Muza — »Pferde, feingearbeitete Gefäße aus Gold und feinpoliertem Silber, Kupferbehälter und wertvolle Tuche« — führten dazu, daß die Römer Handelsrechte in diesen Häfen erhielten.

Ein dritter Hafen — Eudaemon Arabia — an der Stelle des heutigen Aden war offenbar zeitweise römisches Hoheitsgebiet, wurde aber später unter Umständen, die historisch nicht nachweisbar sind, zerstört. Da Ocelis als Nachfolgehafen genannt wird, ist eine Beteiligung der Araber an der Zerstörung von Eudaemon sehr wahrscheinlich.

Im *Periplus* lesen wir: »Eudaemon besaß gute Anlege- und Wasserplätze, die angenehmer und schöner waren als die von Ocelis. Wenn die Reise nicht von Indien direkt nach Ägypten führen konnte, oder wenn man nicht wagte, von Ägypten nach den indischen Häfen zu segeln, so trafen sie alle in dieser Stadt zusammen. Hier fand man Frachten aus beiden Richtungen, so wie heute in Alexandria Waren aus aller Welt zu finden sind.«

Vom Leben und Treiben an der arabischen Südküste berichtet der *Periplus* abenteuerliche Dinge. Der König von Sabratha im Hadramaut, wo noch heute gespenstisch anmutende Wolkenkratzer als Zeugen einer alten Kultur zu bewundern sind, verstand schon in römischer Zeit von der günstigen Lage seines kleinen Landes am Schnittpunkt zweier Welten und ihrer Kulturen zu profitieren. Er empfing von den Römern Gold- und Silbergerät, von den Indern Statuen und »zarte Gewebe feinster Art«, worunter wir wohl chinesische Seide bester Qualität zu verstehen haben.

Auf der dem Kap Guardafui — dem Gewürzkap — vorgelagerten Insel Dioscorides, dem heutigen Sokotra, finden wir eine bunte Völkermischung verwegener Gestalten: gestrandete Griechen, Araber, die sich in ihren Heimatgebieten aus verschiedensten Gründen nicht mehr sehen lassen durften, Inder, die nicht zurückwollten ins Land der strengen Kastenordnung, und Seeleute aus allen Teilen Asiens und des Mittelmeeres. Sie tauschten selbsterbeutetes Schildpatt gegen Reis, Weizen, Textilien und weibliche Sklaven, deren sie weniger zur Arbeit als zum Zeitvertreib an langen Tagen und in noch längeren Nächten des Nichtstuns bedurften. Freiwillig gingen

Frauen nur selten mit in die Hitzehölle dieser südarabischen Plätze, die außer der Möglichkeit, Gewinne zu machen, nur wenig zu bieten hatten.

Ein wichtiges Zentrum für die Indienfahrer war das weiter östlich nahe dem heutigen Taka gelegene Moscha, das der *Periplus* als unentbehrlichen Stützpunkt für den Handelsverkehr nach Indien beschreibt: »Schiffe, die aus Damirica und Barygaza zurückkommen, überwintern hier, wenn die Jahreszeit zu weit vorgeschritten ist. Die Besatzung treibt dann Handel mit dem Hof und mit den Offizieren des Königs. Sie tauschen Stoffe, Weizen und Sesamöl gegen Weihrauch ein.«

Wie eng das Verkehrsnetz zu Lande und zur See miteinander verknüpft war, zeigt die Bedeutung der Hafenstädte im Persischen Golf. So erfahren wir von Apologos nahe der Euphratmündung, daß hier Waren, die aus Indien kamen, für den Weitertransport ins Landesinnere entladen und von den Händlern dafür Waren aus Mesopotamien, Syrien und dem Iran übernommen wurden.

In Apologos kamen Schiffe aus Indien mit Kupfer und Edelhölzern an. Sie nahmen als Gegenladung Wein, Datteln, Edelmetalle, einfache Textilien, Purpur und vor allem Sklaven an Bord.

Menschen waren, das geht aus vielen zeitgenössischen Berichten hervor, eine begehrte Ware auf den Märkten der asiatischen und arabischen wie auch der römisch-hellenistischen Welt, wenngleich ihre Einschätzung, ihr Wert und ihre Stellung von Land zu Land verschieden waren. So zeigt sich auch der Sklavenhandel jener Zeit von Spekulationen geprägt, die von der Unterschiedlichkeit und Subtilität dieser »Ware« zeugen.

Das erste Ziel auf indischem Boden, das im *Periplus* beschrieben wird, heißt Barbaricum. Es lag an der Indusmündung und damit in jener Welt, die schon zweitausend Jahre vorher Handelskontakte mit dem Vorderen Orient unterhalten hatte. Das Gebiet war in römischer Zeit von Skythen bewohnt, die unter parthischer Herrschaft lebten. Die Wechselfälle in den politischen Beziehungen zwischen Römern und Parthern müssen sich also bis in diese fernen Regionen ausgewirkt haben, wobei wahrscheinlich in Zeiten des zugespitzten Konfliktes oder gar der militärischen Auseinandersetzung neutrale Zwischenhändler den ohnehin nicht auf die Endziele fixierten Warenaustausch fortführten. Ob es dabei zu Engpässen bei der Beschaffung einzelner Güter kam, geht aus den uns vorliegenden Zeugnissen nicht einwandfrei hervor. Doch lassen die offenkundigen Preisschwankungen bei Luxusgütern − so bei der Seide − wohl darauf schließen.

Interessant sind in diesem Zusammenhang die im *Periplus* gegebenen Aufstellungen der Waren, die in Barbaricum ankamen und abgingen. Als Importe werden genannt: Textilien wie gemustertes Leinen, Korallen, Topase, Weihrauch, Wein, Glaswaren sowie Gold- und Silbergeschirr. Ausfuhrartikel waren Indigo, Gewürze, Parfums, Bdellicum – ein aromatischer Gummi –, medizinische Öle, Schild-patt, Lapislazuli, Musselin und »serische Felle«, worunter man die chinesische Seide verstand. Viele dieser Waren mußten über einen langen Landweg transportiert werden, bevor sie in Barbaricum verschifft wurden.

Vom Indusdelta führt der im *Periplus* beschriebene Weg weiter die indische Westküste entlang nach Barygaza, dem heutigen Hafen Broach in Gudscharat. Barygaza war damals der Haupthafen Indiens, obwohl er von See aus schwer zugänglich war und es großer Geschicklichkeit im Manövrieren oder guter Lotsen bedurfte, um unbeschadet an den Kais anlegen zu können. Aber die Stadt hatte ein reiches, fruchtbares Hinterland, das nicht nur die Versorgung der Seefahrer gewährleistete, sondern auch hervorragende Straßen-verbindungen zu den reichen Städten Innerindiens sowie nach Rajputaria und dem ferneren Norden bot.

Zu den Importen gehörten in Barygaza neben italienischem und griechischem Wein Kupfer, Zinn, Blei, Korallen, Topase, Glaswaren und einfachere Textilien. Begehrt waren ferner Gold- und Silber-münzen aus westlichen Ländern, die man mit Gewinn in die eigene Währung umwechselte. Hier hat es also schon Devisengeschäfte gegeben.

Dem König brachten die Kaufleute nach dem Bericht des *Periplus* »kostbare Silbergefäße, Sängerknaben, schöne Mädchen für den Harem, erlesene Weine, hauchdünne Gewebe und wohlriechende Salböle«.

Hauptausfuhrartikel waren Seidengewebe aus China, rotes Tuch aus purpurgefärbter Baumwolle, Narde, ein Gras aus dem Himalaya, das zu medizinischem Öl verarbeitet wurde, Elfenbein, Achat, Car-neol, Lyzium, Musseline und Pfeffer.

Von einem Hafen südlich Barygazas – Calliena –, der mit dem heutigen Kalyana bei Bombay identisch ist, berichtet der *Periplus*, daß er von fremden Schiffen auf Befehl des dort herrschenden Königs nicht angelaufen werden durfte. Es war die Zeit indischer Kleinstaaterei nach dem Zerfall des Maurya-Reiches.

Die Eigensinnigkeit und Schwäche der einzelnen Fürsten, die jeweils nur ein begrenztes Hoheitsgebiet beherrschten, wirkte sich natürlich auch, wie hier, auf den internationalen Handel aus, der besonders durch die Unsicherheit der Karawanenstraßen nach Innerindien und Zentralasien beeinträchtigt wurde.

Aber auch die indischen Häfen, die weiter im Süden lagen, galten laut *Periplus* als unsicher, weil auf den vorgelagerten Inseln Räuberbanden hausten, die sowohl für die ankommenden wie auch für die mit wertvoller Fracht zurückfahrenden Handelsschiffe eine ständige Bedrohung darstellten. Durch die Kleinstaaterei kam es nicht zu einer wirkungsvollen Bekämpfung der Piraten, was die Voraussetzung für einen gesicherten Handelsschiffsverkehr gewesen wäre.

Oft waren die Kleinherrscher selbst begierige Kunden für Diebesgut, das sie zu günstigen Preisen erwarben, um es entweder mit hohem Gewinn weiterzuverkaufen oder für den prachtvollen Ausbau der eigenen Hofhaltung zu verwenden. Es war jene Zeit, in der sich durch den internationalen Handel der Reichtum der Städte zu entfalten begann, der aus Indien jenes Märchenland machte, von dessen Ruhm es noch heute zehrt.

Mehrere Städte erwähnt der *Periplus* im Süden des westlichen Indien – in den Toten Wassern von Cochin. Auf einer zeitgenössischen Karte finden wir in diesem Gebiet sogar einen römischen Tempel eingezeichnet, dessen Reste allerdings bis heute noch nicht ausfindig gemacht werden konnten. Er wird dort als »Tempel des Augustus« bezeichnet, was seine Errichtung im ersten nachchristlichen Jahrhundert wahrscheinlich macht.

Die Toten Wasser von Cochin waren damals und sind zum Teil noch heute Rückzugsgebiet kleiner, aus verschiedensten Gründen verfolgter Menschengruppen, die sich hier, in einer ursprünglich wohl nahezu menschenleeren Gegend angesiedelt haben.

Als Endziel vieler Schiffsexpeditionen aus dem Westen und als Ausgangspunkt für das Eindringen in die weiten Urwälder Südindiens wie auch für die Weiterfahrt nach Sri Lanka oder den Inseln und Küsten Südostasiens war es ein idealer Platz für Menschen, die ein individuelles Leben führen wollten.

Wir finden hier Inder verschiedenster Herkunft, vertriebene Naturvölker, die dem Druck der arischen Kastengesellschaft weichen mußten, ferner Perser, Syrer, Griechen, Römer, Juden und Christen aus dem Mittelmeergebiet. Die kleinen Gemeinschaften gleicher Rasse oder gleicher Religion wußten sich nebeneinander zu behaupten.

Eine ihrer Haupterwerbsquellen ist der Pfefferanbau und -handel gewesen. Denn im feuchtheißen Hinterland der Malabarküste gedieh der beste Pfeffer, der schon bald zu einem der Hauptexportgüter Indiens wurde. Pfeffer war damals das begehrteste und deshalb auch bestbezahlte Gewürz diese Erde.

Der große Enzyklopädist Plinius d. Ä. macht sich in seiner berühmten *Naturgeschichte* darüber Gedanken, wenn er schreibt:

»Es ist sehr erstaunlich, daß der Genuß von Pfeffer so in Mode gekommen ist, wenn man bedenkt, daß an anderen bei uns gebräuchlichen Genußmitteln einmal ihre Süße, ein andermal ihr Aussehen unsere Aufmerksamkeit auf sich zieht; beim Pfeffer jedoch sind weder Frucht noch Beeren im geringsten verlockend, einzig begehrenswert ist vielleicht eine gewisse Schärfe; und doch führen wir ihn über die ungeheure Entfernung von Indien her ein! Wer hat wohl als erster unternommen, etwas Derartiges als Nahrungsmittel auszugeben? Es nimmt mich wahrhaft wunder, welcher Mensch das gewesen sein kann, dem der Hunger allein nicht Anreiz genug zur Befriedigung seiner gierigen Gelüste gewesen ist?«

Die Lust auf Gepfeffertes wanderte von Rom durch ganz Europa und hält bis heute an, wobei sich der Preis inzwischen normalisiert hat.

Doch nicht nur der Pfeffer war Anziehungspunkt für die Seefahrer in Südindien. Der *Periplus* führt für die Malabarküste neben dem Gewürz das reichste Angebot an Waren auf, das in Indien überhaupt vorkam. »Große Mengen feinster Perlen, Diamanten, Saphire, Rubine, Halbedelsteine, Elfenbein, Schildpatt, Seidengewebe, Narde, Malabrathum — ein Zimtersatz —, Arzneimittel und kostbare Öle.«

Die gefährliche Perlenfischerei wurde am nahen Kap Comorin von verurteilten Verbrechern betrieben. Die Edelsteine kamen aus Zentralindien, die Seide über das Meer aus China.

Hier begegnen wir schon früh dem zweiten Weg, auf dem Seide nach Indien und von dort nach Rom transportiert wurde.

Es ist auch der Weg, den der erste römische Gesandte im Jahre 166 n. Chr. für seine Chinareise gewählt hat. Von psychologischem und diplomatischem Geschick allerdings zeugt das Verhalten dieses Botschafters, den Kaiser Marc Aurel Antonin den Chinesen schickte, nicht.

Der Grund war vielleicht eine Fehleinschätzung des Wertes von Exportwaren aus Indien, die in Rom natürlich wesentlich begehrter waren als am chinesischen Hof. Jedenfalls kaufte der römische Gesandte seine Geschenke für den Sohn des Himmels hier in Südindien ein. Es waren Elefantenstoßzähne, Rhinozeroshörner und Schildpatt — Naturprodukte der südasiatischen Welt, die am chinesischen Hof etwas Alltägliches waren. Jedenfalls zeigte man sich dort sehr enttäuscht vom Auftreten des Römers und dem, was er zu bieten hatte.

Diese erste Visite eines Römers in China wurde somit zugleich zum ersten Fauxpas abendländischer Diplomatie in Asien. Tausende folgten, wie wir wissen. Allerdings machten es auch die Chinesen den Fremden nicht leicht, ihr Denken und ihre Mentalität zu verstehen und richtig darauf zu reagieren.

Darum blieb nach dem ersten römischen Diplomatenbesuch am

chinesischen Hof das Verhältnis der beiden großen Handelspartner der Alten Welt indifferent. Es war von weitgehender Verständnislosigkeit auf beiden Seiten geprägt.

So sehr die chinesische Seide in Rom begehrt war, so gering schien das Interesse an ihren Erzeugern. Man hielt an den alten Legenden über das Land der Serer fest und nahm die Realitäten kaum zur Kenntnis, obwohl wir bereits im *Periplus* — also mindestens hundert Jahre vor der ersten diplomatischen Mission der Römer in China — Ansätze einer Darstellung Chinas finden. Die geht freilich nicht auf persönliche Erfahrungen des *Periplus*-Verfassers zurück, sondern stützt sich auf Berichte aus zweiter Hand, die als östlichste der von griechischen Seefahrern — vielleicht sogar vom *Periplus*-Autor selbst — erreichten Inseln Chryse, das ist Sumatra, erwähnen.

Die folgende Kurzdarstellung Chinas ist in Anbetracht der bei antiken Autoren so verbreiteten Neigung zum Fabulieren und angesichts der Schwierigkeiten, das riesige Land in einer knappen Charakteristik zu erfassen, von erstaunlicher Genauigkeit. Wir lesen:

»Hinter Chryse [Sumatra] geht im Norden das Meer im Lande Thin [China] zu Ende. Dort liegt eine sehr große Stadt mit Namen Thina, von der Rohseide, Seidengarn und seidene Gewebe zu Land über Baktra [Balkh] nach Barygaza gebracht werden, aber ebenso auch über See zur Malabarküste. Nach dieser Stadt Thina kann man nicht leicht gelangen; denn nur einzelne kommen von dort, nicht viele. Es liegt dieses Gebiet gerade unter dem Kleinen Bären. Es soll mit seinen fernsten Teilen an den Pontos [Schwarzes Meer] und an das Kaspische Meer grenzen, neben dem der Maiotische Sumpf [Asowsches Meer] in den Okeanos mündet. Jedes Jahr kommt in das Grenzland von Thin ein Volk, körperlich sehr kleine, breitgesichtige, stumpfnasige Menschen. Sie sollen Sesatai heißen und rohen Völkern sehr ähnlich sein. Die an Thin [nördlich] angrenzenden Gegenden sind entweder wegen der übermäßigen Stürme oder wegen der sehr großen Kälte schwer zugänglich oder auch durch die Macht der Götter den Menschen verschlossen.«

Hier geht der Text des *Periplus* ähnlich wie sechshundert Jahre früher die Beschreibung der Nordostländer bei Herodot ins Fabulieren über, wobei sich der *Periplus* allerdings auf die sachliche Wiedergabe von kursierenden Geschichten und Spekulationen beschränkt, die in Seefahrerkreisen zu allen Zeiten üblich waren und als »Seemannsgarn« selbst heute noch weitergesponnen werden.

Jedenfalls begegnen wir im *Periplus* zum ersten Mal in der westlichen Literatur dem Landesnamen China, über dessen Ursprung der Streit der Gelehrten auch heute noch nicht beendet ist. Wir haben hier die erste uns bisher bekannte griechische und damit abendländische Erwähnung und kurze Beschreibung des Landes vor uns, das durch seine Seidenproduktion und seinen Seidenhandel schon früh einen so mächtigen wirtschaftlichen und gesellschaftlichen Einfluß auf den Westen, besonders aber auf das Römische Reich ausgeübt hat.

Der *Periplus* ist, wie wir gesehen haben, ein weitgehend sachlicher Bericht und keine Abenteurergeschichte, obwohl auch er ahnen läßt, welche Abenteuer auf die Männer warteten, die sich dem Ost-West-Handel verschrieben hatten.

Die im *Periplus* bekundete Neigung vieler Seefahrer, die Malabarküste Südindiens direkt anzusteuern, mag nicht nur mit der Kürze des Weges, der den Indischen Ozean ohne Küstenberührung kreuzte, sondern auch mit dem im Süden zu erwartenden großen Warenangebot — auch aus China — und mit der vergleichsweise größeren Sicherheit vor Piraten zu erklären sein.

Freilich waren auf diesem Wege die Gefahren des Meeres ungleich größer. Von der Zahl der Schiffe, die zwischen Arabien und Indien untergingen, sagen die Annalen nichts. Über einen Schiffbruch vor der Küste von Sri Lanka berichtet Plinius d. Ä.

Unter Kaiser Claudius hatte ein Zollpächter namens Annius Plocamus einen Freigelassenen auf große Fahrt geschickt. Der beschreibt, wie sein Schiff vom Gewürzkap im Süden Arabiens durch widrige Winde ins offene Meer getrieben wurde. Nach vielen schrecklichen Tagen auf stürmischer See strandete der Segler vor Hippuros, einem ceylonesischen Hafen. Der Römer wurde gerettet und vom König der Insel gastlich aufgenommen. Wahrscheinlich hatte man bis dahin auf Sri Lanka noch nie einen Weißen gesehen.

Der Schiffbrüchige lernte die Sprache der Inselbewohner und konnte schließlich als erster in dieser entlegenen Weltgegend über Rom berichten. Der König zeigte sich vor allem von der Ehrlichkeit des römischen Staatswesens überrascht. Mit Verwunderung stellte er fest, daß alle vergleichbaren Münzen das gleiche Gewicht hatten, obwohl die verschiedenen Herrscherköpfe erkennen ließen, daß sie zu ganz unterschiedlichen Zeiten geprägt worden waren.

Der König wollte dieses »Reich der Gerechtigkeit und der Ordnung« näher kennenlernen und schickte deshalb mit seinem römischen Gast eine Gesandtschaft unter einem gewissen Rachias nach Westen. Rachias war dann der erste, der, von seinem Begleiter gedolmetscht, in Rom über die Chinesen berichtete, ohne daß dieser Bericht, der allerdings auch nur in Sri Lanka Gehörtes wiedergeben konnte, spürbaren Einfluß auf das römische Denken über den Fernen Osten gehabt hätte. Sonst wäre wahrscheinlich der erste römische Besuch in China anders ausgefallen.

In den Jahren der Ausdehnung und Stabilisierung römischer Macht, die nur im Osten am Euphrat durch die Parther begrenzt wurde, entstand im Gebiet ehemals hellenistischer Königtümer ein neues, vom Stamm der Yüeh-chih geschaffenes Großreich, das auf die zentralasiatischen Seidenstraßen großen Einfluß gewinnen sollte: das Reich der Kuschan.

Ähnlich wie die Parner, die später das Parthische Reich begründeten und sich dann Parther nannten, gehörten auch die Yüeh-chih zu jenen Nomadenstämmen, die aus dem Nordosten kamen. Sie waren zwischen 133 und 129 v. Chr. in das von Alexanders Nachfolgern begründete graeco-baktrische Reich zwischen Indien und Persien eingefallen und hatten ein eigenes Imperium begründet, das sich nun als zweite Macht neben den Parthern zwischen Rom und China schob.

Wieder einmal hatte sich, wie schon in sumerischen Zeiten durch den Nomadenführer Sargon, der dann Großkönig in Mesopotamien wurde, ein Nomadenvolk aus seiner Mobilität heraus zum Herrschervolk über weite Gebiete aufgeschwungen.

In den ersten vier Jahrhunderten nach der Zeitenwende reichte die Herrschaft der Kuschan vom Pamir bis in den Ostiran, von Afghanistan und Pakistan bis nach Nordwestindien. Sie beendete die machtpolitische hellenistische Präsenz im zentralasiatischen wie im nordwestindischen Raum und wurde zur ernsthaften Bedrohung der Parther von Osten her. Es war der endgültige Abschluß des Alexanderabenteuers und seiner Nachwirkungen in Mittelasien. Gleichzeitig aber sorgten die Kuschan, wie wir sehen werden, für bleibende Einflüsse westlicher Kunst und Kultur im gesamten asiatischen Raum, vor allem entlang der nun immer wichtiger werdenden Seidenstraßen.

Es handelt sich hier um einen jener in der Weltgeschichte gar nicht so seltenen Fälle, wo der Zusammenbruch politischer Macht aus der Niederlage kulturelle Kräfte der Besiegten freisetzt, deren Annahme den Siegern oft weit über ihre militärischen Erfolge hinaus zur Ehre gereicht. Das gilt für Rom ebenso wie für das Kuschanreich gegenüber dem geistigen und künstlerischen Einfluß des Hellenismus, der unter den Kuschan über Zentralasien bis nach China auszustrahlen begann. Welche Rolle dabei die Parther gespielt haben, ist immer noch umstritten.

Sicher aber hat die Zweifrontenstellung des Parthischen Reiches, die sich nach der erfolgreichen Schlacht von Carrhae ausbildete, nicht nur negative Auswirkungen auf die Parther gehabt, wenngleich es oft so dargestellt worden ist. Der Grund für diese Auffassung mag jener diplomatische Erfolg des Kaisers Augustus im Mai des Jahres 20 v. Chr. gewesen sein, der in Rom wie eine gewonnene Schlacht über die Parther gefeiert wurde. Anlaß war der Streit um das von den Römern wie von den Parthern begehrte Armenien. Dort herrschte der römerfeindliche König Artaxes, dessen Bruder Tigranes als Geisel in Rom lebte. Als sich die Armenier mit der Bitte an Augustus wandten, daß er ihnen Tigranes als König schicken solle, ließ er ein römisches Heer unter seinem Stiefsohn Tiberius in Armenien einmarschieren.

Der Partherkönig Phraates sah das mit Schrecken und war in diesem Augenblick der unmittelbaren Bedrohung seines eigenen Reiches klug genug, eine Geste der Versöhnung zu machen. Er ließ die von Rom immer wieder zurückgeforderten Gefangenen aus der Schlacht von Carrhae und die dort erbeuteten römischen Standarten an den nach Armenien einrückenden Tiberius übergeben. Bei dieser Gelegenheit scheint es zu gegenseitigen Friedens- und Freundschaftsbeteuerungen gekommen zu sein. Denn Kaiser Augustus spricht in seinen *Res Gestae* — einem Rechenschaftsbericht, den er an seinem Mausoleum auf dem Marsfeld in Rom anbringen ließ und in Abschriften über das ganze Imperium verbreitete — von der Wiederherstellung der römisch-parthischen *amicitia*, einer Freundschaft, die mit der Anerkennung des Euphrat als Reichsgrenze durch die Römer besiegelt wurde.

Niemand vermag zu sagen, wieweit Wirtschaftsinteressen hinter dieser Haltung der Römer standen. Immerhin waren die Parther Herren weiter Strecken der Seidenstraße. Und von ihrem guten Willen — ihrer *amicitia* — hing es ab, ob die erwarteten Transporte Rom erreichten oder nicht. Aus dieser Sicht wird eine Reihe von Gesten und Handlungen verständlich, die das Verhalten der um die Zeitenwende immer mächtiger werdenden Römer gegenüber den vom Norden wie vom Osten her gleicherweise bedrohten Parthern offenbar in dieser Zeit bestimmt haben.

So schenkte Kaiser Augustus dem Partherkönig Phraates IV. in Anerkennung seiner Auslieferung der Kriegsgefangenen und Standarten eine besonders reizvolle italienische Sklavin namens Musa, die binnen kurzer Zeit zur Geliebten und schließlich zur Lieblingsfrau des Phraates aufstieg. Wenn das Augustus auch sicher nicht hatte voraussehen können, so paßte es doch recht gut in sein Asienkonzept. Als Musa dem Partherkönig auch noch einen Sohn schenkte, machte Phraates sie zu seiner Königin. In Phraatakes (der kleine Phraata), so nannte man den Knaben bei Hofe, sah Phraates IV. seinen Nachfolger. Doch er wußte auch, daß dieser Traum eines alternden Monarchen nicht leicht zu verwirklichen sein würde, hatte er doch aus früheren Ehen bereits vier erwachsene Söhne. Von denen konnte er nichts Gutes erwarten, zumal er in seiner Jugend selbst ein Beispiel entschlossenen Handelns bei ungewisser Erbfolge gegeben hatte, als er seinen eigenen Vater ermordete. Aus Angst und Selbstsucht fand er eine Lösung, die ihn noch stärker als bisher an seine Frau Musa und damit an die Römer band.

Im Jahre 10 oder 9 v. Chr. – die Aufzeichnungen sind hier nicht genau – traf er sich in Anwesenheit seiner ganzen Familie an der parthisch-syrischen Grenze mit dem römischen Statthalter M. Titius und übergab ihm seine vier erwachsenen Söhne samt ihren Kindern zur Überbringung an den römischen Hof, wo die Partherprinzen, wie man lesen kann, gut behandelt wurden.

Nun glaubte Phraates IV. die Position seines jüngsten Sohnes als Nachfolger gesichert. Doch Musa mißtraute der Zuverlässigkeit und Standhaftigkeit ihres königlichen Gatten, dessen nicht eben ehrenhafte Handlungen sie unsicher gemacht hatten. So traf sie eine rechtzeitige, endgültige Entscheidung zugunsten ihres noch minderjährigen Sohnes. Dabei bediente sie sich durchaus üblicher parthischer Praktiken. Sie vergiftete ihren Mann und setzte 2 v. Chr. ihr Kind als Phraates V. auf den parthischen Thron.

Doch damit war das römisch-parthische Spiel, das an der römischen Überlegenheit nicht zweifeln läßt, noch nicht zu Ende. Ein weiteres Mal wurde Armenien zum Zankapfel zwischen den beiden Mächten.

Der armenische König war 6 v. Chr. gestorben und hatte nur ein unmündiges Geschwisterpaar als Erben hinterlassen. Kaiser Augustus befahl daraufhin, daß ein Bruder des verstorbenen Herrschers als König eingesetzt werden sollte. Der regierte, auf römische Truppen gestützt, fünf Jahre lang. Dann vertrieben ihn die Anhänger des früheren Königs samt seinen römischen Schutztruppen und setzten die Kinder seines Bruders als nominelle Nachfolger ein. Zweifellos standen wieder einmal die Parther hinter diesen Machenschaften. Davon waren zumindest die Römer überzeugt.

Nach einem ergebnislosen Briefwechsel mit dem Partherkönig schickte Augustus deshalb seinen Adoptivsohn Tiberius nach Syrien. Am Euphrat, dort, wo die römisch-parthische Zollstelle lag, traf er sich mit Phraatakes, der es als Sohn einer ehemaligen Sklavin weder im Kreis seiner Adligen noch gegenüber den Römern leicht hatte, und erlangte ohne Schwierigkeiten dessen Zusage, sich künftig nicht mehr in armenische Angelegenheiten einzumischen. Andererseits bestätigten die Römer Phraates V. als legitimen parthischen Herrscher.

Ein Jahr nach diesem seine Macht festigenden Ereignis heiratete Phraatakes, wohl auf deren Drängen, seine Mutter Musa und ließ Münzen mit seinem und ihrem Porträt prägen. In Rom führte das zu einer Fülle empörter Kommentare, wenngleich man auch in der Weltmetropole am Tiber in moralischer Hinsicht nicht eben zimperlich war und Verhältnisse zwischen Sohn und Mutter wie auch zwischen Vater und Tochter häufig vorkamen. So gibt Tacitus in seinen *Annalen* einen Bericht vom Hofe Neros wieder, in dem es von Neros Mutter heißt: »Agrippina sei in dem leidenschaftlichen Verlangen, ihre Macht festzuhalten, so weit gegangen, daß sie sich um die Mittagszeit, wo Nero von Wein und Tafelfreuden erhitzt war, wiederholt dem Trunkenen angeboten habe, geschmückt und zur Blutschande bereit.«

Das ist ein Beispiel unter vielen. Auch bei Musa ist nicht auszuschließen, daß sie die deutliche Schwäche ihres Sohnes als gefährlich für die staatliche Ordnung ansah und sich vor allem deshalb noch einmal als Königin an die Spitze des Staates zu setzen versuchte, so wie es ihr schon einmal als Sklavin gelungen war. Doch der Erfolg blieb aus. Phraatakes' Einfluß auf die Mächtigen seines Reiches wurde immer geringer. Ein Aufstand vertrieb ihn schließlich nach Syrien, wo er bald unter ungeklärten Umständen starb. Auch sein Nachfolger, den der parthische Adel zum König machte, war nicht lange Herrscher. Seine Grausamkeit und seine Unbeherrschtheit gegenüber denen, die ihn auf den Thron gesetzt hatten, führten zu seiner Ermordung.

In dieser schwierigen Lage entschlossen sich die Parther, von den Römern den ältesten Sohn aus Phraates' IV. erster Ehe, Vonones, der immer noch in Rom lebte, als König zu erbitten. Augustus fühlte sich durch dieses parthische Verlangen sehr geehrt und schickte Vonones, mit reichen Schätzen ausgestattet, zurück nach Parthien, wo der in römischem Wohlleben großgewordene, parthischem Lebensstil völlig entfremdete Prinz um 9 n. Chr. zum König gekrönt wurde.

Die Römer sahen in seiner Herrschaft eine weitere Festigung ihrer asiatischen Position und eine Sicherung der Handelswege, die infolge der Ausdehnung des Reiches immer größere Bedeutung erlangten. Doch auch Vonones, der ein Fremdling im eigenen Lande blieb, konnte sich nicht halten. Er floh nach Armenien, wo er mit römischer Hilfe noch einmal König wurde.

Inzwischen hatte ein parthischer Reiterführer, Artabanos, die Herrschaft in Parthien an sich gerissen. Er erreichte, daß die Römer Vonones fallenließen. Der glücklose Doppelkönig wurde mit römischer Billigung nach Kilikien verbannt, wo er bald bei einem angeblichen Fluchtversuch den Tod fand.

Trotz dieser erneuten Zuspitzung des römisch-parthischen Verhältnisses blieb es zunächst ruhig an der Euphratgrenze. Das mag nicht zuletzt seinen Grund in den wieder aufflammenden Auseinandersetzungen an der Ostgrenze des Partherreiches gehabt haben, über die wir verhältnismäßig wenig wissen, auf die aber Nomadenbewegungen jener Zeit und die darauf folgende Gründung des Kuschanreiches am Amu-darja und im heutigen Afghanistan erklärende Schlüsse zulassen.

In diesem östlichen Bereich traten nun auch wieder Bedrohungen der Handelswege aus Zentralasien auf, deren Wichtigkeit für das wirtschaftliche Wohlergehen des Partherreiches aus einer Schrift des um die Zeitenwende lebenden Isidoros von Charax hervorgeht, die den Titel *Parthische Stationen* trägt. Aus diesem Text kennen wir die Hauptwarenumschlagplätze zwischen der römisch-parthischen Grenze — es waren Zeugma am Euphrat sowie Antiochia am Orontes — und der Ostgrenze des Parthischen Reiches.

Verschiedene Straßen verbanden diese Ausgangsstationen des römisch-parthischen Asienhandels mit Dura-Europos, wo damals eine gewaltige Stadtanlage entstand, deren Ruinen noch heute von ihrer einstigen Bedeutung zeugen. Der Hauptweg verlief von da aus durch die Syrische Wüste über Palmyra und Seleukeia nach Ktesiphon, einer der Hauptstädte des Parthischen Reiches in Mesopotamien. Von dort führte die Karawanenstraße, die Charax beschreibt, weiter über das Zagrosgebirge nach Kermanschah, Hamadan und Ragy in der Nähe des heutigen Teheran bis Merw, wo sich die Routen teilten. Die eine ging nach Norden über Buchara, Pendzhikent, Ferghana in die Mongolei, die andere, wesentlich stärker benutzte, über Baktra und die Pässe des Pamir zum Steinernen Turm und weiter durch das Tarim-Becken nach China. Sie ist uns schon vertraut.

Den weiten Gebieten zwischen der parthischen Ostgrenze und der westlichen Einflußsphäre Chinas kam deshalb im ersten nachchristlichen Jahrhundert eine große, ständig wachsende Bedeutung zu, was die Kuschanherrscher erkannten und auch klug zu nutzen wußten.

Die Vorgeschichte der Gründung des Kuschanreiches liegt nach wie vor weitgehend im dunkeln. Die Chronologie ihrer uns durch Münzfunde bekannten Herrscher ist umstritten, aber wir kennen ihre Namen und ihre Abfolge. Ferner wissen wir, daß die Kuschan zur Zeit des Kaisers Augustus und seiner Auseinandersetzungen mit den Parthern bereits eine ernstzunehmende Macht in Mittelasien darstellten.

In den Annalen der Han-Dynastie, dem *Hou Han schu,* lesen wir über die Gründung des Kuschanreiches durch die Yüeh-chih:

»Die Yüeh-chih wurden ehemals von den Hiung-nu unterworfen. Sie verlegten ihre Wohnsitze nach Da-hia [Baktrien] und teilten das Königreich unter fünf hi-hou [Stammesführern] auf, und zwar unter die der Hiu-mi, der Schuang-mi, der Gui-schuang, der Hi-dun und der Du-mi. Mehr als hundert Jahre später griff der hi-hou der Gui-schuang, Kiu-dsiu-kio, die anderen vier hi-hou an. Er nannte sich selbst König. Der Name seines Königreiches war Gui-schuang. Er fiel nach An-si [Parthien] ein und eroberte das Gebiet von Gao-fu [Kabul]. Darüber hinaus besiegte er die Bu-da und die Gi-bin und brachte sie völlig unter seine Herrschaft. Kiu-dsiu-kio starb mit über achtzig Jahren. Sein Nachfolger als König wurde sein Sohn Yen-gao-tschen.«

Auch in westlichen Quellen werden verschiedene Stammesnamen im Zusammenhang mit der Eroberung Baktriens vom Norden her genannt. So lesen wir in der *Weltgeschichte* des Pompeius Trogus von Asianern, Saken, Saranken (Sakaranken) und Tocharern. Er schreibt: »Die Asianer wurden die Könige der Tocharer, und die Saranken wurden vernichtet.«

Die Saken hatten schon vor den Yüeh-chih einen Einfall nach Baktrien gewagt und waren bis nach Indien vorgestoßen, wo sie vorübergehend ein Reich errichteten.

Unter den Asianern versteht Trogus wohl die nachdrängenden erfolgreichen Yüeh-chih-Stämme, von denen die aus dem Westen stammenden Tocharer unterjocht wurden.

Die unterschiedlichen Stammesbezeichnungen im Osten und im Westen, die außerdem im Laufe der Jahrhunderte wechselten, erschweren die Erforschung und Beschreibung der ohnehin komplizierten Zusammenhänge des politischen und wirtschaftlichen Geschehens jener Zeit ganz außerordentlich. Auch würde uns die Entstehung und Geschichte eines so fernen, längst vergessenen Reiches wie das der Kuschan nur am Rande interessieren, wenn nicht in seinen Grenzen das wichtigste religions- und kunstgeschichtliche Ereignis im Asien jener Zeit stattgefunden hätte: die Ausbildung des Buddha-Bildes — fünfhundert Jahre nach Buddhas Tod.

Doch selbst dieses Geschehen hätte im Zusammenhang mit der Seidenstraße keine überragende Bedeutung, wenn nicht eben die Seidenstraße vom ersten nachchristlichen Jahrhundert an neben ihrer wirtschaftlichen Funktion auch die eines kulturellen Verteilers von unvorstellbaren Ausmaßen übernommen hätte. Man darf überzeugt sein, daß nicht nur die politische und wirtschaftliche Geschichte, sondern auch die Kultur- und Religionsgeschichte Zentralasiens ohne die Seidenstraßen ganz anders verlaufen wäre, wurden die Karawanenrouten doch nicht nur zu Wegen der Missionsverbreitung, sondern auch des damit verbundenen Kunstschaffens. Ohne sie wären, wie wir sehen werden, weder der Buddhismus noch das Bild des Buddha in jener Zeit der Kuschan nach China gelangt.

Dabei waren die Kuschankönige selbst keine Buddhisten. Zumindest die älteren Vertreter des Herrscherhauses hingen dem persischen Feuerkult und der Lehre Zarathustras an. Doch sie erkannten, ebenso wie zweihundert Jahre vor ihnen der indische Kaiser Aschoka, daß in der buddhistischen Lehre ein Zufriedenheit verbreitendes, völkerverbindendes Element steckte, von dem der Herrscher eines Großreiches aus vielen Stämmen mit unterschiedlichen Sprachen und Kulturen nur profitieren konnte. Das war die Situation im Indien Aschokas wie nun im Kuschanreich.

Der Gründer des Reiches war jener in den Han-Annalen erwähnte hi-hou der Gui-schuang, der König Kudschala Kadphises, den wir auf einer Münze als Reiter in jugendlicher Herrscherpose und auf der anderen Münzseite im Profilporträt mit königlicher Kopfbinde dargestellt finden.

Das Zentrum des Reiches lag in seiner Frühzeit in Tadschikistan und im nördlichen Afghanistan. Später dehnte es sich bis weit in den westindischen Raum hinein aus, wo das alte Mathura – nahe Agra – zu einem der wichtigsten Kuschanzentren, vor allem auch als Kultplatz, wurde.

Die ältesten Kuschanstädte aber finden wir fast alle nördlich des Amu-darja-Flusses auf heute sowjetrussischem Gebiet. Teilweise sind sie erst in den letzten Jahrzehnten ausgegraben worden. Dadurch trat nicht nur die volle Bedeutung des Kuschanreiches in seiner Gründungsphase, sondern auch die Ausbildung seiner frühen städtischen Kultur eindrucksvoll zutage. Insbesondere erwies es sich nun, als bei Ausgrabungen am Ufer des Amu-darja nahe der alten Stadt Termez ein großer buddhistischer Tempel des ersten Jahrhunderts freigelegt wurde, daß die buddhistische Tradition der Kuschanvölker offenbar weiter zurückreicht, als westliche Wissenschaftler unseres Jahrhunderts bisher anzunehmen geneigt waren.

Die Ausdehnung des Buddhismus über sein Ursprungsland Indien hinaus war nach der intensiven Missionstätigkeit des großen Mauryaherrschers Aschoka aus den verschiedensten Gründen nicht mehr aufzuhalten. Die Lehre Buddhas fand ihren Weg über Sri Lanka nach Südostasien und über das pakistanische Taxila nach Afghanistan und weiter in den parthischen Herrschaftsbereich, wobei die äußerste Westgrenze dieser Bewegung bis heute noch nicht zu erkennen ist. Auch vermögen wir nicht eindeutig festzustellen, bis zu welchem Zeitpunkt dem Buddhismus nur die ortsansässigen Inder anhingen und wann ihn Fremdvölker als ihre Glaubensform angenommen haben.

Entscheidend für diese Entwicklung war ganz zweifellos die Wandlung des Buddhismus selbst. Buddha hatte ihn als eine Anleitung zur rechten Lebensführung begründet und dabei nicht an Religion gedacht. Doch schon bald zeigte sich, daß seine Lehre von unserem, seinem Wesen nach leidvollen Leben und der Überwindung des Leidens in der von ihm verkündeten strengen, auf den Einzelmenschen zugeschnittenen Form keine Überlebenschance in der von zahllosen Göttern und Dämonen beherrschten Glaubenswelt des östlichen Asien gehabt hätte.

Drei Dinge waren für dieses Überleben wichtig. Zuerst die Eingliederung der dem Volk vertrauten Gottheiten in das buddhistische Lehrsystem. Damit wurde aus Buddhas Lebensphilosophie etwa vierhundert Jahre nach seinem Tode eine Religion, die sich dann bald zur Weltreligion ausdehnen sollte, was sie bis heute geblieben ist.

Wichtig für diese erfolgreiche Entwicklung war zum zweiten die bildhafte Darstellung Buddhas und der nun mit seiner Lehre verknüpften Götterwelt.

Drittens — und damit sind wir wieder im Themenzusammenhang dieses Buches — gewann die Völkerbewegung jener Jahrhunderte für die Ausbreitung des Buddhismus und seinen Erfolg eine ausschlaggebende Bedeutung.

Da waren die Wanderungen der Nomaden aus dem Norden und Nordosten nach Westen; ferner die Feldzüge großer Heere von Ost nach West und von Nord nach Süd; endlich, durch beide mitgeprägt, dabei über Jahrhunderte die wohl in der Auswirkung bedeutendsten Kontakte, die Handelsbeziehungen über die weiten Karawanenwege — die Seidenstraßen zwischen China, Indien, Zentralasien und dem Westen.

Wenn auch vieles von der Frühgeschichte des Buddhismus noch im dunkeln liegt, eines ist gewiß: Ohne die Handelsstraßen Asiens mit ihrem regen internationalen Verkehr wäre es zur Ausdehnung des Buddhismus bis nach Mittelasien, Sibirien, Tibet, der Mongolei, China, Korea und Japan sicher nicht oder doch nicht so früh gekommen.

Schon lange vor der Zeitenwende, gegen Ende des dritten vorchristlichen Jahrhunderts, hatten im Rahmen der Machtausdehnung Indiens unter Kaiser Aschoka indische Kaufleute, die Anhänger des Buddhismus waren, Handelsplätze in Mittelasien erreicht, wo sie indische Waren gegen Güter aus China, aber auch aus dem Westen austauschten. Diese Kaufmannszüge wurden, vielleicht sogar auf kaiserliche Initiative hin, von buddhistischen Mönchen begleitet, die wohl zum Teil schon die Sprachen der besuchten Völker beherrschten und missionierend tätig waren. Über ihre ersten Erfolge gibt es keine Aufzeichnungen. Wohl aber kennen wir von einer Felswand bei Kandahar westlich des Indus ein religiöses Edikt des Kaisers Aschoka in Griechisch und Aramäisch, das als ältestes erhaltenes buddhistisches Missionsdokument Mittelasiens anzusehen ist. Griechisch und Aramäisch waren die Handelssprachen dieses einst von Alexander dem Großen eroberten Gebietes, in dem nun graeco-baktrische Könige als seine Nachfolger herrschten.

Es war die Grenzregion zwischen dem indischen Mauryareich und den unter westlichem Einfluß stehenden Ländern Mittelasiens. Hier, wo die alte, von Kandahar kommende Handelsstraße die Satrapien Parthia und Baktria erreichte, hat man bei Kara Tepe am Amu-darja-Fluß die ältesten buddhistischen Zeugnisse außerhalb des indischen Machtbereichs gefunden. Es sind Tonscherben mit buddhistischen Texten. Nicht weit von hier lag die alte Stadt Termez, aus der Dharnamitra, der erste Übersetzer buddhistischer Schriften in die Landessprache Baktriens, stammt.

Man kann diese frühesten Zeugnisse buddhistischer Aktivitäten entlang den ältesten Handelswegen Mittelasiens genau verfolgen. So begegnen wir im heute sowjetrussischen Siebenstromland, das die Chinesen Kangku nannten, jenen bereits erwähnten buddhistischen Tempeln aus dem ersten nachchristlichen Jahrhundert in den Städten, die wir als alte Seidenmärkte identifizieren können. Bis hierher kamen offenbar indische wie auch parthische Kaufleute und trafen mit den »serischen Händlern« zusammen, die wohl dem Stamm der Wu-sun angehörten, möglicherweise aber Chinesen aus Gansu oder dem Tarim-Becken waren.

Auch hier müssen wir zwischen indischen Buddhisten und Angehörigen anderer Völkerschaften unterscheiden, die an diesen

Großmärkten zum ersten Mal mit dem Buddhismus in Berührung kamen. Das können Griechen, Parther, Nomaden verschiedenster Herkunft, aber auch Chinesen gewesen sein. Dabei ist die Frage nach der Annahme des neuen Glaubens durch diese mobilen, von Weltläufigkeit geprägten Volksgruppen schwer zu beantworten. Wir wissen nur, daß es schon vor der Zeitenwende zweifellos zahlreiche griechische, parthische und wohl vereinzelt auch chinesische Buddhisten gegeben hat und daß sich der Buddhismus gleichzeitig unter den Handel treibenden Nomaden ausbreitete.

Da auf dem Weg über das Tarim-Becken indische Kaufleute bis nach China gelangten, dürfen wir annehmen, daß, vor allem in den chinesischen Randgebieten, zu dieser Zeit ebenfalls schon buddhistische Gemeinden entstanden sind, deren Gründung gleichfalls ein Ergebnis des umfangreichen internationalen Handelsverkehrs war. Allerdings bleibt die Frage offen, ob damals trotz der Sprachschwierigkeiten auch schon Chinesen in größerer Zahl Buddhisten wurden.

Gewiß aber ist der Einzug des Buddhismus in China schon lange vor der Zeit erfolgt, in der man auch am Kaiserhof von der neuen Religion erfuhr. Doch darüber schweigen die Annalen. Für sie, das heißt für die Hofchronisten, konnte ein so wichtiges Ereignis wie das Auftreten einer neuen, für China bald schon große Bedeutung gewinnenden Religion nur mit dem Sohn des Himmels — dem Kaiser — direkt in Verbindung gebracht werden.

Tatsächlich berichten die Hofannalen der Han-Zeit von einem wunderbaren Traum des Kaisers Ming-ti, in dem ihm ein prächtiges goldstrahlendes männliches Wesen erschienen sei, von dem sich der Kaiser stark beeindruckt zeigte.

Die zur Deutung des Traums herbeigerufenen Hofastrologen müssen gut unterrichtet gewesen sein, denn sie erkannten in der goldenen Traumerscheinung sofort jenen indischen Weisheitslehrer Gautamo Buddha, von dem damals, um 64 n. Chr., in weiten Teilen Chinas und in seiner Hauptstadt jedenfalls schon wesentlich mehr als nur der Name bekannt gewesen sein muß.

Der Kaiser zeigte sich begierig, von dem goldenen Wundermann mehr zu erfahren, als ihm die Traumerscheinung gezeigt hatte. Er schickte eine kaiserliche Delegation nach Indien mit dem Auftrag, soviel wie möglich über diesen Gautamo Buddha in Erfahrung zu bringen und besonders seinen Schriften nachzuspüren.

Soweit die Legende, von der die Hofannalen berichten. Zeitlich stimmt sie mit dem Wenigen überein, das wir von den Anfängen des Buddhismus in der Kaiserstadt Loyang wissen. Mag sein, daß bereits zur Regierungszeit Ming-tis — 58 bis 75 — buddhistische Gemeinden ausländischer Einwohner auch in der Hauptstadt bestanden haben. Vielleicht darf man die Traumlegende sogar als eine offizielle Hinwendung des Kaisers zu diesen wirtschaftlich außerordentlich wichtigen Bevölkerungsgruppen deuten. Wie dem auch sei, der große chinesische Schriftsteller Chang Heng schrieb in seiner um 100 entstandenen *Poetischen Beschreibung der östlichen Hauptstadt* von den kaiserlichen Palastdamen, daß selbst die buddhistischen Mönche von ihnen »verzaubert werden müßten«. Das beweist immerhin, daß es 100 n. Chr. in Loyang zumindest ein buddhistisches Kloster gegeben haben muß. Wahrscheinlich handelte es sich um das heute noch von einer berühmten Pagode überragte Kloster des Weißen Pferdes vor den Toren Loyangs, dessen Gründungsjahr 75 mit der Legende des kaiserlichen Traums vom Buddha zusammenstimmt, soll es doch zur Erinnerung an zwei Mönche errichtet worden sein, die auf Geheiß des Kaisers Ming-ti die buddhistischen Sutren auf dem Rücken eines weißen Pferdes nach Loyang gebracht haben.

Ob es sich freilich zu dieser Zeit schon um eine Verkündigung der Lehre Buddhas in chinesischer Sprache gehandelt hat, ist eine andere Frage. Wahrscheinlich war damals auch in China Sanskrit die Buddhistensprache. Und erst mit der Ankunft eines in den chinesischen Annalen als buddhistischer Missionar genannten parthischen Prinzen An-Shih-kao im Jahre 148 begann eine intensive Übersetzertätigkeit, an der sich außerdem Inder, Sogder und Yüeh-chih, die in Loyang lebten, beteiligten.

Zu jener Zeit waren die Seidenstraßen längst auch zu Straßen des Religionstransfers geworden. Mit den Kaufleuten zogen nun Mönche, Übersetzer und Künstler, die als Architekten, Maler und Bildhauer am Bau und an der Ausgestaltung der überall entlang der Handelswege aus dem Boden schießenden Klöster und Tempel tätig waren.

Dieser Umbruch in der Funktion und Bedeutung der Seidenstraßen vom reinen Transitweg der Händler zum Religions- und Kulturträger vollzog sich seit dem ersten nachchristlichen Jahrhundert und veränderte nicht nur das Straßenbild, sondern vor allem auch die Orte entlang des Weges.

Aus Karawansereien und Warenlagern wurden Städte mit Tempeln und Klosteranlagen, die mit der Hauptstadt in Prachtentfaltung und Luxus wetteiferten, zumal der Buddhismus, der sich über diese Straßen verbreitete, nicht mehr viel mit der ursprünglichen, auf Einfachheit, Verzicht und Zurückgezogenheit ausgerichteten Lehre des Buddha zu tun hatte.

Die Entwicklung von den ersten buddhistischen Einflüssen entlang den Seidenstraßen bis zur Ausbildung jener als Missionsstationen fungierenden, dabei aber auch prachtentfaltenden Oasenstädte zwischen Indien, Zentralasien und China erstreckte sich über Jahrhunderte und wurde erst um 1000 n. Chr. durch den wachsenden Einfluß des Islam gestört und schließlich abgebrochen.

Dabei ist der Weg, den der Religionsexport von Indien nach China genommen hat, ebenso wie der Verlauf der von Indien nach China führenden Handelsstraßen lange umstritten gewesen. Wir wissen heute, daß es gerade auch bei dieser äußerst wichtigen Verbindung mehrere Straßen gegeben hat, die zum Teil gleichzeitig, zum Teil aber auch — klimabedingt — zu verschiedenen Zeiten benutzt worden sind.

Besondere Bedeutung kommt in diesem Zusammenhang der Straße zu, die vom Ostrand des Tarim-Beckens über die Pässe des Karakorumgebirges zum Indus führte. Chinesische Quellen bezeichnen diesen Weg, dem heute der von Chinesen und Pakistanis in langjähriger schwerer Arbeit errichtete Karakorum-Highway entspricht, als »Hängebrückenstraße«, weil es viele reißende Gebirgswässer zu überwinden galt.

Dieser Route waren bei ihrem Vordringen nach Süden die sakischen Stämme gefolgt, die offenbar schon vor den Kuschan in ihrem Bereich den Buddhismus angenommen hatten, der damit auch in den heute pakistanischen Raum des oberen Indus von Gilgit und Hunza gelangte, wo um die Zeitenwende sakische Fürsten residierten.

Im Gegensatz zum Tarim-Becken, das seit der letzten Jahrhundertwende Ziel mehrerer europäischer Expeditionen gewesen ist, hat sich die moderne Wissenschaft um das nordöstliche Pakistan bis in die jüngste Zeit überhaupt nicht gekümmert. Obwohl während der britischen Kolonialherrschaft Gilgit ein äußerst wichtiger Platz im politischen Kräftespiel jener Epoche war und aus einem Stupa bei Gilgit 1931 ein Manuskript auf Birkenrinde — der wichtigste Handschriftenfund aus buddhistischer Frühzeit am Rande Zentralasiens — geborgen wurde, blieb es dem greisen Zentralasienforscher Aurel Stein vorbehalten, erst 1942 einen Blick auf die kulturellen Reichtümer jener Region zu werfen.

Auslöser war die Nachricht über eine griechische Inschrift, die man bei Punyal, westlich von Gilgit, gefunden hatte. Der Achtzigjährige entschloß sich daraufhin, trotz der durch den Krieg erschwerten Reisebedingungen, die in diesem Gebiet zum Teil noch heute Expeditionscharakter haben, zu einem Besuch im oberen Industal. Dabei wurde der mit archäologischem Spürsinn begabte Wissenschaftler, dem wir entscheidende Kenntnisse über die Welt zwischen Indus und Gobi verdanken, noch einmal zum Entdecker einer Schlüsselposition zentralasiatischer Kulturentfaltung, wie schon Jahrzehnte vorher in Dun Huang am Südrand der Gobi und in den Oasen des Tarim-Beckens.

Doch dieses Mal blieb seiner Entdeckung das verdiente Echo versagt. Aurel Stein starb 1943. Der nach seinem Tod veröffentlichte Bericht über das, was er am Indus gefunden hatte, wurde selbst in Fachkreisen kaum zur Kenntnis genommen. Dabei hatte Stein mit seinen letzten Forschungsergebnissen den Beweis für die Richtigkeit seiner früheren These erbringen können, daß eine der alten Seidenstraßen über das Karakorumgebirge und durch das obere Industal nach Süden führte.

Er fand zwischen Gor und Chilas südlich von Gilgit in einer der zahlreichen Indusschleifen über weite Strecken Inschriften und Felsbilder, die buddhistische Symbole und Buddha-Darstellungen zeigen. Damit war der rege Verkehr über diesen Weg und das Bestehen von vielbenutzten Karawansereien und Warenumschlagplätzen an seiner Strecke belegt, wenngleich die ungünstigeren klimatischen Bedingungen keinen Fundreichtum wie in den trockenen Wüstengebieten weiter nördlich erhoffen ließen.

Als die Pakistani bald nach der kommunistischen Machtergreifung in Peking gemeinsam mit den Chinesen eines der gewaltigsten Straßenbauprojekte dieser Erde in Angriff nahmen, das die alte Seidenstraße als modernen Transportweg wieder erstehen lassen sollte, schien den eben entdeckten Altertümern vor ihrer eigentlichen Erschließung unabwendbare Gefahr zu drohen. Denn niemand konnte erwarten, daß die pakistanischen und chinesischen Arbeiterheere, die hier der unberechenbaren Natur zu Leibe rückten, auf archäologische Funde achten würden.

Um so erstaunlicher und gleichzeitig beglückender ist es, daß deutsche Expeditionen, die nach der Fertigstellung der Straße seit 1980 in dem Gebiet forschen dürfen, mehr als zehntausend Felszeichnungen und über eintausendfünfhundert Inschriften entdeckten und aufnehmen konnten. Dabei hat sich nicht nur Aurel Steins Vermutung über den Verlauf eines Stranges der südlichen Seidenstraße noch weiter bestätigt, sondern auch gezeigt, daß wir es hier, wie bei vielen der anderen, schon beschriebenen Karawanenwege, gleichfalls mit einer Handelsstraße zu tun haben, die mit ihren Anfängen bis in früheste Zeiten, hier wohl bis ins fünfte vorchristliche Jahrtausend zurückreicht. Steinzeitliche Tier- und Menschenzeichnungen auf zahlreichen Felsen sind ein unwiderlegbarer Beweis dafür.

Was an den Felszeichnungen des Gilgit-Gebiets von besonderem Interesse ist, sind die mehr als sechstausend Jahre, die wir hier in ihrem typischen bildnerischen Ausdruck des jeweiligen Zeitgeistes nachvollziehen können. Dabei werden die weiträumigen Zusammenhänge kultureller Erscheinungsformen deutlich.

So weisen die steinzeitlichen Tierbilder und Jagdszenen, bei denen die Beutetiere größer dargestellt sind als die in Strichmännchen-Manier ausgeführten Jäger, Parallelen zu europäischen Felsbildern auf.

Auch die Bemalung der frühen vorderasiatischen Keramik, deren Dekor sich bis nach China ausgebreitet hat, kann zum Vergleich herangezogen werden.

Wie immer man diese Ähnlichkeiten beurteilt, ein Beleg für die weiten Wanderungen frühester Formen und Symbole sind die Felszeichnungen am oberen Indus gewiß, ganz gleich, ob man nun an direkte Einflüsse oder an die allmähliche Übertragung stilistischer Urformen denkt, die ich für die Frühzeit als wahrscheinlicher ansehe.

Dagegen scheinen andere Motive der Felszeichnungen vom Indus, insbesondere maskenartige Gesichter, wie wir sie ganz ähnlich vom Jenissej in Sibirien her kennen, ein überzeugender Beweis für die bereits dargestellten Anschlüsse der weiten nordasiatischen Landmassen zwischen Kaukasus und Ochotskischem Meer an das System der alten Ost-West-Nomaden- und Handelswege zu sein. So wissen wir, daß solche Masken, denen wir in ähnlicher Form später auch in Japan begegnen, schon im dritten vorchristlichen Jahrtausend von wandernden sibirischen Viehzüchtern getragen worden sind.

Vielleicht lassen sich eines Tages aufgrund weiterer Funde von Felszeichnungen und anderen Relikten entlang des weiten Weges von Sibirien zum Indus die Straßen nachzeichnen, die diese Nomaden als früheste Benutzer der Route nach Südwesten gezogen sind.

Ein weiteres aufschlußreiches Element in diesen steinernen Dokumentationen der Frühzeit ist die Darstellung eines mit zwei Zugtieren bespannten zweirädrigen Wagens, hinter dem ein stilisierter Bogenschütze steht. Die Zeichnung gehört ins zweite vorchristliche Jahrtausend und damit in eine Zeit, wo weder hier noch weiter östlich der Wagen wirklich benutzt worden ist. Er muß also an der Felswand von Thor nahe Chilas zweifellos als Kultobjekt verstanden werden. Ferner deuten spätere Darstellungen und eingemeißelte Texte darauf hin, daß es sich bei der Fülle vielfältiger Gestaltung aus Leben und Kult ganz zweifellos um Sakralkunst, um Beschwörung durch Darstellung gehandelt hat, wobei das Fahrzeug zunächst ausschließlich als Transportmittel der Götter angesehen wurde.

Auf westliche Einflüsse deutet auch eine Reihe späterer stilisierter Tierdarstellungen hin, die möglicherweise von persischen Einwanderern herrühren, die etwa um 1000 v. Chr. in dieses Gebiet vorgedrungen sind. Das alles zeigt, daß das Territorium, trotz der schweren Zugänglichkeit, über Jahrtausende Durchzugsgebiet unterschiedlichster Volksgruppen war, wir also zu Zeugen einer ständigen Völkerbewegung werden. Dafür sind die verschiedenartigen Stilformen der Felszeichnungen am Indus ein untrüglicher Beweis.

Hier wird noch einmal anhand lokaler Befunde deutlich, daß die Seidenstraßen keine chinesische Erfindung für den Seidenexport waren, sondern daß sie uralten Nomadenwegen folgten, die sich für die Übernahme der neuen transkontinentalen Aufgabe anboten.

Der nächste, gleichfalls vorgegebene Schritt war die indische Kulturexpansion. Zwei Mächte von sehr unterschiedlicher Geisteshaltung — Indien und China — traten in Austausch. Das ist in den meisten europäischen Darstellungen der Seidenstraßen und ihrer vielfältigen Funktionen bis heute nicht genügend berücksichtigt worden.

Im Zusammenhang mit dem Thema dieses Kapitels sind natürlich die frühen buddhistischen Felszeichnungen am oberen Indus von ganz besonderem Interesse. Ihnen läßt sich entnehmen, daß der Buddhismus hier bereits vor der Kuschanzeit die vorherrschende Religion war. Älteste buddhistische Zeichnungen gehen auf die chronologisch nicht genau bestimmbaren Jahrzehnte vor den ersten bildlichen Darstellungen des Buddha zurück. Stupas mit Verehrern dieser Reliquienschreine spielen eine große Rolle. Da wird deutlich, daß schon zur Zeit des Vordringens der Saken in die Gebiete zwischen Zentralasien und Indien der Buddhismus diese Regionen erreicht hatte. Ob das bereits unter Aschokas Herrschaft, etwa von Taxila aus, geschehen ist, wissen wir nicht. Aber um die Zeitenwende gab es, das ist gewiß, wichtige, noch heute erkennbare buddhistische Heiligtümer in diesem Gebiet, so wie auch gleichzeitige Handelsstützpunkte nachweisbar sind, die erkennen lassen, daß hier Religionsausbreitung und Handel eng miteinander verbunden waren.

Allerdings können wir in den Schluchten des Indus, wo der Fluß oft auf das Fünffache seiner normalen Wassermenge anschwillt und alles zerstört, was im Wege ist, kaum Siedlungsruinen wie in dem extrem trockenen, nicht von Hochwasser bedrohten Innerasien erwarten. Solche Spuren sind hier unwiederbringlich ausgelöscht. Um so eindrucksvoller treten die Steinheiligtümer in Erscheinung, deren Figurenreichtum über ihre einstige sakrale Verwendung keine

Zweifel läßt. Dabei hat der Mensch die durch Naturgewalt entstandenen bizarren Felsformen, die sich aus Abbrüchen über den Wasserfluten auftürmen, wohl schon früh als geeignete Orte der Verehrung, früher vielleicht mehr noch der Beschwörung angesehen. Jedenfalls weisen die Felszeichnungen an vielen Stellen darauf hin, daß hier Kulte für Naturgottheiten nahtlos in das buddhistische, daneben auch in das hinduistische Ritual übergingen. Die Namen der indischen Götter Krishna und Balarama sind eindeutig in der indischen Kharoschthi-Schrift belegt, was auf die frühe Anwesenheit indischer Händler und wohl auch Handwerker in diesem Gebiet hindeutet.

Die Luftlinie von der auf einer Felsterrasse liegenden Siedlung Chilas zum Eisriesen Nanga Parbat beträgt kaum fünfzig Kilometer. Das mag die überwältigende, wildromantische Szenerie in der Umwelt dieser frühen Kulturrelikte deutlich machen. Dort, wo sich der Wildbach Buto-Gah in den Indus ergießt, sind vorzeitliche Felsabbrüche zu einem natürlichen, schwer zugänglichen Kultplatz geworden, der wahrscheinlich schon in der Steinzeit als ein Ort der Opfer und der magischen Riten verwendet wurde. Hier sind auf durch Felsrisse gegliederten, riesigen Steinblöcken Volksszenen dargestellt, die der pakistanische Archäologe Dani als die Unterwerfung ortsansässiger Krieger unter einen Eroberer deutet. Wäre es nicht möglich, daß wir es bei diesen eindrucksvollen Zeichnungen mit einer durch westliche Unterwerfungsszenen, wie wir sie aus Persien kennen, inspirierten Darstellung der Eroberung des Gebietes durch die Saken, womöglich also mit einem aktuellen Bildbericht aus jener Zeit zu tun haben? Vielleicht geben erhaltene Inschriften an den Felsen eines Tages Antwort auf diese Frage.

Wir wissen bereits, daß die Saken im oberen Tal des Indus und in seinen Seitentälern um die Zeitenwende Fürstentümer gegründet hatten, deren Kleinherrscher sich später offenbar widerstandslos in das große Gefüge des Kuschanreiches einordneten, mit dem sie immerhin schon die Religion — der Buddhismus — verband.

Möglicherweise wurde Chilas in der Zeit kuschanischer Machtübernahme zum Zentrum des jungen Reiches in diesem Gebiet. Die Annahme gewinnt an Wahrscheinlichkeit, wenn man bedenkt, daß von hier aus Wege nach Taxila und ins Swattal sowie über Gilgit, am Gilgitfluß südlich des Hindukusch-Massivs entlang nach Chitral und weiter nach Afghanistan führten, aber auch in östlicher Richtung das weite Tal von Kaschmir erreichten.

Wir befinden uns hier im räumlichen Zentrum des Kuschanreiches zur Zeit seiner größten Ausdehnung. Wenn es auch eine unwirtliche, ständig von Naturkatastrophen bedrohte Gegend ist, hatte sie aufgrund ihrer geographischen Lage für die Kuschanherrscher doch eine große Bedeutung in ihrem Machtbereich, besonders auch als Warenumschlagplatz zwischen Nord und Süd sowie zwischen Ost und West.

Spärliche Siedlungsreste und Grundmauern eines zeitweise vom Indus überspülten, eindeutig buddhistischen Heiligtums jener frühen Zeit, das östlich von Chilas liegt und über Jahrhunderte bestanden hat, zeigen, wie auch hier zentrale Stätten der politischen Herrschaft und der Religionsausübung an Straßenknotenpunkten entstanden sind, die zugleich Wirtschaftszentren waren.

Die verhältnismäßig frühe Ausbreitung des Buddhismus in einem so entlegenen Gebiet, das zudem immer wieder von Eroberern aus dem Norden bedroht war, ist durch das Auftreten jener buddhistischen Missionare begründet, die den Weg von Indien über Kaschmir und die Karakorum-Pässe wählten, wenn sie nach Innerasien und China unterwegs waren. Das geschah wohl erstmals bereits zu einer Zeit, als es auf den weiten Wegen von Indien nach Norden und Osten kaum feste Siedlungen gab. Primitive Karawansereien waren damals, noch vor der Zeitenwende, die einzigen Stätten menschlicher Begegnungen zwischen weiten, von Gefahren bedrohten Berg-, Eis-, Steppen- und Wüstenregionen, die den Missionaren noch mehr Mut abforderten als den Viehzüchternomaden und Händlern, die diese Wege zumindest in einer größeren Gemeinschaft bewältigten.

Die Missionare waren zum großen Teil von ihrer Religion besessene Einzelgänger, wenn auch die buddhistische Missionsidee bereits 245 v. Chr. auf dem berühmten Konzil von Pataliputra — dem heutigen Patna in Nordostindien — verkündet worden war. Ihre Zahl vergrößerte sich mit der Wandlung des Buddhismus von der Lehre Buddhas für den das Leidvolle unseres Daseins durchschauenden einzelnen in eine auf Erlösung der ganzen Welt ausgerichtete Religion.

Es war der Bodhisattva-Gedanke, der, zunächst wohl noch in voller Reinheit, die Männer beflügelte, die in eine Welt der Ungewißheit und der Bedrohungen aufbrachen, um die Erlösungslehre bis in die fernsten Länder zu verbreiten.

Als Bodhisattva — der Begriff entstand in dieser Zeit — bezeichnete man einen Erleuchteten, der auf die so erlangte Buddhaschaft freiwillig verzichtet hatte, um als Helfer der Menschheit immer wiedergeboren zu werden, bis, wie es damals ein großer Lehrer dieses neuen Buddhismus formuliert hat, »auch der letzte Grashalm erlöst ist«.

Diese Lebensvorstellung gründet in der ostasiatischen, auch von den Hindu vertretenen Auffassung unseres Daseins als eines ewigen Kreislaufs aus endlosen Wiedergeburten alles Lebendigen, vom Grashalm bis zu den Göttern.

Nun hatte die uralte Lehre durch die Bodhisattva-Idee einen starken neuen Impuls empfangen. Das brachte immer mehr Gläubige auf den Weg, die entlang ihrer Missionsstraßen, die weithin mit den Handelsstraßen der Zeit identisch waren, jene Klöster, Tempel und heiligen Pilgerstätten zu gründen und auszubauen begannen, von denen wir heute noch die Ruinen finden.

So entstanden mit den ersten Städten, die vor allem Handelsplätze waren, oder doch bald nach ihrer Gründung auch die ersten Klöster und Tempel. Damit wurden viele der Wirtschaftszentren zwischen Indien und China von Anfang an buddhistisch geprägt, wobei die gleichzeitige Ausbildung der Buddha-Darstellung sehr zur Popularisierung des Buddhismus in diesen Zentren entlang der Seidenstraßen beigetragen hat.

GANDHARAKUNST − EIN KULTURPRODUKT DER SEIDENSTRASSE

Der Streit um die Entwicklung und Datierung der Kuschankunst, von der wir vor allem die sogenannte Kunst von Gandhara kennen und in unseren Museen ausgestellt finden, ist so alt wie ihre Entdeckung im vorigen Jahrhundert. Es ist die religionsgeschichtlich wie kunsthistorisch wichtige Auseinandersetzung um die Herkunft und die früheste Entstehung des Buddha-Abbildes.

Dabei ist die Bedeutung der Seidenstraßen für dieses Problem bisher noch nicht genügend beachtet, geschweige denn erforscht worden. Aus diesem Grund ist man versucht, die Überschrift dieses Kapitels mit einem Fragezeichen zu versehen.

Allzu vielfältig sind die Einflüsse, die zur Entstehung und Ausbildung der Gandharakunst geführt haben. Sie geht weit über die ursprüngliche Kunst der Kuschan hinaus, so wie sich andererseits, besonders in der Frühzeit des Nordens − im Bereich der heutigen südlichen asiatischen Sowjetrepubliken −, Formen ausgebildet haben, die wir kaum noch zum Stil von Gandhara zählen können. Sie kommen aus dem großhellenischen Raum, aber auch aus dem Skythengebiet, ja selbst aus China, und lassen erkennen, daß die frühe buddhistische Kunst in dieser Region eigene Formen gefunden hat, die durch das, was bisher ausgegraben worden ist, sicher noch nicht erschöpft sind.

Allein das Buddha-Bild aus Kara Tepe in Termez, eine der frühesten erhaltenen, den Religionsstifter darstellenden Malereien, eröffnet neue Perspektiven einer Kunst, von der man wohl glaubte, sie sei hinreichend, wenn auch noch nicht umfassend dokumentiert.

Es ist schwer, das Buddha-Bild von Kara Tepe in den Kanon der frühen Buddha-Darstellungen, so wie er uns vertraut ist, einzuordnen. Das in meditativer Versenkung dargestellte Gesicht ist weder dem hellenistischen noch dem indischen Typ zuzuordnen. Es trägt eher die Züge mittelasiatischer Nomaden, was auf lokale Ursprünge hindeuten könnte. Aber auch die ältesten Gandharabildnisse aus dem südlichen Kuschangebiet — ich denke an das berühmte, im British Museum aufbewahrte Goldreliquiar von Bismaran, dessen Entstehungszeit allerdings immer noch sehr umstritten ist, man schwankt zwischen Zeitenwende und zweitem Jahrhundert — zeigen zeitbedingte, landesgebundene Eigenheiten, die nur teilweise durch hellenistische oder römische Einflüsse, genauso aber durch persische oder indische Stilelemente mitgeprägt sind.

Die Mode der Zeit drückt sich in den Gewändern wie in der Haartracht der Figuren aus. Der Buddha auf dem wohl um 100 n. Chr. entstandenen Bismaran-Reliquiar, der übrigens von zwei Hindugöttern begleitet ist, trägt einen Schnurrbart. Und der Haarknoten, wie ihn die Sikhs unter ihrem Turban haben, der auf den ältesten Buddha-Köpfen noch eindeutig als modische Version der Haartracht zu erkennen ist, wurde später als Ushnisha — als Schädelauswuchs — zu einem der zweiunddreißig großen Merkmale des Buddha; dies blieb bis in die Gegenwart als eines seiner ikonographischen Zeichen erhalten.

Es kann also gar keinen Zweifel geben, daß neben den Haupteinflüssen bei der stilistischen Ausbildung der Gandharakunst — besonders ihres Hauptmotivs: des Buddha- und Bodhisattva-Bildes — auch eine Anzahl lokaler Formen bei der Typenausprägung mitgewirkt haben, was wiederum auf die stilvermittelnde Rolle der damaligen Handelswege hinweist.

Wir können deshalb die Entstehung und Verbreitung der Gandharakunst gar nicht komplex genug sehen und müssen uns von den einseitigen Betrachtungsweisen der meisten Forscher vergangener Jahrzehnte freimachen, die mit systematischen Untersuchungen — wie etwa Dieter Ahrens in seiner Studie *Die römischen Grundlagen der Gandharakunst* — den Beweis für eine eindeutige Herkunft des Gandhara-Buddha zu erbringen versuchen.

Die Gandharakunst ist, das bezeugen nicht zuletzt die großen Qualitätsunterschiede ihrer Produkte, eine Kunst der wandernden Handwerker, Maler und vor allem Bildhauer, die teilweise mit den missionierenden Mönchen unterwegs waren, zuweilen aber auch als

Angehörige anderer Religionen nur Zulieferer des Buddhismus waren, die auf Bestellung genausogut Shivas, Vishnus und Krishnas wie Buddhas und Bodhisattvas herzustellen verstanden.

Es dauerte nicht lange, da gehörten auch Schablonen und Modeln zum Handwerkszeug der umherziehenden Künstler, die in der Bildhauerei schon bald vom schwer zu bearbeitenden Schiefer zum Stuck als leicht zu formender Masse übergingen. Das geschah vor allem dort, wo Stein selten war, wie im afghanischen Hadda und in den Oasen des Tarim-Beckens. Aber aus Stuck bestehen auch die meisten Buddha-Figuren der Spätzeit der Gandharakunst in allen übrigen Gebieten des Kuschanreiches, was wohl vor allem durch den ständig wachsenden Bedarf zu erklären ist.

Die Technik der Bildformerei in Stuck kam aus Ägypten und ist ein weiterer Beweis für die aus damaliger Sicht weltweite Verbreitung nicht nur von Handelsgütern, sondern auch von Produktionsformen. Dabei ist in der vom Stuck beherrschten späteren Gandharakunst noch deutlich zwischen künstlerischer Leistung und Massenware zu unterscheiden. Aber allein schon an der Fülle des trotz der Vergänglichkeit des Materials Erhaltenen erkennt man die riesige Nachfrage entlang der Seidenstraßen und in ihrem weiten Hinterland.

Das Buddha-Bild ist in dieser Zeit zum begehrten Konsumartikel geworden, wie all die anderen Handelsgüter, die an den Seidenstraßen zu erwerben waren. Dabei wurde es infolge der Mobilität seiner Hersteller wohl nie in größerem Umfang zum Exportgut, wie etwa die Seide, das Glas, Jade oder edle Steine. Es mag aber in dieser Zeit als die Heiligenfigur der Epoche auch eine Art Statussymbol geworden sein.

Schnell und in Massen zu erzeugender Klosterbedarf, Tempelausstattung, Stupaumrahmung, Votivgabe und nicht zuletzt wohl Segenspender, Schutzheiliger, Amulett — das war in einer durch die Seidenstraßen nicht anders als heute durch Supermärkte zum Kauf angeregten Welt aus Buddha, dem großen Lehrer, geworden: Eine millionenfach reproduzierte Gipsfigur, die gleichzeitig in ihren besten, künstlerisch vollendeten Ausformungen zum klassischen Bestand der Weltkunst gehört.

Erklärbar wird dieser große Gegensatz zwischen Massenerzeugnis und bewunderungswürdigem Kunstwerk nur durch die Vielfalt der Interessen wie der Aktivitäten entlang jener Handelsrouten, die im ersten nachchristlichen Jahrhundert schon längst nicht mehr reine Transportwege waren. Straßenmärkte entwickelten sich mit zahllosen Abzweigungen ins Land, wo an den Kreuzungen das entstand, was man später und bis in die Gegenwart als Basar bezeichnet. So, wie man dort bis heute Kostbares und Dutzendware unsortiert nebeneinander anbietet, mag es schon damals gewesen sein.

Man traf sich, schwatzte, man kaufte, je nach Geldbeutel und Geschmack. Buddha war dabei. Nicht nur, weil man – meist wohl sehr oberflächlich – seiner Lehre anhing, sondern auch, weil er und sein Bild in Mode waren zwischen Indien, dem Kuschanreich und China. Das aber heißt, wenn man den Annalen der Zeit folgt, in drei Vierteln der damaligen Welt.

Nur Rom und ein Teil des Parthischen Reiches hielten sich außerhalb dieser schnell wachsenden Einflußsphäre. Von dort aber sollten bald Einflüsse ganz anderer Art nach Zentralasien wie auch nach Indien und China ausstrahlen: Christentum und persischer Manichäismus. Diese machten zusammen mit dem Buddhismus das kulturelle und religiöse Leben an den Seidenstraßen samt seinen künstlerischen Erscheinungsformen noch vielfältiger, noch bunter und schillernder, als es ohnehin schon war.

Mag sein, daß der Beginn dieser Fremdeinflüsse, die wir kaum vor dem dritten nachchristlichen Jahrhundert ansetzen dürfen, nicht nur der Anlaß war für eine Intensivierung der künstlerischen Ausdrucksformen, sondern auch für ihre Wanderung weiter nach Osten, besonders ins Tarim-Becken. Denn als die Kunst von Gandhara in ihrem Ursprungsgebiet zwischen Südrußland, Afghanistan und Pakistan, um es mit heutigen geographischen Begriffen zu sagen, mehr und mehr zur qualitativ sehr unterschiedlichen Massenproduktion wurde, begann sie immer stärker nach Osten zu wirken. Dort wurden mit dem Entstehen neuer Wirtschaftsschwerpunkte und mit der sich ausdehnenden buddhistischen Mission auch künstlerische Bedürfnisse geweckt, die gerade in den Gebieten sehr stark und nachhaltig waren, wo eine landschaftlich reizlose Umgebung von Wüstencharakter zur farbigen Ausgestaltung des Wohn- und Sakralbereichs herausforderte. Das war vor allem in den Oasenstädten des Tarim-Beckens der Fall.

Wir stellen also fest, daß eine stark westlich beeinflußte Kunst, deren Hauptverdienst in der Ausbildung des Buddha-Bildes liegt, sich in den Jahrzehnten ihres allmählichen Verfalls im Entstehungsgebiet mehr und mehr nach Osten ausbreitete, wobei die beiden, sich im Pamir trennenden Seidenstraßen durch das nördliche und südliche Tarim-Becken zu ihren Transportwegen wurden.

Am deutlichsten erkennen wir den unmittelbaren Einfluß in einer eindeutig römischen Spielart der Höhlenmalereien von Miran an der südlichen Seidenstraße. Dort sind von einem Künstler, der – eine Seltenheit in jener Zeit – seine Signatur (Tita) hinterlassen hat, Darstellungen aus dem Leben Buddhas und aus Erzählungen seiner zahlreichen früheren Existenzen – den sogenannten Jatakas – erhalten. Sie spiegeln den Gandharastil, mehrere hundert Kilometer von den Plätzen seines Ursprungs entfernt, ungebrochen wider.

Der Name Tita deutet auf das Ursprungswort Titus und damit auf eine westliche, wenn nicht gar römische Herkunft des Malers hin. Das würde auch den in Gesichtern und Gewändern dieser Wandmalereien eindeutig römischen oder doch römisch-parthischen Stil erklären.

Allerdings sind diese Malereien aus Miran, von denen man heute gute Beispiele im Nationalmuseum von Neu Delhi sehen kann, die einzigen bekannten Beispiele für einen so eindeutigen Gandharaeinfluß auf die Höhlenmalerei im Tarim-Becken.

Anders sieht es in der Skulptur aus, die, hier fast ausschließlich aus Lehm geformt, Züge jenes gandharischen Buddha-Bildes trägt, dessen Herkunft so verschieden interpretiert worden ist. Wollte man es früher ausschließlich von Apollo und damit aus Griechenland ableiten, so wurde bald ein idealisierter Alexander, ein späterer, stilisierter Partherkönig oder gar der ägyptische Osiris in dem freilich meist stärker westlich als asiatisch geprägten Gesicht aus grauem Schiefer, weißgesprenkeltem rotem Sandstein oder bemaltem Stuck gesehen, so, wie es uns heute in vielen Museen der Welt auf seltsam eindrucksvolle Weise entgegentritt.

Dieser nicht eindeutig zu bestimmende westliche Einfluß ist bei vielen Skulpturen des Tarim-Beckens klar zu erkennen, obwohl in der späteren Zeit – etwa vom fünften Jahrhundert an – auch chinesische Züge auftauchen, die sich dann immer stärker herausbilden.

Damit nimmt die Kunst der östlichen Seidenstraßen Abschied von Gandhara, das nun schon längst keine eigene lebendige Kunst mehr hervorbringt, und zeigt sich mehr und mehr bestimmt von der west-östlichen Kunstbegegnung, die vor allem parthische, uigurisch-türkische und chinesische Elemente ins Spiel bringt.

Auch hier zeigt sich, daß die Kunstentwicklung den Tendenzen an den Seidenstraßen folgt. Denn seit dem dritten Jahrhundert gewinnt die direkte Ost-West-Verbindung wieder mehr an Bedeutung, wenngleich der ursprüngliche Zielort Rom allmählich sein Gewicht als Handelspartner verliert und andere Städte und Länder wichtig werden, unter denen dann Byzanz die erste Stelle einnehmen sollte.

Es gibt, soweit ich sehen kann, auf dieser Erde kein Gebiet mit einer so eindeutig allein durch wirtschaftliche Entwicklung geprägten Kultur, wie es die Handelsplätze Zentralasiens und dort insbesondere die Oasenstädte entlang den Seidenstraßen zwischen Dun Huang und Kaschgar über Jahrhunderte gewesen sind. Während wir in den Regionen nördlich, westlich und südlich des Pamir in der Zeit zwischen der frühen Han-Dynastie und dem achten nachchristlichen Jahrhundert, das heißt über ein Jahrtausend, vielfältige Veränderungen der politischen Machtpositionen und damit auch des Verlaufs der Handelswege feststellen können, hat sich im innerchinesischen Bereich sowie in der westlichen Grenzregion Chinas an den Handelsstraßen kaum etwas verändert.

Vor allem eine Stadt ist es, die in diesem bewegten Jahrtausend trotz der Nomadenstürme und den kriegerischen Aktivitäten vieler Völker an Chinas Grenzen – der Hiung-nu, der Tibeter, der Mongolen, um nur die wichtigsten zu nennen – ihre führende Position behalten hat, gleichgültig, ob das westlich angrenzende Tarim-Becken unter chinesischer Herrschaft stand oder vorübergehend eine mehr oder weniger große Unabhängigkeit unter verschiedenen Fürsten behauptete. Es ist Dun Huang, die lange Zeit nur aus den Berichten weniger europäischer Forscher bekannte chinesische Grenzstadt am Rande der südlichen Gobi, dort, wo die Große Mauer, Chinas Bollwerk gegen seine nördlichen Feinde, zu Ende geht.

Dun Huang, das seit 1981 in den Touristenprogrammen der Chinesen eine ständig wachsende Rolle spielt, ist die älteste uns bekannte Städtegründung, die auf den Seidenhandel und die eigens dafür geschaffenen Transportwege zurückgeht. Es ist heute ein Ort, dem man seine einstige Größe und Bedeutung nicht mehr ansieht.

Als ich 1980 zum ersten Mal nach Dun Huang kam, gab es für Besucher nur ein primitives Barackenlager, das vorher chinesische Militärunterkunft gewesen war. Ein Jahr später hatten die Chinesen ein kleines Hotel gebaut, und seit 1984 gibt es ein ansprechendes, gut in die Landschaft eingefügtes Quartier, das bisher die wohl einzige als Luxushotel zu bezeichnende Unterkunft Zentralasiens darstellt. Ansonsten muß man sich entlang der Seidenstraßen auch heute noch sehr bescheiden. An den meisten Plätzen gibt es nur Notunterkünfte, wenngleich das Reisen selbst, gemessen an den Strapazen, die man hier noch, wie wir von Sven Hedin wissen, vor fünfzig Jahren auf sich nehmen mußte, wesentlich angenehmer geworden ist.

145

Die Berühmtheit Dun Huangs ist nicht unmittelbar auf seine zentrale Rolle als Grenzort an der alten Seidenstraße zurückzuführen. Bis zum Beginn dieses Jahrhunderts kannte kaum jemand auch nur den Namen dieser einst so wichtigen Stadt. Sie war über Jahrhunderte in des Wortes wahrer Bedeutung von der Wüste verweht — ein winziger Oasenort am Ende der Welt.

Das änderte sich, wenn auch zunächst nur für einen kleinen Kreis europäischer Fachwissenschaftler, als der Zentralasienforscher Aurel Stein 1907 durch Zufall von der Entdeckung buddhistischer Höhlen, der Mogao-Grotten, in der Nähe von Dun Huang erfuhr.

Ein Mönch namens Wang Yüan-lu, der 1899 wegen einer Hungersnot seine Heimatprovinz Hobei verlassen hatte, war, durch alte Aufzeichnungen inspiriert, dem Geheimnis dieser Höhlen nachgegangen.

An einer Steilwand über dem heute ausgetrockneten Bett eines auch früher nur selten Wasser führenden Flusses fand der Mönch die wie in einem Bienenstock neben- und übereinander angeordneten, zum großen Teil unzugänglichen, vom Wüstensand zugewehten Grotten.

Nachdem Wang mit Hilfe ortsansässiger Arbeiter den Sand vor einigen der Höhleneingänge beseitigt hatte, tat sich vor ihm eine unerwartete Welt auf. Im Vorraum der ersten Höhle, die er betreten konnte, fand er Wandmalereien aus der Sung-Zeit, die ihn so begeisterten, daß er weiter forschte, obwohl die Höhle, die er eben entdeckt hatte, infolge unsachgemäßer Räumungsarbeiten einstürzte, kaum, daß sie ganz freigelegt worden war. Doch das konnte Wang nicht entmutigen.

In einer der Höhlen, die wahrscheinlich schon in alter Zeit zugemauert worden war, stieß Wang Yüan-lu auf eine ganze Bibliothek heiliger Texte aus dem fünften bis zehnten Jahrhundert, die man hier mit anderen Kostbarkeiten, wie buddhistischen Rollbildern und Zeremonialgerät, zusammengetragen und eingemauert hatte, um sie dem Zugriff vordringender Feinde, vielleicht auch islamischer Eiferer zu entziehen.

Die Schriften und Bilder waren dank des trockenen Klimas dieser Wüstenregion hervorragend erhalten, und Wang erkannte ihren großen Wert. Er setzte den Gouverneur der Provinz Gansu von seinem Fund in Kenntnis. Doch die Verwaltung zeigte sich nicht interessiert und gab lediglich Anweisung, alles im alten Zustand zu belassen und die Höhle mit den heiligen Büchern zu versiegeln. Kein Vertreter der Provinzregierung kümmerte sich um die Durchführung dieser Anordnung.

Das war der Zeitpunkt, als der auf einer Forschungsreise durch

Zentralasien befindliche Aurel Stein von dem Mönch Wang und seinen geheimnisvollen Funden hörte. Er reiste nach Dun Huang, und es gelang ihm, den Mönch zu einem ersten Verkauf aus dem unermeßlichen Fundreichtum zu veranlassen.

Noch viermal kehrte Aurel Stein bis 1930 nach Dun Huang zurück. Er erwarb Tausende von Texten, Rollbildern, Skulpturen und alten Seidenstoffen für das British Museum, das seine Schätze seit 1982 in Zusammenarbeit mit den Japanern in drei aufwendigen Bänden mit hervorragenden Farbreproduktionen publiziert hat.

Einem zweiten Europäer, dem Franzosen Paul Pelliot, verdanken wir eine erste Teilnumerierung der ursprünglich fast tausend Grotten, die im Laufe der Jahrhunderte bei Dun Huang entstanden waren.

Pelliot, der ebenfalls reiche Schätze für das Musée Guimet in Paris erwerben konnte, hat als erster die Grotten systematisch fotografiert und in einer Reihe von Mappen während der zwanziger Jahre veröffentlicht.

Natürlich konnten die Schwarzweißaufnahmen keinen Eindruck von der Märchenwelt der Höhlen bei Dun Huang vermitteln. Ich möchte sogar noch weiter gehen und behaupten, daß überhaupt keine Reproduktion eine umfassende Vorstellung von dem geben kann, was sich hier in Form einer Bilder- und Skulpturenfülle unvorstellbaren Ausmaßes erhalten hat.

Es ist ein Höhlen-Bilderbuch, das achthundert Jahre chinesischer und zentralasiatischer Kunstentwicklung zeigt, wie man es sich großartiger nicht vorstellen kann. Das besondere Glück dabei ist der hervorragende Erhaltungszustand der erst 1943 von der chinesischen Regierung unter Denkmalschutz gestellten Grotten, die im Gegensatz zu einem in der Nähe gelegenen buddhistischen Kloster aus der Ming-Zeit auch von den Bilderstürmern der Kulturrevolution unberührt gelassen wurden.

Geht man heute durch die wenigen Straßen von Dun Huang mit ihren niedrigen, teils hüttenartigen Häusern, so spürt man nichts mehr vom einstigen Glanz dieser Stadt, die im zweiten vorchristlichen Jahrhundert als nordwestlichster Verwaltungsposten des jungen Han-Reiches gegründet wurde. Damals, zur Zeit seiner Entstehung mag es in Dun Huang noch einsamer gewesen sein als in den Jahrhunderten nach dem Verfall der Stadt bis zum Einsatz der Touristeninvasion von 1981.

Die Gründung Dun Huangs fiel in die Jahre der ständigen Auseinandersetzungen des chinesischen Reiches mit seinen nördlichen Nachbarn, den Hiung-nu. Damals wurde die Große Mauer unter ungeheuren Menschenopfern nach Westen erweitert. Und ein kaiserlicher Erlaß an den Gouverneur des Forts Chiu Chuan läßt ahnen, mit welcher Härte nach dem 121 v. Chr. von Ho chu Ping erfochtenen Sieg über die Hiung-nu an die Befestigung der Nordwestgrenze gegangen wurde.

Zu ihrer Sicherung entstand Dun Huang, dessen Gründungsbefehl in dem kaiserlichen Erlaß an den Regierungsgouverneur mit knapper Deutlichkeit ausgesprochen wird: »Zweitausend Soldaten mit Heerführern und Beamten werden beordert, ein Gelände zu besetzen, um dort eine Siedlung zu errichten. Sie, der Gouverneur, haben die Aufgabe, die Beschaffenheit dieses Geländes zu prüfen. Unter Nutzung natürlicher Erhebungen soll ein Wall zur Überwachung des Gebietes errichtet werden.« Der folgende Schlußsatz ist eine unzweideutige Aufforderung zu schärfstem Durchgreifen: »Lassen Sie keinerlei Nachlässigkeit aufkommen und sorgen Sie dafür, daß alle Befehle ausgeführt werden.«

Der Ton dieses kaiserlichen Schreibens läßt erkennen, daß ein Leben an der Grenze kein Vergnügen war, weder für den einfachen Mann, der zu gehorchen hatte, noch für Befehlshaber und Gouverneure, die bei Versagen oder Nachlässigkeit oft genug hart bestraft oder einfach abgesetzt wurden, wobei sie meist in der Hauptstadt die Todesstrafe erwartete.

Wie hart das Leben in dieser Grenzregion war, zeigen auch Verse, die der große chinesische Dichter Li Po Jahrhunderte später über das Schicksal der Menschen an der Großen Mauer geschrieben hat:

> Besser ist's für einen Mann kämpfend zu sterben,
> doch wie kann einer die Last der Unterdrückten tragen,
> während er hilft, die Große Mauer zu bauen?
> Die Große Mauer ist ohne Ende,
> sie verläuft 3000 Li über die Erde.

Und bei einem anonymen Dichter lesen wir:

> Bitterer Kummer ist es, an der Grenze zu wohnen.
> Drei meiner Söhne gingen nach Dun Huang,
> ein weiterer wurde nach Lung-hai geschickt,
> der fünfte weiter nach Westen;
> ihre fünf Frauen sind schwanger.

Dun Huang war nach seiner Gründung Sitz des Gouverneurs Nord-West, dem eine Reihe von Militärbefehlshabern unterstand. Sein Machtbereich ging bis zum Yü-Men, der Befestigung am Jadetor-Paß, die als chinesische Grenz- und Zollstelle nach Westen eine ganz besondere Bedeutung hatte. Hier waren die chinesischen Einsatztruppen stationiert, die bei Nomadenüberfällen den Schutz Dun Huangs und damit der ganzen Provinz Gansu zu übernehmen hatten.

Ihnen oblag auch die Kontrolle und in Zeiten der Gefahr die Bewachung und der Schutz der Karawanen, die über die Seidenstraße nach Westen zogen oder von dorther chinesisches Gebiet erreichten.

Da die im Nordwesten stationierten Truppenkontingente zum großen Teil aus fernsten Provinzen stammten und mit zahlreichen deportierten Verbrechern aufgefüllt waren, hatten es die Kommandeure schwer, sich durchzusetzen und im Ernstfall den vollen Einsatz ihrer Soldaten zu erzwingen.

So blieb auch das Leben in Dun Huang selbst von Gefahren bedroht, was wohl ein erster Blick in die schnell wachsende, Reichtum und Prunk entfaltende Stadt nicht sofort erkennen ließ.

Damit stoßen wir wieder auf jenes alte Problem, das, wie wir schon an anderer Stelle gesehen haben, für alle Städte entlang der Seidenstraßen galt: Es war das Problem der Unsicherheit außerhalb der schützenden Mauern. Vielfältige Gefahren bedrohten jeden, der die Stadt verließ. Und in den Städten selbst ließen sich Ordnung und Sicherheit, wie aus vielen zeitgenössischen Zeugnissen hervorgeht, nur unter Anwendung äußerster Härte und Strenge von seiten der Machthaber aufrechterhalten.

Diese Rechtsunsicherheit stand natürlich im äußersten Gegensatz zur Prachtentfaltung und zum Lebensstil der führenden Schichten, die sich durch die Bedrohung von außen wie auch durch Gefahren, die im Zentrum der turbulenten Städte mit ihren ständig wechselnden Besuchern — den fremden Kaufleuten — lauerten, verängstigt fühlen mochten. Ein Grund für viele, dem drohenden Unheil durch reiche Klosterspenden vorzubeugen, wenngleich der Buddhismus, der Dun Huang wohl erst nach der Zeitenwende erreicht hat, an den unsicheren Verhältnissen in der Stadt kaum etwas änderte.

In den Jahren beginnender buddhistischer Missionierung war Dun Huang bereits eine schwer befestigte Stadt mit hohen Mauern und Forts, von denen heute eines noch sehr gut erhalten ist. Es zeigt, daß die Befestigungsanlagen der chinesischen Außenposten etwas von Zwingburgen an sich hatten, die als Machtdemonstration des fernen Herrschers anzusehen waren, zugleich aber auch den Zweck von Fluchtburgen erfüllten, wenn der Feind in der Nähe war.

Die Feuer auf den Wachtürmen, von denen im Bereich Dun Huangs heute noch sehr viele als Ruinen erkennbar sind, konnten die Bevölkerung bei Feindeinbrüchen rechtzeitig warnen. Dann zogen die Truppen zur Verteidigung aus. Die besten Kämpfer wurden im Bereich des Forts versammelt, um im Falle feindlicher Durchbrüche die Stadt verteidigen zu können, was angesichts der hier gestapelten Waren und sonstigen Schätze nicht nur im Interesse der Bürger und Händler, sondern auch im chinesischen Reichsinteresse unerläßlich war.

Dun Huang galt in den Blütezeiten der Seidenstraße als eine der reichsten Städte Asiens. Wenn es, wie die schriftlichen Dokumente seiner Gründungsgeschichte zeigen, ursprünglich auch als reiner Militärstützpunkt gedacht war, so entwickelte es sich doch schon bald zu einer machtvollen Handelsstadt, die zeitweise mehr als hunderttausend Einwohner zählte. Das war bei seiner Entstehung nicht vorauszusehen.

Die ältesten Bauwerke aus ungebrannten Lehmziegeln dienten der Unterbringung der Truppen und der Verteidigung. Für die Kaufleute mag es damals von Mauern umfriedete Höfe gegeben haben, wo sie übernachten und auch ihre Lasttiere sowie die kostbaren Waren sicher unterbringen konnten.

Erst als sich neben den Soldaten auch Händler und Handwerker fest in der Stadt niederließen, dehnte sie sich räumlich aus. Neben Hütten aus Holz und Gezweig für die einfache Bevölkerung entstanden Lehmziegelbauten, die bereits einen gewissen Komfort boten, der sich schnell erweiterte. Es gab schon bald Brunnen in Innenhöfen, die zu den Wohnräumen hin durch feine Gewebe, bei den Reichsten durch seidene Vorhänge abgeschirmt waren. Edle Keramik, Silbergeschirr und Glasgegenstände gehörten in den besseren Häusern ebenso zum Inventar wie Teppiche und reichbestickter Seidendekor. Denn in Dun Huang wurden nun, vor allem durch den Zwischenhandel, große Gewinne gemacht. Dabei war natürlich der chinesische Staat als Zolleinnehmer für die Exporte wie für die Importe der größte Verdiener. Wieviel von diesen offiziellen Einnahmen in die Taschen der an der Kontrolle beteiligten Offiziere und Beamten wanderte, wird sich wohl nie feststellen lassen. Die Briefe und Niederschriften – auch die privaten –, die man in Dun Huang in großer Zahl gefunden hat, schweigen verständlicherweise darüber.

Rechnet man jedoch zu diesen illegalen Einnahmen der Staatsdiener das hinzu, was sie vom Hof als Anerkennungsgeschenke erhielten, so muß ihr Vermögen nicht unbeträchtlich gewesen sein, wenn sie es auch nicht so zeigen konnten wie die großen Kaufherren, die dafür aber bei Feindüberfällen und Plünderungen ganz besonders gefährdet waren.

Freilich häufte sich der Reichtum nur in den Händen vergleichsweise weniger. Die Mehrzahl der Menschen in Dun Huang litt unter der Fremdheit der Umgebung, dem mörderischen Klima und den ständigen Bedrohungen von draußen, ohne an den Vorteilen der Stadt zu partizipieren.

Ein wichtiges Datum für Dun Huang war das Jahr 366 n. Chr., in dem der buddhistische Mönch Lo-Tsun das erste Höhlenkloster vor den Toren der Stadt errichten ließ. Damit begann an verschiedenen Stellen, vor allem aber an der Steilwand von Mogao der Bau des größten und künstlerisch bedeutendsten Höhlensystems dieser Erde — eines Klosterkosmos, dessen Entfaltung sich über mehr als tausend Jahre erstreckte, wenn auch seine Blüte bereits in der Sung-Zeit zu Ende ging.

Die Berichte über die Entstehung und Nutzung der Höhlenklöster und Tempel bei Dun Huang sind widersprüchlich. Wahrscheinlich entstanden mit den ersten Höhlen auch die frühesten einfachen Wohnbauten für die Mönche am flachen Flußufer gegenüber der Steilwand, in die immer neue Höhlen geschlagen wurden. Von den Mönchswohnungen sieht man nichts mehr. Aber es hat sich eine Reihe von Gedenkstupas erhalten, die an bedeutende Äbte erinnern, die im Laufe der Jahrhunderte hier gewirkt haben und von denen einige als große Lehrer des Buddhismus noch heute verehrt werden.

Die Grotten selbst waren offenbar von Anfang an Meditations- und Versammlungsstätten, Plätze für heilige Handlungen der buddhistischen Initiation und des sich immer mehr erweiternden Festkalenders.

Dabei haben im Gründungs- und Ausgestaltungsstadium, wie uns Stifterfiguren in den meisten bedeutenden Höhlen zeigen, reiche Bürger Dun Huangs als Geldgeber für die Erschließung, Bemalung und bildhauerische Ausgestaltung der Höhlen eine maßgebende Rolle gespielt.

Wir begegnen hier einem Mäzenatentum besonderer Art. Denn es ging den Spendern offensichtlich nicht um die Unterstützung künstlerischer Aktivitäten, sondern vielmehr um religiöses Verdienst. Eine noch bessere Wiedergeburt, womöglich als Gottheit in einem der zahlreichen buddhistischen Himmel, so etwa in dem an den Höhlenwänden häufig erscheinenden Westlichen Paradies eines Buddhas des Ewigen Lebens, war das Ziel.

Vielleicht aber dachte man auch, wie schon angedeutet, an die Erfüllung noch viel näherliegender Wünsche wie die persönliche Sicherheit, die erfolgreiche Durchführung einer Handelskarawane nach Westen oder an einen besonders guten Gewinn aus erwarteten Gütern, die von dort eintreffen sollten.

Doch was auch der Grund für die großzügige Unterstützung des

Kunstschaffens in den Klöstern gewesen sein mag, das Ergebnis ist von überwältigender Einmaligkeit. Das gilt nicht allein für die teilweise hervorragende künstlerische Qualität, besonders der Malereien, sondern auch für die Thematik. Denn wir finden in Dun Huang weit mehr als nur das Leben und die Ereignisse früherer Existenzen des Buddha dargestellt. Wir sehen regelrechte Bildberichte aus der Zeit ihrer Entstehung — Aktuelles zwischen 400 und 1200 — in Bildfolgen, die sich über Tausende von Wandmetern erstrecken.

Die besten und auch volkskundlich sowie kulturgeschichtlich ergiebigsten Arbeiten stammen aus der Tang-Zeit — 618 bis 906 —, die zu den großen Epochen der chinesischen Geschichte zählt und ein reiches Kulturerbe hinterlassen hat. Da begegnen wir Szenen aus dem täglichen Volksleben: Bauern, Kaufleuten, Handwerkern, darunter selbst dem Schlächter bei seiner blutigen Arbeit, den in einem buddhistischen Heiligtum dargestellt zu sehen sehr überraschen muß.

Hier triumphiert der Hang zu künstlerischem Realismus über die religiösen Tabus. Doch was wichtiger ist: Die Menschentypen jener Zeit in ihrer bunten Vielfalt — ihre Kleidung, ihr Lebensstil, ihr persönliches Verhalten — werden sichtbar. Wir sehen heilige Handlungen, aber auch den Alltag in Städten, Klöstern und Karawansereien.

Die Händlerkolonnen auf den Seidenstraßen und die sie bedrohenden Räuber werden genauso anschaulich dargestellt wie das Leben in den Häusern, die Begegnung der Menschen, das Sich-kennenlernen und Miteinander-Vertrautwerden. Da ist nichts ausgespart, was Menschen erleben oder erlebt haben.

Darüber erscheint vielfältig, gemalt oder als Skulptur, umgeben von seinen Jüngern, Buddha, dem das alles geweiht ist und dessen Lehre, zumindest nominell, das ganze Dasein hier und auch da drüben, in der turbulenten Stadt, bestimmen und beherrschen soll.

Daß dem in Wirklichkeit nicht so war, wußten die Mönche, die hier Zeremonien verrichteten, genausogut wie die Stifter der Wandmalereien und Skulpturen, die sich in den Höhlen neben den Buddhas und Bodhisattvas wie Heilige darstellen ließen, so weltlich ihr Leben in Wirklichkeit auch gewesen sein mag.

Wenn man heute den goldüberzogenen Glanz der Malereien und Figuren betrachtet, die ganze Fülle des hier ausgebreiteten, nicht nur religiösen, sondern auch gesellschaftlichen Lebens, erkennt man sehr deutlich die Verweltlichung des Klosterlebens unter dem Einfluß des Reichtums, den die Seidenstraße schenkte, der aber zugleich auch Auslöser jenes großartigen Kunstschaffens in Dun Huang und entlang der Seidenstraßen war, das wir noch heute bewundern.

Ohne diese Höhlenkunst wäre unser Wissen über die frühe chinesische Malerei sehr begrenzt. Denn das meiste, was damals in den alten Städten Chinas und ihren kaiserlichen Palästen entstanden ist, wurde im Laufe der wechselvollen Geschichte des Landes zerstört.

Aus der Han-Zeit ist uns durch Ausgrabungen der letzten Jahrzehnte vor allem die wunderbare Grabkunst bekanntgeworden. Doch aus den darauf folgenden Jahrhunderten ist nur wenig auf uns gekommen.

Deshalb sind die 492 zum Teil in einem hervorragenden Zustand erhaltenen Höhlen Dun Huangs nicht nur der einzige geschlossene Fundkomplex zur Dokumentation der Entwicklung der chinesischen Kunst vom vierten bis zum zwölften Jahrhundert, sondern auch die einzige Quelle zum Studium westlicher Einflüsse auf die Kunst dieser Epoche und zur Analyse des typisch chinesischen Stils, der sich dann in der Tang-Zeit ausgebildet hat. Dabei ist es für den heutigen Betrachter von großer Bedeutung, daß die Höhlenmalerei nicht nur buddhistische Themen, sondern das ganze Leben des Landes — zumindest hier in der Nordwestregion — widerspiegelt. So entstehen für uns viele Anknüpfungspunkte an Stilähnlichkeiten in der späteren chinesischen Malerei der Rollbilder. Doch auch Stilunterschiede werden erkennbar, die wiederum den Einfluß der Handelswege auf die künstlerische Entwicklung verdeutlichen, der dann, als die Seidenstraßen unterbrochen wurden, nicht mehr auftrat und erst mit den chinesisch-europäischen Seeverbindungen einer viel späteren Zeit, aber in ganz anderer Art neu einsetzte.

Für ein Jahrtausend war Dun Huang die Drehscheibe des chinesischen Westhandels — eine Stadt von außerordentlicher Bedeutung. Der Weg in die alten Hauptstädte Chinas war von hier aus fast genausoweit wie der Weg in den für die meisten Chinesen völlig unbekannten, deshalb in seiner Weite kaum vorstellbaren Westen, mit Handelsplätzen, über die wie von Orten auf einem anderen Stern berichtet wurde.

Die Straße nach Westen verlief durch jenen schon oft erwähnten, nun aber für den Handel immer wichtiger werdenden Wüstenkorridor zwischen dem Kunlungebirge im Süden und dem Himmelsgebirge im Norden — dem Tarim-Becken —, wo in den Oasen gleichfalls wichtige Städte entstanden waren, viele mit ähnlichen Höhlenklöstern, wie wir sie vor Dun Huang finden.

Sie sind seit ihrer Entdeckung zu Anfang unseres Jahrhunderts die einzigen erhaltenen Zeugnisse für die Art, wie man hier, in einer so unwirtlichen Gegend, über Jahrhunderte gelebt hat und was in dieser Zeit von Menschen verschiedenster Herkunft geschaffen wurde. Denn das Tarim-Becken gehört, entsprechend seiner Funktion als internationaler Transitraum des frühen Welthandels, zugleich auch zu den großen Schmelztiegeln der Menschheit, in dem sich Völker, Lebensformen, Sprachen und Kulturen mischten wie sonst kaum irgendwo auf der Erde.

Der Weg ins Tarim-Becken und der wandernde See

Die älteste umfassende Beschreibung des Tarim-Beckens, die wir aus abendländischer Feder kennen, verdanken wir dem berühmten griechischen Geographen Ptolemaios, der Zentralasien allerdings nicht selbst besucht hat. Er stützte sich bei seiner im zweiten nachchristlichen Jahrhundert entstandenen Arbeit auf das verlorengegangene Werk *Diosthosis Tabulae Geographicae* des Marinos von Tyros, der seine Informationen dem griechischen Großkaufmann Maesius Titianus verdankte.

Ein großer Teil des damaligen Ostasienhandels muß auf westlicher Seite über die Firma des Maesius abgewickelt worden sein. Denn er beschäftigte nicht nur Handelsvertreter entlang weiter Strecken der Seidenstraßen von den Mittelmeerhäfen bis nach Innerasien; er ließ auch von eigens dafür angestellten Agenten die gesamte Handelsroute bis ins Tarim-Becken und nach China eingehend beschreiben und vermessen. Das hat er sicher nicht aus wissenschaftlichem Interesse getan, sondern vielmehr, weil er über Karawanenwege, Übernachtungsorte, Warenumschlagplätze, Zollstationen, Bedrohungen des Handels und Völkerschaften entlang der Routen, vor allem aber über Entfernungen, tägliche Wegestrecken und Transportzeiten genau Bescheid wissen wollte.

So wie heute noch rein wirtschaftliche Aktivitäten oft wissenschaftlich verwertbare Ergebnisse bringen, war es auch in der Großhandelsfirma des Maesius Titianus, der zu seiner Zeit als ein König unter den westlichen Händlern galt.

Offenbar haben Marinos oder Ptolemaios die Berichte der Agenten des Maesius, von denen man wohl annehmen darf, daß sie weitgehend exakt waren, nicht richtig lesen und umsetzen können. Vor allem haben sie aus unerfindlichen Gründen die darin enthaltenen, nachgeprüften Entfernungsangaben weggelassen, was dann im Kartenbild des Ptolemaios zu ganz erheblichen Verzerrungen führte, die erst eintausendsiebenhundert Jahre später durch die

154

Expeditionen Sven Hedins und seine exakten Vermessungen korrigiert wurden.

Doch nicht nur die fehlenden Entfernungsangaben, sondern auch die Namen der Völker, Orte, Gebirge und Flüsse, die wir bei Ptolemaios verzeichnet finden, haben die moderne Forschung vor vielfältige Entschlüsselungsaufgaben gestellt, die längst noch nicht alle gelöst sind. Sprach- und Überlieferungsunterschiede sind der Grund für diese Schwierigkeiten.

Auch über die Regelung des Handelsverkehrs, über die Bedeutung und zeitliche Verwendung von Zwischenstationen sagt der Bericht des Ptolemaios nichts aus. Und die Unterlagen des Maesius, die wahrscheinlich eine unschätzbare Informationsquelle wären, müssen als endgültig verloren gelten.

So wissen wir nicht, was eine Karawane, die Dun Huang verließ, bestimmt hat, nach dem Passieren der Kontrollstelle am Jadetor-Paß die nördliche oder die südliche Straße durch das Tarim-Becken zu wählen.

Vielleicht gaben einfach nur gewisse Waren den Ausschlag, die man für die eine oder andere Zwischenstation dabei hatte. Auch klimatische Gründe und langfristige Wetterprognosen mögen eine Rolle gespielt haben. Doch alles das sind nur Vermutungen. Über den Organisations- und Zeitplan der Karawanen wissen wir genausowenig wie über die Häufigkeit ihrer Durchführung in den verschiedenen Jahrhunderten.

Es gibt Dokumente, die für das erste nachchristliche Jahrhundert von zwölf Karawanen im Jahr sprechen, wobei uns nicht bekannt ist, ob das für eine oder für alle Strecken galt. Denn es gibt auch Berichte, nach denen ständig Karawanen unterwegs waren, so daß »sie sich nicht aus den Augen verloren haben«.

Wenn das auch sicher übertrieben ist, so legt das Handelsvolumen der späten Han-Zeit und der folgenden Jahrhunderte doch den Gedanken an ein ständiges Kommen und Gehen in den Karawanenstädten nahe, wobei sicher kleinere Händlergruppen das Zusammenkommen einer einigermaßen verteidigungsfähigen Karawane abgewartet haben. Außerdem darf man wohl annehmen, daß zumindest beim Verlassen des chinesischen Machtbereichs bestimmte Größenordnungen der Karawanen aus Sicherheitsgründen vorgeschrieben waren. Zu diesen handelspolitisch wichtigen Fragen gibt es bisher jedoch leider keine verläßlichen Zeugnisse.

Nur die Routenführung selbst, die auf zwei, streckenweise auf drei Wegen Dun Huang mit dem Steinernen Turm im Hohen Pamir verband, ist uns durch die Expeditionen Sven Hedins,

Aurel Steins, Albert Grünwedels und Albert von Le Coqs vertraut; zumindest kennen wir die wichtigsten Städte an diesen Wegen.

Ganz hoch im Norden, direkt unter den Bergen des Himmelsgebirges, waren es Hami, Chotscho und Yarkhoto in der Turfan-Oase, Karaschar, Kurla, Kutscha, Aksu, Tumschuk und Kaschgar, auf der mittleren Strecke das frühzeitig untergegangene Loulan, das Sven Hedin entdeckt hat, und auf der Südroute Miran, Niya, Khotan und Yarkand.

An zweien dieser Plätze waren die Chinesen besonders interessiert, weil sie sich als Militär- und Handelsvorposten für Dun Huang eigneten. Das waren die Turfan-Oase und Loulan, eine Stadt im Zentrum des östlichen Tarim-Beckens nahe dem Tarim-Fluß und dem Lop-Nor-See, dem Sven Hedin sein Buch *Der wandernde See* gewidmet hat, in dem er eines der größten geographischen Rätsel dieser Erde beschreibt.

1964 machte der Lop-Nor dann noch einmal Schlagzeilen in der Weltpresse, als die Chinesen im Gebiet dieses heute völlig versandeten Sees, der früher vom Tarim-Fluß gespeist wurde, ihre erste Wasserstoffbombe zündeten.

Dieses heute menschenleere Wüstengebiet, das noch immer nur unter schwierigsten Bedingungen zu bereisen ist, von denen Sven Hedin und Aurel Stein anschaulich berichtet haben, war bereits in vorgeschichtlicher Zeit besiedelt. Daran läßt sich ablesen, daß sich seine geologischen und klimatischen Verhältnisse im Laufe der Jahrtausende grundlegend verändert haben müssen.

Um die Zeitenwende war Loulan eine blühende, lebendige Stadt – die wichtigste Station an der Seidenstraße westlich von Dun Huang. Doch nach 330 ist sie von ihren Bewohnern in verhältnismäßig kurzer Zeit verlassen worden. Seither war das Gebiet auf chinesischen Karten eine weiße Stelle. Die Annalen schwiegen, und niemand konnte einen Grund für das Verlassen der bis dahin blühenden Oase an Fluß und See angeben, das auch eine Veränderung der Routenführung der Loulan als Stützpunkt benutzenden Seidenstraße zur Folge hatte.

Mag sein, daß die Naturvorgänge, die offensichtlich zu diesem Exodus einer ganzen Stadtbevölkerung führten, den Augenzeugen so grauenhaft und gleichzeitig geheimnisvoll erschienen waren, daß man sie sich nie erklären konnte und sie darum dem Wirken von Göttern oder bösen Dämonen zuschrieb. Deshalb schwieg man über die Ereignisse, wohl um die unsichtbaren Mächte nicht von neuem zu erzürnen oder auch – das wäre als Grund für chinesische Geschichtsschreiber denkbar – um nicht unglaubhaft zu erscheinen.

So dauerte es eintausendsechshundert Jahre, bis sich eine Lösung des Rätsels abzeichnete. Durch einen Zufall entdeckte Sven Hedin am 28. März 1900 die ersten geringen Überreste von Loulan. Später fanden er und Aurel Stein fast gleichzeitig das ganze Areal einer chinesischen Militärkolonie mit Schriftzeugnissen, die keinen Zweifel an der Identität der verschollen geglaubten Stadt am Lop-Nor-See zuließen. Doch die Ruinen, die Sven Hedin fand, lagen nicht, wie erwartet, an einem See, sondern in einer Wüste, die allerdings durch Muscheln und Schneckenschalen, durch Schilf- und Binsenstoppeln erkennen ließ, daß sie einst ein See mit fruchtbaren, waldreichen Ufern gewesen sein muß.

Sven Hedin war nicht ins östliche Tarim-Becken gekommen, um eine verschwundene Stadt zu suchen. Ihm ging es um den Nachweis der Richtigkeit seiner Theorie, daß der Tarim-Fluß und andere Flußläufe des Gebietes im Laufe der Zeit ihr Bett und zum Teil ihre Flußrichtung geändert hatten, wodurch dem Lop-Nor seine ursprünglichen Zuflüsse verlorengegangen waren. Der Lop-Nor war, wie Sven Hedin vermutet hatte und nunmehr nachweisen konnte, ein wandernder See. Der Grund: Das Gebiet war so flach, daß die geringsten Strukturveränderungen der Landschaft zu gravierenden Veränderungen der vielfältigen Wasserflächen und Wasserläufe führen mußten.

Das ist auch die Erklärung für die Aufgabe Loulans im vierten Jahrhundert. Die Stadt hatte kein Wasser mehr, und das Land verlor seine Fruchtbarkeit. So wurde das ganze Gebiet zunächst zu einem undurchquerbaren Sumpf, später zu einer schreckenerregenden Wüste voll unberechenbarer Gefahren.

Über die frühe Geschichte Loulans wissen wir deshalb nur wenig. Das meiste ist Legende. Die Stadt war ein Ort, der auch zur Zeit seiner Blüte den Menschen, die hier lebten, wenig Glück brachte. Als Zankapfel zwischen Chinesen und Hiung-nu konnte es sich nicht lange selbständig erhalten. Brüder und Söhne der regierenden Könige lebten als Geiseln am chinesischen Hof oder bei den Hiung-nu, was die Botmäßigkeit der Herrscher sichern sollte.

Nur die Schwierigkeiten des Weges von Dun Huang nach Loulan waren zunächst noch eine gewisse Garantie für eine freilich schwer erkaufte halbe Unabhängigkeit. Allerdings mußten die Könige von Loulan seit alters her Führer und Träger stellen, die ankommende und abreisende Karawanen zu begleiten und auf der gefahrvollen Strecke mit Wasser und Proviant zu versorgen hatten. Das war eine schwere Aufgabe. Bei den geringsten Schäden stellten die Chinesen hohe Ersatzansprüche. Oft wurden auch die Bürger von Loulan bestohlen und mißhandelt. So schlug auf beiden Seiten vorhandenes Mißtrauen in Angst um, was das Leben in der Stadt sehr belastete.

Ein Grund dafür mögen auch die außergewöhnlichen Strapazen gewesen sein, die der Weg von Dun Huang nach Loulan den Reisenden wie den Schutztruppen abverlangte.

Die Straße führte zunächst mehrere Tage an einem in der Han-Zeit errichteten Schutzwall mit Feuertürmen entlang, wo auch ein chinesischer Außenposten, der allerdings ständig bedroht war, als letzte feste Übernachtungsstation für die Karawanen bestand. Von da aus ging der Weg durch eine Sandwüste – die Kumtagh –, wo es während mehrerer Tagereisen nur zwei Wasserstellen und ein Versorgungslager gab. Von hier aus mußte man östlich des alten Salzsumpfes eine völlig wasserlose Stein- und Salzwüste durchqueren. Dort, wo sich in dieser Wüste die sogenannten weißen Drachenhöhen erhoben, die aus der Ferne wie eine riesige, in der Sonne glänzende Geisterstadt auf die näher kommenden Reisenden wirkten, erwarteten Führer und Träger aus Loulan die ankommenden Karawanen mit Wasser, Lebensmitteln und Futter für die Tiere.

Schon in früher Zeit hatten sich um diese Salzberge und ihre gespenstisch wirkende Umgebung Legenden gebildet, die von einer Drachenstadt des sonst in der chinesischen Geschichte nicht vorkommenden Giang Lai berichten.

In einem alten chinesischen Text, dem *Klassiker der Gewässer*, lesen wir:

»Die Drachenstadt ist die Residenz des Giang Lai. Er beherrscht ein großes Königreich der Barbaren. Eines Tages stiegen die Wasser des Lop-Nor und überfluteten die Hauptstadt dieses Königreiches. Die Fundamente der Stadt sind noch erhalten. Sie sind sehr ausgedehnt. Wenn man bei Sonnenaufgang am Westtor aufbricht, gelangt man erst bei Sonnenuntergang zum Osttor. Unter dem steilen Abhang der Stadt hatte man einen Kanal angelegt. Darüber hat der ständig wehende Wind Sand aufgetürmt, der allmählich die Form eines Drachens annahm, der nach Westen über den See blickt. Daher kommt der Name Drachenstadt. Das Gebiet ihrer Herrscher dehnt sich tausend Meilen weit aus. Es besteht ganz und gar aus Salz in hartem, festem Zustand. Die hindurchziehenden Reisenden breiten Filze aus für ihre Tiere, daß sie darauf liegen können. Wenn man in den Boden gräbt, stößt man auf Salzblöcke, so groß wie Kopfkissen, die regelmäßig aufeinandergestapelt sind. In dieser Gegend ist die Luft dunstig wie aufsteigender Nebel oder wie schnell dahinziehendes Gewölk, so daß man nur selten die Sonne oder die Sterne sieht. Es gibt dort nur wenige Tiere, aber viele Dämonen und geisterhafte Wesen.«

Wir wissen heute, daß es in diesem Gebiet nie eine menschliche Siedlung gegeben hat. Doch wer einmal durch das Tarim-Becken gereist ist, kennt diese eigenartigen Erscheinungen von in der Ferne glänzenden Wüstenformationen im Dunst eines heißen Tages, den die Sonne nur indirekt wie durch dichte Schleier erhellt. Dann ist die Sonne unsichtbar, aber um so stärker spürbar. Sie sticht und brennt durch einen Glast feinster Sandpartikelchen, die Haut und Kleidung in kürzester Zeit mit einer rauhen Kruste überziehen.

Der Kontrast zwischen den immergrünen, wasserreichen Oasen des Tarim-Beckens mit ihren Häusern und schattenspendenden Rastplätzen und dieser unbarmherzigen Wüstenwelt muß damals in Loulan von den Männern, die immer wieder hinaus mußten in die brennende Wildnis, als besonders hart empfunden worden sein: So, als ob man ständig, nach nur kurzen Pausen, gezwungen wird, einen angenehmen Platz zu verlassen, um sich ungewollt in Lebensgefahr zu begeben.

Lebensgefahr bedeuteten allerdings die um Loulan wie um andere wichtige Plätze des Tarim-Beckens ringenden Rivalen China und Hiung-nu auch für die ganze Stadt. Ihre Bevölkerung wurde nämlich von beiden Mächten ständig voller Mißtrauen beobachtet, weil man sie als Parteigänger, ja oft auch als Informanten und Spione des Gegners ansah. Jeder Bürger Loulans, der außerhalb der Stadt von chinesischen Patrouillen oder ausschwärmenden Hiung-nu-Verbänden angetroffen wurde, war verdächtig, für den Feind tätig zu sein. Das kostete viele Unschuldige das Leben, am Ende sogar den allerdings wohl nicht ganz so unschuldigen König. Doch das ist fast eine orientalische Kriminalgeschichte.

Loulan war schon eine mächtige, weitbekannte Stadt, als ihr Name 176 v. Chr. zum ersten Mal in einem uns erhaltenen Dokument, einem Brief des Hiung-nu-Fürsten an den chinesischen Kaiser Wen-ti, genannt wird.

In diesem Brief renommiert der Hiung-nu mit militärischen Erfolgen, die er entlang der Nord- und Westgrenze Chinas erlangt hatte. Er schreibt:

»Durch den Segen der Götter, durch die Tapferkeit und Kriegserfahrung meiner Offiziere und Soldaten und durch die Überlegenheit unserer vortrefflichen Pferde hat mein Feldherr die Yüeh-chih vernichtend geschlagen, alle Feinde niedergemacht und enthauptet. Dann hat er Loulan, Wu-sun, Ho-kü und sechsundzwanzig weitere Reiche unterworfen. Alle ihre Bürger sind zu Hiung-nu geworden, und die Völker, die den Bogen spannen, wurden zu einer großen Familie vereint.«

Hier wird der Zeitpunkt deutlich, an dem die Auseinandersetzung zwischen den erstarkenden Hiung-nu und den Chinesen um

Loulan und die anderen wichtigen Plätze des Tarim-Beckens sowie auch nördlich des Himmelsgebirges begann.

Die Könige von Loulan, die unter den Hiung-nu offenbar eine verhältnismäßig große Bewegungsfreiheit behielten, nutzten die Vormachtstellung ihrer nur selten anwesenden Protektoratsherren zu eigener, nicht immer friedlicher Aktivität.

So lesen wir in den chinesischen Annalen, daß von Loulan aus chinesische Handelskarawanen, die ohne ausreichenden militärischen Schutz unterwegs waren, überfallen und ausgeplündert wurden. Das geschah auf Befehl oder doch zumindest mit Duldung der Herrscher von Loulan. Die Folgen für die Stadt und ihre Bewohner waren in den Jahrzehnten erstarkender Macht der Han-Dynastie verhängnisvoll.

Es war im Jahre 112 v. Chr., als der chinesische Fürst Wang Kui mit einer Karawane in diplomatischer Mission das Tarim-Becken durchquerte. Dabei fiel er Kriegern des Königs von Loulan in die Hände, die ihn und seine Leute nicht nur völlig ausraubten, sondern auch schwer mißhandelten.

Wang Kui führte Klage beim Kaiser, wo sich die Berichte empörter Reisender über das von den Hiung-nu geduldete Raubrittertum der Stadtstaaten im Tarim-Becken häuften. Wang Kuis persönlich am Thron vorgetragene Erlebnisse, die ihn fast das Leben gekostet hätten, gaben den Ausschlag für den kaiserlichen Befehl, dem räuberischen Treiben jener Fürsten ein Ende zu bereiten. Der General Dschau Po-nu wurde mit einem chinesischen Heer nach Ostturkestan in Marsch gesetzt. Der Fürst Wang Kui war ihm als Berater beigegeben.

Mit siebenhundert Mann leichter Reiterei nahm Dschau Po-nu die nur schwach befestigte Stadt Loulan ein, ohne daß die Hiung-nu ihren bedrohten Vasallen zu Hilfe kamen. Der König von Loulan und sein Hofstaat gerieten in chinesische Gefangenschaft. Nachdem Dschau Po-nu auch noch das nördlich an Loulan angrenzende Turfan-Gebiet erobert hatte, gaben die übrigen Staaten des Tarim-Beckens den Widerstand gegen die Chinesen auf. Die Hiung-nu wichen vorübergehend nach Norden und Westen zurück, von wo aus sie immer wieder Überfälle auf das chinesisch besetzte Gebiet unternahmen.

Dieses Spannungsverhältnis schwächte die politische und wirtschaftliche Position der den Chinesen tributpflichtigen Städte des Tarim-Beckens immer mehr. Wenn auch der Druck der Chinesen nicht sonderlich stark gewesen sein mag, da der Kaiser von China einfach nicht in der Lage war, für längere Zeit größere Truppenkontingente im Tarim-Becken zu unterhalten, so war die Unsicherheit, die sich aus den Machtansprüchen zweier rivalisierender Herrscher ergab, um so größer. Wie schwach der König von Loulan war, zeigt die Tatsache, daß er 109 v. Chr. einen Sohn als Geisel an den chinesischen Hof und einen zweiten ins Lager der Hiung-nu geben mußte.

Erneut begann das Wechselspiel der Einflüsse, wobei die Hiung-nu immer wieder versuchten, Loulan als Spionagebasis zu nutzen. Als sich aufgrund von Nachrichten, die den Hiung-nu aus Loulan zugetragen worden waren, ihre Streitkräfte einem vormarschieren-den chinesischen Heereskontingent unvermittelt entgegenstellten, wurde es dem chinesischen Feldherrn klar, daß seine geheimgehal-tene Truppenbewegung von Einheimischen verraten worden sein mußte. Er meldete diesen Spionagefall dem Kaiser, der Befehl gab, Loulan erneut zu besetzen und den König nach China zu bringen. So geschah es. Als man den König von Loulan im chinesischen Kaiser-palast sein eines Vasallenfürsten unwürdiges Verhalten vorwarf, gab er eine kluge Antwort, die ihm wohl das Leben rettete. Er sagte:

»Ein kleines Land, das zwischen zwei mächtigen Reichen liegt, kann nicht beiden dienstbar sein und besitzt auch nicht die Mittel, sich in Frieden unabhängig zu halten. Ich möchte deshalb mein Gebiet völlig dem chinesischen Reich unterordnen.«

Der Kaiser billigte diese Unterwerfung und ließ den König von Loulan in seine Hauptstadt zurückkehren. Er starb 92 v. Chr., und seine Untertanen baten China, den am Kaiserhof als Geisel lebenden Sohn des Königs zurückzuschicken, damit er die Nachfolge antreten könne. Doch dieser Sohn, der sich offenbar nicht in die chinesische Hofordnung gefügt hatte, war entmannt und als Eunuch in den kaiserlichen Harem verbannt worden. So schrieb das kaiserliche Hofamt nach Loulan:

»Der Prinz, der sich hier am Hofe des Sohnes des Himmels befindet, ist beim Kaiser so beliebt, daß er ihn nicht gehen lassen kann. Ihr müßt also den Prinzen, der in der Erbfolge der nächste ist, auf den Thron setzen.«

So verfuhr man auch. Der neue König konnte sich dann unter chinesischem Oberbefehl 90 v. Chr. in einem Feldzug gegen Turfan bewähren. Doch dieser Feldzug hatte nicht nur die Kräfte Loulans, das die Hauptlast der Truppenversorgung zu tragen hatte, sondern auch die Gesundheit seines Herrschers so stark angegriffen, daß er bald darauf starb.

Auf diesen Augenblick hatten die Hiung-nu seit langem gewar-tet. Sie schickten den bei ihnen als Geisel lebenden Loulan-Prinzen Tschang-gui als Thronanwärter in seine Heimatstadt und hofften, auf diese Weise ihren verlorengegangenen Einfluß auf Loulan zurückzugewinnen. Doch die Chinesen, die von diesem Schachzug der Hiung-nu erfuhren, sandten einen Botschafter nach Loulan, der den neuen Herrscher mit dem Versprechen eines großen Krönungsgeschenks an den Kaiserhof einladen sollte. Der junge König wies, dem Rat seiner Stiefmutter folgend, die Einladung zurück, was das Verhältnis Loulans zu China natürlich nicht verbesserte.

Infolge seiner langjährigen engen Bindung an die Hiung-nu neigte der neue Herrscher vielmehr zu jener alten Loulan-Politik des zwielichtigen Wirkens zwischen den Fronten, wobei er den Hiung-nu gern die von ihnen erwarteten Nachrichten über chinesische Karawanen und Truppenbewegungen zuspielte. Das blieb dem chinesischen Kaiser natürlich nicht verborgen. Er befahl dem General Fu Giä-dsi eine Strafexpedition ins Tarim-Becken vorzubereiten, zumal auch Klagen über den Herrscher des nordwestlich von Loulan gelegenen Reiches Kutscha eingegangen waren.

Wieder einmal, wie schon so oft in der wechselvollen Geschichte des westlichen Einflußbereichs der Han-Dynastie, zeigte sich ein Anwachsen der Hiung-nu-Macht, von der man am chinesischen Hof wohl nur allzuoft angenommen hatte, sie sei nun endgültig gebrochen. So rüstete man wieder, wie schon Jahre zuvor, ein Heer zum Zug nach Westen. Wenn es dieses Mal auch als Strafexpedition gegen Loulan und Kutscha deklariert war, so konnte seine wahre Aufgabe doch keinem Zweifel unterliegen. Es ging einfach darum, durch chinesische Präsenz deutlich zu machen, daß China auf seine Vormachtstellung im Tarim-Becken nicht zu verzichten gedachte und die dortigen Herrscher nach wie vor als seine Lehnsfürsten betrachtete.

Um das auch politisch deutlich zu machen, schickte der Kaiser seinen General Fu Giä-dsi zunächst als Gesandten ins Tarim-Becken, um die Könige von Loulan und Kutscha zur Rede zu stellen. Dem König von Loulan warf er vor, seine Vasallenpflicht verletzt und einer Delegation der Hiung-nu die Durchreise durch sein Gebiet gestattet zu haben, ohne die Chinesen davon zu unterrichten. Der König beteuerte, daß er den Hiung-nu die Durchquerung seines Gebietes auf dem Wege nach Kutscha nicht habe verwehren können. Danach reiste Fu Giä-dsi weiter nach Kutscha, wo ihm der König gleichfalls bestätigte, daß eine Mission der Hiung-nu Kutscha auf dem Wege zu den Stammesplätzen der Wu-sun berührt habe. So war klar, daß die Hiung-nu erneut Verbündete gegen die Chinesen suchten und bei ihren diplomatischen Unternehmungen keine Rücksicht auf die bestehenden Machtverhältnisse nahmen.

Als Fu Giä-dsi nach seiner Heimkehr dem Oberbefehlshaber der chinesischen Truppen Ho Guang Bericht erstattete, faßte er seine persönlichen Eindrücke und seine Schlußfolgerungen in präziser Deutlichkeit zusammen:

»Loulan und Kutscha haben sich wiederholt gegen uns gestellt. Bestrafen wir ihre Könige nicht mit dem Tode, so wird es für uns keine Möglichkeit geben, diese Länder zu beherrschen. Bei meinem Aufenthalt in Kutscha ist der König uns so nahe gekommen, daß meine Leute ihn ohne Schwierigkeiten hätten fassen können. Ich will hingehen und ihn erstechen, um damit ein eindrucksvolles Beispiel unserer Macht zu geben.«

Darauf antwortete Ho Guang: »Der Weg nach Kutscha ist weit. Versuche es in Loulan.«

Dieses geheime und doch so eindeutige Gespräch zeigt einen Wechsel in der politischen Praxis der Chinesen an. Es war die offizielle Einbeziehung des Meuchelmordes als politische Aktion in das chinesische Machtdenken. Sie wurde, zumindest nachträglich, auch vom Kaiser gebilligt.

Fu Giä-dsi machte sich mit einer kleinen Heerschar und einer Fülle kostbarer Geschenke aus Gold und edelster Seide ein zweites Mal auf den Weg nach Westen. Der König von Loulan war über diese Wiederholung des hohen Besuches nicht sehr erfreut, was er dem chinesischen Gast wohl auch zeigte. Dieser verließ daraufhin Loulan schneller als ursprünglich beabsichtigt, schickte dem König aber von der westlichen Grenzstation aus folgende Botschaft:

»Der chinesische Gesandte hat Goldgeräte und herrliche Seidenstoffe des Kaisers als Geschenke für alle Vasallenfürsten bei sich und besucht die anderen Städte des Tarim-Beckens, um ihre Fürsten reich zu beschenken. Kommt der König von Loulan nicht, um seinen Anteil hier in Empfang zu nehmen, dann reist der Gesandte des Himmelssohnes weiter in die Städte des Westens.«

Dieser Botschaft konnte der Herrscher von Loulan, der ein prunkliebender Fürst war, nicht widerstehen. Er machte sich mit den chinesischen Boten auf den Weg und wurde von Fu Giä-dsi mit überschwenglicher Freundlichkeit empfangen. Bei einem Trinkgelage, das sich anschloß, lockte der Chinese den König mit den Worten, »der Sohn des Himmels schickt Dir durch mich eine geheime Mitteilung«, aus dem Kreis seiner Männer. In einem abgelegenen Zelt, wohin Fu Giä-dsi den König führte, warteten zwei chinesische Krieger, die den Herrscher Loulans von hinten erstachen. Der allgemeinen Unruhe, die nach diesem Mord im Lager entstand, begegnete Fu Giä-dsi mit einem kaiserlichen Edikt: »Der König von Loulan hat sich schwerer Verbrechen gegen China schuldig gemacht, deshalb hat ihn der Sohn des Himmels durch mich, seinen General, mit dem Tode bestrafen lassen.« Danach schlug Fu

Giä-dsi dem Leichnam des Königs den Kopf ab und ließ ihn durch Eilboten in den chinesischen Kaiserpalast schicken, wo er an der Nordpforte befestigt und so öffentlich ausgestellt wurde.

Damit war die Geschichte Loulans als mehr oder weniger selbständiger, reicher Staat des Tarim-Beckens zu Ende. Bis zu seinem Untergang durch die Gewalten der Natur blieb seine Königsresidenz eine ihrer einstigen Bedeutung beraubte Provinzstadt, die von 264 bis 330 chinesisches Militärlager war.

Fu Giä-dsi wurde für seine Tat in den Fürstenstand erhoben und erhielt eine Domäne mit siebenhundert Familien für seinen Lebensunterhalt. Selbst die beiden Mörder stiegen in den höheren Palastdienst auf und galten bei Hofe als angesehene Männer.

Von Loulan zeugte am 28. März 1900, als Sven Hedin die einst so machtvolle Stadt durch einen Zufall entdeckte, nur noch eine Reihe in den bleigrauen Himmel ragender, zum Teil mit kunstvollen Schnitzereien verzierter Holzbalken. Die Umwelt war Wüste. Und doch sollte dem schwedischen Forscher in dieser Einsamkeit die Begegnung mit einer der großen Persönlichkeiten Loulans aus der Zeit seiner höchsten Prachtentfaltung beschieden sein. Er stieß in der Wüste auf das Grab einer jungen Fürstin des vor mehr als eintausendsechshundert Jahren untergegangenen Königreiches.

Ein Pfahl aus Tamariskenholz auf einem kleinen Hügel in der Nähe einer größeren Grabanlage hatte die Aufmerksamkeit Sven Hedins geweckt. Er ließ das Grab mit dem einzigen Spaten, den seine Expedition mitführte, öffnen, obwohl ihm — deshalb nur ein Spaten — von Peking jede Grabungstätigkeit untersagt worden war.

In *Der wandernde See* beschreibt Sven Hedin diese Begegnung mit einer Repräsentantin aus Loulans großer Vergangenheit auf einer Mesa, wie man die vom Wind in eigenartige Formen gebrachten Erdkegel dieser Wüstenformationen nennt:

»Das Grab war rechtwinklig. In einer Tiefe von 70 Zentimetern stießen die Ausgräber auf einen Holzdeckel, der erst mit der Axt, dann mit dem Spaten freigelegt wurde. Sobald der Deckel gereinigt war, fanden wir, daß der Sarg genau in seine Lehmeinfassung paßte und daß es unmöglich war, ihn herauszuheben, ohne die aufgegrabene Öffnung zu erweitern. Deshalb beschlossen wir, die aus Lehmerde bestehende nordwestliche Längswand wegzuräumen — ein Vorhaben, das sowohl Zeit als auch Kraft beanspruchte. Schließlich fiel jedoch das letzte Hindernis, und der Sarg konnte achtsam und vorsichtig herausbugsiert und auf der Höhe der Mesa aufgestellt werden.

Der Sarg hatte eine für dieses sumpfige Land bezeichnende Form. Er glich ganz und gar einem gewöhnlichen Kanu, dessen

Vorder- und Achtersteven abgesägt und durch waagerechte Querhölzer ersetzt waren.

Schon ehe die Außenwand der Mesa niedergelegt war, hatten wir die beiden Bretter, die den Deckel bildeten, herausgehoben. Voller Spannung erwarteten wir, jetzt den unbekannten Toten, der so lange in ungestörter Ruhe geschlummert hatte, zu sehen. Statt dessen fanden wir jedoch nur eine graue Decke, in die der Tote eingewickelt war und die die Leiche ganz und gar vom Scheitel bis zur Sohle verbarg. Diese Umhüllung war so spröde, daß sie bei Berührung in Staub zerfiel. Wir entfernten den Teil, der das Haupt bedeckte — und nun sahen wir sie, die Herrscherin der Wüste, die Königin von Loulan und Lop-Nor in all ihrer Schönheit.

In jungen Jahren war sie vom Tode überrascht und von liebevollen Händen eingehüllt und zu dem geweihten Hügel getragen worden, in dessen Innerem sie an die zwei Jahrtausende schlummern sollte, bis sie die Kinder einer späteren Zeit aus ihrer langen Ruhe weckten.

Ihre Gesichtshaut war hart wie Pergament, aber die Form und Zeichnung des Antlitzes war von der Zeit nicht verändert. Sie lag mit geschlossenen Augenlidern, die die nur wenig eingesunkenen Augäpfel deckten. Um ihre Lippen spielte noch immer ein Lächeln, das Jahrtausende nicht ausgelöscht hatten und das dieses rätselhafte Wesen noch anziehender und sympathischer machte. Ihre Geheimnisse von den Abenteuern des Lebens verriet sie jedoch nicht, und die Erinnerung an bunte Bilder in Loulan, an das Erwachen des Frühlings in der Seenlandschaft, an Flußfahrten in Kanu und Fähre hatte sie mit sich ins Grab genommen.

Die innere Länge des Sarges betrug im Durchschnitt 1,71 Meter, und die unbekannte Prinzessin war eine kleine Dame, die etwa 1,60 Meter groß war.

Im Schein der Nachmittagssonne begannen Chen und ich eine recht eingehende Untersuchung der Tracht, in der sie der Erde übergeben worden war. Auf dem Kopf trug sie eine turbanähnliche Mütze und um diese eine einfache Binde. Ihr Oberkörper war mit einem Hemd aus Hanf, unter das noch mehrere ähnliche Kleidungsstücke aus gelber Seide gezogen waren, bedeckt. Die Brust war von einem roten, quadratischen, mit Stickereien verzierten seidenen Tuch bedeckt, worauf ein Hemd aus blauem Stoff folgte. Der untere Teil des Körpers war in doppelte Seide gehüllt, eine Art Rock, der eine Fortsetzung der gelben seidenen Bekleidung und des Hemdes bildete. Auf gleiche Weise bildete ein Rock aus weißem Stoff die Fortsetzung des blauen Kleides. Darunter trug sie einen dünnen Rock, Hosen und gemusterte Pantoffel. Ihre Lenden umschlang zunächst eine Art Rettungsgürtel.

Wir nahmen Proben aller dieser Kleidungsstücke mit; einiges, wie den Kopfputz und die Pantoffel, entführten wir im ganzen, desgleichen einen Beutel voll schön gemusterter Seidenreste in verschiedenen Farben. Außerhalb des Sarges am Kopfende fanden wir ein rechteckiges niedriges Tischchen mit vier Füßen und einer niedrigen Schutzleiste, eine rot bemalte Holzschale und das Skelett eines ganzen Hammels, zur Wegzehrung auf der Fahrt in die andere Welt gehörig.«

So weit Sven Hedins Bericht von seiner unerwarteten Begegnung mit der geheimnisvollen Welt von Loulan. Es war zugleich eine Begegnung mit der Seide als einem der wichtigsten Statussymbole jener Zeit, das die junge Frau aus Loulan einwandfrei als Prinzessin ausweist. An diesem Beispiel wird deutlich, daß kostbare Seiden im Tarim-Becken nicht nur Handels-, vor allem Exportgut, sondern auch Gebrauchsgegenstand des höheren Bedarfs waren. Sie vermochten das Leben in den Oasen mit jenem Hauch von Schönheit zu erfüllen, den man dringend nötig hatte —, sowohl im Leben als auch im Tod, der für die Menschen damals nur ein Schritt ins nächste Leben war, den sie nicht ohne den gewohnten Luxus gehen mochten.

DIE KAISERLICHE SEIDENRAUPENSCHMUGGLERIN

Im British Museum befindet sich eine kleine hölzerne Votivtafel aus dem hundert Kilometer nordöstlich der alten Handelsstadt Khotan in der Taklamakan-Wüste gelegenen Kloster Dandan-oilik, die den Titel *Seidenprinzessin* trägt. Am selben Ort wurde die etwas größere Darstellung einer vierarmigen, bärtigen Gottheit von ausgesprochen persischem Stil, ebenfalls auf Holz gemalt, gefunden, die durch ihre in den Händen gehaltenen Werkzeuge als Gott der Seidenweberei zu erkennen ist. Die gleichen Werkzeuge wie diese Gottheit hält auch eine ebenfalls vierarmige Figur hinter der Seidenprinzessin in Händen. Doch trotz desselben Fundortes unterscheiden sich die auf den beiden Tafeln dargestellten Figuren sowohl physiognomisch als auch in ihrer Kleidung grundsätzlich.

So wie bei dem Gott der Seidenweberei der persische Einfluß nicht zu übersehen ist, tritt bei der Seidenprinzessin der lokale, zentralasiatische Zug hervor. Man könnte sie mit einer der noch heute im Tarim-Becken lebenden Uigurinnen vergleichen. Nur ihr Kopfputz weist in die Ferne. Und so ist das im siebten Jahrhundert gemalte Bildchen auch gemeint: Es stellt eine chinesische Kaisertochter dar, die angeblich um 420 an den Fürsten von Khotan verheiratet wurde und der es — wie die Geschichtsschreiber berichten — gelang, in ihrer aufgetürmten, reichgeschmückten Frisur Seidenraupeneier und Maulbeersamen aus China ins Tarim-Becken zu schmuggeln. Sie hatte sich damit nach chinesischem Recht eines todeswürdigen Verbrechens schuldig gemacht.

An der chinesischen Grenze war sicher ihr Gepäck kontrolliert worden. Zu einer Leibes- und Haarvisitation aber fühlten sich die Kontrollbeamten in diesem Falle wohl nicht berechtigt. So geschah es, daß eine kleine, außer Landes verheiratete Prinzessin das jahrhundertelang von China gegenüber dem Westen gehütete Seidenraupenmonopol durchbrach und damit den entscheidenden Schlag gegen die Handelsvormacht ihres Landes bei diesem so wichtigen Exportartikel führte.

Wenn wir den Geschichtsschreibern glauben dürfen, hatte der Fürst von Khotan diesen Schmuggel durch eine Bemerkung ausgelöst, die auf die Putzsucht und die Eitelkeit seiner chinesischen Braut gerichtet war. Er hatte ihr bei der Werbung am Kaiserhof zu verstehen gegeben, daß es ganz an ihr läge, ob sie auch in Zukunft seidene Kleider tragen könne oder nicht. Auf alle Fälle ließ der gewiß in viel weiteren Dimensionen denkende Herrscher erkennen, daß er die ständig wachsenden, teuren Exportpreise für chinesische Seide nicht zu zahlen gedenke, auch wenn es um die Ausstattung der eigenen Frau ging. Dieses Vorgehen eines mächtigen Oasenherrschers aus dem südwestlichen Tarim-Becken erscheint uns heute äußerst durchsichtig. Aber die sehr junge, in Wirtschaftsfragen sicher unerfahrene Prinzessin sah nur ihre persönlichen Bedürfnisse und unterwarf sich dem Willen ihres Gatten, noch bevor sie mit ihm verheiratet war.

In Khotan erwies sich die willfährige junge Dame dann allerdings als eine gute Buddhistin. Sie verbot das Töten der eingepuppten Seidenraupen. Die Kokons durften nicht ins heiße Wasser geworfen und dann nach dem Trocknen abgehaspelt werden, wie das in China üblich war. Vielmehr ließ man auf Geheiß der Prinzessin die Falter ausschlüpfen, und erst dann wurde das zerrissene Gespinst zur Verarbeitung freigegeben. So währte es noch lange, bis auch westlich von China eine der chinesischen gleichwertige Seide hergestellt werden konnte.

Die Geschichte der Seidenraupenschmugglerin — mag sie wahr oder erfunden sein — signalisiert eine Veränderung in der ost- und zentralasiatischen Wirtschaftsstruktur, die wahrscheinlich eine Spätfolge des endgültigen Zusammenbruchs der Han-Dynastie und der damit verbundenen politischen und militärischen Schwächung

Chinas im dritten Jahrhundert war. Denn es gab nun kein einheitliches Reich mehr.

Um die Anerkennung als Sohn des Himmels bemühten sich seit 220 n. Chr. Angehörige verschiedener Dynastien. Die Folge war der Zerfall Chinas in drei Reiche – Wei, Wu und Shu Han –, von denen jedes für sich den Anspruch der legitimen Nachfolge des Han-Imperiums erhob.

Diese Zeit der Teilung dauerte etwa dreihundertsechzig Jahre. Es war die Zeit der Entstehung, Wiederentstehung oder Ausdehnung wichtiger Staaten im Tarim-Becken, zu denen neben Turfan und Kutscha auch der von Khotan gehörte. Das Geschick dieser Staaten war, wie das von Loulan, lange Zeit von den Großmachtverhältnissen zwischen China und den Hiung-nu abhängig gewesen. Beide Mächtegruppen hatten immer wieder versucht, diese nicht nur militärisch, sondern auch wirtschaftlich bedeutenden Plätze an den Seidenstraßen unter ihre Gewalt zu bringen. Das geschah aufgrund der unterschiedlichen Herrschaftsformen Chinas und der Hiung-nu auf ganz verschiedene Weise. Während es den Chinesen um die ständige militärische, politische und wirtschaftliche Präsenz in diesen Staaten, vor allem in ihren Hauptstädten ging, wurden sie von den Hiung-nu als vorübergehende Angriffsbasen und vor allem als Informationszentren angesehen, die sie sich durch Überraschungsangriffe und ständigen Druck gefügig zu halten versuchten.

Das änderte sich, als in den letzten Jahren der späten Han-Dynastie der chinesische Einfluß nachließ und die größeren Staaten des Tarim-Beckens zu wachsender politischer Unabhängigkeit und immer stärkerer Wirtschaftsmacht gelangten, was insbesondere dem trotz politischer Veränderungen weitgehend ungestörten Fortbestehen des Handelsverkehrs über die Seidenstraßen zu danken war.

Khotan hatte – so wie Kutscha – noch einen weiteren Vorteil in diesem Kräftespiel. Beide Staaten, die von großer territorialer Ausdehnung waren, besaßen reiche Bodenschätze. In Khotan war das vor allem die seit alters her in China begehrte Jade. Fast die gesamte in China verarbeitete Jade stammt, wie wir heute wissen, aus den Fundstätten Khotans. Der Handel mit diesem Halbedelstein läßt sich bis ins dritte vorchristliche Jahrtausend zurückverfolgen, wurden doch in China wie im Tarim-Becken selbst steinzeitliche Zeremonialäxte aus Jade gefunden, deren Material nach Khotan weist.

Da sich der Jadehandel bereits in dieser frühen Zeit auch nach Westen – bis nach Mesopotamien – erstreckte und für den Transport wahrscheinlich die gleichen Wege wie für den afghanischen Lapislazulihandel benutzt wurden, dürfen wir annehmen, daß es auch hier, im innerasiatischen Raum, bereits um 3000 v. Chr. Verkehrsverbindungen gegeben hat, aus denen sich später die Seiden-straßen entwickelt haben.

In der langen Zeit der Entfaltung ältester Wirtschaftsbeziehungen im damals wahrscheinlich noch fruchtbaren, landschaftlich reizvollen Tarim-Becken hat sich eine folgenreiche Umschichtung der Bevölkerung dieser Gebiete vollzogen.

Während des ersten vorchristlichen Jahrtausends waren sakische Stämme, denen wir schon am oberen Indus begegnet sind, in die Gegend von Khotan vorgedrungen und hatten mit der politischen Macht auch den Jadehandel übernommen, der von nun an für das südliche Tarim-Becken immer größere Bedeutung gewinnen sollte. Diese drückte sich vor allem im ständig wachsenden Reichtum der Stadt Khotan aus.

Bedenkt man, daß zu jener Zeit auch jenseits von Pamir und Karakorum Saken siedelten, wird die Ausdehnung dieser Stammesgruppen deutlich. Sie hatten offenbar schon lange vor der Zeitenwende, vom Norden kommend, weite Teile Zentralasiens und, um es in heutigen Grenzen zu sagen, das östliche Nordpakistan sowie — darf man den chinesischen Quellen glauben — Kaschmir und Nordwestindien erreicht.

Wir haben es also bei den noch immer geheimnisumwitterten Saken mit einem der mächtigsten Vorgängervölker der späteren Bewohner des Einzugsgebietes der südöstlichen Seidenstraßen zu tun. Ihre Herkunft verliert sich im Dunkel der Frühgeschichte, wenngleich es heute als erwiesen gelten darf, daß sie mit den Skythen verwandte Stämme aus dem Gebiet nördlich des Aralsees waren. Ihre Sprache ist mit der uns bekannten von Khotan identisch, was darauf hindeutet, daß sie die früher im südwestlichen Tarim-Becken lebenden Völkerschaften völlig überlagert oder assimiliert haben.

Die Ausdehnung des sakischen Stammesgebietes nach Westen und Südwesten deutet darauf hin, daß Khotan nicht nur der Ausgangspunkt des gewinnreichen Jadehandels war, sondern auch weite Strecken seiner Verbreitung unter Kontrolle hatte. Wenn das in östlicher Richtung auch nur bedingt der Fall war, so hatte Khotan doch zumindest die Preisgestaltung in der Hand, zumal der Jadebedarf in China ständig wuchs und noch heute besteht.

Man mag in der Abhängigkeit des alten kaiserlichen China von der begehrten Jade aus Khotan einen gewissen Widerspruch zu der Geschichte von der Seidenraupenschmugglerin sehen, bedeutete es doch für den Herrscher des reichen Khotan keine Schwierigkeit, gegen Jade die kostbarsten Seiden für den Eigenbedarf einzutauschen. Aber vielleicht war es gerade die eigene wirtschaftliche

Vormachtstellung, die den König von Khotan veranlaßte, auch auf dem Gebiet der Seidenproduktion Unabhängigkeit anzustreben. Zudem war Seide eine in beliebiger Menge produzierbare Kostbarkeit. Jade dagegen mußte − und das ist noch heute der Fall − von Kennern mit geschärftem Blick in Geröllfeldern und Flußbetten mühevoll gesucht werden.

Aus den unscheinbaren, kaum von Kieseln zu unterscheidenden Jadebrocken bringt erst der Schliff jenen in allen Varianten von milchigweiß bis grün erscheinenden Stein hervor, der bei den Chinesen seit frühester Zeit magische Bedeutung als Yang-Symbol, als Ausdruck männlicher Lebenskraft hatte.

Bald nach der eigensüchtig kühnen Tat der chinesischen Prinzessin, vor allem seit man Seide auf chinesische Art aus den unverletzten Kokons herzustellen begann, überflügelten Seidenproduktion und Seidenhandel den Anteil der Jade am internationalen Geschäft Khotans um ein Vielfaches. Und noch heute wird auf einfachen, mit Hand und Fuß betriebenen Webstühlen in Khotan mehr Seide produziert als in der übrigen Provinz Singkiang.

So ist Khotan seit der Zeit der alten Seidenstraßen nicht nur ein wichtiger Handelsknotenpunkt, sondern auch ein bedeutendes Produktionszentrum − die einzige, wenn auch noch immer mittelalterlich wirkende alte Industriestadt des Tarim-Beckens, gelegen in einer der unwirtlichsten Gegenden dieser Erde, nördlich des auf siebentausend Meter ansteigenden, bislang kaum bekannten Kunlungebirges im Schatten der Nordausläufer des westlichen Himalaya.

Und doch ist gerade Khotan einer der frühen, über seine lokale Bedeutung hinauswirkenden, Politik und Wirtschaftsentwicklung beeinflussenden Orte, von dem sowohl China als auch der Westen in einem stärkeren Maße abhängig waren, als wir es uns heute vorstellen können. Denn was die Annalen von der kaiserlichen Seidenraupenschmugglerin berichten, enthält als Kern eines der entscheidendsten Ereignisse der chinesischen Wirtschaftsgeschichte des ersten Jahrtausends. Es ist der Verlust des Erzeugermonopols für Edelseide, das China zumindest dem Westen gegenüber jahrhundertelang aufrechterhalten konnte. Nach Korea hatten chinesische Auswanderer, wie wir wissen, schon um 200 v. Chr. den Maulbeerbaum und die Seidenraupe mitgenommen. Von dort waren sie etwa vierhundert Jahre später nach Japan gelangt, so daß sich daraus auch der ausschließliche Westexport chinesischer Seide erklärt. Der war aber zugleich der Grund für die strenge Überwachung der Westgrenzen des Kaiserreiches. Denn man wollte von chinesischer Seite auf alle Fälle eine weitere Verbreitung der Seidenraupenzucht und Seidenherstellung verhindern. Das gelang auch bis in die späte Han-Zeit.

Doch dann gab es offenbar mehrere durchlässige Stellen in der chinesischen Grenzüberwachung. Außerdem hatten die Dynastien der verschiedenen Reiche keine übereinstimmenden Wirtschaftsinteressen mehr, so daß der Schmuggel der wertvollen Produktionsgrundlagen Maulbeerbaum und Seidenraupe in dieser Zeit — ob mit oder ohne Prinzessin — kein unlösbares Problem mehr darstellte.

Auf alle Fälle ist Khotan, folgt man den alten Texten, das Schlüsselwort für die Ausbreitung der Seidenraupenzucht über Chinas Grenzen hinaus nach Westen. Die Oasenstädte des Tarim-Beckens waren die ersten Nutznießer dieser Entwicklung.

Die Bedeutung der Seidenstraßen begann sich seither zu wandeln. Sie waren nun keine ausschließlichen Transitstrecken mehr, sondern wurden in wachsendem Maße zu Transportwegen der eigenen Produktion anliegender Städte. Das verkürzte die Wege, verringerte die Preise und minderte die Gefahren.

Nachdem das chinesische Monopol gefallen war, verbreitete sich die Seidenraupenzucht und Seidenherstellung entlang der Seidenstraßen zunächst bis Persien. Maulbeerbaum und Seidenraupe wurden überall dort heimisch, wo es die klimatischen Bedingungen erlaubten.

Vielleicht enthüllt sich aus diesem bisher kaum erforschten wirtschaftlichen Entwicklungsprozeß zwischen Zentralasien, Persien und später auch dem Schwarzen Meer sowie dem Mittelmeer die Bedeutung des von dem römischen Historiker Prokop im sechsten Jahrhundert geprägten, in seinem Sinn noch immer nicht entschlüsselten Begriffs »Serindia«.

Wohl über keinen anderen der schwer deutbaren Begriffe des Altertums ist mehr gerätselt worden als über diesen. In jüngster Zeit hat ihm der Japaner Hiroshi Wada eine Dissertation gewidmet, die das Quellenmaterial beim Wort nimmt. Hier wird, wie ich meine, der richtige Weg zur Erklärung eingeschlagen. Nur versucht auch Hiroshi Wada wie alle seine Vorgänger den Begriff geographisch einzugrenzen, was wahrscheinlich nicht Prokops Absicht entspricht.

Serindia, das ist wohl einfach das weite Gebiet, das die Seidenraupeneier und damit die Seidenerzeugung von China durch das Tarim-Becken und Mittelasien bis nach Byzanz durchwandert haben. Und zwar nicht, wie es Prokop in seinem Werk über die *Gotenkriege* berichtet, im Pilgerstab frommer Mönche, sondern über die Zeit, die es braucht, ein Naturprodukt und seine kulturelle Nutzung über mehr als viertausend Kilometer zu verpflanzen.

Auf diese Weise erlangten die Seidenstraßen noch einen anderen, wörtlichen Sinn als den ursprünglich rein auf den Seidentransport bezogenen, der zwar nun auch noch galt, aber doch in wachsendem

Maße für sehr viel kürzere Strecken. Denn Seide aus China war seit dem vierten Jahrhundert im Karawanengut aus dem Osten nicht mehr das Hauptprodukt, wenn sie auch immer noch wegen ihrer begehrten Strukturen und Muster den Weg in großen Mengen nach Westen fand. Im Verhältnis zur ständig wachsenden Produktion aber war der Export in einem die chinesische Wirtschaft gefährdenden Maße rückläufig, zumal auch die Seidenpreise infolge der internationalen Konkurrenz sanken. Neben den Produktionsstätten im Tarim-Becken — das war außer Khotan vor allem Kutscha — trat nun auch Persien als Erzeuger auf den Markt. Diese Entwicklung hatte Seidentransporte nach beiden Richtungen zur Folge. Und die Länge des Transportwegs spielte für die Preiskalkulation eine wachsende Rolle. All das bekam der chinesische Seidenhandel deutlich zu spüren. Die Auswirkungen auf die chinesischen Produktionsstätten waren verheerend und führten zu einer Verelendung der Landbevölkerung in den hauptsächlich von der Seidenraupenzucht lebenden Gebieten.

Betrachtet man dagegen die wirtschaftliche Entwicklung entlang der Handelswege selbst, so findet man dort die entgegengesetzten Auswirkungen. Der Rückgang der Seidenpreise ließ das Geschäftsvolumen wachsen. Die immer stärker werdende Konkurrenz erweiterte das Käuferpotential. Seide wurde mehr und mehr zu einem Konsumartikel, der sich neben anderen Angeboten der internationalen Basare — Keramik, Baumwolle, Schmuck, Parfums — behaupten mußte.

Der Lebensstandard breiter Bevölkerungsschichten entlang der Seidenstraßen stieg. Die Märkte weckten Bedürfnisse, die sie auch im überreichen Maße bei zunehmender Preisgünstigkeit befriedigen konnten. Selbst der Vicus Tuscus, das einst nur den Reichen als Kunden anlockende Viertel der Seidenhändler in Rom, sah nun viele Käufer, die früher höchstens als Neugierige durch die Straßen geschlendert waren. Das Angebot hatte sich inzwischen vervielfacht. Und die Preise — wenngleich immer noch hoch — waren für viele Bürger erschwinglich geworden.

Es war die Zeit, in der sich auch die verschiedenartigsten Städte an der weiten Strecke zwischen Chinas Westgrenze und dem Mittelmeer prachtvoll entfalteten und jene Kultur entstehen ließen, die wir zu Recht als Kultur der Seidenstraßen bezeichnen dürfen, wenn auch nun — im vierten Jahrhundert und später — die chinesische Seide längst nicht mehr das alleinbeherrschende Produkt dieser Blüte war.

irgendwo entlang der vielen tausend Kilometer, die
sich die Seidenstraßen zwischen Zentralchina mit den
alten Hauptstädten Changan, Loyang und dem Mittelmeer erstrecken, zeigen sich die Spuren und Einflüsse
der antiken Handelswege deutlicher als im Tarim-Bek-
ken. Das gilt für die Oasenstädte im Süden wie für die Plätze der
Nordroute, die sich im Gebiet der aus dem Himmelsgebirge herab-
kommenden Zuflüsse des Tarim und östlich davon entwickelt
haben. Von besonderer Bedeutung ist dort die Turfan-Oase, die bis
einhundertvierundfünfzig Meter unter den Meeresspiegel abfällt.
Sie ist das erste weiträumige, fruchtbare Territorium, das man
erreicht, wenn man von Dun Huang aus in nordwestlicher Richtung
die Südwestausläufer der Gobi durchquert.

Die flache Landschaft, durch die auch heute noch die Kamelkara-
wanen ziehen, ist von unförmigen Hügeln beherrscht — den Resten
der zweitausend Jahre alten Wachtürme, die einst den Weg der
Seidenstraße nach Turfan als Signalstationen begleiteten. Sie erinnern an die Gefahren, denen die Händler ausgesetzt waren, die
durch das dünendurchsetzte Sandmeer zogen. Denn nicht nur die
Hiung-nu streiften nördlich der Straße durch das unkontrollierbare
Wüstengebiet. Es gab auch marodierende Banden entlaufener Söld-
ner und kriegsgefangener Nomaden, die ausgebrochen waren und
nun jenseits aller staatlichen Ordnung und aller Gesetze ein gefährli-
ches, vor allem aber für die Reisenden bedrohliches Leben führten.

Die Turfan-Oase war schon in früher Zeit das ausgedehnteste
landwirtschaftliche Anbaugebiet des Tarim-Beckens, das durch die
künstliche Bewässerung des Landes mit einem weitverzweigten
Brunnen- und Kanalsystem ständig erweitert worden ist.

Auf keinen anderen Platz der zentralasiatischen Wüstenregion
trifft das Wort Oase in seiner Geborgenheit, Frieden, Fruchtbarkeit
und paradiesische Idylle suggerierenden Bedeutung so genau zu wie
auf Turfan. Und das bis in unsere Tage. Wenn auch die Menschen
hier hart arbeiten müssen, um die Früchte einer reichen Natur zu
bewässern, zu ernten und zu verarbeiten, so gewinnt man doch in
ihren Häusern und schattigen Höfen, in den ausgedehnten Weingär-
ten mit ihren Pergolen, von denen riesige Trauben herabhängen, vor
allem aber abends bei ihren Festen den Eindruck von Zufriedenheit,
ja Glück. Musik und Tanz gehören zu ihrem Leben, als Farbtupfer in
der umgebenden Wüstenwelt, von der man meint, daß sie Menschen, die ständig hier leben, melancholisch stimmen müsse.

Das Gegenteil war und ist der Fall. Lebhafte, trotz der vor fünfhundert Jahren erfolgten Islamisierung an ihren alten Bräuchen, vor allem auch am Weingenuß festhaltende, lebensfrohe Menschen begegnen uns mit großer Gastfreundschaft. Sie bilden einen scharfen Gegensatz zu den hierher verpflanzten Chinesen, die sich nicht nur im Gesichtsausdruck, sondern in ihrer gesamten Lebensweise grundsätzlich von den Einheimischen unterscheiden. Dieser Unterschied macht auch die Probleme der Vergangenheit deutlich. Die Chinesen, die in diesen Gebieten immer als eine Art Besatzungsmacht empfunden worden sind – zur Zeit der Seidenstraße wie heute –, haben sich auch selbst als Fremde gefühlt und sich nur durch ein strenges Regime behaupten können, das sich mit der Freiheitsliebe der aus dem Norden hierher vorgedrungenen und seßhaft gewordenen Nomaden nur schwer vereinbaren läßt.

In den letzten Jahren allerdings hat China gegenüber den nationalen Minderheiten, wie man die Fremdvölker in den Grenzen der Volksrepublik nennt, eine kluge Politik der Toleranz und der Förderung nationaler Traditionen betrieben, die in den Westprovinzen offenbar großen Erfolg hat.

Weite Teile des Tarim-Beckens, so auch die Turfan-Oase, sind seit mehr als tausend Jahren von einem sogenannten Turkvolk – den Uiguren – bewohnt. Ihnen begegnen wir hier in Turfan auf der Reise in den chinesischen Westen zum ersten Mal als der vorherrschenden Bevölkerungsgruppe. Doch die Uiguren haben nicht immer im Tarim-Becken gesessen. Sie sind vielmehr ein verhältnismäßig spät – um 760 – in den Bereich der Seidenstraße eingedrungenes Volk, das jedoch die Kultur dieses Gebietes – besonders der Region von Turfan – entscheidend mitgeprägt hat.

Sowohl die Straße, die nördlich des Himmelsgebirges über das heutige Urumchi nach Westen führte, als auch die Südstraße über Khotan und Kaschgar sind älter als jener Zweig, der den Städten der Turfan-Oase und dem weiter östlich gelegenen Kutscha erst von der Zeitenwende an ihre Bedeutung gab.

Infolge Wassermangels im östlichen Abschnitt wurde diese Verbindung bereits im achten Jahrhundert wieder aufgegeben. Und doch zählt sie zu den zentralasiatischen Straßen erster Ordnung, sowohl was ihre wirtschaftliche Rolle als auch was ihre Funktion als Kultur- und Religionsverteiler betrifft. Dabei stehen Turfan und Kutscha an erster Stelle.

Sie waren die Hauptziele der vier Berliner Ost-Turkestan-Expeditionen von 1902 bis 1914, die den Namen Turfan auch in der westlichen Welt bekannt gemacht haben. Noch heute zählt die Turfan-Sammlung des Museums für Indische Kunst in West-Berlin zu den bedeutendsten Ausstellungen zentralasiatischer Kunst überhaupt. Sie macht es uns im Zusammenhang mit Besuchen vor Ort möglich, diesen wichtigen Abschnitt der Seidenstraße nicht nur historisch zu beschreiben, sondern auch durch die Aussagekraft der alten Höhlenmalereien zu veranschaulichen, wie wir es schon bei der Betrachtung des ebenso bilderreichen Dun Huang versucht haben.

Hier im Tarim-Becken ist das besonders wichtig, weil wir vor allem an seiner nördlichen Seidenstraße die Begegnungsstätten der Kunst- wie der Religionseinflüsse aus dem Westen finden, die neben dem Handel das Leben in dieser Region ganz wesentlich mitgeprägt haben.

Indische, persische und hellenistische Kunstformen und Glaubensinhalte bestimmten das vielfältige, zunächst rätselhaft erscheinende Bild in den nach über tausendjähriger Vergessenheit um die letzte Jahrhundertwende entdeckten Städten und Höhlentempeln zwischen Dun Huang und Kaschgar.

Es ist eine Welt, die durch ihre Relikte, so spärlich sie auch, gemessen an der Fülle von einst, sein mögen, Antworten bereithält auf die faszinierende Frage nach den Auswirkungen erster Weltkontakte zwischen Ost und West, zwischen China, Mittelasien, dem Vorderen Orient und dem Abendland. Wer weiß schon um diese Zusammenhänge, mit deren Erforschung erst zu Anfang dieses Jahrhunderts begonnen wurde und die noch längst nicht abgeschlossen ist? Erst seit wenigen Jahren lassen die Chinesen Fremde in die schwer zugängliche, zudem auch militärisch heikle Region zwischen Süd-Gobi und Pamir einreisen.

Urumchi, heute Verwaltungshauptstadt der chinesischen Nordwestprovinz Singkiang, und die Turfan-Oase waren die ersten Plätze in diesem Gebiet, die nach der kommunistischen Machtübernahme, »der Befreiung«, wie man in China sagt, für Ausländer geöffnet wurden.

Im Herbst 1979 konnte ich zum ersten Mal von Urumchi aus, den Blick auf die den Weg zeitweise wie eine Kulisse begleitenden Schneeberge des Himmelsgebirges gerichtet, in die Senke von Turfan fahren, wo Ende September noch Tagestemperaturen von über fünfzig Grad herrschen. Es war die Zeit, in der die Chinesen ihre Gäste nur mit der Gegenwart und den Errungenschaften ihres politischen Systems vertraut machen wollten. Die Bewässerungsanlagen, die mit viel Mühe wiederhergestellt worden waren, die Baumwollfelder und Melonengärten, natürlich auch die beste Weinbaukommune standen auf dem Programm. Und es war gar nicht leicht, unseren Gastgebern klarzumachen, daß wir auch die Ruinenstädte der alten Seidenstraße besichtigen wollten.

Dann endlich war es soweit. An einem Nachmittag, die Sonne stand noch immer hoch am Himmel und das Thermometer zeigte sechsundvierzig Grad, fuhren wir westwärts, nach Yarkhoto – der Stadt auf dem Yar.

Der Eindruck war überwältigend: Aus einem nur wenig Wasser führenden Flußtal steigt eine Straße steil hinauf auf ein schmales, hohes Felsplateau, das sich wie eine natürliche Festung mit senkrechten Steilwänden zwischen zwei Tälern erhebt. Selbst heute, wo nur noch Mauern und Turmstümpfe auf dem Yar erhalten sind, begreift man, daß dies einst die oasenbeherrschende Stadt war – ein Machtzentrum, von dem aus weite Teile des Landes unter Kontrolle gehalten werden konnten.

Niemand vermag zu sagen, von wem und wann hier die erste Siedlung, die erste Befestigung errichtet worden ist. Die Frühgeschichte des Tarim-Beckens wartet noch auf ihren Erforscher.

In den chinesischen Annalen erscheint Turfan, das dort Kü-si genannt wird, zum ersten Mal 108 v. Chr. Der 92 v. Chr. verstorbene chinesische Historiker Pan Ku schreibt: »Die Städte Turfans sind wohl die Tore zu den Westländern.«

Die Chinesen brauchten fast fünfzig Jahre, um die bis dahin als unabhängiges Fürstentum existierende Turfan-Oase 60 v. Chr. unter ihre Herrschaft zu bringen. Damals wurde wahrscheinlich auch die unbezwingbar erscheinende Stadt auf dem Yar zum ersten Mal in ihrer langen Geschichte erobert. Seither blieb das chinesische Interesse auf Turfan gerichtet, auch wenn die Hiung-nu zeitweise die Verbindungen gewaltsam unterbrachen. Für China war Turfan der nördliche Vorposten Dun Huangs, so wie Loulan im Süden.

Yarkhoto ist die einzige Ruinenstadt des Tarim-Beckens, deren Struktur und Ausdehnung man aufgrund ihrer durch die Natur bestimmten, exponierten Lage genau überschauen kann. Die Vorderstadt, die man durch ein verfallenes Tor von der Flußniederung her aufsteigend erreicht, besteht aus Wohn- und Verwaltungsgebäuden, deren Mauern aus ungebrannten Lehmziegeln zum Teil noch mehrere Meter hoch anstehen. Das Gerichtsgebäude und der darunterliegende zweiteilige Kerker sind eindeutig auszumachen. Die Karawanenlager befanden sich wohl infolge der räumlichen Beschränkung der Stadt am Fuße des Hügels zwischen den beiden Flüssen.

Die Hauptstraße Yarkhotos, welche die langgestreckte Stadt in zwei gleichgroße Verwaltungs- und Wohnquartiere teilt, die bis an die steil abstürzenden, etwa fünfzig Meter hohen Wände des Yar heranreichen, führt auf einen großen Stupa mit quadratischer Terrasse zu, der heute als Aussichtsturm genutzt wird und einen guten Überblick über ganz Yarkhoto bietet. Dahinter liegt eines der buddhistischen Hauptheiligtümer der Stadt — eine riesige, von hohen Mauern umgebene Tempelanlage. Ein ihr Zentrum beherrschender Nischenstupa zeigt in einigen der oberen Nischen Reste von in Meditationshaltung sitzenden Buddha-Figuren, die über Holzgerüsten aus Lehm geformt waren.

Am äußersten Ende des bebauten Plateaus, das wahrscheinlich ausschließlich sakralen Zwecken vorbehalten war, erhebt sich ein freistehendes buddhistisches Heiligtum, das aus einem Zentralstupa mit vier niedrigeren Ecktürmen besteht, denen vier Gruppen von je fünfundzwanzig altarähnlich wirkenden kleinen Stupas vorgelagert sind. Die ganze Anlage vermittelt den Eindruck eines riesigen architektonischen Mandala, wie wir es in großartigster Form vom zentraljavanischen Borobodur her kennen.

An diesem Stupakomplex haben wahrscheinlich Prozessionen der Machthaber und der Mönche stattgefunden. Diese lebten wohl in großer Zahl in heute nicht mehr nachweisbaren Holzbauten des hintersten Teils von Yarkhoto, vielleicht aber auch auf den Hügeln außerhalb der Stadt, auf denen jetzt islamische Grabmäler stehen.

Im Gegensatz zu den meisten Stupas des Gandharagebiets, die auf indische Vorbilder zurückgehen und die Form von Halbkugeln haben, erinnern die quadratischen Terrassenstupas der Turfan-Oase an die mesopotamische Zikkurat, jenen Stufentempel der sumerischen Hochkultur des dritten vorchristlichen Jahrtausends, dem wir später auch in Persien begegnen.

Vielleicht wurden diese Terrassentempel des Vorderen Orients zu den Vorbildern der persischen Feuerheiligtümer, von denen wir eines der bedeutendsten im gandharazeitlichen Afghanistan — in Surkh Kotal — finden. Inschriften weisen es als zentrale Kultstätte des Kuschanherrschers Kanischka aus, der im Gegensatz zu seinen buddhistischen Untertanen offenbar Anhänger der iranischen Feuerreligion gewesen ist. So könnte es sein, daß wir in Surkh Kotal eines der wichtigsten Glieder jener architektonischen Entwicklungskette vor uns haben, die wahrscheinlich aus der Zeit der frühen Hochkulturen über verschiedene Feuerheiligtümer und zentralasiatische Stupaformen, wie wir ihnen im Turfan-Gebiet begegnen, zu den Pagoden Chinas, Koreas und Japans führt. Das mag nicht mehr als eine kühne Spekulation sein. Doch der Gedanke scheint nicht abwegig, wenn man hier, fernab von allen lokalen Kulturerscheinungen, über die Entwicklung asiatischer Baukunst nachdenkt. Westliche Einflüsse sind in der Baukunst der östlichen Seidenstraßenstädte gewiß nicht auszuschließen. Persien und Mesopotamien scheinen in Turfan, läßt man die alten Sakralbauten optisch auf sich wirken, näher als China.

Die wichtigste Stadt der Turfan-Oase, ja vielleicht des ganzen Tarim-Beckens war zur Blütezeit der Seidenstraße das vierzig Kilometer südöstlich vom heutigen Turfan gelegene, wohl im ersten nachchristlichen Jahrhundert gegründete Chotscho — chinesisch Kao-ch'ang. Diese mehr als einen Quadratkilometer bedeckende, genau quadratisch angelegte Metropole wurde nach einem wechselvollen Schicksal im neunten Jahrhundert Hauptstadt eines uigurischen Königreiches, dessen Herrscher sich selbst mit den Anfang des dreizehnten Jahrhunderts vordringenden Mongolen zu arrangieren verstanden. 1469 erfolgte dann der religiöse Umbruch. Turfan wurde islamisiert, und sein Herrscher nahm den Titel »Sultan« an.

Heute noch ist Chotscho einer der eindrucksvollsten Orte zwischen Dun Huang und Kaschgar, obwohl seine von Grünwedel und von Le Coq zu Anfang des Jahrhunderts beschriebenen Ruinen inzwischen von einer verständnislosen Bevölkerung weiter zerstört oder doch sehr schwer beschädigt worden sind.

Innerhalb ihrer mächtigen, noch immer meterhoch anstehenden Wehrmauern bestand Chotscho nur aus dem Herrscherpalast und einer unübersehbaren Zahl heiliger Stätten — Tempel und Stupas —, die allerdings nicht nur buddhistischen, sondern auch christlichen und manichäischen Kulten dienten. So dürfen wir Chotscho als »synkretistische« Stadt des Tarim-Beckens bezeichnen. Das läßt darauf schließen, daß sie in der späteren Zeit der Seidenstraße — vom sechsten oder siebten Jahrhundert an — der bedeutendste Schnittpunkt von Religionen und Kulturen im Tarim-Becken gewesen ist. Toleranz — hier scheint sie einmal in vorbildlicher Weise praktiziert worden zu sein, wenngleich wir über das tägliche Leben in der Stadt nur wenig wissen.

Als Albert Grünwedel mit seiner Expedition Chotscho 1902 zum ersten Mal erreichte, waren viele Tempel und Stupas noch gut erhalten. Vergleicht man die Fotos von damals mit dem persönlichen Eindruck, den man heute beim Durchwandern des Ruinenfelds gewinnt, so wird einem das Ausmaß der natürlichen, aber auch der gewaltsamen Zerstörung in dieser kulturhistorisch einmaligen Ruinenstätte voll bewußt. Obwohl die Chinesen in den letzten Jahren einige Bauten restauriert und einen der wichtigsten Nischenstupas wieder aufgebaut haben, bleibt das Bild von heute weit hinter dem zurück, was Grünwedel in seinem ersten umfassenden Bericht beschreibt.

In den letzten Jahren ist den Zentralasienexpeditionen von verschiedenen Seiten der Vorwurf räuberischen Vorgehens in den

Ruinen und Höhlen der alten Seidenstraßen gemacht worden. Diese oft von wenig Sach- und meist keiner Ortskenntnis getrübten Angriffe auf die Entdecker jener Kulturen gipfeln in bösartigen Anschuldigungen, die verdiente Wissenschaftler zu Kriminellen stempeln möchten. So verständlich Chinas Klagen über den Verlust wertvollen Kulturguts sind, man sollte dabei nicht vergessen, daß keine der wissenschaftlichen Expeditionen ohne Genehmigung der damaligen Machthaber in Zentralasien gearbeitet hat und daß die meisten der damals in europäische Museen nach Berlin, St. Petersburg, London oder Paris verbrachten Kunstschätze aus Schutt und Bautrümmern, eingestürzten oder doch vom Einsturz bedrohten Bauwerken und Höhlen geborgen worden sind. Vieles davon war bereits von den ortsansässigen Bauern zerstört und zum Teil als Baumaterial oder Dünger abtransportiert worden. Das heißt, die meisten der in den Museen aufbewahrten und ausgestellten Bilder, Skulpturen und Objekte wären heute ohne die oft gefahrvollen Bergungsarbeiten der europäischen Wissenschaftler vernichtet oder spurlos verschwunden.

Chotscho, wo Grünwedel und von Le Coq noch viele vom Untergang bedrohte Reste an Tempelgut retten konnten, bietet dem Besucher dafür einen deutlichen Beweis. Denn nichts von den zahlreichen am Ort verbliebenen Skulpturen- und Freskenresten hat sich bis heute erhalten.

Ein bezeichnendes Beispiel für die Zerstörung von noch bis in unser Jahrhundert vorhandenen wichtigen Bauten in Chotscho gibt Albert Grünwedel in seinem ersten Expeditionsbericht. In der Südostecke der Ruinenstadt hatte er im November 1902 einen kleinen, außerordentlich fein gearbeiteten und mit prachtvollen Malereien ausgestatteten Tempel untersucht und vermessen, von dem er schreibt: »Das Tempelchen wurde im Februar darauf furchtbar zerstört; die schuttabfahrenden Türken schlugen alle an der Innenseite der Westwand befindlichen Fresken herab und rissen dann diese ganze Westwand fort, um aus dem Innern den Freskenschutt bequemer abfahren zu können.«

Das geschah, weil man glaubte, die alten Farben hätten eine besonders gute Düngewirkung. Man brachte den fein zerkleinerten Schutt der verputzten und bemalten Tempelwände auf die Felder, die man innerhalb der Mauern von Chotscho angelegt hatte.

Viele Motive der zerstörten Wandmalereien aus Chotscho sind uns durch die äußerst fein gezeichneten Skizzen erhalten, die Grünwedel oft in letzter Minute angefertigt hat. Die Lehmskulpturen, die sich im Berliner Museum für Indische Kunst befinden, konnte Grünwedel zum großen Teil von den Einheimischen erwerben, und manches Bruchstück mit einem großartigen malerischen Detail, das heute unersetzliches Studienmaterial zur zentralasiatischen Kunstentwicklung bietet, wurde aus dem zum Abtransport aufgehäuften Schutt geborgen.

Die ebenfalls auf solche Weise geretteten Schriftfragmente in, wie sich herausstellte, verschiedenen Sprachen und Schriftarten sind nicht nur die einzigen spärlichen Belege für die Geschichte Chotschos. Darüber hinaus geben sie vor allem auch Auskunft über das Zusammentreffen unterschiedlicher Religionen in dieser Stadt und enthüllen damit die missionarische Bedeutung der Seidenstraßen für Buddhisten, Manichäer und nestorianische Christen, die das kultische Bild von Chotscho bestimmten.

Grünwedel hatte bei seiner ersten Expedition noch kaum eine Ahnung von der Vielfalt der religiösen und kulturellen Einflüsse, die das Erscheinungsbild des alten Chotscho geprägt haben.

Nichts zeigt sein Erstaunen über diese Entdeckungen deutlicher als seine Beschreibung der ersten Auffindung von Schriftfragmenten, deren Zeichen den Forschern unbekannt waren, so daß ihre sprachliche Zuordnung erst später in Berlin durch spezialisierte Sprachwissenschaftler erfolgen konnte.

Wir lesen in Grünwedels Bericht, der so ganz von der Überraschung der ersten Stunde geprägt ist, zugleich aber auch eine klare Vorstellung vom Erhaltungszustand der erforschten Ruinen vermittelt:

»Als ich begann, mich auf den Trümmern zu orientieren, lag es natürlich nahe, möglichst die hochgelegenen Punkte zu besteigen, um über die einzelnen Quartiere einen Überblick zu erhalten, denn im Anfange war das Gewirr von Schutt und Ruinen äußerst unübersichtlich. Bei der Suche nach Stellen, in denen noch alter Schutt lag, nach Stellen, wo die heutigen Bewohner noch nicht gegraben oder Schutt abgefahren hatten, fiel dem mich begleitenden Techniker das Mittelzimmer des auf dem Plateau liegenden Systems auf. In der Erde wühlend – es lag hier zweifellos noch alter Schutt – entdeckte er einen prachtvollen Freskoboden, und alle Anzeichen sprachen dafür, daß sich hier Grabungen lohnten. Die Innenwände der Mauern des Zimmers hatten wie die Außenwände des Ganges prachtvolle Fresken. Die Fresken im Zimmer waren bis auf den unteren Rand zerstört; außerdem fanden sich im Schutt zahlreiche Reste, welche diesen inneren Fresken angehört hatten. Am unteren Rand der Wände war noch ein schmaler Streifen Fresko erhalten, welcher in langgezogenen grauen und schwarzen Rauten ein Fußornament bildete. Man sah noch zahlreiche Füße mit verschiedener Beschuhung, lange Roben und Kleiderränder; die Bemalung der Rückwand hatte also eine Art Allerheiligenbild dargestellt, dessen Nebenfiguren auf den Seitenwänden fortliefen, natürlich so, daß die Figuren alle nach der Rückwand oder besser gesagt dem vor der Rückwand stehenden Kultbild zugewandt waren. Nach Analogien in Höhlentempeln können wir annehmen, daß die Rückwand Reihen von Bodhisattvas enthielt, an die sich an den Seitenwänden dem Range nach höhere und niedrigere Gottheiten, Mönche und Dämonen anschlossen, und fernerhin bis zu den zerstörten Türpfeilern die Bilder der Stifter des Baues mit ihren Frauen und Kindern und sonstiger Umgebung. Im Schutt fand sich ziemlich die ganze Figur — jetzt aus Trümmern wieder zusammengesetzt — eines hellschokoladenfarbigen, mehrarmigen Dämons, vor dem ein anderer mit nach Brâhmana-Art über dem Kopfe zusammengebundenem Haare saß oder stand, alle von der inneren Nordwand, und endlich im tiefen Schutt von der Ostecke der Südwand ein Freskenstück, welches die Oberkörper weißgekleideter, schwarzbärtiger Männer in schlichtem Haar darstellte, welche viereckige Mützen trugen. Daneben fanden sich Reste von bärtigen Köpfen mit eigenartigem Kopfschmuck — zackigen schwarzen Kronen —, aber leider so zerbröckelt, daß sie nicht transportiert werden konnten. Daß hier keine Gottheiten vorlagen, war ohne weiteres klar, und der Besuch von Tojokmazar und Murtuk bewies mir in der Folge auch, daß hier Bilder von Privatpersonen, den Stiftern des Tempels und ihren Familien vorlagen. Die ›Weißgekleideten‹ fielen mir auf, aber es war jeden Tag so viel Neues und Ungewöhnliches zu sehen, daß ich nicht die Zeit fand, zunächst viel über die Figuren nachzudenken. Unterdessen wurden uns Manuskriptreste verkauft, von denen Dr. Huth und auch ich eine ganze Menge erhielten — in jener Schrift, die jetzt als die manichäische durch Dr. Müller erwiesen ist. Während der Arbeiten hatten türkische Bauern die äußeren Gänge nördlich und südlich von unserer Cella angegraben, und daher stammten die Manuskriptfunde. So erhielt Huth ein Fragment mit Miniaturen und gleichzeitig ich ein zweites Stück, welche aneinander paßten und welche jene weißgekleideten Männer in Miniatur darstellten. Ich nahm meine Untersuchungen wieder auf und begann erst die Fresken im Gange durchzupausen, dann ließ ich den Gang räumen, und hier fanden sich neue Stücke mit Miniaturresten, welche zu den gekauften paßten, sowie die Reste eines großen Bildes auf Seide zwischen Resten buddhistischer Bilder! Nun sah ich, daß etwas Ungewöhnliches vorlag, und suchte noch bewußter nach diesen Dingen. Im Anfang dachte ich an Nestorianer, da ja von der südlich von Turfan liegenden Moschee bekannt war, daß sie eine nestorianische Kirche war, aber die Schrift war nicht die nestorianische und, was von Miniaturen und Bilderresten sich fand, konnte auch nicht christlich sein. Der Nachweis des manichäischen Ursprungs der Manuskripte hat die Lösung des Rätsels gebracht. Daß Manichäer in der Funktion von Ärzten und sonstigen Hofbeamten im Gefolge eines Uigurenfürsten vorkommen können, während er selbst als Verehrer Buddhas dargestellt ist, ist bei der Duldsamkeit der Buddhisten nicht verwunderlich. Auffallend war, daß die manichäische Schrift — ich kann diese Bestimmung ja jetzt einsetzen — nirgends an den Tempelwänden vorkam, ferner, daß die Manuskripte selbst in ihrer Ausstattung, in der Art, wie sie gebunden waren, völlig von dem Landesüblichen abwichen.«

Was in der Stunde der ersten Begegnung dem Verfasser noch als Rätsel erscheinen mußte — die Schriftzeichen der Manichäer —, sollte später nach der Übersetzung der Texte zu einem der wichtigsten Ergebnisse der Turfan-Expeditionen führen: der Entdeckung des von drei Religionen getragenen Synkretismus in Chotscho, der eine der überraschendsten Ausprägungen des Lebensstils war, der sich im Laufe der Jahrhunderte entlang der Seidenstraßen entwickelt hat.

Interessant ist in diesem Zusammenhang die Feststellung, daß alle Religionen, die in Chotscho durch archäologische Funde belegt werden können — der Buddhismus, der persische Manichäismus und das nestorianische Christentum —, vom Westen und Süden her ins Tarim-Becken und von dort aus weiter nach China vermittelt worden sind.

Dagegen können wir religiöse Vorstellungen und Kulte der Chinesen westlich der alten Reichsgrenzen kaum nachweisen. Was also für die Chinesen in erster Linie ein Handelsweg war, betrachteten die sehr viel stärker religiös interessierten und orientierten Völker des Südens und des Westens — vor allem die Inder, Perser und Syrer — zugleich als eine Missionsstraße, deren Bedeutung als Religionsvermittler sie mindestens genauso hoch einschätzten wie ihre wirtschaftliche Funktion, durch die sie erst entstanden war. Doch was wüßten wir heute von ihr, wenn sie nicht ein reiches, vor allem aus den religiösen Aktivitäten hervorgegangenes kulturelles Erbe hinterlassen hätte?

Was für Grünwedel anfangs noch ein Rätsel war, wurde im Laufe der weiteren Berliner Expeditionen zu einem wichtigen Forschungsgegenstand, der auch in der Folge für immer neue Überraschungen sorgte. So finden wir in Albert von Le Coqs Bericht über die zweite Turfan-Expedition, der in seinem Buch *Auf Hellas Spuren in Ostturkistan* enthalten ist, die folgenden aufschlußreichen Zeilen:

»Am 18. November 1904 langten wir am Orte unserer Grabungen, der alten Ruinenstadt Chotscho, an. Am folgenden Tage begannen die Arbeiten. Man brachte uns sofort einige schöne, antikisierende Köpfe aus geformtem Lehm, und bald darauf führten einige Bauern mich in das Zentrum der Stadt, wo sie in einem großen, hallenartigen Raum eine dünne, jüngere Mauer abgerissen hatten. Hinter dieser Mauer, auf der älteren Wand, erschien der Rest eines großen Wandgemäldes, welches einen Mann, überlebensgroß gemalt, in manichäischer Priestertracht darstellte, umgeben von ebenfalls in weiße Ritualgewänder gekleideten manichäischen Mönchen (electi) und Nonnen (electae). Jeder dieser in kleineren Ausmaßen gemalten Religiosen trug seinen schönen persischen Namen in sogdischer Schrift auf seiner Brust. Wir haben Grund anzunehmen, daß wir hier ein traditionelles Bildnis des Religionsstifters Mani vor uns haben. Der Fund dieses Bildes zerstört die Anschauung, daß die Manichäer keine mit Malereien verzierte Kirchen (resp. Kultbauten) besaßen; dieser Saal, der einen Teil einer mehrere ähnliche Hallen umfassenden Anlage bildete, war wahrscheinlich eine der ›Fastenhallen‹ der merkwürdigen Religion.«

Diese Entdeckung korrigierte die lange verbreitete Meinung, in Chotscho hätten nur buddhistische Kultbauten bestanden. Allerdings bot sich den Berliner Expeditionen für den archäologischen wie für den literarischen Nachweis des bis auf die Architektur, die Malerei und das Kultgeschehen einwirkenden Synkretismus in Chotscho eine allerletzte Gelegenheit, fündig zu werden. Für viele Details, die aufzuklären wären, kamen die Berliner, wie Albert von Le Coq überzeugend darstellt, bereits zu spät. Er schreibt dazu:

»Unsere Expeditionen sind zu spät nach Chotscho gelangt; wären sie früher gekommen, so hätten sicherlich mehr dieser merkwürdigen, sassanidisch-hellenistischen Malereien geborgen werden können. Aber auch von der für die Religions- und Sprachgeschichte gleich wichtigen Literatur der Religionsgemeinschaft wäre sehr viel mehr gerettet worden: einer der Bauern sagte mir, fünf Jahre vor dem Kommen der ersten Expedition habe er in einem der zur Anlage von Feldern niedergelegten Tempel fünf große Karren (araba) voll der von uns so gesuchten Handschriften mit der ›kleinen Schrift‹, nämlich der manichäischen, gefunden. Viele seien mit Bildern in Farben und Gold verziert gewesen. Er fürchtete aber, einmal, den unheiligen Charakter der Schriften, und zweitens, daß die Chinesen den Fund als Vorwand zu Erpressungen benutzen könnten, und warf kurzerhand die ganze Bibliothek in den Strom!«

Hier wird noch einmal deutlich, welchem Ausmaß an Vernichtung noch im letzten Jahrhundert die Kulturen an den alten Seidenstraßen ausgesetzt waren. Viele Bauten sind der Anlage von Feldern innerhalb der Mauern von Chotscho zum Opfer gefallen. Und was stehenblieb, war durch die von den Bauern in die Stadt geleiteten Bewässerungsgräben bedroht. In diesem Zusammenhang berichtet von Le Coq vom Untergang einer ganzen Bibliothek, die sich hinter einer von Schutt bedeckten Tür befand. Er schreibt darüber:

»Als ich die Tür aus dem aufgehäuften Lößstaub und Sand herausgearbeitet hatte, fanden wir auf der Schwelle die ausgetrocknete Leiche eines erschlagenen buddhistischen Mönches. Seine Ritual-Robe war mit Blut befleckt. Der ganze Raum, auf den diese Tür führte, war mit einer etwa 60 cm hohen Masse bedeckt, die sich bei näherem Betrachten als Reste manichäischer Manuskripte ergab. Das Löß-Wasser war in das Papier eingedrungen, hatte alles verklebt, und bei der furchtbaren Hitze, die des Sommers dort zu herrschen pflegt, hatten sich alle diese kostbaren Bücher in Löß verwandelt. Ich nahm Proben davon, trocknete sie sorgfältig und hoffte, etwas von diesen Handschriften retten zu können. Aber die einzelnen Papierblätter schilferten ab und lösten sich in kleine Fragmente auf, auf denen die Reste kalligraphisch geschriebener Zeilen, unterbrochen von Spuren in Gold, Blau, Rot, Grün und Gelb ausgeführten Miniaturen noch hier und da erkenntlich waren. Hier ist ein ungeheurer Schatz verlorengegangen. An den Wänden befanden sich außerordentlich gut ausgeführte Wandmalereien, die indessen sehr stark beschädigt waren. In einem engen Gang neben dieser Bibliothek wurden dann ungeheure Mengen von Textilien, zum Teil persischer, zum Teil chinesischer Art, aufgefunden. Unter anderem auch manichäische Hängebilder auf Stoff, welche einen Mann oder auch eine Frau im vollen Ornat der manichäischen Priesterschaft zeigen.«

Der erschlagene Mönch weist auf Gewalt an diesem Ort der Toleranz hin. Wenig später berichtet von Le Coq über weitere Funde, die gleichfalls ein anderes Bild als das des friedlichen Nebeneinanders von Menschen verschiedener Glaubensbekenntnisse vermitteln. Er schreibt:

»In einem der südlichen Kuppelräume, den wir die ›Leichenhalle‹ nannten, machten wir eine grauenhafte Entdeckung. Die äußere Tür dieses Gebäudes war vermauert. Die Kuppel war zum Teil eingestürzt, man hatte aber einen neuen, gewölbten Fußboden darüber errichtet und auf diesem Fußboden einen spätbuddhistischen Tempel erbaut, dessen Wände nur noch in geringer Höhe erhalten waren. Jedoch erkannten wir noch Reste buddhistischer Wandgemälde auf diesen Mauern; dargestellt waren in der Hauptsache Dämonen der lamaistischen Epoche.

Wir brachen, nachdem wir alles durchsucht hatten, den Fußboden auf, fanden die Reste der alten Wölbung und stießen dann auf die im wirren Durcheinander aufgetürmten Leichen jedenfalls einiger hundert Erschlagener. Es waren der Kleidung nach zu urteilen buddhistische Mönche; die oberste Schicht war vollkommen erhalten, die Haut, die Haare, die eingetrockneten Augen und die furchtbaren Wunden, denen sie erlegen waren, waren in vielen Fällen noch erhalten und kenntlich. Ein Schädel besonders war durch die Stirn bis auf die Zähne mit einem furchtbaren Säbelhieb gespalten.

Es ist wahrscheinlich, daß die Katastrophe, der augenscheinlich die alte Stadt unterlag, in die Mitte des 9. Jahrhunderts anzusetzen ist, denn um diese Zeit hatte die chinesische Regierung, um dem Überhandnehmen der Mönche zu steuern, einen Befehl erlassen, alle Mönche, Christen, Manichäer und Buddhisten, sollten wieder in das bürgerliche Leben zurücktreten, praktische Arbeit treiben, heiraten, Kinder zeugen, Steuern bezahlen und Soldaten werden, wie es die Staatsraison erfordere. Im Falle des Nichtgehorchens war der Tod angedroht. Wie es oft zu sein pflegt, so auch hier; die frommen Männer zogen den Tod vor, und so muß die Katastrophe, der die furchtbaren Zerstörungen in der Hauptsache zuzuschreiben sein werden, vor sich gegangen sein.«

Folgt man der wechselvollen Geschichte des Tarim-Beckens, so muß dieses Ereignis in jene Zeit des Triumphes der Chinesen über die Uiguren fallen, die von der erfolgreichen Expansionspolitik der Tang-Dynastie geprägt war. Bedenkt man zugleich, daß es eine Epoche großartiger Tempelbauten und prachtvoller Kunstentfaltung in China war — die schönsten Malereien von Dun Huang sind in dieser Zeit entstanden —, so wird einem das Widerspruchsvolle der Geschichte Asiens an diesem Beispiel recht deutlich.

Im weiten Umfeld der Stadt Chotscho sind viele Ruinen von Tempeln und Stupas gefunden worden. Bis in die verzweigten Höhlensysteme der flammenden Berge, die in vielen Varianten zwischen rot und violett in der Sonne flimmern, erstrecken sich die heiligen Stätten. Grünwedel konnte feststellen, daß zahlreiche Tempelmalereien in Chotscho thematische Verbindung zu entfernt gelegenen Höhlenmalereien — so etwa in der Schlucht von Bäzäklik — hatten. Offenbar bestanden hier nicht nur bildliche, sondern auch sakrale Zusammenhänge.

Es ist nicht auszuschließen, daß Chotscho Zentrum eines meditativen Bezugssystems der Buddhisten gewesen ist, das sowohl dem Klerus als auch den uigurischen Herrschern dazu diente, die im späteren Buddhismus angelegte kosmische Symbolik anschaulich und damit für das Volk verständlich zu machen.

Vielleicht handelt es sich in Chotscho und seiner weiteren, von so vielen Heiligtümern beherrschten Umgebung um ein riesiges geographisches Mandala, für das der Beweis durch eine genaue Vermessung des von Sakralbauten und Höhlensystemen gegliederten Geländes zu führen wäre.

Dabei ist nicht auszuschließen, daß über Jahrhunderte Yarkhoto die weltliche und Chotscho die geistliche Metropole des Turfan-Gebiets gewesen sind, wobei der alten Stadt Turfan vielleicht die Rolle des Handelszentrums, des großen Warenumschlagplatzes – zumindest vom ersten bis zum achten Jahrhundert – zuzuweisen wäre.

Hier liegt ein interessantes Aufgabengebiet für die noch in den Anfängen steckende Seidenstraßen-Forschung, zumal zahlreiche Turfan-Texte erhalten sind und Stifterinschriften die enge Verbindung zwischen Wirtschaft und Religion nachweisbar machen.

Eine besondere Rolle spielen als Thema von Wandmalereien die sogenannten Pranidhi-Szenen. Das sind überlebensgroße Darstellungen der Buddhas vergangener Weltalter, das heißt von Vorgängern des historischen Buddha Shakyamuni, denen er im früheren Leben begegnet ist. Sie sind von Halbfiguren umgeben, die als Anbetende und Opfernde erscheinen. Die kurzen Texte über diesen Buddha-Figuren weisen auf großzügige Stiftungen von Fürsten, aber auch von Kaufleuten hin.

So lesen wir über einem in Bäzäklik gefundenen Bild: »Dort in der reizenden Stadt wurde der ruhmreiche Buddha namens Shikhin von mir, dem Kaufherrn, mit Klöstern verehrt.« Gemeint ist die Stadt Chotscho, für die dieser Kaufherr Klöster stiftete.

In einer anderen Stifterinschrift, gleichfalls aus Bäzäklik, heißt es: »Mit Elephant und Pferd, Gold, Frauen, Juwelen und Perlen ist zur Verehrung der sechs Jinas von dem Kaufherrn ein Park angelegt worden.«

Überraschend ist in beiden Fällen das Fehlen der Stifternamen. Doch wird aus den Inschriften nicht nur der unermeßliche Reichtum dieser Kaufleute, sondern auch ihre enge Bindung an den Buddhismus erkennbar.

Dabei spielt die Wahl von Pranidhi-Szenen für die bildliche und schriftliche Verewigung großer Stiftungen sicher keine zufällige Rolle. So wie der Buddha Shakyamuni in seinen früheren Leben seine Verehrung der Buddhas immer wieder mit dem Aussprechen der Bitte, selbst einst ein Buddha zu werden, verbunden hat, so mögen auch die Fürsten und erfolgreichen Kaufleute bei ihren großzügigen Opfern für den Buddhismus in erster Linie an die eigene, einst zu erlangende Buddhaschaft gedacht haben, wobei vielleicht nicht einmal das Endziel – die letzte Wiedergeburt als Buddha –, sondern vielmehr die Zwischenstationen in den zahlreichen Himmeln des nördlichen Buddhismus erstrebenswert schienen. Wie anders könnte man sich die zahlreichen bildlichen Darstellungen dieser Himmel oder Paradiese auf den Wandgemälden buddhistischer Klöster – vor allem in Dun Huang, wo sie gut erhalten sind – erklären?

Es kann kein Zweifel bestehen, daß viele erfolgreiche Männer jener Zeit, als sich an den Seidenstraßen Macht und Reichtum, aber auch Bedrohung und ständige Gefahr konzentrierten, nicht anders als viele Menschen heute über die Vergänglichkeit des Lebens und damit auch ihrer Erfolge und ihres Reichtums nachgedacht und sich – zumindest im Alter – ein anderes Leben gewünscht haben. Sinnsuche gab es wohl zu allen Zeiten und an allen Orten weltlicher Prachtentfaltung – so auch hier.

Der Glanz der Seide wie des Goldes, das ihr Verkauf einbrachte, konnte nicht über die Wahrheit des Buddha-Wortes vom leidvollen Dasein und der dem Menschen eingeborenen Sehnsucht nach seiner Überwindung hinwegtäuschen. Gerade weil vor den Toren der prachtvollen Städte in den Wüsten vielfältige Gefahren lauerten, war man sich der Vergänglichkeit des Glanzes wie des Lebensglücks wohl bewußt. Daraus resultierte der Erfolg der Lehre Buddhas in dieser reichen, doch unsicheren Handelswelt der Seidenstraßen, aber auch die nicht zu übersehende Bereitschaft, andere Religionen mit Hoffnungs- und Erlösungsaspekt anzunehmen oder doch wenigstens ihre Wirkung auszuprobieren.

KUTSCHA – FÜRSTENRESIDENZ UND KLOSTERSTADT ZU FÜSSEN DES HIMMELSGEBIRGES

Im Herbst 1984 öffneten die Chinesen den Westen des Tarim-Beckens und damit weitere Stationen der alten Seidenstraße für ausländische Besucher. Mit Propellermaschinen kann man nun von Urumchi nach Kaschgar, jener westlichsten Stadt Chinas fliegen, die die Pforte zum Pamir und uralte Grenzstation zu den Westländern ist – heute zu Pakistan und zu den asiatischen Sowjetrepubliken sowie zum afghanischen Wakhan.

Um meine Studien zur Kultur der alten Seidenstraßen, die ich während der siebziger Jahre im Vorderen Orient, im Iran, in Afghanistan und Pakistan begonnen und seit 1979 nicht ohne Schwierigkeiten in der Turfan-Oase fortgesetzt hatte, nun auch auf den äußersten Westen Chinas ausdehnen zu können, nahm ich eine der ersten dieser Maschinen, die Ausländer nach Kaschgar flogen.

Im Stadtbild Kaschgars erinnert noch vieles an die Berichte der deutschen Ausgräber Grünwedel und von Le Coq, die zu Anfang unseres Jahrhunderts von hier aus ihre erfolgreichen Expeditionen zu den wichtigen Fundplätzen entlang der zentralasiatischen Seidenstraßen — vor allem nach Kutscha und in die Turfan-Oase — unternommen haben.

Kaschgar ist nicht nur die westlichste Stadt Chinas, sondern auch das Zentrum des chinesischen Islam. Tausende von Gläubigen versammeln sich jeden Freitag vor der großen Moschee der Stadt und verrichten ihre Gebete. Dabei wenden sie sich gen Mekka, das allerdings von diesen Moslems kaum einer als Pilger erreichen wird. Die Grenze am Pamir, die für Jahrhunderte das Tor zum Westen war, ist den Chinesen weitgehend verschlossen.

Aus Pakistan kommen auf der von chinesischen Truppen erbauten Straße, die Kaschgar mit Gilgit, Rawalpindi und der pakistanischen Hauptstadt Islamabad verbindet, zuweilen Lastwagen-Kolonnen mit Lebensmitteln nach China, die im Tauschverkehr chinesische Handwerks- und Industrieprodukte nach Pakistan bringen. Auch Seide ist wieder unter den Handelsartikeln, so daß es scheint, als ob die Seidenstraße, zumindest in diesem Abschnitt, neu belebt würde.

1973 hatte ich, von Hunza kommend, schon einmal auf der anderen Seite des Karakorum-Highway in fünftausendzweihundert Metern Höhe an der chinesischen Grenze gestanden, ohne Hoffnung, auch das Tarim-Becken kennenlernen zu können, das damals für Ausländer noch streng verschlossenes Gebiet war. Nun erreichte ich elf Jahre später Kaschgar. Ein alter Traum hatte sich erfüllt. Doch davon wird später zu berichten sein. Hier geht es zunächst um den Rückflug von Kaschgar nach Urumchi, der nicht, wie der Anflug, zwei Stunden, sondern mehr als drei Tage dauerte.

Schneestürme im Himmelsgebirge zwangen uns zu einer Zwischenlandung in Kutscha. Schon mehrfach hatte ich mich in den Jahren zuvor — im Zusammenhang mit Besuchen in Dun Huang und im Tarim-Becken — um eine Genehmigung bemüht, nach Kutscha und zu den berühmten, vor dem Ersten Weltkrieg durch die Berliner Expeditionen erforschten Höhlen von Kyzil reisen zu dürfen. Vergebens! Und nun landete ich unvorhergesehen an einem Septembernachmittag des Jahres 1984 auf einer Wüstenpiste, von der gemeldet wurde, daß es der Flughafen von Kutscha sei.

Kurz vorher glänzten nördlich von uns rotgolden Berghänge mit Höhleneingängen in der Nachmittagssonne. Es waren die Höhlen von Kyzil — bisher unerreichbares Ziel vieler, die sich für die Kunst Zentralasiens interessieren.

Um es vorwegzunehmen: Auch ich sollte sie trotz langer Wartestunden in Kutscha nicht zu sehen bekommen. Es gab kein Transportmittel, das die unerwarteten Fluggäste hätte befördern können. So saßen wir in einer winzigen Empfangshalle neben dem Funkraum, wo man sich zunächst noch bemühte, die Freigabe des Weiterfluges nach Urumchi zu erreichen.

In der Zwischenzeit machte ich einen Spaziergang und stellte fest, daß ich auf meinen zahllosen Flügen in allen Erdteilen bisher kaum einen trostloseren Flughafen als die Piste von Kutscha erlebt hatte. Und ich besann mich der in den nahen Bergen geborgenen Höhlenmalereien im Berliner Museum für Indische Kunst, die ein Leben in Pracht und Reichtum widerspiegelten, wie es hier bis vor etwa tausend Jahren geherrscht hat. Nichts mehr erinnert an jene Zeit.

Ich wurde aus meinen Gedanken durch das Rattern eines Motors aufgestört. Ein vorsintflutlich anmutender Autobus schaukelte fensterlos auf das Flughafengebäude zu. Wir stiegen ein und fuhren zur Stadt, wo europäische Gesichter seit Jahrzehnten kaum aufgetaucht sein mögen.

Der Basar von Kutscha bietet ein buntes Bild. Neben Obst und Gemüse werden auch Gebrauchsgüter aus dem östlichen China angeboten. Ein Hotel stand allerdings 1984 noch nicht zur Verfügung – nur ein Gästehaus mit Schlafsälen für die einheimische Bevölkerung, neu erbaut zwar, aber ohne jede hygienische Einrichtung. Hier hatte sich der neue Trend des China nach Mao noch nicht durchgesetzt. Und ich begriff, weshalb man mir bisher keine Aufenthaltsgenehmigung für Kutscha erteilt hatte. Nun war ich da und stellte fest, daß sich hier, abgesehen von einigen chinesischen Verwaltungsgebäuden, am Stadtbild der letzten, geschichtslosen Jahrhunderte seit dem Verfall der Seidenstraße nichts verändert hatte.

Von der großen Vergangenheit Kutschas war auch in der Stadt nichts übriggeblieben. Es gab, wie ich am nächsten Morgen feststellen mußte, noch nicht einmal einen Jeep, um auf der nur schwer passierbaren Bergstrecke die schönsten Überreste jener Vergangenheit aufzusuchen: die Höhlen von Kyzil. Selbst ein Besuch der nicht weit entfernten Ruinen von Subaschi, einer Grenzstadt des alten Reiches von Kutscha im Nordosten, schien zunächst unmöglich, bis endlich chinesische Höflichkeit über lokale Unbeweglichkeit siegte und ich wenigstens die weitläufigen Ruinen der einst so berühmten Stadt kennenlernen konnte.

Was da vor mir lag, waren Reste aus dem fünften und sechsten Jahrhundert, die auf eine Stadt beachtlicher Ausdehnung schließen lassen.

Die Anfänge von Kutscha liegen, wie die fast aller zentral-asiatischer Städte, im dunkeln. Niemand weiß, wann das Gebiet zu Füßen des Himmelsgebirges zum ersten Mal von Nomadenvölkern durchzogen und schließlich besiedelt worden ist.

In historischer Zeit treffen wir hier im Süden des Tien-shan auf ein Volk von unverkennbar westlicher Herkunft mit einer indogermanischen Sprache: die Tocharer. Sie gehören zu den zahlreichen, in ihrem Ursprung wie in ihrer Art umstrittenen Stämmen, denen wir in Zentralasien häufig begegnen. Daran sind die sich widersprechenden Zeugnisse früher Autoren schuld.

Die älteste Erwähnung finden die Tocharer – allerdings nur mit einem, dazu rätselhaften Satz – im Prolog zum 42. Buch der unter Kaiser Augustus entstandenen Weltgeschichte des Pompeius Trogus, von der jedoch nur die Prologe erhalten geblieben sind. Da heißt es mit Bezug auf den verlorenen Text: »Berichtet wird dann noch von den skythischen Geschehnissen, den asiatischen Königen der Tocharer und dem Untergang der Sarankarer.« Um diesen Satz hat sich so mancher Gelehrtenstreit entsponnen. Und noch heute geht die Diskussion um die Identität jenes Volkes, das man mit den Yüeh-chih, den Kuschan und anderen, nicht-indogermanischen Steppenstämmen gleichsetzen wollte, ohne dabei zwei wichtige Quellen voll auszuschöpfen: Die eindeutigen Schriftfunde in Kutscha und die Menschendarstellungen auf den Wandmalereien von Kyzil, die beide belegen, daß wir es bei den Tocharern mit dem früh am weitesten nach Osten vorgestoßenen indogermanischen, wahrscheinlich sogar osteuropäischen Volksstamm zu tun haben.

All dieser Probleme, die viele Seiten gelehrter Bücher mit kühnen Spekulationen und vielfältigen Interpretationsvorschlägen füllen, besinne ich mich beim Gang durch die Ruinen von Subaschi, die, wie oft habe ich es schon in den verfallenen Städten entlang der Seidenstraßen erlebt, Zeugnis ablegen vom Bauwillen und auch vom Können einstiger Nomadenstämme, die sich in der Seßhaftigkeit hervorragend behauptet haben.

So wie Khotan im Süden und Chotscho im Osten war Kutscha im Norden des westlichen Tarim-Beckens über Jahrhunderte die große Produktions- und Handelsstadt – ein Platz des Geldverdienens und der höchsten Kultur, die bis in die klösterliche Einsamkeit von Kyzil, viele Kilometer außerhalb der Königsresidenz und ihrer Trabantenstädte wirkte, wo sie als farbiges Zeugnis jener Zeit für uns erhalten blieb.

Zur Blütezeit Kutschas gab es sechsunddreißig Staaten im Tarim-Becken. Die wenigsten haben nennenswerte Reste hinterlassen. Vieles wartet noch des Spatens und der Erforschung. Die meisten Plätze sind für Ausländer gar nicht oder nur schwer zu erreichen. In Kutscha habe ich es selbst erlebt.

Sicher wird es noch lange dauern, bis die alten Seidenstraßen zu leicht bereisbaren Touristenstraßen werden, so, wie es Sven Hedin nach seiner Autoexpedition durch Zentralasien in den dreißiger Jahren erträumt hat.

Bis heute jedenfalls bleibt Kyzil, dieses vielleicht größte Wunder der Seidenstraßenkultur, das wie ein fernöstlicher Ableger unseres europäischen Mittelalters wirkt, ein kaum erreichbares Ziel. Wenn man außerdem bedenkt, daß es sich hier nicht etwa um eine Nachfolgekultur unseres Mittelalters, sondern vielmehr um einen lange Zeit unbekannten Vorläufer handelt, so wird einem diese Entlegenheit einmaliger Kulturdenkmäler besonders schmerzlich bewußt. Und man besinnt sich gern der wertvollen Zeugnisse, die das Museum für Indische Kunst in West-Berlin dem unterwegs nicht fündig gewordenen Reisenden als Nachlese zu bieten hat. Denn in diesen Funden begegnen wir einem Stück vorweggenommenem Abendland in Zentralasien. Allerdings ist es hier wie dort — in Europa wie im Tarim-Becken — Einfluß aus dem westlichen Gebiet der Seidenstraßen: dem Persien der Sassaniden, die im dritten Jahrhundert auf die Parther gefolgt waren und sich nun ihrerseits um die Wiederherstellung einer Großmacht Persien bemühten.

Kutschas Blütezeit fällt in die ersten acht Jahrhunderte unserer Zeitrechnung. Sie begann früher als die Blüte Chotschos und war in ihren Anfängen wohl zeitgleich mit der Machtentfaltung Yarkhotos im Osten. Nirgendwo deutlicher als in Kutscha sind Aufstieg, Blüte und Verfall der Stadt und ihres weiten Einflußgebietes — man sprach von einem großen, mächtigen Königreich — mit der Seidenstraße verbunden, obwohl die Oase auch viele landwirtschaftliche Anbaumöglichkeiten bot und die nördliche Bergregion reich an Bodenschätzen war.

Erste Erwähnung findet Kutscha in den chinesischen Annalen des zweiten vorchristlichen Jahrhunderts. Während der Han-Zeit ist es ein ständiger Zankapfel zwischen Chinesen und Hiung-nu. Wir wissen wenig über sein Schicksal in dieser Frühzeit. Die Wechselfälle im Leben seiner Bewohner, die Härte des Karawanenalltags, die hier ständiger Gesprächsstoff und daseinsbestimmendes Element gewesen sein mag, sind nicht aktenkundig geworden. Wir wissen aber, daß es ein bunt zusammengewürfeltes Völkergemisch gewesen ist, das hier, beherrscht von einer tocharischen Führungsschicht, von der auch die Amtssprache kam, jahrhundertelang gelebt hat. Da waren die Sogder, die besonders den Handel nach Norden und Nordwesten beherrschten, die Inder, die schon frühzeitig in Kutscha eine Kaufmannskolonie bildeten und den Buddhismus in die Stadt gebracht haben, natürlich auch Chinesen, Tibeter und Menschen aus den fernen Westländern — Perser, Syrer, Juden, vielleicht sogar Griechen und Römer, wenn auch ihr unmittelbar kulturprägender Einfluß nicht groß gewesen sein kann.

Die Tatsache, daß Kutscha schon in früher Zeit ein Völker-, Handels- und Kulturknotenpunkt erster Ordnung gewesen ist, machte die Stadt und ihr Einflußgebiet auch für die Chinesen besonders interessant. Solange sie sich um die Festigung ihrer Machtposition im Tarim-Becken mühten, und das geschah seit dem zweiten vorchristlichen Jahrhundert mit geringen Unterbrechungen, erscheint Kutscha immer wieder in den chinesischen Reichsannalen.

Im Jahre 109 v. Chr. stand es zu China in freundschaftlicher Beziehung und sandte damals in richtiger Einschätzung der Macht-verhältnisse die erste Geisel an den Kaiserhof. Es ist die Zeit der Nachwirkungen der Expeditionen Chang K'iens, der wahrscheinlich um 116 v. Ch. auch in Kutscha geweilt hat. Kutscha spielte damals in der Auseinandersetzung zwischen den Chinesen, den Hiung-nu und den Yüeh-chih eine bedeutende, wenn nicht vielleicht sogar die entscheidende Rolle. Im Konflikt der großen Mächte konnte es sich fast immer eine verhältnismäßig unabhängige Position erhalten, was nicht nur dem politischen Geschick seiner Herrscher, sondern auch seiner weitgehenden wirtschaftlichen Unabhängigkeit zu danken war.

Zu dieser Zeit wurde Kutscha zum wichtigen Umschlagplatz, über den der chinesische Handel mit den Steppenvölkern — Seide gegen Pferde — abgewickelt worden ist. Es gibt auch einen berühmten archäologischen Beleg für die Verbindung zwischen Kutscha und China. Das ist der Wasserkrug mit Inschrift und Datierung, der im Jahre 109 v. Chr., wahrscheinlich mit der Geisel, als Tributge-schenk Kutschas an den chinesischen Hof gelangte.

In der langen Periode der Han-Dynastie wechselt das Verhältnis Kutschas zu China zwischen Freundschaft, Feindschaft und völliger Abhängigkeit. Einer der frühen Könige von Kutscha, Kiang-pin, heiratete eine chinesische Prinzessin, besuchte mit ihr 65 v. Chr. den Hof in Loyang und nannte sich stolz »Enkel der Han«. Er gestaltete nach seiner Rückkehr das Hofleben ganz nach chinesischem Vor-bild, was ihm die Verachtung und den Spott der anderen Könige des Tarim-Beckens einbrachte. Doch sein Hof war der reichste zwischen Loyang und dem fernen Westen, und der Seidenhandel blühte in Kutscha.

Nur wenige Jahre später veranlaßte ein Angriff der Hiung-nu die Chinesen, ihren am Lop-Nor-See residierenden Statthalter Tscheng

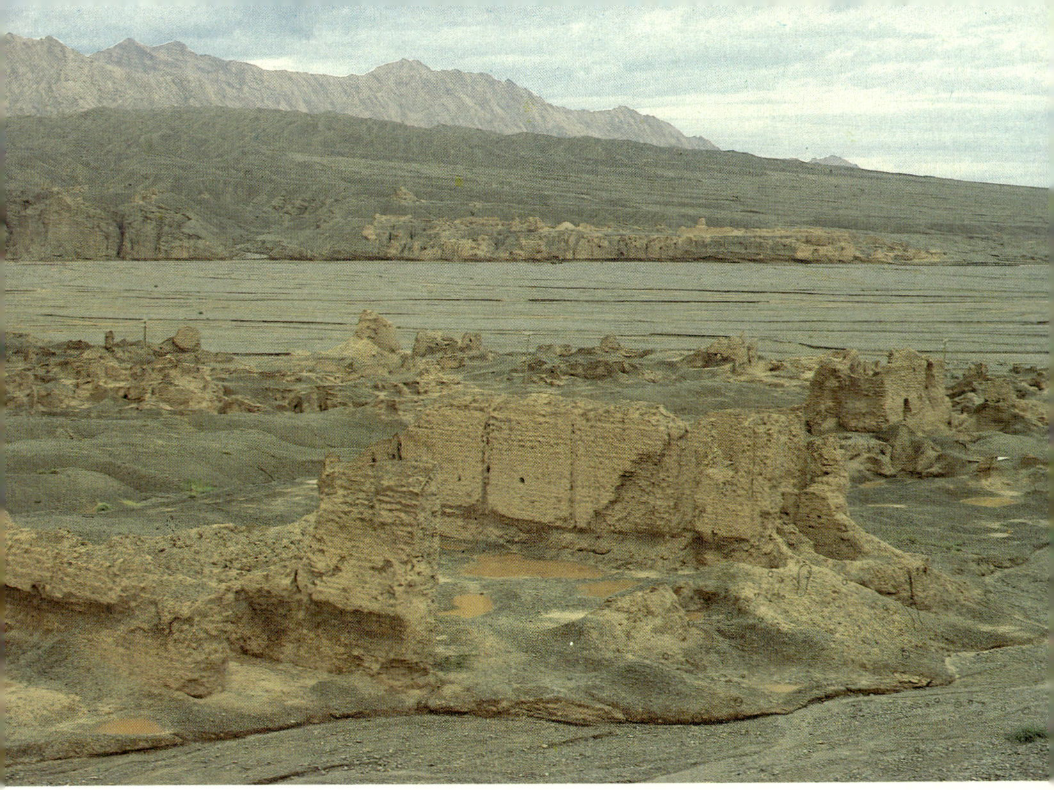

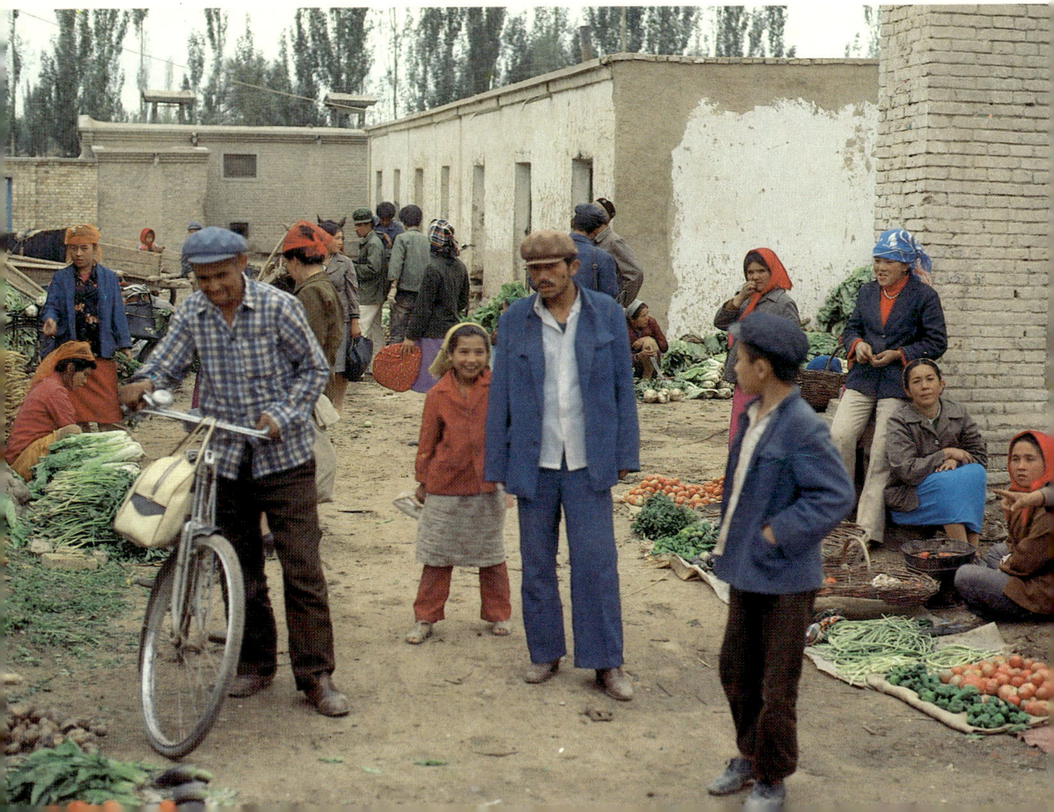

Vorhergehende Seite
oben: Auf beiden Ufern
des Kutschaflusses
befinden sich die Ruinen
des alten Subaschi, einer
wichtigen Station an der
Seidenstraße.

Vorhergehende Seite
unten: Markttag im heu-
tigen Kutscha.

Wandmalereien aus den
Grotten von Kyzil. Sie zeigen im persisch beeinfluß-
ten Stil den Beschützer
Buddhas — Vajrapani —,
der einer Predigt lauscht
(ganz oben links), eine
Dreiergruppe mit König
Ajatashatru von Kutscha,
seiner Frau und seinem
Minister (ganz unten
links), den Kopf des
Buddha-Schülers Kasyapa
(oben) und einen Rinder-
hirten, der einer Rede des
Buddha zuhört (links).

Rechts: Wo einst die
Seidenkarawanen in den
Pamir zogen, begegnen
wir heute Kirgisen mit
ihren Lasttieren.

Links: Dort, wo die das
Tarim-Becken nördlich
und südlich durch-
querenden Routen der
Seidenstraße im Hohen
Pamir zusammentreffen,
finden wir den schon bei
Ptolemaios erwähnten
Steinernen Turm.

Oben: Von Steinbock-
hörnern gekrönt sind die
Grabstätten der Kirgisen.

Folgende Doppelseite:
An der heutigen chine-
sischen Westgrenze teil-
ten sich die Seidenstra-
ßen. Ein Strang führte
über Afghanistan in den
Westen, ein anderer ver-
bindet das Tarim-Becken
über diese Hochgebirgs-
straße durch das Kara-
korum mit dem Süden.

Oben: Die alte Hänge-
brückenstraße, die China
mit Indien verband, führt
durchs heutige Pakistan
nach Süden.

Rechts: Schon die Kinder
lernen hier das Lasten-
tragen.

Oben: Trotz der außer-
gewöhnlichen Höhenlage
erzielen die Bauern im
oberen Hunzatal gute
Erträge.

Links: Hunzafrauen
schleppen über weite
Strecken das hier oben so
seltene Feuerholz heran.

Die Welt von Gandhara. Das Kloster Takht-i-Bahi (ganz unten links) zählt zu den bedeutendsten buddhistischen Heiligtümern der Gandharazeit. In dieser Epoche um die Zeitenwende entstanden die ersten Buddha-Bilder (links) und Reliefs aus seinem Leben, die hier Buddhas Geburt und seinen Übergang ins Nirvana zeigen (unten).

Oben: In Afghanistan
hat sich im Transport-
wesen seit der Blütezeit
der Seidenstraße kaum
etwas geändert.

Rechts: Im Bergland von
Afghanistan führten die
alten Handelswege auch
an den berühmten Seen
von Band-i-Amir vorbei.

Links: Bamyan mit seinen riesigen aus dem Fels gehauenen Buddha-Figuren zählt zu den wichtigsten buddhistischen Kultstätten an der Seidenstraße.

Links: Die Stadtmauern der bisher noch nicht ausgegrabenen Seidenstraßenmetropole Baktra (Balkh) in Nordafghanistan.

Unten: Frontseite des parthischen Palastes von Hatra aus dem 2. Jahrhundert.

Rechts: In der Nähe von Ktesiphon finden wir an der Seidenstraße dieses sassanidische Relief der Investitur des über einen besiegt zu seinen Füßen liegenden Feind triumphierenden Königs Ardaschir II.

Links: Die Ruinen des
von Alexander dem
Großen zerstörten
Kaiserpalastes von Perse-
polis.

Oben: Die Basarstraße
der alten Handelsmetro-
pole Palmyra an der
westlichen Seidenstraße.

Ganz oben: Feueraltäre
in den Bergen des Iran.

Petra im heutigen
Jordanien war eine der
wichtigsten römischen
Zollstationen an der
Seidenstraße.

Ki mit Hilfstruppen aus Kutscha gegen die Hiung-nu ins Feld zu schicken. Tscheng Ki unterwarf die Hiung-nu, was wohl nicht zuletzt der Hilfe Kutschas zu danken war. Doch Kutscha sollte an diesem miterrungenen Sieg wenig Freude haben. Die Chinesen sahen vielmehr den Augenblick gekommen, den nördlichen Zweig der Seidenstraße ganz unter ihre Kontrolle zu bringen. Tscheng Ki wurde zum Generalgouverneur des Tarim-Beckens ernannt. Östlich von Kutscha – aber auf dessen Hoheitsgebiet – errichtete der Chinese seine Residenz Wu-lei, von der aus er nun auch Kutscha direkt kontrollierte. Aus Verschwägerung war Unterwerfung geworden. Und die Könige im Süden des Tarim-Beckens triumphierten.

Schließlich wurde Kutscha, lesen wir die chinesischen Annalen richtig, vorübergehend selbst zum Sitz des chinesischen General-gouverneurs, während sich Könige von der südlichen Seidenstraße – die Herrscher des neuentstandenen Reiches So-kü – zu Herren von weiten Teilen des Tarim-Beckens aufschwangen.

Das alte So-kü kennen wir unter dem Namen Yarkand, dessen gleichnamige Hauptstadt südöstlich von Kaschgar an der südlichen Seidenstraße lag. Die Machtausweitung dieses Reiches ging so explosiv vor sich, daß es im Jahre 46 das ferne Kutscha annektieren konnte. Ein Beweis dafür, daß nicht nur die damaligen Großmächte eine ständige Bedrohung für die Städte des Tarim-Beckens und ihre Handelsbeziehungen darstellten, sondern, bei Nachlassen der Prä-senz der Chinesen oder der Hiung-nu, die Stadtstaaten auch unter-einander Kämpfe um die Vormacht an den Seidenstraßen austrugen, die für manche die totale Vernichtung, für andere, wie Kutscha, zumindest eine vorübergehende Unterwerfung bedeuteten.

Die Machtentfaltung der So-kü war vor allem durch die nachlas-sende Präsenz der Chinesen im Tarim-Becken möglich geworden. Unbekannte Täter hatten im Jahre 23 n. Chr. den chinesischen Gene-ralgouverneur ermordet. Damit war die Herrschaft Chinas über die Westländer und sein direkter Einfluß auf den Verkehr der Seiden-straßen erneut für längere Zeit unterbrochen. Die Fürsten von So-kü hatten zwar zunächst noch Tributgesandtschaften an den Kaiserhof geschickt, was die Chinesen dem So-kü-Herrscher K'ang im Jahre 29 mit der Ernennung zum Großgeneralkommandanten der Westlande dankten. Doch das brachte nur neue Unruhe für das Krisengebiet. Obwohl der Gouverneur von Dun Huang den chinesischen Kaiser veranlassen konnte, die leichtfertige Amtsvergabe an einen Nicht-chinesen, die bei den anderen Herrschern des Tarim-Beckens Ver-bitterung auslöste, rückgängig zu machen, änderte das an der weite-ren politischen Entwicklung gar nichts. Im Gegenteil! Der vom Kaiser enttäuschte So-kü-Fürst K'ang legte sich, verärgert über das chinesische Verhalten, aus eigener Machtvollkommenheit den Herrschertitel Schan-yu zu und brachte in kürzester Zeit das von den chinesischen Truppen verlassene, in kleine Fürstentümer zerrissene Tarim-Becken fast ganz in seine Gewalt. Hilfeersuchen der anderen Herrscher an die Chinesen blieben unerfüllt, da die innenpolitischen Schwierigkeiten Chinas, von denen wir schon in einem früheren Kapitel gehört haben, dem Han-Kaiser jede militärische Aktivität im fernen Westen unmöglich machten.

So konnte K'angs Nachfolger Hien, der nach dessen Tod im Jahre 33 den Thron des mächtigen So-kü-Reiches bestieg, die Macht der So-kü weiter nach Norden ausdehnen, was dann im Jahre 46 zur Annektion von Kutscha führte.

Hien tötete Hung, den König von Kutscha, rottete seine Familie aus und setzte seinen eigenen Sohn Tsê-lo als König ein. Damit war nicht nur die politische Macht der So-kü im ganzen Tarim-Becken gefestigt, sondern auch die Nordroute der Seidenstraße bis weit nach Osten unter ihrer Kontrolle. Das bedeutete Verarmung für die Einwohner von Kutscha und den Abfluß aller Einnahmen der Stadt in fremde Hände.

Tsê-lo wurde aber schon bald von den Kutschanern ermordet. Der genaue Zeitpunkt ist nicht zu ermitteln, da die chinesischen Annalen über diese Zeit schweigen. Trotz der Befreiungstat wagten die Kutschaner jedoch nicht, einen eigenen Herrscher zu bestimmen. Vom alten Königsgeschlecht war niemand übriggeblieben. Der mächtigste Gegner der So-kü nördlich des Tarim-Beckens waren die Hiung-nu. An sie wandten sich die Einwohner von Kutscha und baten um die Ernennung eines neuen Königs. Die Hiung-nu setzten Schen-tu, einen jungen Adligen aus Kutscha, als Regenten ein. Damit lag die politische Herrschaft und auch die Wirtschaftspolitik Kutschas wieder in eigenen Händen, und die Stadt erholte sich schnell von der Ausbeutung durch die So-kü.

Doch auch diese Phase der weitgehenden Unabhängigkeit sollte nicht lange dauern. Im Jahre 73 griffen die wieder erstarkenden Chinesen die Hiung-nu erneut an, was aber zunächst Kutscha nicht berührte. Die entscheidenden Kämpfe spielten sich im Süden des Tarim-Beckens ab, und vielleicht wäre der Norden völlig unberührt geblieben, wenn Kutscha nicht im Jahre 75, vertrauend auf seine so schnell wiedererlangte Macht, die Chinesen angegriffen hätte. Damals ahnten die Kutschaner noch nicht, welch bedeutender Feldherr ihnen auf chinesischer Seite gegenüberstand. Es war jener Pan Tschao, von dessen genialer Kriegführung wir schon gehört haben.

Obwohl Kutscha gegen Pan Tschao nicht erfolgreich war und der Chinese bereits 78 zwei Vasallenstaaten Kutschas erobert hatte, ließ er den Hauptfeind, als den er Kutscha nun betrachten mußte, zunächst unbehelligt. Das hatte verschiedene Gründe.

Kutscha war in kurzer Zeit wieder zu einem der mächtigsten Reiche im Tarim-Becken geworden. Pan Tschao, so erfolgreich er militärisch auch sein mochte, hatte jedoch nicht nur Freunde in diesem weiten, gefahrvollen Gebiet. Er mußte vorsichtig taktieren und verfügte nicht über ausreichende Truppen, um sich eines Sieges absolut sicher sein zu können. Andererseits wußte er Kutscha weitgehend von der Umwelt abgeschlossen. Das hatte vor allem auch wirtschaftliche Auswirkungen für die Stadt. Die Seidenstraße war blockiert. Der Handel lag danieder. Die Zeit arbeitete offensichtlich für die Chinesen. Trotzdem war eine Unterwerfung Kutschas nicht abzusehen.

In dieser Situation schrieb Pan Tschao an seinen kaiserlichen Herrn den folgenden, uns erhaltenen Brief:

»Ich erlaube mir, ergebenst zu bemerken: Als der verstorbene Kaiser die Westlande erschließen wollte und darum im Norden die Hiung-nu angriff und die Gesandtschaften nach dem Westen in die Außenländer schickte, haben sich Schan-schan und Yü-t'ien sofort dem kaiserlichen Einfluß ergeben. Jetzt wünschen Kü-mi, So-kü, Su-lê, Yüeh-chih (Tocharer), Wu-sun und K-ang-kü erneut, sich uns zu unterwerfen, und wollen mit uns mit vereinten Kräften Kutscha vernichten und somit den Weg ins Han-(Reich) öffnen. Wenn wir Kutscha erobern können, dann würde es in den Westlanden nur einen von hundert geben, der sich (China) nicht unterwirft . . . Alle Hofberater der früheren Zeiten waren der Ansicht, daß die Eroberung der sechsunddreißig Staaten (der Westlande) gleichbedeutend sei mit einem Abschneiden des rechten Armes (d. h. westlichen Flügels) der Hiung-nu. Jetzt gibt es, angefangen von dort, wo die Sonne untergeht (d. h. im äußersten Westen), keinen der Staaten der Westlande, der dem kaiserlichen Einfluß nicht ergeben ist. Die großen und kleinen Staaten sind glücklich und bringen ununterbrochen Tribute dar. Nur Yen-k'i und Kutscha haben sich noch nicht unterworfen. Seinerzeit bin ich als Gesandter mit sechsunddreißig Beamten in diese entlegenen Länder gekommen und habe vielerlei Not und Gefahr erlitten. Seitdem ich ganz auf mich angewiesen Su-lê verteidigt habe, sind bis heute fünf Jahre verstrichen. So kenne ich die wahre Gesinnung der Barbaren nun sehr gut. Als ich die Stadtstaaten fragte, sagten die großen und die kleinen alle, daß sie sich auf die Han ganz wie auf den Himmel stützten. Daraus kann man folgern, daß der Ts'ung-ling (Pamir) erschließbar ist. Wenn der Ts'ung-ling erschlossen ist, dann kann Kutscha unterworfen werden. Jetzt sollte man Po Pa, den am Kaiserhof als Geisel aufwartenden Sohn von Kutscha, zum König seines Landes ausrufen und ihn von einigen hundert Mann Fußvolk und Reitern nach Hause geleiten lassen. Wenn wir dann unsere Truppen mit denen der anderen Staaten vereinen, wird Kutscha innerhalb eines Jahres oder einiger Monate besiegt werden. Mit Barbaren Barbaren anzugreifen ist doch die beste Taktik. Ich habe gesehen, daß der Boden in So-kü und Su-lê fruchtbarer und von größerer Ausdehnung ist und die Weide üppiger und von größerem Umfang als im Raum zwischen Dun Huang und Schan-schan. Für die Soldaten braucht China nichts auszugeben. Sie können sich dort selbst versorgen. Zudem sind die beiden Könige von Kun-mo und Wen-su eigens von Kutscha eingesetzt. Da sie also keine Angehörigen dieser Völker sind, gibt es dort Haß und Unterdrückung. In dieser Lage wird es bestimmt zum Abfall und Aufstand führen. Wenn die beiden Staaten zu uns übergehen, dann wird Kutscha von selbst zugrunde gehen . . .«

Wie recht Pan Tschao mit seinem Schreiben hatte, sollte sich erweisen. Doch es vergingen noch dreizehn Jahre, bis sich Kutscha unter dem Druck der Verhältnisse, vor allem aber wohl aus wachsender wirtschaftlicher Not, freiwillig unterwarf.

Im Jahre 91 zog Pan Tschao in Kutscha ein und machte die stolze Stadt zu seiner Residenz. Der als Geisel am chinesischen Hof weilende Sohn des regierenden Königs von Kutscha wurde neuer Herrscher. Den bisherigen König schickte Pan Tschao als Geisel im Austausch nach China.

Es folgten friedliche Jahre unter chinesischer Oberhoheit. Das Leben normalisierte sich. Der Handel blühte wieder, und die Seidenstraße erlangte eine Bedeutung wie nie zuvor. Obwohl sich die politischen Verhältnisse unter Pan Tschaos Nachfolger Jen Schang schon bald verschlechterten und die Han ihre Westposition nur unter großen Schwierigkeiten zunächst noch behaupten konnten, blieb der internationale Handel davon weitgehend unberührt. Seine Sicherheit freilich war nur in den Grenzen der Fürstentümer gewährleistet. Das bedeutete neue Gefahren für die Kaufleute und eine Verteuerung der Waren, über die zu jener Zeit in Indien wie im Vorderen Orient, vor allem aber im fernen Rom Klage geführt wurde.

Für Städte wie Kutscha brachte diese Entwicklung einen schnell anwachsenden Reichtum bei gleichzeitiger Unsicherheit seines Erwerbs und seiner Bewahrung. Es bedurfte darum sicherer Plätze für die Händler. Und das wurden in der folgenden Zeit mehr und mehr die wie Pilze aus dem Boden schießenden buddhistischen Klöster.

Über die vielfältigen Völkerbewegungen, die für jene Epoche der späten Han-Zeit und ihrer Nachfolgedynastien charakteristisch waren, wissen wir wenig. Die Chinesen hatten damals, in den drei Reichen, die auf die Han-Herrschaft folgten, so viele innere Kämpfe auszufechten, daß sie sich weder politisch noch militärisch im Westen engagieren konnten.

Doch als sich eine jener Herrschergruppen, die frühe Wei-Dynastie, in China zu etablieren begann, schickte der König von Kutscha im Jahre 222 eine Tributgesandtschaft an ihren Hof, wo sie mit Ehren empfangen und reich beschenkt wurde. Ganz offensichtlich handelte es sich bei dieser Geste der Kutschaner nicht um einen Akt freiwilliger Unterwerfung, zumal damals im ganzen Tarim-Gebiet kein einziger chinesischer Soldat stand, sondern vielmehr um eine geschickte Kontaktaufnahme zum Zwecke einer Verbesserung der Wirtschaftsbeziehungen und der Sicherung der Seidenstraße.

Wie begrenzt und unsicher die offiziellen Beziehungen der Weststaaten zu den Wei-Kaisern waren, zeigen die Nachrichten über falsche Gesandte westlicher Herrscher am Kaiserhof. Kaufleute und Abenteurer, die nach China unterwegs waren, verstanden es, sich, oft auf unrechtmäßige Weise, in den Besitz von Urkunden und wertvollen Gütern zu bringen, die sie als fürstliche Botschafter ausweisen sollten. In solcher Position konnten sie nicht nur bedeutende Gegengeschenke erhoffen, sondern auch — was ihnen meist noch viel wichtiger war — an geheime Informationen gelangen, mit denen sie dann auf ihrem Rückweg nach Westen eine Art Nachrichtenhandel betrieben.

Das war um so wichtiger und gewinnbringender, als die Chinesen an ihrer Grenzkontrollstelle Dun Huang eine strenge Zensur für Briefe nach dem Westen eingerichtet hatten, so daß nur wenige bruchstückhafte Mitteilungen über das Reich der Wei ins Ausland gelangten. Denn die Wei waren im Innern des Reiches schon lange durch die aufstrebende Macht der Tsin-Dynastie bedroht, was sie sich selbst und vor allem den Handelspartnern im Westen aber nicht eingestehen wollten. Mißtrauen und Angst beherrschten damals die weiten Regionen der Seidenstraßen. Das trug natürlich nicht zur Verbesserung der internationalen Beziehungen bei. Die Sicherheit auf den Transitstrecken und in den Städten war vielseitig bedroht. So ist es nicht verwunderlich, wenn die Könige von Kutscha, aber auch andere Fürsten des Tarim-Beckens nach wie vor an direkten Kontakten zum mächtigsten chinesischen Herrscherhaus interessiert waren, zumal sie um dessen interne Probleme nicht genau wußten. Den Staaten im Westen ging es vor allem um den Warenfluß und die Sicherung der Handelsbeziehungen wie ihrer Wege: der Seidenstraßen.

Als die Dynastie der westlichen Tsin unter Kaiser Wu-ti, der von 265 bis 289 regierte, die Rivalität der drei Reiche siegreich beendet und die chinesische Einheit zum Teil wiederhergestellt hatte, war noch lange nicht an eine politische oder militärische Präsenz Chinas im Tarim-Becken zu denken. Trotzdem versuchte man die Illusion der Abhängigkeit der Westländer von China aufrechtzuerhalten. Und die Herrscher jener Gebiete gingen, wohl vor allem aus den genannten wirtschaftlichen Gründen, auf dieses Spiel ein. So schickte der König Po Schan von Kutscha 285 einen seiner Söhne an den Hof des Kaisers Wu-ti und empfing von dort, wie wir auf einem in Niya im südlichen Tarim-Gebiet aufgefundenen Fragment einer Urkunde lesen können, den Titel »Nebenamtlicher Präsident der Portalkanzlei des kaiserlichen Palastes. Groß-Generalkommandant. Den Kaiser respektierender Großfürst und den Tsin freundlich gesinnter König.«

Die Reihenfolge der Prädikate dieses ungewöhnlichen Titels ist sehr aufschlußreich, zumal er, wie die Urkunde besagt, auch an andere Herrscher der Westländer verliehen wurde. Er führt von der totalen Abhängigkeit als »nebenamtlicher Präsident der Portalkanzlei« im chinesischen Herrschaftszentrum zu immer bedeutenderen Auszeichnungen bei zunehmender Entfernung vom Hofe, bis schließlich für den eigenen fernen Machtbereich der glanzvolle Titel eines den Chinesen »freundlich gesinnten Königs« huldvoll zugestanden wird. Das sind Zeichen der Taktik, der Höflichkeit und des Feingefühls, wie sie asiatische Beziehungen — jenseits der harten, oft so grausamen Gewalt, die geübt wurde — kennzeichnen.

Wenn man bedenkt, daß sich diese Spiele am Rande des Abgrunds vollzogen, in einem China, das seine Einheit und fast alle Macht verloren hatte, wird deutlich, wie hier Formalismus bis zum Untergang betrieben wurde. Selbst das Sterben war für die Chinesen eine Frage des Stils. Doch scheint diese Lebenseinstellung so bestimmend, ja faszinierend gewesen zu sein, daß sie auch von Fremdvölkern, die nach China einbrachen, übernommen wurde und andererseits das Leben außerhalb Chinas — wie etwa in Chotscho oder Kutscha — prägte.

Anders wäre es nicht zu verstehen, daß ein Ereignis wie die Eroberung der beiden chinesischen Hauptstädte Changan und Loyang durch nördliche Nomadenstämme im Jahre 310 die Kontinuität der chinesischen Entwicklung, insbesondere auch der chinesischen Wirtschaft und des chinesischen Handels kaum gestört hat.

Flexibel, wie es chinesische Art ist, reagierten die West-Tsin, die sich trotz der alarmierenden Geschehnisse noch immer als Herren des Reiches der Mitte fühlten, auf den Vorstoß aus dem Norden, mit dem wahrscheinlich ganz neue Kräfte — nicht Hiung-nu, wie es die chinesischen Annalen wissen wollen — ins chinesische Kernland gelangten.

Im Jahre 317 verlegten die West-Tsin unter dem Druck aus dem Norden ihre Hauptstadt nach Osten — ins heutige Nanking — und versuchten von hier aus, eine neue Machtposition aufzubauen, wobei das bewährte Verfahren der Integration von Fremden ins eigene Herrschaftssystem wieder eine große Rolle spielte. Allerdings erkannten die traditionsbewußten Tsin nicht, daß sich mit den Eroberungen von 310 ein Wandel der Gesamtstruktur des chinesischen Reiches angebahnt hatte, der sich in den Jahrhunderten der fremdstämmigen Herrscher bis zum Ende der Mandschu-Dynastie im Jahre 1912 auswirken sollte. Offenbar waren es hunnische Stämme, die nach heutiger wissenschaftlicher Erkenntnis jedoch nicht mit den Uraltfeinden der Chinesen, den Hiung-nu, identisch sind, die jetzt zum ersten Mal als Fremdvolk weite Teile des nördlichen und westlichen China besetzten. Damit rissen alle politischen und wirtschaftlichen Verbindungen der am östlichen Yangtse residierenden West-Tsin, die man von nun an als Ost-Tsin bezeichnet, zu den Westländern ab, und der Handel wurde, auch in China, mehr und mehr dezentralisiert. Dabei gewann der sogenannte Gansu-Korridor, das Land zwischen China und dem Tarim-Becken, als die große Ost-West-Handelsverbindung auch politisch zunehmend an Bedeutung.

Das Gebiet wurde nach der Verdrängung der Chinesen zum Zankapfel zwischen den nördlichen Nomaden und einer südwestlichen Bevölkerungsgruppe, die jetzt immer stärker in den Vordergrund trat. Es waren tibetische Stämme, die vom »Dach der Welt«, jener schwer zugänglichen Hochfläche zwischen Himalaya und Kunlun-Gebirge, herabstiegen und nach Nordosten vorstießen. Was sich hier als Folge dieser Stammesbewegung im dritten und vierten Jahrhundert vollzog, war eine völlige Umschichtung der herrschenden Völker Ostasiens, wobei die Chinesen seit 317 für lange Zeit nur noch am Rande mitspielten.

Im Gansu-Korridor hatten sich die Liang — ein Teil der aus dem Norden eingebrochenen Hunnenstämme — etabliert und den wichtigen Handelsknotenpunkt Liang-chou, das heutige Lanchow, zu ihrer Hauptstadt gemacht. Sie besaßen damit die für den Ost-West-Handel entscheidende Position und hatten auch das Schicksal der Städte des Tarim-Beckens wie überhaupt der westlichen Handelsplätze in ihren Händen. Doch scheint es, daß der bei uns nur mit Gewalt und Schrecken verbundene Name der Hunnen zu jener Zeit im Bereich der Seidenstraßen eher einen Ordnung und Sicherheit verheißenden Klang hatte. So, wie sich die Jahrhunderte später nachfolgenden nördlichen Eroberer Chinas – die Mongolen und die Mandschu – schnell und leicht den Lebensformen der Chinesen anglichen und ihre Kultur übernahmen, scheint es schon bei den Liang gewesen zu sein.

Liang-chou wurde unter ihrer Herrschaft zu einer prachtvollen Hauptstadt und bedeutenden Kulturmetropole, die weit nach allen Seiten hin, vor allem aber nach Westen ausstrahlte. Und das, obwohl es im Laufe von zwei Jahrhunderten – bis zum Sieg der aus der Mongolei eindringenden Nord-Wei über die Liang im Jahre 439 – nicht weniger als fünf Liang-Dynastien gegeben hat.

Doch bedeuteten politische Auseinandersetzungen und Familienkämpfe nicht unbedingt eine Beeinträchtigung des Handels und der kulturellen Aktivitäten. Diese entwickelten sich vielmehr weitgehend unabhängig vom Völker- und Dynastienstreit, da hinter ihnen andere, international gesinnte, von politischen Machtkämpfen wenig berührte Kräfte standen: Produzenten, Kaufleute, Bankiers und – vielleicht als wichtigste Gruppe – der buddhistische Klerus. Sie alle hatten Einfluß und Geltung über Ländergrenzen und Kampfgebiete hinaus, was freilich nicht bedeutet, daß der Kampf um Macht und Territorien nun aufhörte.

Das vom dritten Jahrhundert an mächtig aufblühende, vor allem als Klosterstadt immer wichtiger und prächtiger werdende Kutscha bekam das auch unter den Liang zu spüren, die zunächst freundschaftliche Beziehungen mit Kutscha unterhielten, dann aber doch, chinesischem Vorbild folgend, unter dem Feldherrn Lü Kuang einen Westfeldzug mit dem Ziel der Einnahme Kutschas und einer weiteren, nordöstlich von Kutscha gelegenen Stadt – Yen-ki – unternahmen.

Mit siebzigtausend Mann Fußvolk und fünftausend gepanzerten Reitern brach Lü Kuang im Jahre 382, gegen Ende der Regierungszeit des großen Liang-Herrschers Fu Kien, nach Westen auf. Yen-ki und andere Länder auf dem Wege ergaben sich kampflos. Doch das mächtige Kutscha war zum Widerstand entschlossen.

Einen interessanten, den Zeitgeist widerspiegelnden Bericht über die Eroberung Kutschas lesen wir in der Biographie des Lü Kuang. Dort heißt es:

»Lü Kuang stationierte seine Armee südlich der Burg von Kutscha. Je fünf li wurde ein Feldlager aufgeschlagen. Es wurden tiefe Gräben und hohe Wälle angelegt. Überall wurden Attrappensoldaten aufgestellt; dazu fertigte man aus Holz Menschenfiguren an, zog ihnen Panzer an und stellte sie auf den Wällen auf. Po Tsch'un trieb die außerhalb der Burg wohnenden Leute in die Burg hinein. Die

Fürsten (hou) und Könige (wang), welche Vasallen von Kutscha waren, schlossen sich alle in ihren Burgen ein und verteidigten sich.

Zu dieser Zeit schwollen dem Lü Kuang die Adern am linken Arm zu Schriftzeichen an, die lauteten: Kü-pa (Großer Machthaber). Vor seinem Lager tauchte des Nachts eine schwarze Kreatur auf, welche so groß wie ein steiler Deich war und sich hin und her bewegte; sie hatte einen Kopf mit Hörnern, und ihre Augen funkelten wie Blitzstrahlen. Als es tagte, kamen ringsum Wolken und Nebel auf, so daß man sie schließlich nicht mehr wahrnehmen konnte. Als man sich in der Frühe die Stelle ansah, war die Stelle, wo die Kreatur mit ihren Schuppenpanzern den Boden verdeckt hatte, in einer Breite von fünf li von Süden nach Norden und über dreißig Schritte von Osten nach Westen noch deutlich zu sehen, als ob die Kreatur noch da wäre. Lü Kuang sagte lächelnd: ›Das war ein schwarzer Drache!‹ Bald darauf kamen Wolken vom Nordwesten her auf, und ein Unwetter brach los, das die Spur vernichtete. General Tu Tsin sagte zu Lü Kuang: ›Der Drache ist ein göttliches Tier, und es bedeutet Glück für einen Herrscher, der ihn sieht. Das I-king (Buch der Wandlung) sagt: ›Sieht der Herrscher einen Drachen im Feld, so bedeutet es, daß seine Segenswirkung sich überall verbreitet. Dieses Ereignis besagt, daß ein aufrichtiger und verständiger General, wie Sie, hier ist, dessen Prinzip (tao) mit der Harmonie des Himmels und der Erde (ling-ho) übereinstimmt und dessen Tugend der Erwartung des Jenseits und Diesseits entspricht. Bitte, mein General, setzen Sie alles daran, um das höchste Glück zu verwirklichen.‹ Lü Kuang zeigte Freude im Gesicht.

Dann rückte er vor und griff die Burg von Kutscha an. In der Nacht träumte er, daß eine goldene Statue über die Burg hinausflog. Da sagte Lü Kuang: ›Das bedeutet, daß der Gott Buddha sie verlassen hat. Die Barbaren werden also bestimmt untergehen!‹ Da Lü Kuang nun die Burg heftig bedrängte, holte Po Tsch'un sämtliche Schätze und Kostbarkeiten seines Staates heraus, bestach damit die K'uai-hu und bat sie um Hilfe. Der jüngere Bruder des Königs der K'uai-hu namens Na-lung und der Fürst-General namens K'uei kamen an der Spitze von über zweihunderttausend Reitern sowie mit den Königen von Wen-su (Ush-Turfan), Wei-t'ou und anderen Staaten, insgesamt über siebenhunderttausend Mann, Kutscha zu Hilfe.

Die Barbaren waren vertraut mit Bogen und Pferden und bewandert im Gebrauch von langen Speeren. Ihre Harnische waren wie miteinander verbundene Ketten; die waren mit Bogen nicht zu durchbohren. Die Barbaren fertigten aus Lederseilen Schlingen an und warfen sie im Galopp auf Menschen; viele wurden damit gefangen.

Die Leute von Lü Kuang hatten große Angst davor. Alle Generäle wollten, daß jedes Lager für sich sich zum Kampf aufstelle und seine Soldaten zurückhalte, um die Barbaren abzuwehren. Lü Kuang sagte: ›Sie sind zahlenmäßig überlegen, und wir sind unterlegen. Zudem sind die Lager zu weit voneinander entfernt. Unsere Streitkräfte auseinanderzuspalten ist keine gute Taktik.‹ Daraufhin verlegte er die Lager so, daß sie sich nahe beieinander aufstellten und die Formation einer ineinanderhakenden Kette bildeten. Die Elitereiter bildeten fliegende Korps und schlossen so die Lücken. Sie kämpften westlich der Burg und brachten den Barbaren eine große Niederlage bei. Sie schlugen über zehntausend Köpfe ab. Po Tsch'un raffte seine Kostbarkeiten zusammen und ergriff die Flucht. Die Könige und Fürsten von mehr als dreißig Staaten ergaben sich.

Lü Kuang rückte in die Burg ein und bewirtete dort seine Offiziere und Soldaten großzügig. Er verfaßte Gedichte, in denen er seinem Willen Ausdruck gab. Als er sah, wie prachtvoll die Paläste des Königs von Kutscha waren, befahl er dem Armee-Sekretär Tuan Ye aus King-tschao, dem hauptstädtischen Verwaltungsbezirk, ein Gedicht als Satire auf die Paläste von Kutscha zu verfassen.

Die Barbaren waren verschwenderisch und gewohnt, üppig zu leben. In ihren Häusern lagerten sie Traubenwein manchmal bis zu 1000 hu (1 hu = 10 Scheffel); auch nach zehn Jahren wurde der Wein nicht schlecht. Es kam laufend vor, daß die Soldaten von Lü Kuang in den Weinkellern ertranken.«

In den zeitgenössischen chinesischen Annalen über die Fremdvölker lesen wir in der gewohnten Kürze und Nüchternheit zu dieser Besetzung: »Als Lü Kuang in Kutscha ankam, ergriff Po Tsch'un, der König von Kutscha, mit seinen Schätzen die Flucht, und Lü Kuang zog in die Burg ein. Die Burg bestand aus dreifach hintereinander gestaffelten Wällen. Der äußere Wall war der Burg von Changan gleich. Die Räume sahen herrlich aus und waren verziert mit edlen Steinen, Gold, Jade und Seide.«

Hier hören wir nicht nur etwas über die Verteidigungskraft damaliger Städte, sondern auch über die Pracht, mit der sie ausgestattet waren. Mag Kutscha in Anbetracht seiner besonderen Bedeutung auch eine Ausnahme gebildet haben, so können wir diesen kurzen Text doch als eine nüchterne Feststellung über Reichtum und Lebensart entlang der Seidenstraßen betrachten.

Die Verbindung von Bericht und Legende in Lü Kuangs Biographie dagegen, die wir so in chinesischen Annalen nicht finden würden, ist typisch für die neue Geisteshaltung der Zeit, die vom Geisterglauben der Nomaden und von religiösen Vorstellungen Mittel- und Zentralasiens geprägt war.

Von Lü Kuang nimmt man an, daß er einer tibetischen Familie entstammte und sich am Hofe Fu Kiens durch seine Klugheit und Tapferkeit hervorgetan hat.

Wichtig beim Lesen des Berichts über sein militärisches Vorgehen ist die Tatsache, daß sich bei der Belagerung Kutschas auf beiden Seiten gläubige Buddhisten gegenüberstanden.

Es gibt sogar eine Darstellung der Gründe des Westfeldzugs der Liang, nach der es Kaiser Fu Kien vor allem um einen buddhistischen Mönch – den weisen Kumarajiva – zu tun war, der in Kutscha lebte und den der Kaiser unbedingt an seinem Hof haben wollte.

So ungesichert diese Version des chinesischen Kriegsgrundes auch sein mag, so zeigt sie doch, welche Bedeutung die religiösen Lehrer der Zeit für die damaligen Menschen, selbst oder gerade auch für Könige, besaßen. Kumarajiva war ein solcher Lehrer von überregionaler Bedeutung, der nicht nur in der Geschichte des zentralasiatischen, sondern später auch in der des chinesischen Buddhismus eine große Rolle spielte. Die überlieferte Darstellung seiner Herkunft besagt, daß er der Sohn eines indischen Mönchs und der jüngsten Schwester des Königs von Kutscha, der Prinzessin Jiva, war. Das würde die führende Rolle bestätigen, die hochgestellte Inder in den Städten der Seidenstraße – besonders im Tarim-Becken – gespielt haben. Zugleich zeigt es, daß die buddhistischen Glaubensregeln – wie das Zölibat für Mönche – in jener Zeit nicht allzu ernst genommen wurden. Denn im Laufe der Jahrhunderte hatten sich Veränderungen der ursprünglichen Buddha-Lehre ergeben, deren wichtigste das Aufkommen der bereits erwähnten Bodhisattva-Idee um die Zeitenwende gewesen war.

Während die früheren Buddhisten in Indien nur an der eigenen Erleuchtung und ihrem Eintritt ins Nirvana – in den Zustand ohne irdische Wiedergeburt – interessiert waren, ging es den Anhängern der Bodhisattva-Lehre um die Erlösung aller Wesen aus dem Kreislauf der Wiedergeburten. Und die Erleuchteten – die Bodhisattvas – verzichteten, wie wir schon hörten, auf Buddhaschaft, »bis auch der letzte Grashalm erlöst ist«.

In diesem Lehrsystem konnte es nicht mehr in erster Linie auf die Einhaltung strenger Regeln – wie der Ehelosigkeit der Mönche – ankommen. Es ging vielmehr um ein heilbringendes Wirken für alle. Das schloß nicht aus, daß es auch weiterhin strenge Anhänger des alten Buddhismus und seiner Grundsätze gab. Doch scheint sich an den Seidenstraßen schon früh eine Haltung der Toleranz allen Lehrmeinungen gegenüber durchgesetzt zu haben, die wahrscheinlich nicht zuletzt auf die verschiedenen Völkergruppen zurückzuführen war, die sich auf den Seidenstraßen und in den Städten entlang ihrer Routen trafen.

Dispute über die verschiedenen Lehr- und Glaubensrichtungen werden am abendlichen Lagerfeuer genauso häufig gewesen sein wie in den Klöstern und in den Palästen der Reichen, ja selbst am Königshof. In zeitgenössischen Berichten lesen wir, daß viele Prinzen und Prinzessinnen der Tarim-Königreiche seit dem dritten Jahrhundert auf die Vorrechte ihrer Herkunft verzichteten und in ein Kloster eintraten. Andererseits erzählt die Biographie des Kumarajiva, daß sein Vater, der in Indien ein hohes Amt ausgeschlagen hatte und in die Einsamkeit gegangen war, vom König von Kutscha gezwungen wurde, seine Schwester, die Prinzessin Jiva, zu heiraten.

Eine Legende mit Anklängen an die Lebensgeschichte des Buddha schließt sich an. Kumarajiva zog schon als Neunjähriger mit seiner Mutter nach Kaschmir, wo er Schüler des berühmten buddhistischen Weisheitslehrers Bandhudatta wurde. Immer tiefer drang er in die Geheimnisse des Buddhismus ein und lernte auch die Mysterien kennen, die das Wort Buddhas bereits damals vielfältig mit lokalen Religionsvorstellungen, Weissagungskünsten und Zauberpraktiken verbanden. Es scheint jedoch, daß Kumarajiva im Gegensatz zu vielen anderen buddhistischen Lehrern seiner Zeit das Hauptgewicht immer auf die alten buddhistischen Texte gelegt hat. So wurde er auch später, am chinesischen Kaiserhof, zu einem der großen Übersetzer aus dem Sanskrit ins Chinesische und damit zu einem Hauptverbreiter buddhistischen Gedankenguts im alten China. Allerdings blieb auch ihm das Schicksal seines Vaters nicht erspart. Gegen seinen Willen mußte er eine Prinzessin aus Kutscha und später, am chinesischen Kaiserhof, eine Hofdame heiraten. Von sich selbst sagte er in jener Zeit bei Hofe, daß er »wie ein Vogel mit gebrochenen Flügeln in China sei, wo es nur wenige gäbe, die tiefe Kenntnisse besäßen«.

Dies macht deutlich, wie einer, der weit in die Geheimnisse der religiösen Lehren seiner Zeit eingedrungen war, unter der Oberflächlichkeit einer hauptsächlich an Prunk, Reichtum und Wohlleben interessierten Gesellschaft gelitten hat. Denn er mußte sich, trotz des großen Ansehens, das er offensichtlich genoß, und der hohen Ehren, die ihm zuteil wurden, als ein Opfer seiner Umwelt fühlen, die sich mehr für seine meist zutreffenden Voraussagen künftiger Ereignisse interessierte als für das, was er den Menschen als rechten Weg einer vernünftigen Lebensführung vorzuschlagen hatte. Und das in einer Zeit, in der es nach damaligen Quellen in Kutscha »tausend Klöster und Stupas« und mehr als zehntausend Mönche gegeben hat. Hier ist der Gegensatz zum persönlichen Bekenntnis eines führenden Weisheitslehrers genauso groß wie zu den politischen Ereignissen der Zeit, die wenig vom religiösen Geist der Epoche spüren lassen. Wie ist das zu verstehen?

HANDEL UND RELIGION ALS KONSTANTEN IN EINER CHAOTISCHEN ZEIT

Betrachtet man die politische und militärische Geschichte Chinas und Zentralasiens in den ersten Jahrhunderten nach der Zeitenwende, so stellt sie sich dar als ein Chaos sich bekämpfender Stämme und Reiche, in dem Gewalt, Überfall, Meuchelmord und Zerstörung an der Tagesordnung waren. Und doch wird dieses chaotische Bild historischen Geschehens von zwei Konstanten beherrscht, die sich im Auf und Ab der Ereignisse durch die Jahrhunderte erhalten und das Leben über weite Gebiete bestimmt und stabilisiert haben. Es sind der Welthandel und der Buddhismus oder — weiter gefaßt — die religiöse Grundhaltung überhaupt, ohne die wir wahrscheinlich durchgehende Strukturen der ost- und mittelasiatischen Geschichte jener Jahrhunderte gar nicht erkennen könnten.

Dabei scheinen die beiden Komponenten Handel und Religion auf den ersten Blick, besonders aus heutiger Sicht, Gegensätze, die man sich in ihrer Grundtendenz kaum krasser vorstellen kann. Auf der einen Seite begegnen wir dem Streben nach Reichtum und Erfolg, der Gewinnsucht, die oft genug zu Betrug, Diebstahl, Raub, ja selbst zu Mord führte. Diese Lebenshaltung widersprach völlig der Lehre eines Buddha oder eines Christus. Doch auch die andere Seite — das ständig anwachsende und dabei an weltlicher Macht gewinnende Mönchstum — war, wie wir heute wissen, nicht frei von habgieriger Haltung, die in gleichem Maße zunahm, wie die Klöster zu Warenumschlagplätzen mit Sicherheitsgarantie und zu Banken wurden, die den Zinswucher nicht schlechter zu nutzen verstanden als die weltlichen Finanziers in den Städten.

Liest man zeitgenössische Berichte, gewinnt man den Eindruck eines Kampfes aller gegen alle, und das, obwohl der Zusammenarbeit erfordernde Handel in dieser Zeit mehr und mehr zur Lebensbasis für die Länder zwischen China und dem Mittelmeer wurde.

Es ist nicht leicht für uns, die Vielfalt der Tendenzen und Aktivitäten, die damals das Leben vor allem an der östlichen Seidenstraße — zwischen den Städten Chinas und Kaschgar — bestimmt haben, zu enträtseln und hinter ihre Anstöße zu kommen, zumal wir heute in diesem Gebiet, besonders im Tarim-Becken, ausreichende

Lebensimpulse kaum zu entdecken vermögen. Trotzdem scheint der Ost-West-Handel in dieser Region Aktivitäten ausgelöst zu haben, von denen wir uns, jenseits des ausführlich beschriebenen Kriegsgeschehens mit seinen Grausamkeiten, kaum eine hinreichende Vorstellung machen können. Denn alles, was geblieben ist außer einigen Textfragmenten, von denen wir nicht wissen, ob sie die Wirklichkeit wiedergeben oder nur eine Legende berichten, sind die spärlichen, wenn auch großartigen Reste der Kunst jener Zeit — genauer gesagt: die Dekoration ihrer religiösen Stätten, von denen uns allerdings nur die Höhlen und nicht die ursprünglich wohl weit zahlreicheren freistehenden Bauten erhalten sind. Es ist Kunst, die uns nicht nur formal überrascht und überzeugt, sondern auch ein lebendiges Bild der Menschen jener Zeit und ihrer Lebensart vermittelt. So gelingt uns auf dem Umweg über die Religion, die auslösendes Element dieser Kunst war, der Einblick in die historischen Zusammenhänge der Seidenstraßengeschichte. Und wir überschauen die weiten Strecken, über die hier Formen, Symbole und Gebrauchsgüter — Kleidung, Schmuck, Haartrachten — von den Menschen verbreitet worden sind: Ausdruck ihrer auch im politischen Chaos der Zeit ungebrochenen persönlichen und kulturellen Identität.

Dabei treten in Kutscha, anders als in Dun Huang und in der Turfan-Oase, die westlichen und die südwestlichen Einflüsse besonders stark in Erscheinung. Hier ist indisches, vor allem aber auch persisches, das heißt jetzt sassanidisches Formengut maßgebend. Und es bestätigt sich auf diese Weise das Ansehen, das Inder — denken wir an Kumarajivas Vater — am Hof von Kutscha genossen haben.

Betrachten wir die Wandmalereien der in den Bergen bei Kutscha in wildromantischer Landschaft gelegenen Klosterhöhlen von Kyzil, so ist es, als träten wir in den Lebenskreis der Kutscha bewohnenden und besuchenden Menschen der Jahrhunderte nach Kumarajiva ein: Ein Stück Seidenstraße wird nach eintausendfünfhundert Jahren wieder lebendig. Wir erleben die kulturelle Konstante jener Zeit — bestehend aus Handel und religiösem Ausdruck durch Kunst — jenseits der Wechselfälle kriegerischen Geschehens und ihrer politischen Auswirkungen.

Trotzdem sind es zwei politische Großereignisse, die Kutschas Bild in diesen späteren Jahrhunderten, aus denen der Großteil unserer Zeugnisse stammt, entscheidend geprägt haben: der Zusammenbruch des Sassanidenreiches unter dem Ansturm der Moslems und der erneute Vorstoß der Chinesen ins Tarim-Becken unter den Tang-Kaisern.

Das eine Ereignis brachte eine große Zahl politischer Flüchtlinge aus Persien, die in Kutscha großzügig aufgenommen wurden, das zweite war die 648 erfolgte nochmalige chinesische Eroberung Kutschas, das im Jahre 658 erneut Sitz des chinesischen Gouverneurs für das Tarim-Becken wurde und damit seine politische Unabhängigkeit für immer verlor.

Erstaunlich ist, daß die besten Malereien, die wir aus Kyzil kennen, aus der Zeit stammen, in die diese beiden politisch für die Stadt so bedrückenden Ereignisse fallen. Ein qualitativer Unterschied zu den früheren Arbeiten ist dabei nicht festzustellen, wohl aber eine Verfeinerung gewisser Nuancen im Sinne des sassanidischen Hofstils, die wohl dem Einfluß der Flüchtlinge, unter denen sicher auch viele arbeitslos gewordene persische Künstler waren, zu danken ist.

Dagegen ist ein stilistischer Einfluß der berühmten Tang-Malerei Chinas in dieser Frühphase der Begegnung nicht zu erkennen, was wohl damit zusammenhängt, daß im Gefolge der Krieger zunächst keine Künstler auftraten, zumal die Tang-Kunst sich damals selbst in China noch in der Entwicklung befand. Erst im achten Jahrhundert erkennen wir in den südwestlich von Kutscha durch die Berliner Expedition entdeckten Höhlen von Kumtura chinesische Einflüsse auf die Menschen- und Gewanddarstellungen der dortigen Wandmalereien.

Die Bilder an den Wänden von Kyzil – neben den Zyklen von Dun Huang wohl die bedeutendste Kunstleistung Zentralasiens – zeigen uns das dichte Beieinander von Adel und Geistlichkeit. In der Gesellschaft des Königs und seiner Gefolgsleute, die der Darstellung abendländischer Ritter entsprechen, finden wir Mönche, die an christliche Klosterbilder unseres Mittelalters erinnern. So etwa, wenn hinter einem Mönch das memento mori in der Symbolgestalt des Totenschädels auftritt oder sich eine Mönchsgruppe mit erhobenen Händen wie eine Fronleichnamsprozession gespenstisch über die Wand einer nur von fahlem Licht spärlich erhellten Höhlenzelle bewegt.

Nicht anders müssen wir uns wohl auch die Verbindung von weltlichem und geistlichem Leben – hier wie dort – vorstellen. Der Schritt ins Kloster war in beiden Bereichen – dem christlichen wie dem kutschanisch-buddhistischen – nicht selten, selbst im Herrscherhaus. Und Mönchstum muß weltliche Interessen und weltliches Handeln nicht unbedingt ausschließen. Die Bilder von Kyzil sind genauso wie die Bilder von Dun Huang keine Zeugnisse der Askese. Sie zeigen vielmehr die enge Verbindung von weltlichem und geistlichem Leben. Auch die tröstende und beruhigende Funktion der Lehre für die, denen am nächsten Tag wieder die harte Wirklichkeit des Karawanenalltags bevorstand, mag hier, wie überall entlang der Seidenstraßen, eine bedeutende Rolle gespielt haben.

Ferner gab es Ereignisse, wo sich Handel und Religion, weltliche und geistliche Aktivitäten unmittelbar begegneten. Das geschah bei den zahlreichen höfischen, städtischen und religiösen Festen, zu deren Ausgestaltung, wie wir aus alten Texten wissen, vor allem Musik, Gesang und Tanz gehörten — Elemente, die noch heute aus dem Leben der Bevölkerung des Tarim-Beckens nicht wegzudenken sind.

Was uns auf den Wandgemälden der Höhlenklöster in Form himmlischer Orchester und Tänzergruppen begegnet, ist ein getreuer Spiegel der gesellschaftlichen Ereignisse am Rande der Seidenstraßen, vor allem in Städten wie Kutscha, wo der schnell gewonnene Reichtum auch schnell und mit vollen Händen wieder ausgegeben wurde.

Betrachtet man die Instrumente auf den Wandmalereien — Lauten, Flöten und Trommeln —, so findet man sie noch heute in ähnlicher Bauart im Tarim-Becken wieder. Ihren Ursprung haben sie Jahrtausende früher in Mesopotamien gehabt. Von Kutscha aus gelangten sie weiter nach Osten, in die Städte Chinas, Koreas und Japans, wo sie zum Teil als Instrumente der Volks-, Theater- und Tempelmusik noch heute in Gebrauch sind. Auch sie gehören zu der unübersehbaren Fülle von Gegenständen, die über die Seidenstraßen verbreitet wurden und eine auf der Basis des internationalen Handels aufblühende Weltkultur entstehen ließen, von der sich Reste nicht nur als Antiquitäten, sondern auch als bis heute erzeugtes und benutztes Kulturgut erhalten haben.

Noch weiter spannt sich der Bogen, wenn man an die Verbreitung jener Maskenformen denkt, die zur römischen Komödie des Terenz und Plautus gehörten und über die Seidenstraßen ebenfalls nach Zentralasien, China und Japan gelangten, wo sie besonders im buddhistischen No-Spiel einen bis in die Gegenwart lebendigen Maskenstil darstellen.

Wir sehen, Europa und Asien waren und sind sich durch die Seidenstraßen näher gekommen, als man bei oberflächlicher Betrachtung annimmt. Der Handel hat trotz aller Spannungen und kriegerischen Auseinandersetzungen, trotz Völkerwanderung und Machtverschiebung die gegenseitigen Bedürfnisse befriedigt und darüber hinaus einen Kultur- und Religionstransfer ermöglicht, ohne den weite Teile Asiens nie den Anschluß an die großen Kulturzentren und ihre Einflußgebiete gefunden hätten. Auch wäre es nie zu jener Begegnung der Anhänger verschiedener Weisheitslehren und Religionen gekommen, wenn die Handelswege nicht zugleich die Voraussetzungen für Pilgerschaft und ersten Tourismus geschaffen hätten. Denn es sind nicht die Namen der ersten Kaufleute, die in den chinesischen Annalen als Benutzer der Seidenstraßen genannt werden, sondern eben gerade die Namen derer, die Nutznießer des Handels und seiner Wege waren, die sie als erste Missionspfade benutzten.

DIE SEIDENSTRASSEN ALS FERNREISE- UND PILGERWEGE

Das älteste mir bekannte westliche Zeugnis, das Aufschluß darüber gibt, daß die Seidenstraßen als Reise-, vielleicht muß man hier sogar sagen als Flüchtlingsweg genutzt wurden, findet sich in den Thomasakten, die zu den apokryphen Schriften des Neuen Testaments gehören. Wir lesen dort von der Missionsreise des Apostels Thomas nach Indien, wo wir als Zeugen dieser frühesten christlichen Asienmission bis heute Thomaschristen – Nachfahren jener vom Apostel Thomas gegründeten Urgemeinde – finden.

Über eine noch frühere Reise vom Mittelmeer nach dem Osten berichtet aufgrund alter tibetischer Texte, die er in dem Ladakh-Kloster Hemis entdeckt hat, der russische Forschungsreisende Nikolaus Notowitsch, der 1887 in Kaschmir und Ladakh weilte. Diese Reise wäre, sollte sie wirklich stattgefunden haben, die spektakulärste Begehung der Seidenstraße gewesen. Das Buch, in dem Notowitsch Ende vorigen Jahrhunderts seinen Fund publiziert hat, trägt den Titel *Die Lücke im Leben Jesu*. Danach ist es kein Geringerer als der dreizehnjährige Jesus, der als erster uns namentlich bekannter Pilger die Seidenstraße benutzt haben soll. Das tibetische Manuskript, in dem Jesus Issa heißt, geht auf diese Pilgerreise des jungen Jesus nur mit einem Satz ein. Der lautet in der Übersetzung von Notowitsch: »Damals geschah es, daß Issa heimlich das Haus seiner Eltern verließ, hinausging aus Jerusalem und sich nach dem Sindh begab mit Kaufleuten.«

Der Originaltext, in dem sich dieser Satz findet, ist offensichtlich selbst über die Seidenstraße in den Osten gelangt. Er enthält eine kurzgefaßte Darstellung der Geschichte des Volkes Israel, wie wir sie ähnlich aus dem Alten Testament kennen. Überschrieben ist das Manuskript »Das Leben des heiligen Issa, des besten der Menschensöhne«. Es berichtet nach der historischen Einführung vom Leben und Sterben Jesu und beginnt mit den Worten: »Geschaudert hat die Erde, und die Himmel haben geweint ob einer Missetat, welche begangen wurde im Lande Israel. Denn dort hat man gepeinigt und hingerichtet den großen gerechten Issa, in welchem die Seele des Weltalls wohnte.«

Die tibetische Jesus-Erzählung, die eindeutig auf westliche Quellen zurückgeht, soweit sie die Geschichte Israels und die Kindheit Jesu betrifft, weist manche Übereinstimmung mit den Büchern Mose und dem Lukas-Evangelium auf. Bei Lukas endet das zweite Kapitel, in dem die berühmte Episode vom zwölfjährigen Jesus im Tempel berichtet wird, nach Luthers Übersetzung mit den lapidaren Worten: »Und Jesus nahm zu an Weisheit, Alter und Gnade bei Gott und den Menschen.«

Weder Lukas noch die anderen Evangelisten berichten etwas über die mit diesem Satz umschriebenen achtzehn Jahre. Denn die nächste Angabe bei Lukas lautet: »Jesus war, als er anfing, ungefähr dreißig Jahre alt.« Damit ist der Beginn seiner Lehr- und Wundertätigkeit in Palästina gemeint. Über die Zwischenzeit erfahren wir nichts, weder bei Lukas noch bei Matthäus, Markus oder Johannes, die sich über Jesu Kindheit und Jugend völlig ausschweigen. Die achtzehn Jahre, von denen die Evangelien nichts wissen, füllt unser tibetischer Text mit Leben. Er sagt, Jesus sei mit Kaufleuten nach Indien gezogen, »nach dem Sindh«. Und der Text fährt fort: »Das geschah in der Absicht, sich zu vervollkommnen im göttlichen Wort und zu forschen in den Gesetzen des großen Buddha.« Was darauf folgt, ist eine detaillierte Schilderung der Erlebnisse und Erfahrungen Jesu in Indien, eine Darstellung, die sehr an die Lebensgeschichte des Buddha nach seinem Auszug aus dem väterlichen Palast erinnert, wie ja überhaupt die Lösung vom Elternhaus in beiden Lebensgeschichten auffällt. In Indien wurde Jesus aufgrund seiner Lehren, in denen sich Gedanken des Buddha mit der Ethik der späteren Bergpredigt mischen, von den Brahmanen genauso verfolgt wie später in Palästina von den israelitischen Priestern. Doch seine Güte und die Ausstrahlung seines reinen Wesens machten ihn unangreifbar. Auf dem Rückweg in seine Heimat, so berichtet der Text, wurde er in Persien vom Hohenpriester des Zoroaster ins Verhör genommen. Eine Disputation, wie wir sie aus den überlieferten Reden Buddhas kennen, schließt sich an, aus der Jesus glänzend hervorgeht. Doch die Angst der Priester und Magier vor seinem Einfluß aufs Volk blieb, und sie ließen ihn nachts vor die Stadt führen auf die einsame Piste nach Westen, in der Hoffnung, wilde Tiere würden ihn zerreißen. Aber wie durch ein Wunder blieb er unversehrt und gelangte als Neunundzwanzigjähriger gesund zurück ins Land Israel, wo er seine Lehrtätigkeit fortsetzte in der Weise, die wir aus den Evangelien kennen, an deren Text sich der tibetische Bericht dann bis zur Gefangennahme, Kreuzigung und Grablegung eng anlehnt. Von der Auferstehung spricht die tibetische Jesus-Geschichte als von einem Gerücht, das sich verbreitete, als man das Grab Jesu leer fand. Der Text endet mit dem Lob Issas und seiner Jünger.

Einem von ihnen, Thomas, sind wir bereits in den Thomasakten als dem ersten in der westlichen Literatur namentlich bezeugten Benutzer der Seidenstraße begegnet. Sein Weg nach Osten begann nach der Kreuzigung Christi. Doch Thomas ging nicht freiwillig. Er wurde zu seinem Missionsauftrag gezwungen und, als er dann immer noch nicht aufbrechen wollte, als Sklave an einen Kaufmann verkauft, der nach Indien unterwegs war. Derjenige, der ihn verkaufte, war, folgt man den Thomasakten, kein Geringerer als Jesus — dieses Mal der Auferstandene und dabei, wie uns der Text glauben macht, durchaus sehr irdisch Lebendige und Geschäftige.

Hier stellt sich nun auch angesichts der ältesten Geschichte der Seidenstraße als Weg der Missionare die schon oft erhobene und nie abschließend beantwortete Frage: Starb Jesus wirklich am Kreuz? Ich bin ihr bereits in meinem Buch *Am Thron der Götter* nachgegangen.

Der Streit um dieses zentrale Problem der christlichen Lehre hat sich am berühmten Turiner Grabtuch Christi genauso entzündet wie an einem sogenannten Christusgrab, das in Srinagar (Kaschmir) als Grab des heiligen Issa von den Moslems verehrt wird. Wir können hier der vielschichtigen Problematik dieser Frage nicht nachgehen. Nur soviel ist im Zusammenhang mit unserem Thema zu sagen, daß es in Srinagar einen hochangesehenen Wissenschaftler, Professor Hassnain, gibt, der aufgrund vieler Indizien die Auffassung vertritt, daß Jesus nicht nur einmal, sondern nach seiner Kreuzigung, die nach Hassnains Meinung nicht zum Tode führte, ein zweites Mal über die Seidenstraße nach Osten gepilgert ist. Damit würde das bisher immer auf die Himmelfahrt bezogene Wort Jesu »Ich gehe dorthin, woher ich gekommen bin«, eine sehr natürliche, einleuchtende Erklärung finden. Und der Bericht von Jesu Himmelfahrt wäre ein von der christlichen Kirche später zum Glaubensbekenntnis hochstilisiertes Ereignis, das zu seiner Zeit nichts anderes als eine Schutzbehauptung darstellte, die Jesu Flucht nach Osten decken sollte. In dieses Bild paßt nicht nur die mehrfache Erscheinung des lebendigen, von Wundmalen Gezeichneten vor seinen Jüngern, sondern auch Jesu Begegnung mit Saulus in Damaskus, das von Palästina aus auf seinem Wege nach Osten lag.

Persische Quellen berichten von der Flucht Jesu in Gesellschaft seiner Mutter Maria, die unterwegs starb, und seines Bruders Thomas. In den Thomasakten liest sich die Geschichte dieser Flucht teilweise wie eine kecke Verwechslungskomödie. Nicht nur, daß

Jesus den unbotmäßigen Thomas in Jerusalem gegen drei Pfund ungeprägten Silbers an einen Kaufmann namens Aban verkauft, er benutzt ihn später, liest man den Text der Thomasakten genau, sogar als Double. Auf diese Weise verbirgt er nicht nur geschickt seine Identität, sondern schafft sich auch weiter, wie schon früher in Palästina, das Flair eines Wundertäters, der magischer Fähigkeiten mächtig ist.

Auf einer ausführlich geschilderten Königshochzeit, bei der Thomas seiner religiösen Sendung wegen als priesterlicher Ehrengast geladen ist, geht das soweit, daß Jesus, den Thomas hier nur einfach seinen Bruder nennt, an Stelle des nach Gebet und Segen aus dem Zimmer gegangenen Thomas im Brautgemach erscheint und das junge Paar mit beschwörenden Worten, die ganz buddhistisch klingen, an der Vollziehung der eben geschlossenen Ehe hindert.

Nach Hassnains Forschungen gelangten Jesus und Thomas gemeinsam bis an die indische Grenze, wo sich Thomas nach Südosten, Jesus aber nach Norden wandte. Das angebliche Grab des Apostels Thomas wird heute noch in der christlichen Kathedrale von Madras gezeigt. Dem sogenannten Christusgrab in Srinagar, der Hauptstadt Kaschmirs, möchte Hassnain das bis heute von den Nachfahren des heiligen Issa gehütete Geheimnis durch Öffnung des dort befindlichen Sarges entreißen. Denn er vermutet darin den Leichnam des nach seiner Version hochbetagt in Srinagar verstorbenen Jesus. Für Hassnain sind nämlich der Issa des tibetischen Textes und der hier in Srinagar begrabene Issa mit Jesus identisch. Das hat mir der indische Gelehrte in einem langen Gespräch unter Heranziehung vieler alter Textstellen zu belegen versucht.

Wie immer man den historischen Gehalt der tibetischen Jesus-Geschichte und der Thomasakten einschätzen mag, so legen doch beide durch ihre Existenz Zeugnis ab für die Bedeutung der Seidenstraße als Weg der Religionsübermittlung von West nach Ost und von Ost nach West. Das christliche Gedankengut, das von Syrien aus über die Seidenstraße bis nach Turfan und weiter nach China gelangte, hat in Persien das Denken und die Lehre des Anfang des dritten Jahrhunderts nach Christi geborenen großen Religionsstifters Mani − eines parthischen Prinzen − beeinflußt, bei dem wir auch buddhistische Vorstellungen finden. Hier also, in einem nicht nur wirtschaftlichen, sondern auch geistigen und religiösen Zentrum zwischen Ost und West, kamen beide großen Glaubensströmungen der Zeit − Buddhismus und Christentum − zusammen und ließen etwas Neues entstehen: den Manichäismus. Dieser strahlte dann seinerseits weit nach Zentralasien und China aus. Der Lehre und Kunst der Manichäer sind wir bereits in Chotscho begegnet.

Wir können uns deshalb den nicht vom Handel bestimmten, sondern geistigen, religiösen und künstlerischen Absichten dienenden Verkehr auf den Seidenstraßen nach der Zeitenwende gar nicht intensiv genug vorstellen. Die Zwischenstationen waren für Prediger und Künstler, für Mönche und Magier dabei noch wichtiger als für die Kaufleute, die vor allem ihr Ziel im Auge hatten und die Karawansereien nur als Rast- und Ruheplätze benutzten, während sie für all die anderen Wirkungsbereiche, für die Künstler und Magier natürlich vor allem auch Plätze des Geldverdienens waren. Dabei darf man zwischen den einzelnen Personengruppen keine zu strengen Grenzen ziehen. Sicher gab es Prediger und Mönche, die den Erfolg ihres geistlichen Wirkens nach dem materiellen Gewinn beurteilten, den es ihnen brachte, wenn sie das auch nicht durchblicken ließen. Jedenfalls waren Leben und Treiben in den Städten, Karawanenstationen und an den Knotenpunkten der Seidenstraßen bunt, lebhaft und verführerisch. Denn hier pulsierte das Leben jener Zeit, hier fanden Güter-, Nachrichten-, Religions- und Wissensaustausch statt, von hier gingen die Impulse aus, die sich in den Weltreichen der Zeit — in Rom, Persien, China und Indien — stärker auswirkten, als wir das heute historisch nachweisen können. Die Zahl der unmittelbar Beteiligten war gering, gemessen an der Gesamtbevölkerung der Zeit. Aber die gestaltenden Einflüsse — der Manichäismus in Zentralasien, das Christentum in Indien, China und Zentralasien, der Buddhismus westwärts ausstrahlend bis ins östliche Persien —, das waren Folgen des Seidenstraßenverkehrs, dessen Anfänge sich allerdings im historischen Dunkel verlieren oder nur als Legende überkommen sind. Wir haben das schon in China erfahren, wo ein kaiserlicher Traum zur ersten Aussendung von Pilgern nach Indien führte, die dann auf dem zum Symbol buddhistischer Chinamission gewordenen berühmten weißen Pferd buddhistische Schriften in die Kaiserstadt Loyang brachten.

Der erste historisch belegbare chinesische Indienpilger, der auch Aufzeichnungen über seine Reise hinterlassen hat, war Fa-hsien. Er ist 399 n. Chr. aufgebrochen, hat die Westprovinzen Chinas und das schon damals nur unter großen Gefahren begehbare Tarim-Becken durchquert, um sich dann nach Süden zu wenden. Fünfzehn Jahre war Fa-hsien unterwegs. Den Rückweg von Indien trat er 414 mit dem Schiff an, weil die Südroute der Seidenstraße inzwischen wegen Wassermangel über weite Strecken fast unpassierbar geworden war. Trotzdem wurde dieser Weg zehn Jahre später von Shimeng, auch er buddhistischer Indienpilger, unter großen Schwierigkeiten wieder begangen.

Der Grund dafür, daß chinesische Pilger die ungeheure Anstrengung solcher Westreisen auf sich nahmen, war allerdings meist nicht allein die Sehnsucht nach den Stätten des Lebens und Wirkens von Buddha. In vielen Fällen mag das sogar nur ein Vorwand, eine Pilgern gut anstehende Erklärung gewesen sein. Die Mönche, die vom Kaiser mit der Aufgabe betraut wurden, buddhistische Schriften aus Indien herbeizubringen, waren nicht nur hochgebildete, sprachenkundige Männer, sie standen auch in der Gunst des Herrschers und besaßen sein Vertrauen. Ihre Mission ging deshalb weit über die Schriftenbeschaffung hinaus, so große Bedeutung man den Reden Buddhas im kaiserlichen China jener Zeit auch beilegte.

Diese Pilger waren zugleich Diplomaten, Kundschafter oder, um es mit einem modernen, aber genau zutreffenden Wort zu sagen: Agenten. Sie hatten dem Hof über alles zu berichten, was sie unterwegs sahen und erlebten. Da sie als geistliche Herren überall zu den buddhistischen Lokalfürsten Zutritt hatten und man ihnen offenbar auch vertrauensvoll über die politische und wirtschaftliche Lage, besonders über bedrohliche Nomadenaktivitäten berichtete, waren diese Männer für den Kaiser von unschätzbarem Wert. Denn kein chinesischer Herrscher verlor die Westländer völlig aus den Augen, und in der Tang-Zeit wurden sie auch bald wieder ein fester Bestandteil des chinesischen Reiches.

In diesem Zusammenhang kommt dem Pilger Hiuen-tsang eine große Bedeutung zu. Er hatte im Tarim-Becken die Lokalfürsten besucht und die Einflüsse des westtürkischen Großkhans, den Hiuen-tsang gleichfalls traf, erkundet. Allerdings waren die politischen Aktivitäten dieses Mannes weit von seinem vielgerühmten religiösen Wirken entfernt. An seinem Weg kam es zu Gewalttaten, die er ganz offensichtlich inspiriert hatte.

Der Sohn des türkischen Großkhans, der in Kunduz fern im Westen residierte, überlebte den Besuch des buddhistischen Pilgers nur um wenige Wochen. Hiuen-tsang hatte die Frau des Türken, eine buddhistische Prinzessin aus Turfan, bestimmen können, ihren Mann, der kein Freund Chinas war, zu vergiften. Es erhebt sich die Frage, in welchem Maße Buddhismus in jener Zeit auch ein politisches Druckmittel und zugleich ein Bindeglied zwischen Völkern und Stämmen war, das von den Chinesen geschickt ausgenutzt wurde. Im wohlverstandenen Selbstinteresse geforderte Handlungen — selbst Meuchelmord — wurden dabei geschickt zu Taten im Sinne des völkerverbindenden Buddha hochstilisiert.

Vor diesem Hintergrund erscheinen die durch Hiuen-tsang vorbereiteten glanzvollen Siege des Tang-Kaisers Tai-tsung über die Staaten des Tarim-Beckens in einem anderen Licht als in den chinesischen Annalen. Sie sind unter Ausnutzung der buddhistischen

Grundhaltung in diesen Ländern und ihrer zeitweisen Abhängigkeit von den türkischen Großkhanen erfolgt. Machtpolitik und Religion waren in dieser Zeit eng verschwistert und der Buddhismus der Tang in erster Linie eine religiöse Zweckbindung, die zum gewünschten politischen und damit auch wirtschaftlichen Erfolg führte.

BUDDHISTEN, MANICHÄER UND CHRISTEN BEGEGNEN SICH IN DEN KARAWANSEREIEN

Angesichts der durch die Handelswege inspirierten vielfältigen Reisetätigkeit, nicht nur von Kaufleuten, Künstlern, Schriftstellern und Abenteurern, sondern auch von Anhängern der verschiedenen in Asien entstandenen Religionen, ist es nicht verwunderlich, daß neben dem Warenaustausch und der eben beschriebenen, oft religiös motivierten oder auch getarnten Agententätigkeit das Missionieren zu den verbreitetsten und wichtigsten Aktivitäten entlang der Seidenstraßen gehörte. So verschieden auch die Anlässe für Heilige, Pilger und Missionare gewesen sein mögen, in ferne Länder aufzubrechen, so gewiß ist doch der Glaubenseifer vieler von ihnen, mit dem sie ihrer Lehre zum Durchbruch verhelfen wollten. Dabei kam ihnen die über weite Strecken der Seidenstraße geübte religiöse Toleranz zu Hilfe, die den Disput über unterschiedliche, ja selbst über sich widersprechende Lehrmeinungen nicht ausschloß, sondern im Gegenteil erst recht anfeuerte. Das mag die Begegnungen in den Karawansereien besonders interessant gemacht haben. Und gewiß waren es nicht nur Pilger und Missionare, die diskutierten. Die Ortsansässigen und die reisenden Kaufleute nahmen dabei regen Anteil. Oft fanden die Auseinandersetzungen in den Palästen der Reichen, wenn nicht am Fürstenhof selbst statt, wobei dort der rein religiöse Anlaß freilich viel seltener gewesen sein dürfte.

Im Gegensatz zu den uns auch namentlich bekannten chinesischen Pilgern der Spätzeit, die fast alle im offiziellen Auftrag des Hofes reisten und meist auch politische Aufgaben hatten, sind die indischen Missionare, die nach Zentralasien und China zogen, für uns weitgehend namenlos. Viele von ihnen folgten allein ihrem Gewissen, das die Lehre Buddhas als erlösende Weisheit für alle Menschen erkannt hatte. Hinter ihren Aktivitäten stand der Impuls zu vermittelnder Wahrheit. Das weltliche, auf Erwerb und Gewinn gerichtete Treiben an den Seidenstraßen und in den Quartieren der Händler war für sie ein stimulierendes Element, den Betroffenen vor

Augen zu führen, wie gefahrvoll und eitel ihr nach Buddhas Lehre so sinnloses Tun sei. Doch so, wie die Missionare manchen Kaufmann zum Nachdenken gebracht haben mögen, sind andererseits, wie wir wissen, auch fromme Lehrer und Mönche vom weltlichen Leben und seiner Prachtentfaltung verführt und von ihrem Weg abgebracht worden.

Nach der Zeitenwende können wir dann ganz eindeutig drei Gruppen von buddhistischen Missionaren und Mönchen unterscheiden. Die erste folgte der überkommenen Lehrtradition und damit auch den moralischen Forderungen des Buddha an seine Anhänger. Sie lebten meist in entlegenen Klöstern, wenn nicht in Einsiedeleien, die keinen direkten Kontakt mit den Seidenstraßen und ihren sich immer weltlicher entwickelnden Städten und Karawansereien hatten. Die zweite Gruppe, zahlenmäßig die stärkste, nahm mit Abstand, aber doch mit Interesse am Handelsleben teil, richtete dann später in den städtischen Klöstern Warenlager, Tauschstellen und Banken ein, die zu einer raschen Blüte dieser Klöster und einem beachtlichen Reichtum ihrer Insassen führten. Wieweit solche Mönche selbst am gesellschaftlichen, oft sehr lockeren Leben ihrer Umgebung teilnahmen, ist schwer zu sagen. Aktenkundig wurde so etwas selbstverständlich nicht. Die dritte Gruppe trug das Mönchsgewand, ähnlich wie viele der chinesischen Pilger, als Tarnung. Sie gehörten zu der großen Gruppe von Hasardeuren, für die das Leben an den Seidenstraßen eine Art Roulette war. Sie führten Buddhas Wort im Munde und kannten zugleich alle Geschäftspraktiken und Gewinnchancen. Sie arbeiteten mit den Kaufleuten zusammen, kannten aber auch die Räuber recht gut, die den Karawanenhandel bedrohten und von fromm aussehenden Männern so manchen heißen Tip bekamen. Das Mönchsgewand war keine Gewähr für Ehrlichkeit, kein Anlaß für Vertrauen.

Da die Buddhisten nach der Zeitenwende in drei Hauptrichtungen — das Kleine und das Große Fahrzeug sowie das Diamantfahrzeug — gespalten waren, gab es auch keine einheitliche Haltung der Gläubigen. Die Anhänger des Hinayana — des Kleinen Fahrzeugs — waren die Strengsten. Die ihm verbundenen Mönche nahmen das Keuschheitsgebot sehr ernst und lebten im Zölibat. Das Mahayana oder Große Fahrzeug ließ seinen Anhängern größere Freiheit. Und die aus ihm hervorgegangene Bodhisattva-Idee hatte besonders beim Adel und in den Fürstenfamilien viele Anhänger. Die Darstellungen von Buddhas und Bodhisattvas mit Krone und königlichem Schmuck deuten darauf hin, daß sich so mancher Fürst oder Prinz mit seinem religiösen Vorbild identifizierte. Viele dieser

Bilder tragen porträthafte Züge und lassen vermuten, daß hier große Männer der Zeit dargestellt sind.

Besonders schwierig ist es, die frühen Anhänger des Diamantfahrzeugs und die Rolle, die sie damals gespielt haben, zu erkunden. Viele von ihnen kamen aus dem Norden des heutigen Pakistan, später aus dem Himalayagebiet und aus Tibet. Ihr Buddhismus war mit den Naturreligionen der Bergstämme, mit Schamanismus und – in Tibet – mit der heimischen Bon-Religion verbunden. Hier wurde vieles praktiziert, was sich mit unserer Vorstellung von Religion nur schwer vereinbaren läßt: Gruppensex, für den die ständig wechselnde Gesellschaft in den Karawansereien sicher eine reizvolle Voraussetzung bot, Magie, Zauberei, Wahrsagekunst – alles Dinge, die für Menschen auf den weiten Wegen der Seidenstraßen Verlokkung, Lust, Faszination und Hoffnung darstellten.

Sicher hatten die beiden letzten Gruppen sehr viel stärkere Bindungen an das politische, wirtschaftliche und gesellschaftliche Leben als die Hinayana-Buddhisten, die sich ihrer Auffassung von Buddhas Lehre entsprechend zurückhielten und ein meditatives Leben führten.

Das Gebiet, in dem wir nach der Zeitenwende, spätestens aber vom zweiten Jahrhundert an, diesen buddhistischen Gruppierungen begegnen, reicht von Indien im Süden bis in die asiatischen Südstaaten der heutigen Sowjetunion und von China bis ins östliche Persien. Sie konzentrieren sich in der Nähe der Fernreisewege, wo wir Klöster und Tempel finden und wo sich vieles von ihrer reichen Kultur – besonders als Skulptur und Malerei – erhalten hat.

Oft habe ich mich bei eingehender Betrachtung dieser Zeugnisse, besonders der Höhlenmalereien zwischen Dun Huang und Kutscha gefragt, welcher Geist die Künstler beflügelt hat, als sie die Paradiesszenen mit Musikanten und Tänzerinnen, das Hofleben mit Königen, Kriegern und edlen Damen sowie die zum Teil lasziven Darstellungen legendärer Stoffe, wie des Tanzes der leichtgeschürzten Königin vor ihrem Gemahl, die wir in lebensgroßer Darstellung aus Kyzil kennen, schufen. Wahrscheinlich war ihre geistige Verbundenheit mit den religiösen Themen, die sie gestalteten, oft geringer als mit dem luxuriösen und sittenlosen Leben in den Städten, in denen sie ansässig waren und ihre Aufträge empfingen. So müssen wir uns eine vielschichtige, Religion zum großen Teil nur als Dekor und selige Illusion benutzende Wirklichkeit vorstellen, die durch Prunk, Reichtum und Genußsucht geprägt war, während Buddhismus mehr im Munde geführt als gelebt wurde.

Andererseits war das weltliche, von Lebensgier bestimmte Dasein Auslöser vielfältiger religiöser Reaktionen, die eine Rückbesinnung auf die in Sanskrittexten überlieferten Reden Buddhas zur Folge hatten. Kumarajiva als einer der großen Übersetzer solcher Texte gilt als die wichtigste Erscheinung im Rahmen dieser Reformbewegung, ohne die der religiöse Einfluß an den Seidenstraßen nicht so stark und anhaltend gewesen wäre. Er blieb trotz politischer und militärischer Katastrophen, die das siebte und achte Jahrhundert in Mittelasien, aber zeitweise auch in China bestimmten, neben den wirtschaftlichen Aktivitäten das beherrschende Element, zumal das Hinzutreten von Christentum und Manichäismus fruchtbare Auseinandersetzungen entstehen ließ, die das religiöse Gespräch lebendig erhielten. Hinzu kommt, daß auch die damals neu ins asiatische Kräftespiel eingreifenden Mächte − Tibeter, Araber, Byzantiner − religiöse Ideen mitbrachten, die den Disput um Glaube und Erlösung immer wieder neu entfachten. Außerdem führten politische Enttäuschungen und militärische Niederlagen in den betroffenen Gebieten zur religiösen Besinnung und belebten den Glaubenseifer der Heimgesuchten − das um so mehr, als sich die politischen Veränderungen häuften und Machtwechsel schnell aufeinander folgten.

641 war in der Schlacht von Nivahend das mächtige sassanidische Reich von den Arabern zerschlagen worden, was eine ungeheure Ausdehnung der chinesischen Tang-Herrschaft nach Westen zur Folge hatte. Doch dieser Glanz Chinas, das sich bereits als buddhistisches Weltreich begriff, sollte nicht lange dauern. Die Übergriffe vom Dach der Welt verstärkten sich. Die Tibeter traten zum Angriff auf China an und eroberten 763 die chinesische Hauptstadt Changan. Das bedeutete jedoch keinen Umbruch im religiösen Bereich. Denn 641 hatte der tibetische König Srong tsan Gampo die chinesische Prinzessin Weng-cheng, eine Tochter des Tang-Kaisers Tai-tsung, zur Frau genommen, die den Buddhismus nach Tibet brachte, wo er allerdings in den folgenden Jahrhunderten eine Umwandlung erfuhr. Er wurde mit Elementen der tibetischen Volksreligion verschmolzen.

Das wirkte sich aber bei der tibetischen Eroberung von weiten Teilen des Tarim-Beckens im Jahre 670 noch nicht aus, da sich die spezifische Form des tibetischen Buddhismus erst im achten Jahrhundert unter der Einwirkung des großen Lehrers Padmasambhava, den man im Himalaya als zweiten Buddha verehrt, entfaltete.

Entscheidender und nachhaltiger war das Vordringen der islamischen Araber nach Zentralasien, die den Chinesen 751 bei Talas im Siebenstromland eine das politische Kräftefeld für Jahrhunderte verändernde Niederlage beibrachten. Denn der Islam war von nun an die religiöse und zugleich auch politische Kraft, die nicht nur den

Buddhismus, sondern auch das inzwischen an Teilen der Seidenstraße heimisch gewordene Christentum und den vor allem im
chinesischen und uigurischen Machtbereich zu höchstem Ansehen
gelangten Manichäismus verdrängten. Die Moslems beendeten die
Zeit der religiösen Toleranz, die zur Kulturentfaltung an den Seidenstraßen so entscheidend und nachhaltig beigetragen hatte, ohne
allerdings die missionierten Völker Zentralasiens so streng unter ihr
Dogma zu beugen wie die Völker des Vorderen und Mittleren
Ostens. Die geographische Grenze der von besonderem Glaubenseifer und Fanatismus beherrschten Anhänger des Islam liegt nämlich
auch heute noch in Afghanistan und Pakistan, während man die
Lehre des Propheten weiter östlich gelassener nimmt.

Eine weitgehend offene Frage ist nach wie vor das früheste
Vordringen des Christentums nach Mittel- und Zentralasien. Ob
sich die erste Ausbreitung bereits im unmittelbaren Gefolge des
Indien-Apostels Thomas und seiner Anhänger vollzog, ist nicht
festzustellen, darf aber als unwahrscheinlich gelten. Auch spätere
Aktivitäten der auf die Apostel zurückgehenden Urgemeinden des
Christentums entlang der Seidenstraßen sind nicht zu belegen. Die
ältesten nachweisbaren Spuren christlicher Gemeinden erweisen
sich zugleich als Zeugnisse der Glaubensspaltung. Sie gingen weder
von Rom noch von Byzanz aus, obwohl der Begründer des östlichen
Missionschristentums, Nestorius, im fünften Jahrhundert Patriarch
von Konstantinopel war.

Das auf seine Lehre gegründete, in Syrien und Persien heimisch
gewordene und zur organisierten Kirchenform entwickelte nestorianische Christentum beruht auf der Zweinaturenlehre von Christus
als Mensch und Gott. Es unterschied sich damit wesentlich vom
byzantinischen Monophysitismus jener Zeit, der Christus als gött-
liche Einheit begreift, wie auch von der Lehre des römisch-katholi-
schen Christentums. Von beiden wurde der Nestorianismus als
Irrlehre bekämpft. Doch die nestorianische Glaubensbewegung war
in Syrien und Persien sehr mächtig. Sie konnte sich dort sogar gegen
die Staatsreligion des Zoroastrismus behaupten und sandte in der
Mitte des sechsten Jahrhunderts mit Genehmigung des Sassaniden-
herrschers Chosraus I. Missionare nach Osten. Aber bereits vor
dieser Bekehrungstätigkeit, die offenbar im persischen Staatsinter-
esse lag, obwohl Chosraus kein Christ war, gab es an vielen Plätzen
der Seidenstraße schon seit dem fünften Jahrhundert christliche
Gemeinden, die wahrscheinlich von Kaufleuten aus Syrien oder
Persien gegründet worden waren. Den Beweis dafür liefern Handschriftenfunde aus der Turfan-Oase, die Psalmentexte in persischer
und griechischer Sprache und Schrift enthalten. Doch handelte es

sich hier um begrenzte Gruppen christlicher Ausländer, die neben den einheimischen Buddhisten lebten, ohne erkennbare Bekehrungsversuche zu unternehmen. Auch griechisch-orthodoxe Christen, die sich als Händler in Zentralasien niedergelassen hatten, zeigten in den Oasenstädten zunächst keine Aktivitäten zur Christianisierung ihrer meist buddhistischen Mitbürger, obwohl wir weiter westlich frühe Zeugnisse einer Türkenmission der byzantinischen Christen feststellen können.

An den Handelsrouten dagegen scheint die Fluktuation der Bevölkerung zunächst ein Hindernis für die Ausbreitung des neuen Glaubens gewesen zu sein. Und die byzantinischen Händler waren hier, auf den Vorposten westlicher Wirtschaftsinteressen, mehr am Ausbau ihrer beruflichen Position als an Glaubensvermittlung interessiert, zu der ihnen wohl auch das theologische Rüstzeug fehlte.

Das änderte sich mit dem Eintreffen der nestorianischen Geistlichen in Zentralasien. Sie waren ernsthafte Gesprächspartner der buddhistischen Mönche, wobei sich offenbar eine Disputationsform entwickelte, der wir in vielen zeitgenössischen asiatischen Quellen begegnen als der hohen Schule der geistigen Auseinandersetzung, die ihren Ursprung zweifellos in Indien hat, aber auch in Zentral- und Ostasien auf eine große Tradition zurückblicken kann.

Aus der berühmten syrischen Kirchengeschichte des Johannes von Ephesos geht hervor, daß monophysitische Missionare im Gefolge einer vielleicht ersten byzantinischen Gesandtschaft nach Mittelasien und bis in die Städte des Tarim-Beckens gelangt sind. Hier haben wir den ältesten schriftlich belegten Kontakt christlicher Missionare mit der Welt der östlichen Seidenstraße und damit das erste westliche Zeugnis für das Eindringen christlichen Glaubensgutes in den Bereich des Buddhismus. Die Auswirkungen dieser offiziellen christlichen Mission im Zusammenhang mit einer politischen Gesandtschaft des Westens wie auch des Eintreffens erster Missionare aus Persien waren intensiv und nachhaltig.

So wurde in der wichtigen Handelsstadt Balkh im heutigen nördlichen Afghanistan, das ein westliches Zentrum des Buddhismus war, ein nestorianischer Bischofssitz eingerichtet, an dem Geistliche für die Ostmission der nestorianischen Kirche ausgebildet wurden. Mit der Institutionalisierung der christlichen Kirche im Seidenstraßengebiet geriet natürlich auch die bis dahin geübte Toleranz in Gefahr. Denn nächst den Moslems, die erst später kamen, waren die Christen mit ihrem »Gehet hin in alle Welt und lehret alle Völker« die am wenigsten zum Synkretismus neigenden Glaubensangehörigen. Es gibt eine Reihe von Zeugnissen, die uns verdeutlichen, daß ein friedliches Nebeneinander der Konfessionen in wachsendem Maße gefährdet war. Das hing nicht zuletzt mit den politischen Bindungen der christlichen Missionare an Persien und, nach dessen Sturz, an Byzanz zusammen, wobei in späterer Zeit das Vordringen des Islam eine entscheidende Rolle spielte. Interessant ist in diesem Zusammenhang das Wirken des sich aus buddhistischen und christlichen Elementen zusammensetzenden Manichäismus, der, so wie das Christentum, von Persien bis ins Tarim-Becken und nach China ausstrahlte.

Während uns Buddhismus und Christentum unabhängig von ihrem Auftreten und Wirken entlang der Seidenstraßen als Lehren vertraut sind, kannte man den wohl im vierzehnten Jahrhundert endgültig untergegangenen Manichäismus nur aus den Veröffentlichungen seiner Gegner. Die Handschriftenfunde von Chotscho und Dun Huang haben dabei zur Erhellung eines Stücks Religionsgeschichte beigetragen, das zu den wichtigsten Elementen früher asiatischer Geistigkeit gehört. Denn der vom sassanidischen König Schapur zunächst begünstigte, später aber unter dem Einfluß der zoroastrischen Feuerpriester hingerichtete Prinz Mani hatte im dritten Jahrhundert nichts Geringeres versucht, als eine lebensfähige Synthese zwischen Buddhismus, Christentum, Gnosis und Zoroastrismus, als den Vorder-, Mittel- und Ostasien beherrschenden Religionen, herzustellen. Wie sehr diese auf einer intellektuellen Leistung ihres Begründers beruhende Religion den grenzübergreifenden Bedürfnissen der Zeit und ihrer kosmopolitisch eingestellten Menschen entsprach, entnehmen wir der Tatsache, daß der Manichäismus nach der Hinrichtung Manis und der Vertreibung seiner Anhänger aus Persien entlang der Seidenstraße erst richtig zur Blüte gelangte. Mag sein, daß die streng geordneten, dabei leicht verständlichen Glaubensregeln Manis den Lebensvorstellungen der an der Seidenstraße herrschenden späteren Fürsten und ihrer Gesetzgebung sehr entgegenkamen. Auch in China, wo sich viele Manichäer als politische Flüchtlinge ansiedelten, scheint die neue Religion staatlichen Bedürfnissen entsprochen zu haben.

Doch nicht nur in den Staaten der Seßhaften fand Manis Lehre viele Anhänger. Auch unter den Nomaden war sie sehr verbreitet. Die vom Tarim-Becken aus im achten und neunten Jahrhundert ihr gewaltiges, wenn auch nicht sehr langlebiges Reich begründenden Uiguren, die den Manichäismus in China kennengelernt hatten, traten vom Buddhismus zu Manis Lehre über, die dadurch als eine Art von Staatsreligion im Nordosten Asiens noch eine Weile überlebte. In China hatte der Tang-Kaiser im Jahre 843 den Manichäismus und das Christentum als Fremdreligionen verboten, was freilich das spätere Wiederaufleben nicht hinderte. Das Uigurenreich war

840 durch Kirgisenstämme zerstört worden. Aber Gruppen von Uiguren behaupteten sich mit ihrer Religion — dem Manichäismus — in der Turfan-Oase, wo sie Chotscho zu einer prachtvollen Hauptstadt entwickelten. Dort war es auch, wo ihnen und damit dem Manichäismus mehr als tausend Jahre später Albert Grünwedel auf die Spur kam — ihre Schrift und ihre Geschichte entdeckte. Trotz der von Grünwedel gefundenen Texte und unserer seither wesentlich vermehrten Kenntnis über die Lehre Manis und ihr jahrhundertelanges Überleben in China und Zentralasien wissen wir über das Mit- und Nebeneinander der Religionen entlang der Seidenstraße in dieser Spätzeit nur wenig.

Mag auch die Begegnung der verschiedenen Konfessionen in den Karawansereien friedlich verlaufen sein, so dürften doch Ereignisse wie das Verbot von Fremdreligionen in China oder der Übertritt der Uiguren vom Buddhismus zum Manichäismus nicht ohne Härten vor sich gegangen sein. Auch hier erhebt sich wieder die Frage, ob nicht politische und wirtschaftliche Interessen bei solchen Entscheidungen den Vorrang vor reinen Glaubensfragen hatten.

Wir wissen, daß die sich streng religiös gebenden Uiguren zugleich die härtesten und skrupellosesten Händler entlang der späten Seidenstraße waren. Selbst gegenüber den Mongolen unter Dschingis Khan konnten sie sich noch behaupten und als Wirtschaftshelfer beim Aufbau der mongolischen Handelsmacht und Finanzverwaltung mitwirken.

EINE TÜRKISCHE GROSSMACHT ENTSTEHT AN DEN SEIDENSTRASSEN

Von den asiatischen Völkern, die am Entstehen der Seidenstraßen beteiligt waren, haben nur drei in eigenen Staatsgrenzen die Zeiten überdauert: Chinesen, Inder und Perser. Nicht zufällig waren es die Träger der alten Hochkulturen. Und es waren seßhafte Völker. Von Alexander des Großen Bemühungen um eine euro-asiatische Synthese — dem Hellenismus — ist genausowenig übriggeblieben wie von den zahlreichen Nomadenvölkern, die über Jahrhunderte die eigentlichen Träger — wenn auch oft die Störer — des Seidenstraßenverkehrs waren.

Eine wichtige, aber nur vorübergehende Rolle spielten im siebten und achten Jahrhundert, wie wir gesehen haben, die Tibeter im zentralasiatischen Gebiet der Transitwege. Sie waren damals die Herren des Tarim-Beckens. 763 hatten sie sogar die chinesische Hauptstadt Changan einnehmen können, aus der sie allerdings drei

Wochen später wieder vertrieben wurden. So blieben auch die Tibeter nur eines unter vielen Völkern, die im ersten nachchristlichen Jahrtausend Einfluß auf die Seidenstraßen und damit auf den Welthandel der damaligen Zeit erlangten. Selbst die spät, dann aber um so machtvoller auftretenden Mongolen wurden zum bedeutungslosen Provinzvolk, dessen Stämme heute in einer autonomen Region der Volksrepublik China und in einem selbständigen, jedoch stark von der Sowjetunion abhängigen nördlichen Mongolenstaat leben.

Eine Ausnahme in diesem kommenden und gehenden Völkergewirr entlang der Seidenstraßen bilden die erst spät aus dem Norden in den Bereich der Ost-West-Handelswege eingedrungenen Turkvölker, von denen die heutigen Türken abstammen. Sie sind eine weitere, in eigenen Staatsgrenzen, wenn auch heute viel weiter westlich, überlebende Völkergruppe, die an den Seidenstraßen Geschichte gemacht hat. Einem ihrer Stämme, den Uiguren, sind wir bereits als mächtigen Reichsgründern in der Turfan-Oase begegnet, von wo aus sie in der Endphase der Seidenstraße ein buddhistisches, später manichäisches Königreich errichteten.

Über den Ursprung und die Urheimat der Turkvölker und damit der Türken wissen wir wenig. Der Name Türk taucht als Stammesbezeichnung zum ersten Mal in der Mitte des sechsten Jahrhunderts, also verhältnismäßig spät, in einer Inschrift auf. Die Türken kamen nach eigenen wie auch nach chinesischen Quellen aus dem Altai, der offenbar seit dem zweiten Jahrhundert ein fast bevölkerungsleeres Gebiet gewesen war, in das dann Turkstämme aus dem Nordosten eindrangen. Sie hatten hier den Erzabbau und den Umgang mit Metallen gelernt. So wurden sie zu den Waffenschmieden der in Nordchina sitzenden Juan-Juan.

Allmählich gewannen die Türken an politischer Bedeutung und dehnten sich nach Südwesten aus, wobei sie militärische Erfolge gegen die das Gebiet der Sogdiana beherrschenden mächtigen Hephtaliten — einem Hunnenvolk — errangen. Die Hephtaliten, die schon dem chinesischen Westhandel im Wege gestanden hatten, waren zur Zeit des Vordringens der Turkstämme untereinander verfeindet, so daß die Türken einen der Hunnenfürsten, Katulf, als Verbündeten gewinnen konnten und außerdem die Unterstützung der Perser fanden. So vollzog sich im mittelasiatischen Gebiet der nördlichen Seidenstraße durch das Erstarken und Vordringen der Türken eine Machtverschiebung, die zunächst zu einer erneuten Ausdehnung Persiens nach Norden führte, vor allem aber jene türkisch-byzantinische Beziehung einleitete, die dann eine erneute Schwächung Persiens zur Folge hatte. Auch in diesem Fall war der unmittelbare Grund wieder der alte Streit um die Handelswege.

Den Persern war nach der Vernichtung des Hephtalitenreiches nicht nur eine nochmalige Machterweiterung nach Norden gelungen, sie hatten auch den Yemen erobert und damit den Seeweg nach Indien unter ihre Kontrolle gebracht. Das bedeutete zu Anfang des sechsten Jahrhunderts eine Beherrschung der wichtigsten Handelswege zwischen Ost und West durch die Perser. Damit konnten sich weder die Chinesen noch die Kaiser von Byzanz abfinden. Die junge türkische Staatsmacht, die am internationalen Handel profitierte, mußte 568 erkennen, daß ihre zentrale Wirtschaftsposition in Mittelasien aufs äußerste gefährdet war. In diesem Jahr hatten die Perser nicht nur einer Karawane mit chinesischer Seide aus türkischem Besitz die Durchreise nach Byzanz verwehrt, sondern auch die kostbare Ware beschlagnahmt und verbrannt. Damit wurde die Absicht einer totalen Handelsblockade deutlich signalisiert.

Die Folge war die Aufnahme von Verhandlungen zwischen Byzanz und den Türken über direkte Handelsbeziehungen auf der zu reaktivierenden uralten Nordroute, die nicht von Persien kontrolliert werden konnte. Die Türken erhielten Handelsniederlassungen in Byzanz und weitgehende Zoll- und Steuervorteile. Darüber hinaus kam es sogar zum Abschluß eines Militärbündnisses gegen die Perser mit der erklärten Absicht ihrer Vernichtung. Dieser Bündnisvertrag sollte vom türkischen Großkhan Isdämi in dessen Residenz auf dem »Goldenen Berg« im Ektag-Gebirge in Gegenwart byzantinischer Diplomaten ratifiziert werden.

Wir haben einen Bericht über die lange Reise der byzantinisch-türkischen Delegation nach Zentralasien, die der wiedereröffneten alten Handelsroute über das Schwarze Meer zur Wolga und weiter über die Pässe des Altai-Gebirges ins Tarim-Becken folgte.

Die byzantinischen Gesandten blieben mehrere Monate Gäste des türkischen Großkhans, den sie auch in seine Sommerresidenz nach Talas begleiteten, wo dann die Ratifizierung des Vertrages stattfand.

Angesichts dieser Lage sahen sich die Perser gezwungen, den Türken eine Tributzahlung von jährlich vierzigtausend Goldsolidi zu leisten. Als der Sohn des Großkhans diese Tributforderung nach dessen Tod noch erhöhte, erklärten die Perser den Türken den Krieg, den sie trotz einer gewaltigen türkischen Offensive für sich entscheiden konnten. Der Grund war die größere Geschlossenheit der persischen Macht gegenüber den in weiten Teilen Mittel- und Zentralasiens siedelnden, das Land aber nicht so fest beherrschenden Türken, die von vier gleichberechtigten Khanen regiert wurden. Einer von ihnen war eine Art Primus inter pares und hatte das Recht, auf dem »Goldenen Berg« zu residieren.

Isdämi war der bedeutendste dieser Großkhane. Nach seinem Tod um 580 begann die Trennung des Reiches in Ost- und Westtürken. Mit der Spaltung ging der Verlust der nationalen Unabhängigkeit einher, die erst viel später in den ganz anderen Grenzen des Osmanischen Reiches wiederhergestellt werden sollte, wenn man einmal von den Staatengründungen einzelner Turkstämme wie der Uiguren oder der sogenannten Köktürken, die später im uigurischen Reich aufgingen, absieht.

Wichtiger als die politische war zweifellos die wirtschaftliche Rolle, die den Türken in der Spätzeit der Seidenstraßen zufiel, wobei die Neubelebung der Nordroute in diesem Zusammenhang von ganz außerordentlicher Bedeutung war, weil sie auch dem Handel mit Rußland und dem übrigen Europa frische Impulse verlieh. Sicher war das Interesse am Transitgeschäft bei den Türken am größten, denn sowohl Persien als auch Byzanz besaßen inzwischen eine ausgedehnte eigene Seidenfabrikation, waren also von Ostimporten weitgehend unabhängig.

Die Türken hingegen waren und blieben in erster Linie Händler, wenn auch ein Teil der von ihnen über die alten Handelswege in beide Richtungen transportierten Waren, vor allem Metallgegenstände, genau wie in ihrer Frühzeit aus eigener Produktion kamen. Wir wissen das aus chinesischen Quellen, die über die türkische Waffen- und Panzererzeugung sowie über den Handel mit Rüstungsgut im gesamten zentralasiatischen Raum berichten. Die Türken waren die Hauptproduzenten des in China entwickelten Lamellenpanzers, bei dem gußeiserne Scheiben so auf ein Ledergewand geheftet wurden, daß sie bei großer Bewegungsfreiheit doch ein Höchstmaß an Sicherheit boten. Sie waren außerdem viel leichter als die traditionellen Kettenpanzer, die den Krieger belasteten und in seiner Beweglichkeit stark einschränkten. Welche weite Verbreitung der Lamellenpanzer fand, entnehmen wir einem arabischen Bericht, nach dem kein Geringerer als Mohammed einen solchen Panzer aus der Beute eines erfolgreichen Kriegszuges für sich beanspruchte.

Auch die Tibeter hatten von den Türken die Herstellung dieser begehrten Rüstungen gelernt und traten mit eigener Fertigung als Konkurrenten der langjährigen Alleinerzeuger auf. Wir wissen das aus einer ägyptischen Quelle, die von tibetischen Panzerlieferungen des sechsten Jahrhunderts nach Persien berichtet.

Doch nicht nur Kriegsmaterial, das in jener Zeit reichen Absatz fand, wurde von den Türken erzeugt und verkauft. In ihren Schmieden entstanden auch Beschläge, Reiterutensilien und Handwerkszeug für die Bauern, das gleichfalls sehr gefragt war. Auf diese Weise erstarkte die türkische Wirtschaftskraft immer mehr, zumal türkische Kaufleute im sechsten Jahrhundert auch den chinesischen Export nach Westen weitgehend in ihren Händen hatten.

An die Stelle der früher so begehrten Seide, die inzwischen fast überall entlang der Seidenstraße, wo die klimatischen Bedingungen gegeben waren, produziert wurde, trat mehr und mehr die chinesische Keramik, die inzwischen einen ähnlichen internationalen Ruf gewonnen hatte wie früher die chinesische Seide. Besonders gefragt waren Ingwertöpfe und Gefäße für den Transport von Arzneien. Aber auch figürliche Keramik in den berühmten Techniken der Lüster- und Unterglasurmalerei war sehr beliebt und wurde in wachsendem Maße Karawanengut zwischen den Städten Chinas und den Märkten in Persien wie in Byzanz.

Das Handelsstraßennetz weitete sich indessen mehr und mehr aus, zumal eine immer größere Zahl von Käufern und Konsumenten am internationalen Handel teilnahm. Konkurrenz begann angesichts gebrochener Monopole und sich verbreitender Produktionsstätten eine Erscheinung zu werden, mit der man rechnete. Das galt nicht nur für die Herstellungs-, sondern auch für die Transportkosten. Karawanen mußten in beiden Richtungen — nach Osten wie nach Westen — voll ausgelastet sein, wenn sich das Geschäft lohnen sollte. Und darauf verstanden sich die Türken. Die weite Ausdehnung ihres Siedlungsgebiets und der Herrschaftsgrenzen ihrer Khane, die ihnen politisch Nachteile bis zur Bedrohung der staatlichen Existenz gebracht hatten, wirkten sich wirtschaftlich positiv aus. Ihr Einflußbereich erstreckte sich von der Westgrenze Chinas bis an die Grenzen Persiens und des Byzantinischen Reiches. Das bedeutete, daß der gesamte zentral- und mittelasiatische Binnenhandel in ihren Händen lag, sie aber auch das Interesse an Produkten der jeweils anderen Seite erkunden und befriedigen konnten.

Das interessanteste Beispiel ihres West-Ost-Transfers ist zweifellos der im sechsten Jahrhundert einsetzende Export persischer Seide nach China. Angeregt wurde er durch den Austausch von kostbar bestickten Seidengewändern der Herrscher Chinas und Persiens. Am chinesischen Hof hatte man das prachtvolle persische Gewand sofort nachweben lassen, um es dem japanischen Regenten Shotoko-Taishi, der den Buddhismus in Japan eingeführt hatte, zum Geschenk zu machen. Dieses kopierte Beispiel früher persischer Seidenproduktion blieb im Horyuji-Tempel in Nara erhalten und befindet sich heute im Nationalmuseum von Tokio.

Offenbar hatte das Bekanntwerden persischer Stoffmuster in China das Gefallen der Gesellschaft gefunden, und es galt nun als schick, persische Gewebe zu tragen oder sie in den Palästen als

Vorhänge oder Dekorationsstoffe zu verwenden. Persische Seide war Mode geworden, vielleicht nicht ohne die geschickte Einflußnahme türkischer Händler, die für die fremdartigen Gewebe das Interesse zahlungskräftiger Chinesen zu wecken verstanden.

So wie vor hundert Jahren Paris für Europa wurde damals Persien Modezentrum für das elegante China. Die Türken waren die Nutznießer. Denn sie transportierten nun Seide in großen Mengen über die alte Seidenstraße in umgekehrter Richtung – nach China, obwohl man dort im Grunde genug Seide produzierte und dafür kaum noch ausländische Absatzmärkte fand.

Karawansereien und Warenumschlagplätze für diesen Handel waren nach wie vor die Städte Afghanistans und des Tarim-Beckens, wo sich uigurische, sogdische und türkische Kaufleute in den immer noch reichen Gewinn des Transitgeschäfts teilten, obwohl die einstigen Ausgangs- und Endpunkte der alten Seidenstraße – Changan und Rom – daran kaum noch Anteil hatten. Tatsächlich verwischen sich vom sechsten, siebten Jahrhundert an auch die Spuren des alten chinesischen Seidenhandels und seiner kulturellen Auswirkungen entlang der Karawanenwege mehr und mehr, obwohl sie im Osten – vor allem im Tarim-Becken – immer noch deutlicher zutage treten als weiter westlich.

Das landschaftlich interessanteste, zugleich aber auch das gefährlichste Stück der alten Handelsstraße beginnt dort, wo einst die Türken das Exportgut von den Chinesen, Uiguren oder Sogdern übernahmen, an der heutigen Westgrenze Chinas im Tarim-Becken – in Kaschgar.

Von Kaschgar über den Pamir nach Afghanistan und Pakistan

Bis in die fünfziger Jahre war es ein Weg von mehreren Wochen, der Urumchi mit Kaschgar verband – ein beschwerlicher Karawanenweg. Seine Strapazen unterschieden sich kaum von denen der Kaufleute auf der alten Seidenstraße. Die Bevölkerung Singkiangs benutzt ihn auch heute noch regelmäßig für Ferntransporte. Denn Kaschgar ist der größte und wichtigste Markt im äußersten Westen Chinas. Die Stadt blieb allerdings für Fremde noch lange verschlossen, als Urumchi und die Turfan-Oase längst Touristenziele waren.

Erst im Herbst 1984 ergab sich für mich die Möglichkeit, nach Kaschgar zu fliegen. Dabei hegte ich die stille Hoffnung, von dort aus ein Stück in den chinesischen Pamir vorstoßen zu können, um so auch das letzte Stück der mir noch unbekannt gebliebenen Seidenstraße kennenzulernen. Denn sowohl von der pakistanischen als auch von der afghanischen Seite her hatte ich mich schon in den siebziger Jahren der chinesischen Grenze genähert. Daran, daß ich eines Tages auch jenseits dieser Grenze stehen würde, glaubte ich damals noch nicht; denn der Pamir war eine der politisch heikelsten Gebirgsregionen dieser Erde.

Seit 1986 gibt es nun sogar die Möglichkeit, über den viertausendsiebenhundert Meter hohen pakistanischen Kunjerab-Paß auf dem Landweg nach China einzureisen. Ein neuer Abschnitt der alten Seidenstraße öffnet sich damit dem Verkehr und wird das Interesse an den antiken Handelswegen noch weiter wachsen lassen.

Für die eintausendzweihundertzehn Kilometer Luftlinie zwischen Urumchi und Kaschgar benötigt unsere Propellermaschine zwei Stunden. In Aksu, einer der alten Stationen an der nördlichen Route der das Tarim-Becken durchquerenden Seidenstraße, ist eine Zwischenlandung vorgesehen. So erschließt heute das Flugzeug den schnellen Zugang zu einer Reihe jener traditionsreichen Karawanenplätze, die bis in die Mitte unseres Jahrhunderts isolierte Brückenpfeiler auf dem Weg nach Westen waren.

Der Flug von Urumchi nach Kaschgar hat mir mehr als alle Expeditionsschilderungen und Reiseberichte die Gefahren verdeutlicht, die dort unten auf die Karawanen lauern. Nachdem wir die prächtigen Formationen der Eisgipfel des Himmelsgebirges hinter uns gelassen haben, dehnt sich unendlich weit das Tarim-Becken — eine eintönige Wüsten- und Steppenlandschaft, in der zuweilen ein schmaler Wasserlauf in der Morgensonne aufblitzt. Man erkennt auch spärliche Ansätze einer landwirtschaftlichen Nutzung.

Südlich von Kurla, das heute ein wichtiger Stützpunkt und Warenumschlagplatz der Chinesen im nördlichen Tarim-Becken ist, erreichen wir die in endlosen Mäandern unter uns ausgebreitete Flußlandschaft des Tarim, mit versandeten Nebenläufen, in denen Rinnsale wie austrocknende Adern versickern. Man hat den Eindruck eines sterbenden Flusses in einer zwischen Brauntönen und Anthrazit changierenden Steppen- und Wüstenlandschaft, der jeder belebende Akzent, jede Andeutung von Grün fehlt. Um so überraschender ist es, wenn dann plötzlich eine winzige Oase mit einigen Häusern unter uns auftaucht. Das waren die ersehnten, lebenswichtigen Wasserstellen der Vergangenheit. Ohne sie hätte es nie eine Seidenstraße durch das Tarim-Becken gegeben.

Nach der kurzen Zwischenlandung in Aksu überfliegen wir die durch Schreckensgeschichten charakterisierte Taklamakan-Wüste, deren Name, frei übersetzt, soviel bedeutet wie: »Die Wüste, in die man hineingeht, aus der man aber nicht wieder herauskommt.«

Wenn auch dem darüber Hinfliegenden das unmittelbare Gefühl der Bedrohung genommen ist, so teilt sich doch die Gefahr, die zwischen den sich endlos erstreckenden eisengrauen Hügeln da unten lauert, jedem mit, der über die Schrecken dieser Wüste und über ihre Rolle in der Geschichte Bescheid weiß. Die Hügellandschaft geht, je weiter wir nach Westen kommen, in ebene Sandflächen über. Die Stewardeß meldet den Anflug auf Kaschgar.

Hier, in der wichtigsten Oasenstadt des chinesischen Westens, hat sich seit den letzten Berichten von Reisenden, die in die Zeit vor dem Ersten Weltkrieg und in die zwanziger Jahre zurückgehen, bis heute kaum etwas verändert. Hotels gibt es 1984 noch nicht. So wohnen wir in den arg heruntergekommenen einstigen Prachträumen der zaristisch-russischen Mission.

Meine erste Frage an die uns empfangenden Chinesen betrifft den Pamir. Ein Lächeln ist die Antwort. Dann heißt es: »Der Militärkommandant müßte Ihnen ein Fahrzeug zur Verfügung stellen.«

Ist das schon eine elegante Form der Ablehnung?

Ich suche den Kommandanten auf und treffe einen aufgeschlossenen Mann, der mich freundlich empfängt und mein besonderes Interesse für die alte Seidenstraße versteht. Er verspricht mir, am nächsten Morgen um sieben Uhr, wenn irgend möglich, ein Fahrzeug zu schicken.

Mit gemischten Gefühlen hinsichtlich der Aussichten, in den Pamir zu gelangen, laufe ich ziellos durch die noch immer in weiten Teilen mittelalterlich anmutende Stadt mit ihrem riesigen Markt. Es ist wie so oft bei Reisen in Zentralasien: Die Ungewißheit, ob man ein gestecktes Ziel erreichen wird, bleibt bis zuletzt.

Am nächsten Morgen — es erscheint mir wie ein Wunder — höre ich gegen halb sieben ein Fahrzeug auf den Hof meiner Feudalunterkunft rattern. Man klopft an meine Tür: Wir können starten!

Die Fahrt durch die weitläufigen Vorstädte Kaschgars zeigt eine aufstrebende Industrie. Der sich an die Stadt heranfressenden Wüste versucht man durch Pappelanpflanzungen zu begegnen, die den Boden festigen und das Land vor den Folgen der verheerenden Steppenstürme schützen sollen.

In Viererreihen stehen die Pappeln links und rechts der Straße. Dahinter breitet sich eine üppige, durch Wassergräben versorgte Vegetation aus, deren vielfältigem Reichtum ich auf dem Markt von Kaschgar begegnet bin. Allerdings reicht der Ackerbau nicht weit nach Westen. Schon bald beginnt das steppenartige Vorland des Pamir. In der Ferne zeigen sich hinter Nebel- und Wolkenvorhängen die verwischten Konturen der Berge. Ein Kilometerstein mit der Zahl eintausendfünfhundert weist darauf hin, daß wir eintausendfünfhundert Straßenkilometer von Urumchi entfernt sind. Doch während diese Straße inzwischen durchgehend von Urumchi bis zur pakistanischen Grenze auch für Kraftwagen befahrbar ist, hat der Eisenbahnbau bis Kaschgar noch achthundert Kilometer zu überwinden. Und man rechnet nicht vor dem Jahr 2000 mit dem Eintreffen der ersten Züge am westlichen Grenzpunkt Chinas.

Wir erreichen den Kaidsu-Fluß, der vom Pamir herunterkommt und hier ein wildromantisches, von bizarren Felsformationen gebildetes Tal durchfließt. Die Straße wendet sich am Ostrand des Pamir nach Süden. Vor uns erheben sich in leuchtendem Braun die Vorberge des Pamir, dahinter treten allmählich die berühmten sieben Gipfel des siebentausend Meter hohen Konka-Pamir aus Dunst und Wolkenschleiern hervor.

Links der Straße begleitet uns der von Felsbrocken übersäte Flußlauf des Kaidsu. In Orange, Ocker, Rostrot und Violett schimmern die den Fluß begrenzenden Felswände in der Morgensonne. Ich erinnere mich nicht, je zuvor eine so farbenprächtige Gesteinslandschaft gesehen zu haben. Selbst der Gebirgskenner muß gestehen, daß es sich bei den wechselvollen Bildern dieser Fahrt in den Pamir um etwas Einmaliges, Unvergleichliches handelt.

Wir befinden uns hier immer noch auf der Nordroute der alten Seidenstraße, von der wir aus der Literatur wissen, daß sie irgendwo dort im Gebirge, an einer Stelle, wo zwei Täler zusammenstoßen, auf die Südroute trifft.

Am Straßenrand sehen wir die ersten Kirgisen, die hoch oben im Pamir ihre Siedlungen haben. Langsam steigt die Straße bis auf fast dreitausend Meter. Noch einmal begegnen wir einer winzigen, bis auf den letzten Quadratmeter landwirtschaftlich genutzten Oase. Die Häuser aus ungebrannten Lehmziegeln liegen schon außerhalb des fruchtbaren Bodens. Das Heu hat man auf den Dächern gestapelt, damit es nicht vorzeitig von den immer hungrigen Tieren aufgefressen wird, für die es im Winter die einzige spärliche Nahrung ist, die genau rationiert werden muß.

Wir fahren bis zum ersten chinesischen Kontrollposten am Karakorum-Highway, von wo aus wir zu jenem legendären Platz aufsteigen wollen, um dessen Identität der Streit seit Ptolemaios Zeiten nicht aufgehört hat.

Steil führt der Weg in die Höhe bis zur ersten Kirgisensiedlung, wo unser Auftauchen als eine Sensation empfunden wird. An die letzten Langnasen in dieser Region erinnert sich allenfalls noch der Großvater.

Zwischen Berghängen und Geröllhalden windet sich der nicht ungefährliche schmale Pfad nach oben. Kamelreiter begegnen uns,

die den Eindruck längst verflossener Seidenstraßenzeiten hervorru-
fen. In der Ferne, den Bergen vorgelagert, liegen winzig wirkende
Dörfer. Noch ein weiteres Stück steiler Anstieg, und vor uns öffnet
sich ein großer, von Gebirgsformationen gerahmter Platz. Eine Pfer-
dekoppel deutet auf eine nahe Kirgisensiedlung hin.

Etwas tiefer im Westen öffnen sich zwei enge Täler auf unseren
flach ansteigenden Platz zu. Und da, beim Umschauen, fällt mein
Blick auf einen riesigen, blaugrau glänzenden, aufrechtstehenden
Findlingsblock von mehr als drei Meter Höhe, der wie ein Fremdkör-
per in dieser Landschaft steht. Er hat Schrunden, Vertiefungen und
Abspaltungen, von denen man nicht sagen kann, ob sie durch die
Natur oder von Menschenhand erzeugt worden sind. Doch eines ist
sicher. Hier, wo aus dem nördlichen und dem südlichen Tal die
beiden alten Karawanenwege aufsteigen in den Pamir, um sich vor
dem Eintritt ins Hochgebirge zu vereinen, ist der Platz des sogenannten Steinernen Turms, der nun tatsächlich greifbar nahe vor mir
steht. Überragt wird die großartige Szenerie von der matterhornähn-
lichen Spitze des siebentausendsiebenhundert Meter hohen Kong-
kur.

Der Ort ist noch heute Sammelpunkt und Marktflecken der Kirgisen, die hier oben ein von der Zivilisation weitgehend unberührtes
Dasein führen. Ihre Grabtürme, die gleich Schneebergen weiß
getüncht in den tiefblauen Himmel ragen, sind zum Teil von Stein-
bockhörnern gekrönt, was darauf hinweist, daß diese Toten keine
Moslems waren, sondern der alten Naturreligion ihres Stammes
anhingen.

Im Umfeld des Steinernen Turms finden sich Ruinenreste verfal-
lener Karawansereien. Denn noch lange nach dem Untergang der
alten Transitwege zwischen China und dem Mittelmeer fand hier ein
ausgedehnter intensiver Lokalverkehr sowohl nach Süden wie auch
nach Westen statt.

Dabei blieb das Wakhan, das südwestlich von hier beginnt, bis
zur Besetzung Afghanistans durch die Sowjets einer der letzten
reinen Karawanenwege dieser Erde. Wahrscheinlich war es die am
meisten begangene Seidenstraßenroute zwischen dem Steinernen
Turm und Baktra, dem heutigen Balkh in Nordafghanistan. Dabei
stellte das Wakhan nicht nur eine wichtige Transitstrecke dar. In
seinen Bergen wurde auch der seit frühester Zeit berühmte Lapislazuli gefunden, der einen zusätzlichen Anreiz für die Benutzung
dieses Weges geboten haben dürfte. Ergaben sich hier doch günstige
Einkaufsmöglichkeiten für den begehrten goldgesprenkelten, tiefblauen Stein.

Trotzdem ist gerade der Weg vom Westen des Tarim-Beckens

nach Baktra, den schon Ptolemaios — leider nicht eindeutig — beschrieben hat, bis heute umstritten, was vor allem mit Unklarheiten im Kartenbild des Ptolemaios zusammenhängt. Nun darf man aber auch nicht vergessen, daß es viele Gründe gegeben haben kann, die Hauptreiseroute nach Westen im Laufe der Jahrhunderte mehrfach zu wechseln. Das mögen politische, militärische oder auch einfach wirtschaftliche Anlässe gewesen sein, die zum Teil vielleicht nur vorübergehender Natur waren und deshalb heute gar nicht mehr historisch nachweisbar sind.

In Afghanistan hatten sich bis zu meinem letzten Besuch im Sommer 1976 die ländlichen Verhältnisse seit den Zeiten der alten Seidenstraße offensichtlich kaum verändert. Balkh war eine riesige, nur wenig erforschte Ruinenstätte, so, wie sie der Mongolensturm am Ende ihrer Glanzzeit hinterlassen hatte. Nur die teilweise noch hoch anstehenden Stadtmauern zeugten von ihrer einstigen Bedeutung. Doch weiter östlich, am Eingang zum Wakhan, fand ich Karawanenstationen und Basare, die ein getreues Abbild der Seidenstraßenwirklichkeit von damals boten.

So, wie sich die Straßen östlich des Pamir nach Bedarf und Sicherheit teilten, war es auch in Afghanistan. Denn weiter südlich liegen die bedeutenden Fundorte Begram und Bamyan; letzteres wurde besonders als westlichstes Großheiligtum des Buddhismus berühmt und zog neben Kaufleuten auch Pilger aus Ost und West an.

Von Begram, der Sommerresidenz der Kuschanfürsten, wo man einen ganzen Schatz aus der frühen Seidenstraßezeit ausgegraben hat, führte der aus Bamyan kommende Karawanenweg ostwärts durch das Pandschertal nach Indien. So wird das Handelsnetz deutlich, das die damals bekannte Welt umspannte. Aus Ägypten, Griechenland, dem Römischen Reich, Syrien, Persien, Indien und China stammen die Funde, die in Begram als Zeugnisse dafür zutage gekommen sind.

Dort, wo der Pandscher in den Kabulfluß mündet, erreicht dieser Handelsweg die bis in die jüngste Zeit wichtigste Ost-West-Verbindung Afghanistans — die Straße, die von Herat über Kabul zum Khyber-Paß und dort, vor Peshawar, ins heutige Pakistan führt. Nicht weit von der Grenze entfernt liegen die Ruinen der buddhistischen Klosterstadt Hadda, mit deren Ausgrabung die Franzosen in den zwanziger Jahren begonnen haben. 1966 gelang dann afghanischen Archäologen die Entdeckung und weitgehende Freilegung der großen Stupaanlage von Tepe-i-Shotor, einem der wohl wichtigsten buddhistischen Heiligtümer der späteren Kuschanzeit.

Am Khyber-Paß findet man den Karawanenweg — durch ein

Verkehrszeichen mit Kamel gekennzeichnet — noch heute von der Autostraße getrennt. Diese durchquert, gut ausgebaut, ganz Pakistan, führt vorüber am berühmten Taxila und stößt in Rawalpindi auf den von Norden kommenden Karakorum-Highway, der die zweite, wesentlich kürzere Handelsroute von China nach Indien darstellt. Wir sehen, daß es hier schon in ältester Zeit eine Art Rundreiseverkehr gegeben hat, was sicher mit besonderen lokalen Wirtschaftsinteressen zusammenhing, aber wohl auch politische und religiöse Gründe hatte. Denn Afghanistan war vor seiner Islamisierung ein vielbesuchtes buddhistisches Pilgerland.

Die Südroute der Seidenstraße führte von Baktra, einer Stadt, die vor dem Mongolensturm zu den prächtigsten ihrer Zeit zählte — mit glanzvollen Palästen und über eintausenddreihundert Bädern —, weiter ins heute sowjetische Merw. Merw war neben Baktra zweifellos einer der wichtigsten Warenumschlagplätze Mittelasiens zur Blütezeit der Seidenstraße.

Wir befinden uns hier wie in Baktra und seiner Umgebung in einem fruchtbaren, durch künstliche Bewässerung zu landwirtschaftlicher Höchstproduktion entwickelten Gebiet, das bereits in legendären Erzählungen des achten und siebten vorchristlichen Jahrhunderts als »Land der tausend Städte« bezeichnet wird.

Lange hatte man solche Berichte ins Reich der Fabel verwiesen, bis es sowjetischen Archäologen gelang, langsam, Schritt für Schritt, Zeugen der ältesten Stadtgeschichte Mittelasiens freizulegen.

Das aber heißt, die Kultur dieses Gebiets ist keine Folgeerscheinung der Seidenstraße, sie war vielmehr als Kundennetz der Lieferanten schon da. Wahrscheinlich gab es bereits vor dem Beginn des ständigen Transithandels viele Wirtschaftskontakte in dieser dichtbesiedelten und hochkultivierten Landschaft. Darauf läßt auch die Tatsache schließen, daß die alte, nördlich des Himmelsgebirges nach Westen führende Handelsstraße, die bei Pendzhikent und Samarkand das Gebiet der Sogdiana erreicht, eine weitere Belebung der Wirtschaft dieses großen, volkreichen Landes zwischen Baktra und Merw schon seit vorchristlicher Zeit bewirkt hat.

Mit diesem Kapitel berühren wir den bei uns geographisch und kulturgeschichtlich bisher am wenigsten bekannt gewordenen Teil der alten Seidenstraße, ohne den sich jedoch die bewunderswerte Stabilisierung dieses Handelsweges über Jahrhunderte nicht hätte erreichen lassen. Angesichts der politischen und militärischen Wechselfälle im Gebiet der Seidenstraßen bleibt es ohnehin ein Rätsel, wie der Handelsverkehr über so weite Strecken trotzdem fast ununterbrochen aufrechterhalten werden konnte. Dazu haben ganz wesentlich die um die Zeitenwende und in den ersten Jahrhunderten danach politisch gefestigten Zustände im Baktrien der Kuschanzeit wie auch in der nördlich angrenzenden Sogdiana und im westlichen Gebiet der Margiane mit dem alten Merw als Zentrum beigetragen.

Von den im einst skythischen Mittelasien siedelnden Völkern waren es neben den Turkstämmen vor allem die Sogder zwischen Buchara und Samarkand, die am Welthandel der Zeit wesentlichen aktiven Anteil hatten. Sie waren das geborene Händlervolk. Bei ihnen herrschte der Brauch, dem Neugeborenen die Hand mit Honig einzuschmieren, damit später das Geld daran kleben bleiben sollte.

Wir wissen von sogdischen Kaufleuten am Mittelmeer wie in der chinesischen Hauptstadt Loyang. Von ihrer umfangreichen Handelstätigkeit haben sich Berichte und Briefe erhalten, die zugleich Zeugnisse sind für die ständige Bedrohung, der ihr einbringliches Gewerbe allerorten ausgesetzt war.

So berichtet der sogdische Kaufmann Nanai-Vandak, der ein großes Handelshaus aus Samarkand in Loyang vertrat, in einem Brief aus dem Jahre 311 an seinen Chef in der Sogdiana über die Zerstörung der chinesischen Hauptstadt durch Liu Tsang. Da heißt es:

»Ja, Herr, der Kaiser floh, wie sie sagen, aus Loyang vor der Hungersnot. Seine Residenz und die befestigte Stadt wurden zerstört. Seither ist Loyang nicht mehr. Der Kaiser wurde in die Gefangenschaft der Hunnen geführt, dieser Hunnen, die gestern noch Eigentum des Kaisers waren. Nun wissen wir nicht, Herr, ob die überlebenden Chinesen in der Lage sein werden, die Hunnen wieder aus den besetzten Gebieten zu vertreiben.«

Der Brief macht deutlich, welchen Gefahren der Karawanenhandel samt seinen Niederlassungen entlang den Seidenstraßen ständig ausgesetzt war und welchen Risiken er unterlag. Andererseits wissen wir, daß auch ein Barbar wie der aus dem Norden stammende

Liu Tsang an einem Fortbestehen der traditionellen Handelskontakte interessiert war und sich der Schaden der Handelsherren durch Kriegseinwirkung meist in Grenzen hielt oder doch durch entsprechende Kalkulation bald wieder ausgeglichen werden konnte. Wie viele reisende Kaufleute dabei auf der Strecke blieben, darüber berichtet allerdings keiner.

Im Gebiet von Mittelasien stoßen wir westlich des Chinesischen Reiches zum ersten Mal wieder auf Plätze einer durch Jahrtausende gewachsenen Stadtkultur, deren Träger sich offenbar auch mit den nördlichen Nomaden ganz gut arrangiert hatten.

Über dieses alte Kulturland, das weite Flächen der heutigen südasiatischen Sowjetunion bedeckt und das die Landschaften Sogdien, Choresmien und Margiane umfaßt, hat die Welt bis in die jüngste Zeit nur wenig gewußt. Selbst die umfangreichen archäologischen Forschungen der Russen in den letzten Jahren haben bisher nicht mehr als einige Mosaiksteine erbracht. Jeder Fund wirft neue Fragen auf. Die Chronologie ist noch weitgehend unbestimmt. Man weiß noch nicht einmal, wie weit sich das Kuschanreich in der Zeit seiner größten Ausdehnung nach Norden erstreckt hat und wie stark sein Einfluß in diesem riesigen Gebiet tatsächlich gewesen ist. Auf alle Fälle dürfte der Seidenstraßenhandel in der Zeit der Kuschan hier sein größtes Kundenpotential besessen haben. Zeigen doch die im sogdischen Pendzhikent — östlich von Samarkand — ausgegrabenen Paläste und Häuser eine Prachtentfaltung, die den Reichtum seiner Herrscher wie seiner Bevölkerung noch heute deutlich erkennen lassen.

Pendzhikent ist eine der eindrucksvollsten Ruinenstädte Mittelasiens. Im Gegensatz zu den ganz vom späteren islamischen Einfluß geprägten Städten der Sogdiana, wie Samarkand und Buchara, vermittelt Pendzhikent noch unmittelbar den Eindruck der Seidenstraßenzeit. Seine Blüte lag zwischen dem fünften und dem achten Jahrhundert. Es mag in seinen Mauern die gleichen Kaufleute und Pilger gesehen haben, denen wir in Dun Huang, Chotscho und Kutscha sowie am Steinernen Turm begegnet sind. Allein um sich das zu vergegenwärtigen, bedarf es schon einiger Phantasie.

Pendzhikent fand sein Ende 722 durch die Araber. Sie nahmen den letzten residierenden Herrscher der Sogdiana — Duwaschtitsch — gefangen und kreuzigten ihn. Im Gegensatz zu vielen anderen Städten des Gebiets, die unter den Moslems neu erblühten, blieb Pendzhikent vergessen.

Nach dem Zweiten Weltkrieg begann die Ausgrabung. Auf dem nahe der Stadt gelegenen Berg Mug, wo sich das Schicksal der letzten Sogden vor mehr als eintausendzweihundert Jahren entschieden hatte, fand man das vollständig erhaltene Archiv der sogdischen Herrscher. Es war die Quelle zur Erschließung von Sprache und Schrift der Sogder; außerdem gibt es Auskunft über die Geschichte des Landes und die Bedeutung der Seidenstraße für seine Entwicklung.

Besonders wichtig für unsere Betrachtung und Einschätzung des alten Pendzhikent sind außerdem die reichen Funde an Wandmalereien in dieser Stadt. Sie befinden sich heute in der Eremitage in Leningrad. Vergleicht man sie mit den etwa zur selben Zeit entstandenen Malereien in Kutscha, so fallen unübersehbare stilistische Ähnlichkeiten auf, die wir in Kutscha als westlichen, sassanidischen Einfluß erkannten. Auch in Pendzhikent ist das Einwirken sassanidischer Stileinflüsse unverkennbar. Doch zeigt sich hier wie in Kutscha auch ein lokales Stilelement, das deutlich macht, wie stark der eigenständige künstlerische Gestaltungswille in dieser Zeit überall entlang der Seidenstraßen ausgeprägt war. Stilbildenden Formen begegnen wir an vielen Plätzen. Leider aber haben wir über weite Strecken gar keine und an den wenigen Fundorten nicht genug Zeugnisse, um die Seidenstraßenkunst auch in nachkuschanischer Zeit umfassend dokumentieren zu können.

Mit den religiösen Zuweisungen haben wir es da leichter. So wie an der östlichen Seidenstraße finden wir auch in Pendzhikent und weiter westlich bis in das Gebiet von Merw die gleichen religiösen Einflüsse: Zoroastrismus, Buddhismus, nestorianisches Christentum und Manichäismus. Wie im viele tausend Kilometer östlich von hier gelegenen Chotscho dürfte auch in Pendzhikent der Manichäismus bis zum Untergang der Stadt eine späte Heimstätte besessen haben, was jedoch Buddhisten und Christen nicht an der Ausübung ihrer kultischen Handlungen hinderte. Wir können also auch in Mittelasien bis zum Einbruch der Araber und der damit einsetzenden Ausbreitung des Islam von weitgehender religiöser Toleranz ausgehen.

Wichtig ist zu wissen, daß sich im Laufe des sechsten Jahrhunderts mit der weiteren Stabilisierung des Buddhismus im Westen, nach seiner vorangegangenen Begegnung mit den Nestorianern in Mittelasien, zugleich auch die Seidenraupenzucht und die Seidenweberei in diesem Gebiet ausbreiteten. Christliche wie buddhistische Klöster gründeten damals Seidenmanufakturen auf ihren Ländereien.

Die von den buddhistischen Mönchen hergestellten Seidenstoffe sind durch die eingewebten Motive des Rades der Lehre und der Swastika leicht zu erkennen. Sie gelangten, wie uns ein Fund aus den Höhlen von Dun Huang zeigt, bis nach China. Auch hier entfaltete sich der Gegenhandel, wie wir ihn schon von Persien aus feststellen konnten, als neuer Wirtschaftsaspekt.

Selbst byzantinisch-christliche Motive finden wir in Seidenstoffen, die als Ostexport nach China gelangt sind. Sie wurden zum Teil in chinesischen Seidenwebereien nachgewebt. So kennen wir einen chinesischen Stoff, der das uralte sumerische, später von Byzanz übernommene Symbol des Lebensbaums, an dem sich zwei Löwen aufrichten, wiedergibt. Es kann kein Zweifel sein, daß es sich hier um die chinesische Nachbildung eines byzantinischen Gewebes handelt, das schon früh über die Seidenstraße nach China kam.

Neben großen Städten, die wir eindeutig als Stationen des alten Handelsweges identifizieren können und über deren Bedeutung für den Transitverkehr auch schriftliche Zeugnisse vorliegen, gibt es in Mittelasien eine Unzahl von Tells — Hügeln, unter denen sich alte Siedlungen verbergen —, über die wir noch nichts wissen. Selbst die verhältnismäßig wenigen, bisher freigelegten Städte lassen über Entstehung und Untergang meist nur Vermutungen zu.

Je weiter wir nach Westen gelangen, um so problematischer wird die Zuordnung der Städte zu Staaten und Machtblöcken im politischen wie im wirtschaftlichen Bereich. Allerdings kann man wohl auch ohne Zeugnis und Beleg annehmen, daß es angesichts der starken Faszination, die von der Seidenstraße und den auf ihr transportierten Produkten ausging, ein Abseits kaum gegeben hat. Denn schon am Anfang der Handelsverbindungen, in skythischer Zeit, haben wir Funde von entlegensten Stellen, die eindeutig vom Transithandel herrühren. In späterer Zeit dürfen wir davon ausgehen, daß viele Landschaften und ihre Siedlungen wichtige Zulieferer für die Handelswege wurden. Ich denke da vor allem an Naturprodukte wie Wein, Öl, Obst, Getreide und Gewürze. Denn eines ist sicher: Die Palette des Angebots wurde von Jahrhundert zu Jahrhundert größer, und der Kundenkreis vervielfachte sich entsprechend dem Wachstum der tausend Städte.

PALMYRA — KÖNIGIN DER WÜSTE

Von Merw über Schahrud führte die Hauptstrecke der westlichen Seidenstraße am Südufer des Kaspischen Meeres entlang nach Hamadan im nordwestlichen Iran. Hinter Hamadan verzweigten sich die Wege. Einer führte über Seleukeia zum Persischen Golf, der andere nach Palmyra — einer Oasenstadt in der syrischen Wüste, mit deren Namen vor allem der Warenumschlag im Ost-West-Handel verbunden ist. Denn Palmyra war mehr als irgendein Ort an der Seidenstraße.

Palmyra war Anfang und Ende, war Auffangstation und Warendepot der ganzen Welt. Die meisten Händler aus dem Osten gelangten nie weiter als bis nach Palmyra. Hier konnten sie alle ihre Waren am günstigsten verkaufen und auch wieder neue Dinge einkaufen, besser als irgendwo entlang der endlosen Strecke nach Osten.

Palmyra war der Treffpunkt für alle. Es war über Jahrhunderte die reichste Stadt an der westlichen Seidenstraße und auch die prächtigste. Das sieht man noch heute, wenn man durch ihre zum Teil sehr gut erhaltenen Ruinen geht.

Keine Stadt war so ausschließlich vom Geschäft geprägt wie diese. Aber auch keine zeigte ein so vornehmes, distanziertes Gesicht wie Palmyra. Man möchte sie für eine Götterstadt halten, wenn man nicht wüßte, daß die herrlichen Säulenalleen und Kolonnaden elegante Basarstraßen mit den kostbarsten Waren und den erlesensten Genüssen aus aller Welt gesäumt haben.

Mehr als sechs Jahre rechnete man für eine Karawanenreise von der chinesischen Hauptstadt bis Palmyra und zurück. Von Palmyra waren es dann nur noch verhältnismäßig kurze Wege bis nach Attala an der südanatolischen Küste des Mittelmeers wie auch über Petra nach Süden ans Rote Meer und von dort westwärts nach Alexandria, das neben Rom zu den Hauptabnehmern kostbarer Waren aus der östlichen Welt zählte.

In der Blütezeit Palmyras hat sich das Handelsvolumen der westlichen Seidenstraße wesentlich erweitert. Mit der Seide fanden Schmuck und Toilettartikel einen ständig wachsenden Abnehmerkreis.

Durch die Verfeinerung der Goldschmiedekunst, der Filigran- und Emailarbeiten, des Edelsteinschliffs, der Glasbläserei, der Keramik und vieler anderer Kunsthandwerkszweige entfaltete sich ein immer differenzierterer Handel, der in wachsendem Maße auch von modischen Entwicklungen geprägt wurde, die für das Gesicht der Stadt maßgebend waren.

Palmyra, das arabisch Tadmor heißt, geht in seinen Ursprüngen auf das zweite vorchristliche Jahrtausend zurück. Noch heute glauben die in seiner Umgebung wohnenden Araber, die Stadt sei nicht von Menschen, sondern von den mächtigen Göttern des Königs Salomon errichtet worden. Seine wirtschaftliche Bedeutung gewann es bereits in vorchristlicher Zeit durch den römisch-parthischen Handelsverkehr, da es an der Grenze beider Machtbereiche lag. Seine Kaufleute wußten geschickt zwischen Römern und Parthern zu taktieren.

Ihre Haupteinnahmen gewann die Stadt aus den hohen Zöllen, die Palmyras Verwaltung auf alle importierten Waren erhob. Im Jahre 137 wurde von der Stadtverwaltung die berühmte Stele mit dem »palmyrenischen Tarif« errichtet, die der russische Reisende Lasarew 1881 entdeckte und die sich heute in der Eremitage in Leningrad befindet. Die dort aufgeführten Zölle lassen das Einnahmevolumen ahnen, mit dem Palmyra fest rechnen konnte und das von Jahr zu Jahr immer mehr wuchs.

In der Mitte des zweiten Jahrhunderts wurde Palmyra in seiner städtischen Ausdehnung wesentlich erweitert und erhielt jene prachtvollen Bauwerke, die heute noch von seiner Größe und seinem Reichtum zeugen. Damals begann seine glanzvollste Zeit.

Von 212 bis 260 war es römische Kolonie. Doch hatte auch in dieser Epoche der palmyrenische Kommandant weitgehende Vollmachten. Nachdem der Bedeutendste von ihnen, Odaenathus, der den damals allerdings nicht sehr seltenen Beinamen »der Große« trug, den Sassanidenkönig Schapur I. besiegt hatte, erlangten Palmyra und seine Umgebung — die sogenannte Palmyrena — die Unabhängigkeit. Und Odaenathus erhielt vom römischen Kaiser den Fürstentitel.

Lange allerdings dauerte diese Zeit der politischen Unabhängigkeit nicht. Das hing mit der Selbstüberschätzung der ebenso schönen wie ehrgeizigen palmyrenischen Königin Zenobia zusammen, die auch die letzten formalen Bande an das zerrüttete Römische Reich abschüttelte und eigene Großmachtpolitik betreiben wollte. Erste Erfolge ihrer berühmten Kamelreitertruppen machten sie noch übermütiger. Dabei hatte sie ihr römisches Gegenüber nicht richtig eingeschätzt. Das war der junge, tatkräftige Soldatenkaiser Aurelian, der bereits im Herbst 272 Palmyra zurückeroberte und der ehrgeizigen Königin der Wüstenstadt wahrscheinlich ein schmähliches Ende bereitet hätte, wenn sie dem nicht durch Selbstmord zuvorgekommen wäre.

In diesen Kämpfen um die nur kurze Zeit bewahrte Unabhängigkeit verlor Palmyra bereits einige seiner repräsentativen Bauten. Königin Zenobia selbst ließ sie abreißen und die fein behauenen Blöcke zur Verstärkung der Stadtmauern verwenden. Doch all diese verzweifelten Verteidigungsanstrengungen halfen nichts gegen die Macht der Römer, die, nach weitgehender Zerstörung der prachtvollen Wüstenmetropole, erneut die Herrschaft über Palmyra antraten, ohne daß die Stadt noch einmal die glanzvolle Position ihrer großen Zeit als internationales Handelszentrum zurückerlangt hätte.

Die Seidenstraßen verzweigten sich auch hier im Westen mehr und mehr, so daß nun Palmyra nur noch ein Warenumschlagplatz unter vielen war, der längst nicht mehr alle Karawanen anzog, die den Vorderen Orient durchquerten.

Zu einem Wiederaufbau weiterer Teile der auch im Verfall noch reizvollen Stadt kam es erst eine Generation später an der Wende vom dritten zum vierten Jahrhundert unter dem machtvollen Kaiser Diokletian. Dabei wurden für die Wiedererrichtung städtischer Gebäude die prächtigen Grabbauten der Palmyra umgebenden Nekropole als Steinbruch verwendet. Das ist der Grund, weshalb wir heute nur noch wenige der großartigen Grabtürme mit ihren Porträtskulpturen in der Ruinenstadt vorfinden. Doch zeugen gerade diese Gräber vom einstigen Reichtum Palmyras und seiner Handel treibenden großen Familien.

Das war aber zu Diokletians Zeit bereits Geschichte. Die Stadt hatte zwar unter dem tatkräftigen Kaiser noch einmal einen gewissen Aufschwung genommen. Doch die alte zentrale Bedeutung erlangte Palmyra auch jetzt nicht wieder. Und im Laufe der ersten Hälfte des vierten Jahrhunderts — nach Diokletians Tod — verließen die letzten der alten reichen Familien, die noch am Ort geblieben waren, die Stadt, die als römische Grenzbastion um 400, zur Zeit des Kaisers Arcadius, Militärlager wurde.

Hundert Jahre später ließ der byzantinische Kaiser Justinian die Wehrmauern des verfallenen Palmyra noch einmal erneuern. Eine christliche Basilika entstand unter seiner Herrschaft. Aber Geist und Macht Palmyras waren auch dadurch nicht mehr zu beleben. Für Byzanz lag die alte Handelsmetropole weit im Abseits. Der Karawanenverkehr wickelte sich mehr und mehr im anatolischen Raum ab. Das Schwarze Meer, vor allem sein Südufer, gewann erneut an Bedeutung. Das geographische Ordnungsgefüge und Kräfteverhältnis verschob sich nach Norden. Syrien wurde zum Einfallstor der Araber, die 634 in das Gebiet von Palmyra vorstießen. Kampflos ergaben sich die in den Ruinen ihres einstigen Reichtums dahinvegetierenden letzten Einwohner Palmyras den arabischen Eroberern.

DER EINBRUCH DES ISLAM IN DIE WELT DER SEIDENSTRASSEN

Der Anstoß für eine völlige Veränderung der politischen und vom neunten Jahrhundert an auch der religiösen Verhältnisse im Raum der alten Seidenstraßen ging von den Arabern und ihrer neuen, durch Mohammed verkündeten Religion — dem Islam — aus. Politische und religiöse Impulse trugen die Krieger aus dem Süden auf schnellen Rossen nach Persien und weiter bis nach Mittelasien.

Die arabischen Eroberer waren jedoch klug genug, die dort bestehende politische Ordnung mit ihren angestammten Fürsten zunächst weitgehend unangetastet zu lassen. Sie arbeiteten mit den ansässigen Herrscherhäusern zusammen und gewährten gegen eine erhöhte Kopfsteuer auch Religionsfreiheit, was vor allem von den Christen und Buddhisten dankbar akzeptiert wurde.

Dieser Entwicklung einer Vormachtstellung des Islam, die von den Arabern ausging, dann aber besonders auch von den früh islamisierten Türken weiter betrieben wurde, waren im Mittleren und Vorderen Orient Kämpfe zwischen Persien und Byzanz vorausgegangen, die beide versucht hatten, die westliche Seidenstraße ganz unter ihren jeweiligen politischen Einfluß zu bringen. Dabei mögen die rivalisierenden Seidenproduktionsstätten beider Mächtegruppen eine ausschlaggebende Rolle gespielt haben.

Im arabischen Raum war der politisch-religiösen Konzentration der Kräfte in Medina und Mekka eine gefährliche beduinische Stammeszersplitterung vorausgegangen. Sie hätte wahrscheinlich ohne Mohammeds geschickte Konzentrationsbewegung zum Ende der arabischen Macht und zur Beduinisierung der gesamten arabischen Halbinsel geführt. Der religiöse Akzent der Einigungsbestrebungen um und nach Mohammed hat dann die vielfältigen Machtformen begründet und stabilisiert, die sich zum Teil bis in die Gegenwart erhalten haben.

Die politischen Verhältnisse im islamischen Bereich zeigen jedoch gleichzeitig, daß sich ohne diesen religiösen Kern und ohne die daraus später folgende Idee des »Heiligen Krieges« niemals eine islamische Welt entwickelt hätte, wie sie noch heute trotz aller Konflikte und nationaler Gegensätzlichkeiten besteht. Ihr wirtschaftlicher Anfang liegt in Arabien selbst, erreichte aber bald die Seidenstraßen, von deren politischer Bedeutung sie lange zehrte, die sie aber auch schon bald zu Rollbahnen des eigenen Glaubenstransfers nach Norden und Osten machte.

Die weitverbreitete Meinung, der Islam habe den Ost-West-Handel und damit die Welt der Seidenstraßen zerstört, ist jedoch nur zum Teil richtig. Sie gilt nicht für die frühen Jahrhunderte der arabischen Eroberungen. Gerade in dieser Zeit hat sich trotz kriegerischer Auseinandersetzungen viel Traditionelles erhalten, und die Moslems waren in der Frühzeit ihrer Ausdehnung keineswegs die grausamen Vernichter, als die sie oft dargestellt werden. Vor allem die Islamisierung vollzog sich in den ersten Jahrhunderten friedlich und ohne Gewaltanwendung.

Trotzdem setzten die arabische Eroberung weiter Teile Asiens, der Vorstoß nach Indien und der 751 an den Ufern des Talas errungene Sieg über die Chinesen deutliche Zeichen weltpolitischer Veränderung. Ohne die damit verbundene, gleichzeitige Verbreitung der neuen Religion – des Islam – hätten wir es wahrscheinlich auch in diesem Fall mit einer der zahllosen Machtverschiebungen im asiatischen Raum zu tun gehabt, die schon längst wieder vergessen wäre. Hier aber zeigt sich wie bei den anderen religiösen Einflußnahmen entlang der Seidenstraßen, daß Religion eine längere und intensivere Wirkung hat als Politik. Denn sie ist nicht an ständig wechselnde Herrscher, sondern vielmehr an eine Glaubensordnung gebunden, die unabhängig ist von ihren Verkündern – den Priestern und Mönchen.

Der Islam, der religiöse und politische Macht von vornherein als eins gesehen und durchgesetzt hat, war dadurch ganz besonders erfolgreich. Als seine politischen Vertreter erkannt hatten, daß Toleranz gegenüber anderen Religionen die Gefahr einer Schwächung der eigenen Position in sich trug, zogen sie daraus die Konsequenzen und betrieben mit wachsender Strenge die Zwangsislamisierung, die schließlich zur Unterbrechung der alten freien Handelswege zwischen Ost und West führte.

Doch genauso wie sich der Aufbruch erster Karawanen von China zum Mittelmeer im Dunkel grauer Vorzeit verliert, können wir auch nicht von einer klar fixierbaren, vielleicht gar mit dem Aufkommen und Vordringen des Islam identischen Zeit der letzten Karawanen zwischen Ostasien und Europa sprechen. Wir wissen nur, daß jenes kostbare Gut der ersten Stunde, von der die legendäre Straße ihren Namen hat, nach etwa einem halben Jahrtausend nicht mehr die gleiche ausschließliche Rolle spielte wie in den Jahrhunderten um die Zeitenwende. Wir wissen aber auch, daß die Handelswege über die ganze damals bekannte Welt dazu beigetragen haben, eine erste Weltkultur zu schaffen, für die das edle Seidengewebe Basis, zeitweise sogar Währung war.

Rückschauend dürfen wir davon ausgehen, daß sich der Seidenstraßenhandel wie jeder Handel der freien Welt nach Angebot und Nachfrage geregelt hat, sowohl was sein Volumen als auch was seine räumliche Ausdehnung betraf. Der Anfang dieser ältesten Art von Welthandel hing wie sein Ende mit der Ausbildung und dem Verfall international begehrter Formen und anerkannter Normen zusammen. Das galt für den Handel wie für die durch ihn entstandene Kultur, die wir mit Recht als erste Weltkultur bezeichnen können, so ausgeprägt auch viele Unterschiede gewesen sein mögen, die sich entlang der Seidenstraßen gezeigt haben. Doch das Gemeinsame und Verbindende war stärker als die Gegensätze. Das Internationale herrschte vor und gab bald auch den lokalen nationalen Erscheinungen, ob wir nun an China selbst, an das Tarim-Becken oder an Mittelasien denken, ein kosmopolitisches Gepräge, das sich selbst dort stil- und modebildend auswirkte, wo man lange Zeit kaum etwas über die Stätten der Seidenstraßenkultur und die Entstehung ihres Hauptproduktes — der Seide — wußte: wie im Römischen Reich und im frühen Byzanz.

Erst mit der Ausbildung einer ganz anderen, bildlosen, ornamentalen Kunst — der arabisch-islamischen — verlor die Seidenstraßenkultur ihre Form und ihre Bedeutung. Ihre Verbindungen, ihre Zusammenhänge lösten sich auf, und es entstanden neue Strukturen, sowohl geographisch als auch stilistisch.

Doch diese Entwicklung vollzog sich viel langsamer, als man sich das angesichts der bei uns verbreiteten Meinung über den Islam vorstellen mag. Erst um die Jahrtausendwende brachen die letzten Land- und Seeverbindungen zwischen Byzanz und dem Chinesischen Reich ab.

In den Annalen der Sung-Dynastie lesen wir von zwei letzten byzantinischen Gesandtschaften, die den chinesischen Hof 1091 erreichten. Sie versuchten, den Kaiser zu einem Bündnis gegen die Türken zu bewegen, die dem Byzantinischen Reich damals schwer zu schaffen machten. Doch der chinesische Herrscher, der die wechselvolle Geschichte der Westländer kannte, mochte sich auf ein solches Abenteuer nicht einlassen. Er schickte die byzantinischen Unterhändler reich beschenkt, aber ohne Hoffnung auf politische oder militärische Hilfe zurück. In ihrem Gepäck befanden sich nach Darstellung der chinesischen Annalen »zweihundert Ballen feinster Seide, Gold- und Silbergeschirr sowie kostbare Gewänder mit goldenen Gürteln«.

Fast vierhundert Jahre konnte sich Konstantinopel nach diesem letzten Versuch der Kaiser von Byzanz, die Brücke zwischen China und dem Mittelmeer noch einmal zu schlagen, weiter gegen die Türken behaupten. Aber bereits über diese letzten Botschafter des alten Westens im Osten wissen wir bis heute nicht, ob und wie sie nach Byzanz zurückgekehrt sind. Denn den Landweg beherrschten längst die Türken und der Seeweg war von den Arabern blockiert.

Trotzdem hat die Seide in den Jahrhunderten nach der Islamisierung weiter Teile Asiens zunächst noch eine wesentliche wirtschaftliche Rolle gespielt. Während der Tang-Dynastie hatte ihre Produktion in China Ausmaße angenommen, die erneut nach Ausfuhr drängten. Aber auch in Persien wie in Byzanz und in Mittelasien wuchsen die produzierten Mengen in einem Maße, das neue Absatzmärkte erforderte.

Die Qualität der Seidenerzeugnisse wurde in dieser Zeit des

harten Konkurrenzkampfes immer mehr gesteigert. Andererseits gab es aus religiösen wie auch aus wirtschaftspolitischen Gründen viele Gegner des Seidenkonsums, der als Luxusangebot nicht allein stand, sondern von einem gewaltigen Anwachsen der Schmuckindustrie sowie der Schminken-, Parfum- und Spezereienherstellung begleitet war. Besonders aus religiösen Kreisen kam die Kritik am überfeinerten Leben der Zeit, das fast den Aufwand des antiken Roms noch übertraf. Doch offenbar waren die Verlockungen des eleganten Lebens und das Geschick der Kaufleute, Bedürfnisse zu wecken, so groß, daß die ursprünglichen Tendenzen ins Gegenteil verwandelt werden konnten und die Lust am Luxus noch steigerten — und das selbst im religiösen Bereich.

Im Christentum bildete die Seide bald einen Abglanz des Himmels in prachtvollen Priestergewändern, Altardecken und Kirchenvorhängen. Die Leichen wurden in seidene Tücher gehüllt, um sie würdig auf die Jenseitsreise zu schicken. Aber auch im gesellschaftlichen Leben spielte Seide die wichtigste Rolle. Jede Frau der oberen Gesellschaftsschichten wollte durch seidene Gewänder ihre Schönheit unterstreichen. Schnell wechselnde Moden im Gewebe wie im Dessin erzeugten immer neuen Bedarf.

Entscheidend für einen nochmaligen Anstieg der Seidenproduktion im Bereich der alten Karawanenstraßen aber wurde das neuerwachende Interesse der Moslems an den kostbaren Geweben. Das war nicht vorauszusehen, denn Mohammed hatte nachdrücklich vor Wohlleben und Luxus gewarnt. Er wußte nur zu gut, woran so viele Mächte zugrunde gegangen waren. Sein Gebot lautete deshalb: »Kleidet euch nicht in Seide und Brokat wie die Ungläubigen.« Aber die Verführung der glänzenden, golddurchwirkten Stoffe war so groß, daß, wie die Legende berichtet, selbst Mohammed eines Tages ein seidenes Gewand anlegte. Doch als er damit sein Gebet verrichten wollte, packte ihn Reue, und er zerriß es.

Vom Kalifen Omar wird berichtet, daß er bei der Einnahme Jerusalems von Moslems in seidenen Kleidern bejubelt wurde. Doch er ließ seinen Glaubensbrüdern die Gewänder vom Leibe reißen und sie nackt durch die Straßen schleifen.

Aber so wie einst die römischen Kaiser ihr eigenes Verbot, Seide zu tragen, mißachtet haben, wetteiferten auch bald die Muslimfürsten in modischer Eleganz, wie wir sie in den *Geschichten aus 1001 Nacht* wortreich dargestellt finden.

Für die Haremsdamen der Kalifen wird Seide geradezu zum Synonym für Schönheit, Pracht und Verführung. Dabei spielte die ungeheure Feinheit der Gewebe eine Rolle. Wir hören von Gewändern, die, selbst mehrfach übereinander getragen, bei raffiniertem

260

Faltenwurf immer neue Details eines verführerisch schönen Körpers ahnen, ja sogar sehen ließen.

Doch die neue, nun noch weiter als früher verbreitete Vorliebe für Seide blieb nicht auf Asien und den teilweise islamisierten Mittelmeerraum beschränkt. Sie strahlte aus ins frühe europäische Mittelalter, erreichte, wahrscheinlich über die Handelswege des am Don und an der unteren Wolga entstandenen Riesenreiches der Chasaren, die Merowinger.

Von Karl dem Großen ist ein mit Adlern und Greifen in Goldfäden bestickter Mantel aus roter Seide bekannt, der ein Geschenk Harun al-Raschids an den Christenherrscher sein soll.

Von besonderem Interesse sind in diesem Zusammenhang erhalten gebliebene seidene Einlageblätter aus einer Pergamenthandschrift der karolingischen Zeit, die bei der Stoffanalyse ergaben, daß drei davon chinesischen, drei arabischen und drei syrisch-byzantinischen Ursprungs sind. Sie könnten einem Musterbuch des internationalen Seidenhandels in seiner letzten Phase entstammen. Durch sie ist der Beweis erbracht, daß es bis zur letzten Jahrtausendwende eine Weltkultur der Seide gegeben hat, die, von China ausgehend, ganz Asien und weite Teile Europas erreicht und in ihren modischen Ausdrucksformen geprägt hat. Erst durch die Selbstbeschränkung der Chinesen auf ihr angestammtes Herrschaftsgebiet und durch die isolierende Macht der Türken trat jene grundsätzliche, den weiträumigen Seidenstraßenhandel zerstörende Veränderung der politischen und wirtschaftlichen Struktur Asiens ein, die den ein Jahrtausend umspannenden freien Weltwirtschaftsverkehr, wie er dann erst Ende des neunzehnten Jahrhunderts wieder auflebte, beendet hat.

EUROPA ENTDECKT DIE ALTE SEIDENSTRASSE:
VON MARCO POLO BIS SVEN HEDIN

Mehr als ein Jahrtausend ist vergangen seit jener politischen und religiösen Machtergreifung des Islam, die schließlich nicht nur zum Erlöschen der alten Seidenstraßenkulturen führte, sondern auch die tausendjährigen Handelsbeziehungen zwischen China und Europa auf Jahrhunderte unterbrochen hat. Während die Zahl der zwischen China, Indien und dem Mittelmeer bis um 1000 verkehrenden Karawanen mit ihren Kaufleuten, Handwerkern, Abenteurern, Pilgern und Mönchen noch nicht einmal zu schätzen ist, die Beteiligten mögen in die Hunderttausende gehen, kann man die europäischen

Asienreisenden nach der Mongolenzeit fast an den Fingern abzählen.

Einer, bei dem man nicht so recht weiß, ob man ihn einen Nachzügler der ersten Welle oder einen Vorläufer der Wiederentdecker der Seidenstraße nennen soll, war der Italiener Marco Polo. Seine Reise nach China fällt in jenes bewegte dreizehnte Jahrhundert, das durch den Mongolensturm den Fernen Osten noch einmal sehr nachdrücklich ins europäische Bewußtsein gebracht hat. Stießen doch die Mongolen bis weit nach Mitteleuropa vor und besetzten die ungarische Tiefebene. 1241 erreichten sie Schlesien und vernichteten in der berühmten Schlacht bei Liegnitz ein deutsch-polnisches Ritterheer, ohne allerdings danach den Sieg zu nutzen und weiter westwärts vorzudringen. Wahrscheinlich scheuten die an Steppe und Wüste gewohnten Mongolen das unheimliche Dunkel der deutschen Wälder. Diese Tatsache allein bewahrte Westeuropa vor der mongolischen Überflutung. Vielleicht wäre es in den folgenden Jahren doch noch dazu gekommen, wenn nicht Dschingis Khans Sohn Ögedei, der Herrscher der Mongolen, am 11. Dezember 1241 an seiner Trunksucht gestorben wäre.

War der Vorstoß der mongolischen Reiterscharen nach Westen zunächst ein rein militärisches Unternehmen mit schrecklichen Folgen für die überrollten Länder und Völker, so brachte dieser Westfeldzug doch in seinem Gefolge den internationalen Handel in den von den Mongolen eroberten Gebieten vor seinem völligen Erliegen noch einmal in Schwung.

So seltsam es klingt, auch in Europa knüpfte man an die Mongolen nach ihrem Rückzug aus Deutschland und Ungarn neue Hoffnungen bezüglich politisch und wirtschaftlich ergiebiger Asienkontakte. Der Papst sah in den wilden Reiterscharen mögliche Verbündete gegen die das Christentum in Asien unterdrückenden Moslems. Und die neuerblühten mediterranen Handelsmächte — vor allem Venedig, das inzwischen Partner der Moslems im Asiengeschäft geworden war — hofften auf eine Ausdehnung der Kontakte über die islamischen Häfen des östlichen und südlichen Mittelmeers hinaus. So hatten die Mongolen trotz ihres schrecklichen Rufs als Eroberer und Völkermörder zugleich Erwartungen für eine Wiederaufnahme des Welthandelsverkehrs mit den Ländern Asiens geweckt, die sich in gewisser Weise sogar erfüllten.

Zu den ersten Venezianern, die mit einer reichen Schiffsladung über das Schwarze Meer nach Osten aufbrachen, gehörten die Brüder Maffeo und Nicolò Polo. Um 1250 verließen sie Konstantinopel und erreichten nach einer langen, anstrengenden Reise den Hof des Großkhans der Mongolen, wo sie ehrenvoll empfangen wurden und sich längere Zeit aufhielten. Mit Aufträgen an den Papst kehrten sie 1269 reich beschenkt nach Europa zurück.

Nicolò Polos Frau war bei der Abreise der beiden Brüder schwanger gewesen. Sie hatte einem Sohn – Marco – das Leben geschenkt, war aber noch im Kindbett gestorben. Aus Marco war inzwischen ein kluger, forscher junger Mann von neunzehn Jahren geworden, der für die unerschrockenen Brüder Polo der rechte Reisegefährte war, als sie ein zweites Mal nach Osten aufbrachen.

Marco Polo begleitete Vater und Onkel 1271 über Bagdad zum Persischen Golf und weiter nach Mittel- und Zentralasien.

Über den Pamir und durch das Tarim-Becken erreichten die drei wagemutigen Italiener Peking. Marco Polo verbrachte viele Jahre in den Diensten des Mongolenherrschers Khubilai Khan. Darüber berichtet er in seinen Reiseerinnerungen, die er drei Jahre nach seiner Rückkehr aus China im Jahre 1295 als Kriegsgefangener in einem Genueser Gefängnis einem Mitgefangenen diktiert hat. Sein Buch wurde ein Welterfolg und blieb es bis heute – das Vorbild des klassischen Reiseberichts.

Doch was bei uns nur wenige wissen: Es war nicht das erste Asienreisebuch. Vor den Polos waren bereits andere Europäer direkt nach dem Rückzug der Mongolen gen Osten aufgebrochen und hatten darüber berichtet. Sie reisten in politischem Auftrag: Giovanni del Piano di Carpini als Abgesandter Papst Innozenz' IV. 1245 mit einem offiziellen Schreiben des katholischen Oberhirten »An König und Volk der Tataren« – wie man die Mongolen damals nannte – und Wilhelm von Rubruk 1253 als Gesandter der französischen Krone, aber gleichfalls mit einer Botschaft des Papstes an den Mongolenkhan betraut. Denn der Papst war von der Antwort, die Carpini vom Hof des Großkhans mitgebracht hatte, nicht begeistert: In seinem Schreiben hatte der Mongolenfürst Güyük nichts Geringeres als die Unterwerfung ganz Europas unter die Weltherrschaft der Mongolen verlangt. Er erwarte, so hatte der Mongole an den Papst geschrieben, daß die europäischen Herrscher mit dem Papst zur Huldigung in der mongolischen Residenz Karakorum erscheinen und sich tributpflichtig bekennen würden.

Vergleicht man diese Forderungen mit der Haltung des zwanzig Jahre später in Peking herrschenden Khubilai Khan, der die Polos wie Freunde behandelte, so wird der Umbruch im mongolischen Denken deutlich. Eine Haltung tritt zutage, die nichts mehr von den Weltherrschaftsgelüsten der ersten Nachfolger Dschingis Khans erkennen läßt.

Ermutigt durch das freundliche, dem Christentum aufgeschlossene Verhalten Khubilai Khans kam es in den nachfolgenden Jahr-

hunderten zu einer Reihe päpstlicher Ostbotschaften mit missiona-
rischen Aufträgen, die zum Teil die Länder Zentralasiens sowie
Tibet und China auch tatsächlich erreichten. Allerdings trafen sie
weder unterwegs, im islamischen Asien, noch im buddhistischen
Tibet oder dem sich nach außen streng abschirmenden China der
Ming-Zeit auf eine ähnliche Bereitschaft zur Kontaktaufnahme, wie
sie die letzten Mongolenherrscher gezeigt hatten.

So kam es unter den osmanischen Türken und den Ming-Kaisern
Chinas zu jener Barrierenbildung zwischen Asien und Europa, die
erst im neunzehnten Jahrhundert ihr auch nicht eben freundliches
Ende fand durch das gewaltsame Eindringen der europäischen
Mächte in das verschlossene, noch ganz in mittelalterlichen Verhält-
nissen existierende China.

Sowohl die islamischen Völker Asiens als auch die Chinesen und
Japaner hatten die sprunghafte technische und kulturelle Entwicklung Europas seit der Renaissance nicht nachvollzogen, so daß die
engen Verbindungen von einst völlig abbrachen und ein tiefes
Mißtrauen des Ostens gegenüber westlicher Lebensauffassung und
Lebensführung entstand. Nur der Schiffsverkehr stellte noch eine
gewisse Brücke dar.

Auf dem Seeweg kam im siebzehnten und achtzehnten Jahrhundert aus dem Fernen Osten das exotische Dekor der europäischen
Fürsten- und Königsschlösser: chinesisches Porzellan, Seidenvor-
hänge, Möbel, Paravents, vielfältige Produkte eines reichen Kunst-
gewerbes. Doch der Landweg war und blieb nach der Mongolenzeit
verschlossen, so sehr sich auch die großen Handelsstädte des Mittelmeerraums − vor allem Genua und Venedig − um die Wiederaufnahme und Pflege direkter Asienkontakte bemühten.

Die wissenschaftliche Erforschung der Länder und der
Geschichte des östlichen Teils der alten Seidenstraße durch die
Europäer begann in der zweiten Hälfte des neunzehnten Jahrhunderts. Damals stießen russische Forscher wie Prschewalskij, Prot-
senko, Semjonow und Wenyukow nach Zentralasien vor. Ferdinand
von Richthofen begann mit der geologischen Erschließung Westchinas und war der erste, der in seinem gewaltigen dreibändigen
Chinawerk den alten Karawanenweg durch die Provinz Gansu und
das Tarim-Becken als Seidenstraße bezeichnete. Mehrfach gebraucht
er auch den Begriff »Sererstraße«.

Dreißig Jahre nach Ferdinand von Richthofen nahm Sven Hedin
seine berühmten Forschungen in Zentralasien auf und konnte 1900,
wie wir gesehen haben, erste Spuren der Seidenstraße im südöstlichen Tarim-Becken sichern. Bis in die dreißiger Jahre kehrte Sven
Hedin immer wieder in die ihn faszinierende Welt Zentralasiens

zurück — zuletzt mit einer Autoexpedition, auf der er ganz China und Teile Zentralasiens durchquerte. 1936 erschien über diese letzte große Forschungsreise Sven Hedins Buch *Die Seidenstraße*, in dem sich der große Schwede noch einmal dankbar seines wissenschaftlichen Vorgängers Ferdinand von Richthofen erinnert.

Doch während die Forschungen von Richthofens und Sven Hedins hauptsächlich der Geographie und der geologischen Struktur Westchinas und Zentralasiens gewidmet waren, brachen nach der Jahrhundertwende auch die ersten kulturhistorisch interessierten Forscher in das Gebiet zwischen Gobi und Pamir auf. Es waren Russen, Deutsche, Engländer und Franzosen, von denen vor allem Albert Grünwedel, Albert von Le Coq, Sir Aurel Stein und Paul Pelliot zu nennen sind. Auf ihren Spuren habe ich seit 1960 die Wege nachzuvollziehen versucht, auf denen Europäer und Asiaten über mehr als ein Jahrtausend den ständigen Handels- und Kulturkontakt zwischen China und dem Mittelmeer trotz aller Gefahren und Bedrohungen aufrechterhalten haben — Schöpfer, Träger und Vermittler jener ersten Weltkultur, ohne deren Entstehen und Bestehen das Bild unserer Erde in Geschichte und Gegenwart wahrscheinlich ganz anders aussehen würde.

ünfundzwanzig Jahre liegt meine erste Begegnung mit der Welt der Seidenstraßen zurück. In Jordanien und Syrien folgte ich ihren Spuren, die in Gestalt großartiger antiker Ruinen von einer Urbanität zeugen, die ohne die uralten Handelskontakte zwischen China und Rom in diesen Wüstengebieten wahrscheinlich nie entstanden wäre. Es folgte der Besuch jener Plätze im Irak und Iran, in Afghanistan und Pakistan, die durch den Karawanenverkehr zur Blüte gekommen waren und bis heute nicht nur ihre frühe handelspolitische, sondern auch ihre kulturbildende Bedeutung deutlich erkennen lassen.

Erst von der Mitte der siebziger Jahre an war es dann möglich, die chinesischen Stätten der Seidenstraßenkultur zu besuchen und in ihrer Vielfalt kennenzulernen. Sie wurden für mich zu einem so nachhaltigen Erlebnis, daß ich erwog, ein Buch über die Geschichte der Seidenstraßen zu schreiben. Der Gedanke fiel bei Walter Fritzsche, dem Verlagsleiter des Lübbe Verlags, dem ich von meiner Absicht erzählte, auf fruchtbaren Boden. Und der Verleger Gustav Lübbe stimmte dem Plan begeistert zu.

Damals ahnte ich trotz vieler Vorstudien noch nicht, was ich mir vorgenommen hatte. Ich war zwar über weite Strecken der Seidenstraßen gezogen, hatte die Spuren ihrer großen Vergangenheit verfolgt, auch ihre farbige, exotische Gegenwart erlebt. Was es aber bedeutete, ihrer langen, verzweigten, äußerst komplizierten Geschichte nachzugehen, das erfuhr ich erst beim Recherchieren und Schreiben. So spärlich wie die erschlossenen antiken Quellen sind auch die neueren Studien über diesen interessanten, faszinierenden Teil der Weltgeschichte. Eine von China bis Rom reichende Gesamtdarstellung der Seidenstraße ist jedenfalls bisher noch nicht geschrieben worden. Meist bezieht sich der Titel »Seidenstraße« nur auf ihren westchinesischen Teil.

Hier ist nun ein erster Versuch, Seidenstraßengeschichte für den ganzen Bereich zwischen China und Rom zu schreiben und gleichzeitig das Seidenstraßenerlebnis von heute zu vermitteln. Geschichte und Gegenwart berühren sich in diesem Buch, wie sie sich auf meinen langen Reisen zu den historischen Handelsplätzen berührt haben.

Dafür, daß aus Erlebnis und Studium ein Buch wurde, danke ich dem Gustav Lübbe Verlag und seinem engagierten Lektor Elmar Klupsch-Linsbauer, der das Buch von der ersten Stunde an betreut hat. Doch auch all den Freunden und Kollegen rund um den Erdball, von denen ich Anregungen und Hinweise empfing und mit denen ich informierende Gespräche führen konnte, gilt mein Dank. Namentlich möchte ich nennen Prof. Dr. Herbert Härtel, dem ich auch die Fotoerlaubnis für das Indische Museum in Berlin verdanke, ferner Dr. Volker Moeller, Heidi und Ulrich von Schroeder, Michael Henss und Duan Wun-Tjie, den Direktor des Dun-Huang-Forschungsinstituts, mit denen ich vor allem die kulturelle Entwicklung und das Kunstschaffen an den Seidenstraßen diskutieren konnte. Das Literaturverzeichnis und das Register des Buches verdanke ich meinem Sohn Christian Alexander, der mich auf mehreren Seidenstraßenreisen begleitet hat.

Die Fotos des Bandes wurden mit der Yashica-Kamera Contax RTS und den Zeiss-Objektiven Distagon 35 mm, Planar 50 mm, Sonnar 135 mm und dem Yashica Zoom-Objektiv 80:200 auf Kodak-Kodachrome-Film 25 und 64 aufgenommen und im Kodak Farblabor Stuttgart entwickelt.

Helmut Uhlig

Ahrens, D.: Die römischen Grundlagen der Gandharakunst. Münster/Westf. 1961.

Akurgal, E.: Orient und Okzident. Die Geburt der griechischen Kunst. Baden-Baden 1966 ff. Kunst der Welt.

Albaum, L. J./B. Brentjes: Wächter des Goldes. Berlin 1972.

Alföldy, G.: Römische Sozialgeschichte. Wiesbaden 1975.

Altheim, F.: Weltgeschichte Asiens im griechischen Zeitalter. 2 Bde. Halle (Saale) 1947–1948.

Altheim, F./H. W. Haussig: Die Hunnen in Osteuropa. Baden-Baden 1958. Teil I: Die bulgarische Fürstenliste.

Altheim, F.: Geschichte der Hunnen. 5 Bde. 2. durchgesehene Aufl. Berlin 1969 ff.

Altheim, F./J. Rehork: Der Hellenismus in Mittelasien. Darmstadt 1969. Wege der Forschung, Bd. 91.

Auboyer, J.: L'Afghanistan et son art. Paris 1968.

Bachhofer, L.: Zur Datierung der Gandhara-Plastik. München-Neubiberg 1924.

Bagchi, P. C.: India and Central Asia. Kalkutta 1955.

Bagchi, P. C.: Expansion of Buddhism. Central Asia and China. In: 2500 Years of Buddhism. Delhi 1956.

Bailey, H. W.: The Kingdom of Khotan. In: Papers on Far Eastern History, Canberra, 4, 1961.

Bailey, H. W.: Saka of Khotan and Wakhan in Pratidanam. Leiden 1968. Studies presented F. B. J. Kuiper.

Baltrusaitis, J.: Das phantastische Mittelalter. Frankfurt/M., Berlin, Wien 1985.

Bang, W./A. von Gabain: Türkische Turfan-Texte. Bd. 1–8. Berlin 1929–1954.

Bauer, W. (Hrsg.): China und die Fremden. München 1980.

Beal, S.: Travels of Hiouen-Thsang. 4 Bde. 1881. Neue Ausg. Kalkutta 1957/58.

Belenickij, A. M.: Zentralasien. Genf 1968. Archaeologia Mundi.

Belenickij, A. M.: Die Kunst der Sogden. Leipzig 1980.

Bernet-Kempers, A. J.: Die Begegnung der griechisch-römischen Kunst mit dem indischen Kulturkreis. In: Handbuch der Altertumswissenschaft. Abt. 6: Handbuch der Archäologie. 2. Textb., München 1954.

Berthelot, A.: L'Asie ancienne Centrale et Sud – Orientale d'après Ptolémée. Paris 1930.

Beurdeley, C.: Sur les Routes de la Soie. Fribourg 1985.

Bianchi-Bandinelli, R.: Rom. Das Zentrum der Macht. München 1970. Universum der Kunst.

Bianchi-Bandinelli, R.: Rom. Das Ende der Macht. München 1971. Universum der Kunst.

Blanck, H.: Einführung in das Privatleben der Griechen und Römer. Darmstadt 1976.

Böhlig, A.: Der Manichäismus. Unter Mitwirkung von J. P. Asmussen eingeleitet, übersetzt u. erläutert. Zürich, München 1980.

Boulnois, L.: Die Straßen der Seide. Wien, Berlin, Stuttgart 1964.

Brentjes, B.: Die orientalische Welt. Berlin 1972.

Brentjes, B.: Mittelasien. Wien 1977.

Brentjes, B.: Der Tierstil in Eurasien. Leipzig 1982.

Brockmeyer, N.: Antike Sklaverei. Darmstadt 1979. Erträge der Forschung, Bd. 116.

Bussagli, M.: Die Malerei in Zentralasien. Genf 1963.

Bussagli, M. (Hrsg.): Seide und Baumwolle im Mandschu-China. Mailand, Genf 1980.

Chandra, M.: Trade and Trade Routes in ancient India. New Delhi 1977.

Charrière, Georges: Die Kunst der Skythen. Köln 1974.

Chavannes, E.: Les documents chinois découverts par Aurel Stein dans les sables du Turkestan oriental. Paris 1913.

Chêng Chên-to: Mai-chi-shan Shih-ku. (Der Mai-chi-shan Höhlentempel). Peking 1934. (In chinesischer Sprache.)

Cheng 'en, Wu: Journey to the West. Peking o. J.

Chinese Clothing and Adornment in various Dynasties. Shanghai o. J. Publ. by Scholar Books Publishers.

Conrady, A.: Die chinesischen Handschriften und sonstige Kleinfunde Sven Hedins in Lou-lan. 2 Bde. Stockholm 1920.

Cultural relics unearthed in Sin-kiang, Museum of the Sin-kiang Uigur Autonomous Region. Peking 1975. (Mit engl. u. franz. Zusammenfassung.)

Dalton, O. M.: The Treasure of the Oxus. 2. Aufl. London 1926.

De Groot, J. J. M.: Chinesische Urkunden zur Geschichte Asiens. Berlin, Leipzig 1921, 1926. 1. Teil: Die Hunnen der vorchristlichen Zeit. 1921. 2. Teil: Die Westlande Chinas in der vorchristlichen Zeit. 1926.

Diakonova, N. V./S. S. Sorokin: Les antiquités du Khotan. Leningrad 1960.

Dittrich, E.: Grabkult im Alten China. Köln 1981. Taschenbücher des Museums für Ostasiatische Kunst der Stadt Köln 2.

Drege, J. P.: Seidenstraße. Köln 1986.

Dubs, H. H.: A Military Contact between Chinese and Romans in 36 B. C. T'oung Pao, Bd. 26. Paris 1942.

Dun Huang Institute of Cultural Relics (Hrsg.): Die Höhlentempel von Dun Huang. Ein Jahrtausend Chinesischer Kunst. (Übers. von S. Hangartner.) Stuttgart 1982.

Dutt, E.: Buddhist Monks and Monasteries of India. Their History and their Contribution to Indian Culture. London 1962.

Eberhard, A. u. W.: Die Mode der Han- und Chin-Zeit. Antwerpen 1936.

Eberhard, W.: Die Kultur der alten zentral- und westasiatischen Völker nach chinesischen Quellen. In: Zeitschrift für Ethnologie, Berlin, 73, 1941. S. 215–275.

Eberhard, W.: Chinas Geschichte. Bern 1948.

Eberhard, W.: Das Toba-Reich Nordchinas. Eine soziologische Untersuchung. Leiden 1949.

Eberhard, W.: China und seine westlichen Nachbarn. Darmstadt 1978.

Ebert, M.: Südrußland im Altertum. Bonn 1921. Neudr. Aalen 1973.

Falke, O. v.: Kunstgeschichte der Seidenweberei. 4. Aufl. Berlin 1921.

Falke, O. v.: Aus der Frühzeit der Seide. In: Ciba-Rundschau 1/11.

Finsterbusch, K.: Verzeichnis und Motivindex der Han-Darstellungen. 2 Bde. Wiesbaden 1966, 1971.

Foreign Languages Press: Murals from the Han to the T'ang Dynasty. Peking 1974.

Foreign Languages Press: New Archaeological Finds in China II. More Discoveries during the Cultural Revolution. Peking 1978.

Franz, H. G.: Pagode, Turmtempel, Stupa. Graz 1978.

Franz, H. G.: Von Gandhara bis Pagan. Graz 1979.

Frumkin, G.: Archeology in Soviet Central Asia. In: Handbuch der Orientalistik. Hrsg. von B. Spuler. Leiden, Köln 1953ff. Abt. 7, Bd. 3, Abschnitt 1.

Fuchs, W.: Das Turfangebiet. Seine äußere Geschichte bis in die T'ang-Zeit. In: Ostasiatische Zeitschrift, Berlin, N. F. 3, 1926, H. 3/4, S. 124–166.

Fuchs, W.: Huei-ch'ao's Pilgerreise durch Nordwest-Indien und Zentral-Asien um 726. In: Sitzungsberichte der Preuß. Akad. d. Wiss., Phil.-hist. Kl. Berlin 1938, S. 426 bis 457.

Gabain, A. v.: Buddhistische Türkenmission. In: Asiatica. Festschr. Friedrich Weller. Hrsg. v. Joh. Schubert u. Ulr. Schneider. Leipzig 1954.

Gabain, A. v.: Der Buddhismus in Zentralasien. In: Handbuch der Orientalistik. Hrsg. v. B. Spuler. Leiden, Köln 1953ff. Abt. 1, Bd. 8, Abschnitt 2. 1961.

Gabain, A. v.: Das Leben im uigurischen Königreich von Qočo (850–1250). 2 Bde. Wiesbaden 1973. Veröffentl. d. Societas Uralo-Altaica, Bd. 6.

Gabain, A. v.: Wort und Bild. Gedanken zur erzählend-illustrativen Kunst in Turfan. In: Beiträge zur Indienforschung. Hrsg. von H. Härtel. Berlin 1977. S. 105–118.

Gabain, A. v.: Einführung in die Zentralasienkunde. Darmstadt 1979.

Gabriel, A.: Religionsgeographie von Persien. Wien 1971.

Gabriel, A.: Die religiöse Welt des Iran. Wien, Köln, Graz 1974.

Gabriel, A.: Die religiöse Welt des Iran. Entstehung und Schicksal von Glaubensformen auf persischem Boden. Wien, Köln 1974.

Gernet, J.: Les aspects économiques du bouddhisme dans la Societé chinoise du Ve au Xe siècle. Saigon 1956.

Gernet, J.: Die chinesische Welt. Frankfurt/Main 1979.

Gernet, J. (Vorwort): Die Große Mauer. Geschichte, Kultur- und Sozialgeschichte Chinas. Frankfurt/M. 1982.

Ghirshman, R.: Iran. Parther und Sassaniden. München 1962. Universum der Kunst.

Giles, H. A.: The Travels of Fa-hsien, or Record of the Buddhistic Kingdoms. 3. Aufl. London 1959.

Göbl, R.: Dokumente zur Geschichte der iranischen Hunnen in Baktrien und Indien. Bd. 1–4. Wiesbaden 1964.

Gropp, G.: Archäologische Funde aus Khotan, Chinesisch-Ostturkestan. Die Trinkler-Sammlung im Übersee-Museum. Bremen 1974.

Grousset, R.: Sur les traces du Bouddha. Paris 1929. (Engl. Übers. London 1932.)

Grousset, R.: Die Steppenvölker. München 1975.

Grünwedel, A.: Bericht über archäologische Arbeiten in Idikutscharie und Umgebung im Winter 1902/03. München 1906.

Grünwedel, A.: Altbuddhistische Kultstätten in Chinesisch-Turkestan. Berlin 1912.

Grünwedel, A.: Alt-Kutscha. Berlin 1920.

Gutschmid, A. v.: Geschichte Irans. Tübingen 1888.

Gyllensvärd, B.: Chinese Gold and Silver. Göteborg 1928.

Härtel, H.: Indische und zentralasiatische Wandmalerei. Berlin 1959.

Härtel, H.: Turfan und Gandhara. 2. Aufl. Berlin 1964.

Hallade, M.: Indien. Gandhara – Begegnung zwischen Orient und Okzident. München 1968.

Haloun, G.: Zur Vë-tsi (yüeh-chih)-Frage. In: Zeitschrift der Deutschen Morgenländischen Gesellschaft, Leipzig, 91, 1937.

Hambis, L. (Hrsg.): Mission Paul Pelliot. Documents archéologiques. Paris Bd. 1, 2: Toumchouq. Bd. 3, 4: Koutcha. Bd. 13: Tissus de Touen-Houang. Bd. 14, 15: Bannières et peintures de Touen-Houang. 1974.

Hambly, G. (Hrsg.): Zentralasien. Frankfurt/M. 1966. Fischer Weltgeschichte, Bd. 16.

Harva, U.: Die religiösen Vorstellungen der altaischen Völker. Helsinki 1938.

Haussig, H. W.: Theophylakts Exkurs über die skythischen Völker. Brüssel 1953. Byzantion 23.

Haussig, H. W.: Die Beschreibung des Tarim-Beckens bei Ptolemaios. In: Zeitschrift der Deutschen Morgenländischen Gesellschaft, Wiesbaden, N. F. 34, 1959, S. 148–190.

Haussig, H.W.: Der Seidenhandel über die Chazaren mit Byzanz und Skandinavien. In: Acta Universitatis Upsalensis. Figura, N. S. 19, S. 187ff.

Haussig, H. W.: Zur Lösung der Awarenfrage. Prag 1973. Byzantinoslavica 34.

Haussig, H. W.: Das Problem der Herkunft der Hunnen. Bochum 1978. Materialia Turcica 3.

Haussig, H. W.: Die Geschichte Zentralasiens und der Seidenstraße in vorislamischer Zeit. Darmstadt 1983.

Hayashi, Ryoichi: The Silk Road and the Sho-so-in. (Engl. Übers. v. R. Ricketts.) New York, Tokio 1975.

Hedin, Sven: Die Seidenstraße. Leipzig 1936.

Hedin, Sven: Der wandernde See. Leipzig 1937.

Heimberg, U.: Gewürze, Wein, Seide. Welthandel in der Antike. (Limes Museum Aalen.)

Hennig, R.: Die Einführung der Seidenraupenzucht ins Byzantinerreich. In: Byzantinische Zeitschrift, Leipzig, 33, 1933, S. 295–312.

Herodot: Historien. Übers. v. J. Feix. 2 Bde. 3. Aufl. Zürich, München 1980.

Herrmann, A.: Die Verkehrswege zwischen China, Indien und Rom um 100 nach Chr. Geb. Leipzig 1922.

Herrmann, A.: Die Hephthaliten und ihre Beziehungen zu China. In: Asia Major, Leipzig, Vol. 2, 1925, S. 564ff.

Herrmann, A.: Lou-lan. China, Indien und Rom im Lichte der Ausgrabungen am Lobnor. Leipzig 1931.

Herrmann, A.: Die alten Seidenstraßen zwischen China und Syrien. Berlin 1910. Nachdr. San Francisco 1977.

Herrmann, A.: Das Land der Seide und Tibet im Lichte der Antike. Leipzig 1938. Nachdr. Amsterdam 1968.

Hirth, F.: China and the Roman Orient. o. O. 1885.

Hopkirk, P.: Die Seidenstraße. Auf der Suche nach verlorenen Schätzen in Chinesisch-Zentralasien. München 1986.

Hulsewé, A. F. P.: China in Central Asia. The early Stage, 129 B. C. – A. D. 23. An annotated translation of chapters 61 and 96 of the history of the Former Han dynasty. Leiden 1979.

Hundt, H. J.: Über vorgeschichtliche Seidenfunde. In: Jahrbuch des Römisch-Germanischen Zentralmuseums Mainz, Jg. 16., 1969, S. 59–71.

Huth, A.: Die Musikinstrumente Ost-Turkestans bis zum 11. Jahrhundert n. Chr. Diss. Berlin 1928.

Imhof, E.: Die großen kalten Berge von Szetschuan. Zürich 1974.

Ingholt, H.: Gandharan Art in Pakistan. New York 1957.

Ippel, A.: Wirkungen griechischer Kunst in Asien. Leipzig 1940. Der Alte Orient, Bd. 39, H. 1/2.

Jäger, F.: Leben und Werke des P'ei Kiu. Chinesische Kolonialgeschichte (älteste chin. Beschreibung der Routen durch das Tarimbecken nach Mittelasien.). In: Ostasiatische Zeitschrift, Berlin, Okt. 1921.

Jettmar, K.: Zur Herkunft der türkischen Völkerschaften. In: Archiv für Völkerkunde, Wien, Bd. 3, 1948, S. 9–23.

Jettmar, K.: The Altai before the Turks. Stockholm 1951. Bulletin of the Museum of Far Eastern Antiquities 23.

Jettmar, K.: Die frühen Steppenvölker. Baden-Baden 1964.

Jettmar, K./V. Thewalt (Hrsg.): Zwischen Gandhara und den Seidenstraßen. Felsbilder am Karakorum Highway. Mainz 1985.

Junge, J.: Saka-Studien. Der ferne Nordosten im Weltbild der Antike. Leipzig 1939.

Kersten, H.: Jesus lebte in Indien. München 1983.

Kharosthi Inscriptions, discovered by Sir Aurel Stein in Chinese Turkestan. Transcribed and edited by A. M. Boyer, E. J. Rapson and E. Senart. Oxford 1920–1929.

Kirby, E. Stuart: Wirtschafts- und Sozialgeschichte Chinas. München 1955.

Klengel, H.: Handel und Händler im alten Orient. Wien, Köln, Graz 1979.

Klimburg-Salter, D. E.: The Silk Route and the Diamond Path. o. O. 1982.

Kümmel, O.: Die ältesten Beziehungen zwischen Europa und Ostasien nach den Ergebnissen neuerer Ausgrabungen in China. Deutsche Forschung. Aus der Arbeit der Notgemeinschaft der Deutschen Wissenschaft. Berlin 1928, Heft 5.

Le Coq, A. v.: Türkische Manichaica aus Chotscho 1–3. Berlin 1912–1922.

Le Coq, A. v.: Chotscho. Funde der ersten Königlich Preußischen Expedition nach Turfan in Ost-Turkestan. Berlin 1913. Unv. Neudruck Graz 1979.

Le Coq, A. v.: Die buddhistische Spätantike in Mittelasien, 7 Bde. Berlin 1922ff. I. Die Plastik. 1922. Nachdr. Graz 1973. II. Die Manichäischen Miniaturen. 1923. Nachdr.

Graz 1973. III. Die Wandmalereien. 1924. Nachdr. Graz 1974. IV. Atlas zu den Wandmalereien. 1924. Nachdr. Graz 1974. V. Neue Bildwerke. 1926. Nachdr. Graz 1975. VI. Neue Bildwerke II (gemeinsam mit E. Waldschmidt). 1928. Nachdr. Graz 1975. VII. Neue Bildwerke III (gemeinsam mit E. Waldschmidt). 1933. Nachdr. Graz 1975.

Le Coq, A. v.: Ein christliches und ein manichäisches Manuskriptfragment in türkischer Sprache aus Turfan. Berlin 1922.

Le Coq, A. v.: Türkische Manichaica aus Chotscho. 3. Einzelausg. Nebst einem christlichen Bruchstück aus Bulanyïq. In: Abhandlungen d. Preuss. Akad. d. Wiss., Phil.-hist. Kl., Berlin 1922, Nr. 2.

Le Coq, A. v.: Bilderatlas zur Kunst und Kulturgeschichte Mittel-Asiens. Berlin 1925. Neudr. Graz 1977.

Le Coq, A. v.: Auf Hellas Spuren in Ostturkistan. Berichte und Abenteuer der II. und III. deutschen Turfanexpedition. Leipzig 1926. Nachdr. Graz 1974.

Le Coq, A. v.: Von Land und Leuten in Ostturkistan. Berichte und Abenteuer der 4. deutschen Turfanexpedition. Leipzig 1928.

Lévi, S.: Le Tokharien B., la langue de Koutcha. Geschichte Kutschas vom 1. Jh. v. Chr. bis zum 11. Jh. In: Journal Asiatique 1913, S. 311 ff.

Litvinsky, B. A.: Outline History of Buddhism in Central Asia. Dunshanbe 1968.

Liu, G.: The Silkworm and Chinese Culture. Osiris 10, 1952.

Liu Mau-tsai: Die chinesischen Nachrichten zur Geschichte der Osttürken (T'u-Küe). 2 Bde. Wiesbaden 1958.

Liu Mau-tsai: Kutscha und seine Beziehungen zu China vom 2. Jh. v. Chr. bis zum 6. Jh. n. Chr. Wiesbaden 1969.

Loewe, M. A. N.: Records of Han Administration. Cambridge 1967.

Loewe, M. A. N.: Crisis and Conflict in Han China. London 1974.

Lüders, H.: Zur Geschichte und Geographie Ostturkestans. In: Sitzungsberichte d. Preuss. Akad. d. Wiss. Phil.-hist. Kl., Berlin 1922, 24.

Lüders, H.: Weitere Beiträge zur Geschichte und Geographie von Ostturkestan. In: Sitzungsberichte d. Preuss. Akad. d. Wiss. Phil.-hist. Kl., Berlin 1930, 1.

Lüders, H.: Textilien im Alten Turkistan. In: Abhandlungen d. Preuss. Akad. d.

Wiss. Phil.-hist. Kl., Berlin 1936, Nr. 3, S. 3–38.

Maenchen-Helfen, O. J.: Die Welt der Hunnen. Wien, Köln, Graz 1978.

Masson, Vadim M.: Das Land der tausend Städte. München 1982.

Mawangdui. Han-Grab Nr. 1 in Chang Sha, Provinz Honan. 2 Bde. Peking 1973. (In chines. Sprache.)

Merhart, G. v.: Bronzezeit am Jenissej. o. O. 1026.

Michalowski, K.: Palmyra. Wien, München o. J.

Michalowski, K.: Alexandria. Wien, München o. J.

Milanesi, M.: La Via della seta. Milano 1986.

Milindapañha: Die Fragen des Königs Milinda. (Aus dem Pali übers. v. Nyanatiloka. Hrsg. u. teilw. neu übers. v. Nyanaponika.) Interlaken 1985.

Minns, E. H.: Scythian and Greeks. Cambridge 1913.

Mizuno, S./T. Nagahiro: A study of the Buddhist Cave Temples at Lung-mên. Honan, Tokyo 1941.

Mizuno, S./J. M. Casal/B. Rowland/D. Schlumberger/L. Yoshikawa: Ancient Art of Afghanistan. New York 1966.

Müller, F. W. K.: Handschriften-Reste in Estrangelo-Schrift aus Turfan. Sonderdruck aus: Abhandlungen d. Preuss. Akad. d. Wiss., Berlin 1904, S. 348ff.

Müller, F. W. K.: Neutestamentliche Bruchstücke in soghdischer Sprache. Berlin 1907.

Müller, F. W. K.: Uigurica 1. Die Anbetung der Magier, ein christliches Bruchstück. Sonderdruck aus: Abhandlungen d. Preuss. Akad. d. Wiss., Berlin 1908.

Münke, W.: Die klassische chinesische Mythologie. Stuttgart 1978.

Myrdal, J.: Die Seidenstraße. Wiesbaden 1981.

Needham, J.: Science and Civilisation in China. 4 Bde. Cambridge 1961–1969.

Neue Archäologische Funde in China. (Hrsg. vom Verlag für fremdspr. Lit.) Peking 1974.

Nöldeke, Th.: Geschichte der Perser und Araber zur Zeit der Sassaniden. Aus der arabischen Chronik des Tabari übersetzt. Leiden 1879.

Notowitsch, N.: Die Lücke im Leben Jesu. Stuttgart 1894.

Obermeier, S.: Starb Jesus in Kaschmir? Düsseldorf, Wien 1983.

Ohtani: Mission on the Silk Road 1902 to 1914. Kioto o. J.

Okazaki: Über die Kleidung der Grenzsoldaten der Han-Zeit (jap.). In: Toyoyoshi Kenkyu, Tokio, Bd. 12, 1952, H. 3.

Okladnikow, A. P.: Der Mensch kam aus Sibirien. Russische Archäologen auf den Spuren fernöstlicher Frühkulturen. Wien, München, Zürich 1974.

Pelliot, P.: Chrétiens d'Asie Centrale. T'oung Pao, Paris 1914.

Pelliot, P.: Les grottes de Touen-Houang. Peintures et sculptures bouddhiques des époques des Wei, des T'ang et du Song. 6 Mappen. Paris 1914–1924.

Pelliot, P.: Sceaux-amulettes de bronze avec croix etc. In: Revue des Arts asiatiques, 1931, S.1 ff.

Pirazzoli-t'Serstevens, M.: China zur Zeit der Han-Dynastie. Kultur und Geschichte. Stuttgart 1982.

Pittioni, R.: Ergebnisse und Probleme des urzeitlichen Metallhandels. In: Sitzungsberichte d. Österr. Akad. d. Wiss. Phil.-hist. Kl., Wien 1964, Bd. 244, Abh. 5.

Pletnjowa, S. A.: Die Chasaren. Leipzig 1978.

Plinius d. Ä.: Naturgeschichte. Hrsg. u. übers. von R. König u. G. Winkler. Zürich, München 1973ff.

Potratz, J.: Die Skythen in Südrußland. Basel 1963.

Prokop: Werke. Griechisch – Deutsch. Hrsg. v. Otto Veh. München 1966ff.

Raschke, M. G.: New Studies in Roman Commerce with the East. In: Aufstieg und Niedergang der römischen Welt. Berlin, New York. 2. Principat, Bd. 9, 2. Halbband, 1978. S. 604–1378.

Raunig, W.: Bernstein, Weihrauch, Seide. Wien 1971.

Richthofen, F. v.: Über die zentralasiatischen Seidenstraßen bis zum 2. Jh. n. Chr. Verhandl. d. Gesellschaft f. Erdkunde zu Berlin, 1877, Nr. 5/6, S. 98–122.

Richthofen, F. v.: China I. Berlin 1877.

Richthofen, F. v.: Tagebücher aus China. 2 Bde. Berlin 1907.

Rolle, R.: Totenkult der Skythen. 2 Bde. Berlin 1979.

Rolle, R.: Die Welt der Skythen. Luzern, Frankfurt/M. 1980.

Rosenfield, J. M.: The Dynastic Arts of the Kushans. Berkeley, Los Angeles 1967.

Rostovtzeff, M.: The Animal Style in South Russia and China. Princeton 1929.

Rostovtzeff, M.: Skythien und der Bosporus. 2 Bde. Berlin 1929, 1931.

Rostovtzeff, M.: Gesellschafts- und Wirtschaftsgeschichte der hellenistischen Welt. 3 Bde. Darmstadt 1984. (Nachdr.)

Rowland, B.: Ancient Art of Afghanistan. New York 1966.

Rowland, B.: Zentralasien. Baden-Baden 1970. Kunst der Welt.

Rubruk, W. v.: Reisen zum Großkhan der Mongolen. Von Konstantinopel nach Karakorum 1253—1255. Stuttgart 1984.

Rudenko, S. J.: Die Kultur der Hsiung-nu und die Hügelgräber von Noin Ula. (Deutsch von H. Pollens.) Bonn 1969.

Rudenko, S. J.: Frozen Tombs of Siberia. London 1970.

Saeki, P. Y.: The Nestorian Documents and Relics in China. Tokio 1937.

Samolin, W.: East Turkistan of the Twelfth Century. Den Haag 1964.

Sarianidi, V. J.: Baktrisches Gold. Leningrad 1985.

Schefold, K.: Der skythische Tierstil in Südrußland. In: Eurasia Septionalis Antiqua 12, 1938.

Schefold, K.: Die iranische Kunst der Pontusländer. In: Handbuch der Altertumswissenschaft. Abt. 6: Handbuch der Archäologie. 2. Textband, München 1954.

Schippmann, K.: Grundzüge der parthischen Geschichte. Darmstadt 1980.

Schlumberger, D.: Der hellenisierte Orient. Baden-Baden 1969. Kunst der Welt.

Schmidt, H. J.: Alte Seidenstoffe. Braunschweig 1958.

Schroeder, U. v.: Indo-Tibetan Bronzes. Hongkong 1981.

Sinor, D.: The Inner Asian Warriors. In: Journal of the American Oriental Society 102, 1981, 2.

Sommerström, B.: Archaeological Researches in the Edsen-Gol Region. 2 Bde. Stockholm 1956, 1958.

Soper, A. C.: Literary Evidence of Early Buddhist Art in China. Ascona 1959. Artibus Asiae.

Sprenger, A.: Die Post- und Reiserouten des Orients. Mit Karten nach einheimischen Quellen. Leipzig 1864, Heft 1. Neudr.

1966: Abhandl. für die Kunde des Morgenlandes 3. III.

Spuler, B.: Iran in früh-islamischer Zeit. Akad. d. Wiss. Göttingen.

Spuler, B.: Veröffentlichungen d. Oriental. Komm. 2. Wiesbaden 1952.

Spuler, B.: Die nestorianische Kirche. In: Handbuch d. Orientalistik. Hrsg. v. B. Spuler. Köln, Leiden. Abt. 1, Bd. 8, Abschnitt 2. 1961.

Spuler, B.: Religionsgeschichte des Orients in der Zeit der Weltreligionen. In: Handbuch d. Orientalistik. Hrsg. v. B. Spuler, Köln, Leiden. Abt. 1, Bd. 8, Abschnitt 2. 1961.

Spuler, B.: Geschichte Mittelasiens. In: Handbuch d. Orientalistik. Hrsg. v. B. Spuler. Köln, Leiden. Abt. 1, Bd. 5, Abschnitt 5. 1966.

Stawiski, B.: Kunst der Kuschan. Leipzig 1979.

Stawiski, B.: Die Völker Mittelasiens im Lichte ihrer Kunstdenkmäler. Bonn 1982.

Stein, A.: Innermost Asia. Detailed report of explorations in Central Asia, Kan-su and Eastern Iran. 5 Bde. Oxford 1907.

Stein, A.: Sand buried Ruins of Khotan. Oxford 1907.

Stein, A.: Ruins of Desert Cathay. 2 Bde. London 1912. (Nachdr. 1968)

Stein, A.: Ancient Chinese Figured Silks Excavated . . . at Ruins Sites of Central Asia. London 1920. Burlington Magazine.

Stein, A.: The Thousand Buddhas. London 1921.

Stein, A.: Serindia. 5 Bde. Oxford 1921.

Sullivan, M.: The Cave Temples of Maichishan. Berkeley, Los Angeles 1969.

Sundermann, W.: Mitteliranische manichäische Texte kirchengeschichtlichen Inhalts. Schriften zur Geschichte und Kultur des alten Orients. Berlin 1981.

Swann, N. L.: Food and Money in Ancient China. Princeton 1950.

Sylva, A. de: Chinesische Landschaftsmalerei. Baden-Baden 1964. Kunst der Welt.

Sylvan, V.: Silk from the Yin Dynasty. Stockholm 1937. The Museum of Far Eastern Antiquities, Bd. 9.

Talbot Rice, T.: Die Skythen. Köln 1957.

Tarn, W. W.: Die Kultur der hellenistischen Welt. Darmstadt 1966.

Taube, E. u. M.: Schamanen und Rhapsoden. Die geistige Kultur der alten Mongolei. Leipzig 1983.

The Flying Devis of Dunhuang. (China Travel and Tourism Press) Peking o. J.

The Metropolitan Museum of Art: Along the Ancient Silk Routes. Central Asian Art from the West Berlin State Museums. Berlin, New York 1982.

The Silk Road. Fabrics from the Han to the T'ang Dynasty. Edited by the Museum of the Sinkiang-Vighur Autonomous Region and the Group in Charge of the Exhibition of Cultural Relics. Urumtschi 1972.

Tolstow, S. P.: Auf den Spuren der altchoresmischen Kultur. Berlin 1953.

Tomaschek, W.: Zur historischen Topographie von Persien. I, II. Wien 1883, 1885. I: Die Straßenzüge der Tabula Peutingerana. 1883. II: Die Wege durch die persische Wüste. 1885.

Tun Huang Painted Sculptures. Peking 1978.

Uhlig, H.: Die Sumerer. München 1976.

Uhlig, H.: Am Thron der Götter. München 1978.

Uhlig, H.: Das Bild des Buddha. Berlin 1979.

Uhlig, H.: Tantrische Kunst des Buddhismus. Berlin 1981.

Uhlig, H.: Tibet. Ein verbotenes Land öffnet seine Tore. Bergisch Gladbach 1986.

Uray, G.: The Old Tibetan Sources of the History of Central Asia up to 751 A. D.: A survey in Harmatta Prolegomena to the Sources on the History of Pre-Islamic Central Asia. Budapest 1979.

Wada, H.: Prokops Rätselwort Serindia und die Verpflanzung des Seidenbaus von China nach dem oströmischen Reich. Diss. Köln 1971.

Wagner, H.: Rauschgift-Drogen. Berlin, Heidelberg 1969.

Waldschmidt, E.: Gandhara, Kutscha, Turfan. Leipzig 1925.

Waldschmidt, E.: Religiöse Strömungen in Zentralasien. Zur Verbreitung der Christen und Manichäer in Ostturkestan. Berlin 1930.

Waldschmidt, E. (Hrsg.): Das Catuparisatsutra. Eine Kanonische Lehrschrift über die Begründung der buddhistischen Gemeinde. Abhandlungen d. Dt. Akad. d. Wiss., Kl. f. Spr., Lit. und Kunst. Jg. 1960, Berlin 1962, Nr. 1.

Waldschmidt, E.: Von Ceylon bis Turfan. Schriften zur Geschichte, Literatur, Religion und Kunst des indischen Kulturraumes. Göttingen 1967.

Watson, W.: Cultural Frontiers in Ancient East Asia. Edinburgh 1971.

Weber, C. W.: Sklaverei im Altertum. Düsseldorf, Wien 1981.

Weidemann, K.: Untersuchungen zur Kunst und Chronologie der Parther und Kuschan vom 2. Jh. v. Chr. bis zum 3. Jh. n. Chr. In: Jahrbuch des Römisch-Germanischen Zentralmuseums Mainz, Jg. 18, 1971, S. 146–178.

Wheeler, M.: Der Fernhandel des Römischen Reiches in Europa, Afrika und Asien. München, Wien 1965.

Whitfield, R. (Hrsg.): The Art of Central Asia. The Stein Collection in the British Museum. 3 Bde. Tokyo 1982–1985.

Widengren, G.: Mani und der Manichäismus. Stuttgart 1961.

Widengren, G.: Der Manichäismus. Darmstadt 1977. Wege der Forschung, Bd. 168.

Ying-shih, Y.: Trade and Expansion in Han China. University of California Press 1967.

Zürcher, E.: The Yüeh-chi and Kaniska in the Chinese Sources. Papers on the Date of Kaniska. Hrsg. v. A. L. Basham. Leiden 1968.

Zürcher, E.: The Buddhist Conquest of China. 2 Bde. Leiden 1972.

REGISTER

278

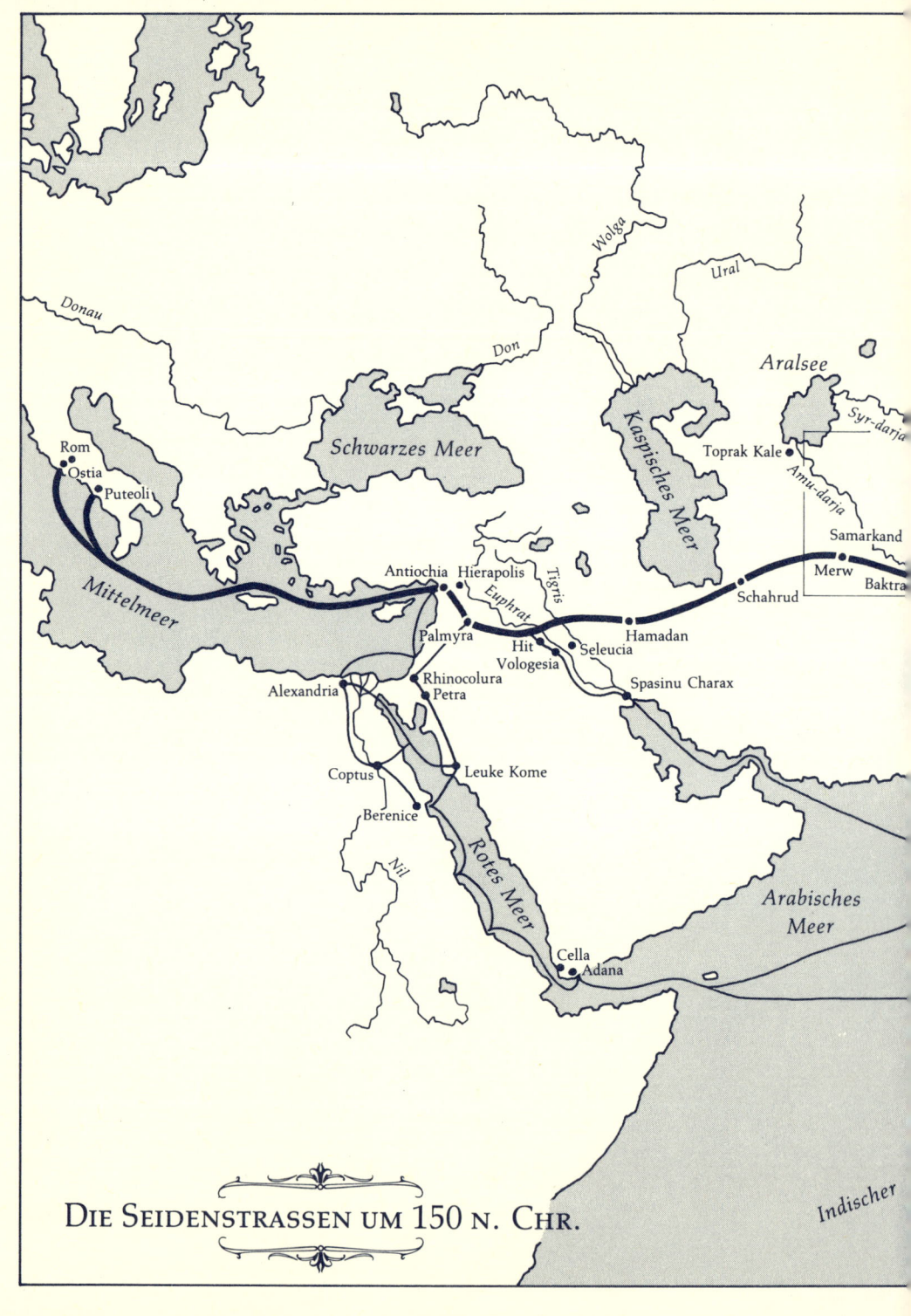

Rom
Ostia
Puteoli

Donau

Schwarzes Meer

Don

Wolga

Ural

Aralsee

Kaspisches Meer

Toprak Kale

Syr-darja

Samarkand

Amu-darja

Merw

Baktra

Schahrud

Mittelmeer

Antiochia Hierapolis

Tigris

Euphrat

Palmyra

Hit
Vologesia

Seleucia

Hamadan

Spasinu Charax

Alexandria

Rhinocolura
Petra

Coptus

Leuke Kome

Berenice

Nil

Rotes Meer

Arabisches Meer

Cella
Adana

Indischer

Die Seidenstrassen um 150 n. Chr.